최악의 환경 비극,
가습기살균제
재앙의 진실

빼앗긴 숨

안종주 지음

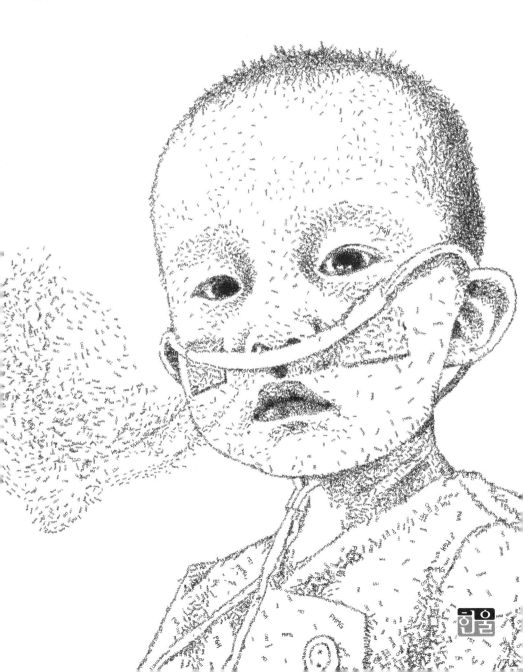

이 책을 가습기살균제 때문에 숨진 이들과 건강피해를 입은 이들,
그리고 그들의 가족에게 바칩니다.

일러두기

단행본 제목에는 『 』, 논문이나 노래 제목에는 「 」, 신문이나 잡지 제목에는 ≪ ≫, 영화, 방송 프로그램, 뮤지컬 제목에는 〈 〉를 사용했습니다.

차례

1부 가습기살균제 재앙의 시작과 끝, 불편한 진실들

2부 재앙에 맞서 싸우는 사람들

3부 당신의 폐는 안녕하십니까?

4부 세계적 환경 재난으로 본 가습기살균제 참사

5부 이제 무엇을 할 것인가?

/

결코 끝나지 않을 단군 이래 최대의 환경병 이야기

이 질환에 대한 이야기는 매스컴을 통해 처음 들었다. 나는 인터넷 뉴스 매체인 ≪프레시안≫에 '안종주의 위험사회'라는 제목으로 2010년 6월부터 격주로 우리 사회에서 일어나고 있는 환경과 보건, 사회적 재난과 관련한 주제를 다루는 칼럼을 기고하고 있었다. 시의적절한 내용을 칼럼에서 소화하려면 한눈팔지 않고 뉴스를 좇아야 한다. 그랬기에 이 질환도 사건 발생 초기부터 알고 있었다. 언론은 2011년 5월 8일부터 이 사건을 다루기 시작했다. 처음에 이 병은 원인불명의 폐렴, 미확인 바이러스성 폐렴 등의 이름으로 불렸다. 어떤 신문은 괴질이라고도 했다. 나는 ≪프레시안≫에 5월 13일 '대한민국을 습격한 괴질, 그 공포의 근원은?'이라는 제목으로 그 원인이 밝혀지기 전에, 갑자기 등장한 이 질환을 다루었다. 많은 사람은 괴질이라는 말에 공포를 느끼기 마련이므로, 그 글에서는 이른 시일 내에 역학조사를 통해 원인을 밝혀낼 것을 촉구했다. 그 후 질병관리본부가 산모들의 원인 미상 폐질환이 가습기살균제 때문에 일어났을 가능성이 높다는 발표를 한 것이 2011년 8월 31일이었다. 이 발표 직후 '사람 잡는 폐질환, 당신의 가습기를 의심하라!'라는 칼럼을 9월 6일에 기고했다. 여기서 이 사건이 앞으로 사회에 미칠 파장의 정도와 앞으로 발생할 환자의 규모, 이 사건의 성격 등을 이야기했다. 그 후 나는 이 사건을 처음부터 피해자들과 함께하며 활동해온 환경보건시민센터의 창립운영위원으로서, 가해자 처벌과 피해배상을 촉구하는 시위나 집회, 피해자 추모대회에 참여하기도 하고 틈틈이 관련 글을 《내일신문》, 《프레시안》, 《첨단환경기술》 등 다양한 매체에 기고해왔다.

나는 2013년 봄 보건복지부가 미뤄오던 피해자들의 조사에 참여하면서부터 가습기 참사에 깊숙이 관여하고 또한 사건의 피해자들과 한 몸이 되었다. 나는 환경보건시민센터의 상근활동가인 최예용 박사, 임흥규 팀장과 함께 서울대학교 보건대학원 백도명 교수를 연구책임자로 하는 가습기살균제 피해 신고자 환경조사에 참여했다. 2013년 7월과 8월이었다. 전국을 다니면서 가습기살균제 피해로 말할 수 없이, 글로서는 온전히 표현하거나 대변할 수 없을 정도로, 고통스러운 삶을 살아가는 이들을 만나면서 옥시레킷벤키저 등 가해 기업들의 무성의함과 파렴치함에 분노하기도 했다.

2008년부터 석면추방운동을 해오면서 나는 많은 석면 피해자를 만났다. 국내는 물론이고 홍콩·일본 등 외국에 가서 함께 활동하면서, 우리나라 석면질환자들이 고통을 겪을 때 이들이 투병하던 병원을 찾거나 장례식장을 찾기도 했다. 그들의 삶 또한 고통스럽고 슬픈 것이었지만, 가습기살균제 피해자들은 그들과 또 다른 측면이 있었다. 석면 피해자들 가운데는 비교적 젊은 나이인 40대 후반 또는 50대에 숨진 경우도 있었지만, 피해자들 대부분은 70~80대가 되어서 죽었기 때문이다. 석면은 노출된 지 보통 30~40년이 지난 뒤에야 암 또는 석면폐증을 일으킨다. 이 때문에 석면 질환에 걸린 것으로 드러난 이들의 평균 나이는 60~70대다. 이들도 만약 질병에 걸리지 않았더라면 20~30년은 더 살 수 있었기에, 그리고 인생의 마지막 시기에 큰 고통을 느끼지 않고 삶을 마감할 수 있었음에도 석면질환이라는 조기 사망 선고를 받고 죽어가야 하기에 당연히 억울한 마음이 가득할 것이다.

가습기살균제 피해자들의 고통과 생명 무게로 잴 수 없어

모든 생명이 소중한 것이기에 생명의 경중을 따지는 것 자체가 잘못된 일이지만, 자식을 낳아 금지옥엽으로 키우던 부모가 허망하게 쌍둥이를 모두 잃는다면 그 슬픔의 무게는 얼마나 될까? 아마도 그 무게를 잴 수 있는 저울은 없을 것이다. 나로서는 소중한 여름을 그렇게 보냈다. 나의 경험이 나중에 생생하고 정확한 글로 재탄생할 수 있었고, 이 참사가 만들어낸 나무와 숲을 볼 수 있도록 도왔기에, 피해자와 그 가족들에게도 분명 도움이 되었으리라 믿는다. 가습기살균제 환경조사가 진행되면서 검진과 피해자들의 의무기록을 토대로 등급 판정이 이루어졌고, 2014년 3월 신고자들에게 개별통지가 갔다. 기초 자료만 제공한 나는 판정의 얼개는 알고 논의하는 과정에 참관을 했지만 개개인에 대한 판정이 구체적으로 어떻게 이루어졌고 어떤 논의를 거쳤는지를 자세히 알지 못한다. 판정 결과 내가 조사했던 피해 신고자 가운데 몇몇은 나중에 3단계와 4단계 판정을 받았다는 사실을 알았다. 내가 그들에게 해줄 수 있는 일은 아무것도 없었다.

이어 가습기살균제 사건과 관련한 모든 일이 환경부로 넘어간다는 이야기를 들었다. 질병관리본부에 설치돼 가동되던 '가습기살균제 폐 손상 조사위원회'도 문을 닫을 처지였다. 2011년 4월 질병관리본부가 서울아산병원 중환자실의 신고전화를 받았을 때부터 1차 피해 신고자에 대한 등급 판정을 했을 때까지의 내용을 상세히 정리한 정사를 남겨야 한다고 누군가가 제의했다. 지금하지 않으면 나중에는 기억이 희미해지고 질병관리본부도 관심을 두지 않을 것이기 때문에 예산을 확보해서라도 백서를 남기자고 했다. 모두가 찬성했다. 질병관리본부 담당자와 역학조사과장도 동의했다. 그리하여 내가 백서 편집 총괄 책임자가 되어 독성 시험을 한 사람, 역학조사를 한 사람, 환경조사를 한 사람, 피해자, 이 사건을 취재해 보도한 기자, 국회에서 특별법을 만들려고 시도하던 국회의원의 보좌관, 피해자 지원과 가해 기업 처벌 등을 요구하며 활동한 환경보건·소비자단체 활동가 등 다양한 사람에게서 글을 받기로 했다.

　백서를 만드는 일은 정말 어려운 작업이다. 한 사람이 쓰면 오히려 쉬울 수도 있다. 백서 만드는 일을 맡은 책임편집자로서 다양한 문체의 글들이 서로 어색하지 않도록 조정하고 어려운 용어를 쉽게 풀어쓰는 것이 가장 큰 걸림돌이었다. 마감 시한을 넘겨 들어오는 원고, 수정에 수정을 거듭해야만 하는 글들, 중복되는 내용을 걸러내는 일도 편집책임자가 짊어져야 할 고통이었다. 백서의 제목은 질병관리본부의 의견이 크게 반영돼 '참사' '재앙' '재난' 등의 표현을 사용하지 않고 '가습기살균제 건강피해 사건 백서'로 정해졌다. 부제는 '사건 인지부터 피해 1차 판정까지'로 달았다. 이 사건은 언제 끝날지 모르는 성격을 띠고 있으므로 앞으로 백서는 두 번이 될지 세 번이 될지 모르지만 계속 이어져야 한다는 의미를 담고 있었다.

　이 백서는 국민의 혈세로 만들어진 것이다. 당연히 정부의 이름으로 내야 했다. 애초 그렇게 하기로 합의했다. 편집 책임을 맡기로 했을 때 모두가 그렇게 알았다. 한데 인쇄를 하루를 앞두고, 질병관리본부장의 지시가 내려와 질병관리본부의 이름으로 낼 수 없으므로 다른 이름으로 내는 것이 좋겠다는 연락을 받고 적이 당황했다. 질병관리본부장 서명까지 해 보내준 발간사도 빼달라고 했다. 이유를 물었지만 실무자는 끝내 그 이유를 말하지 않았다. 애초에 2014년 12월에 발행키로 했던 백서는 이런 우여곡절을 겪으며 마침내 '보건복지부 질병관리본부 폐 손상조사위원회'라는 이름으로, 예정보다 3개월 이상 늦어진 2015년 4월 세상에 나왔다. 형식적 발행일은 외우기 편리한 2014년 12월 12일로 했다.

검찰 수사가 왜 2016년 봄에야 시작됐는지 지금도 의문

2015년 들어 환경보건시민센터 최예용 소장과 임홍규 팀장, 가습기 피해자와 가족 모임 강찬호 대표와 아내와 태아를 잃은 피해자 안성우 씨, 그리고 환경보건시민센터 공동대표와 운영위원, 몇몇 피해자 및 가족들은 그동안 1인시위, 사진전, 부산-서울 자전거 캠페인, 여의도 옥시레킷벤키저 앞 24시간 텐트 농성, 영국 원정 규탄 시위 등 온갖 방법을 동원해 옥시 등 가해 기업에 도전했다. 하지만 그들은 콧방귀도 뀌지 않았다. 수사를 아무리 촉구해도 검찰은 꿈쩍하지 않았다. 정부의 피해자 찾기는 너무나 소극적이었다.

2016년이 되자 모든 것이 일순간에 바뀌었다. 검찰이 어찌된 연유인지 느닷없이 가해 기업, 특히 옥시에 대해 강도 높은 수사를 벌이면서 이 문제에 천착하지 않았던 대부분의 언론사가 가장 먼저 달라졌다. 덩달아 환경단체, 시민단체, 소비자단체들도 불매운동에 본격적으로 뛰어들었다. 갑자기 대한민국에서 마술쇼가 벌어지는 듯했다. 한편으로는 배신감이 느껴졌다. 어떤 때는 너무나 많은 취재기자와 사진기자가 몰려들어 그들이 누르는 셔터 소리가 소음처럼 들렸다.

내가 그래도 잘할 수 있는 일은 글쓰기다. 화려한 퍼포먼스를 보여주는 시위를 기획하거나 실행하는 일은, 내게는 맞지 않는 옷이었다. 지난해 메르스 사태 이후 쉬고 있던 칼럼을 《프레시안》에 다시 연재하기로 했다. '가습기살균제의 진실'이라는 표제를 달고 첫 회 "'악마의 변호사' 김앤장,

이렇게 움직였다"를 5월 11일에 기고했다. 이 첫 번째 연재 글은 엄청난 반향을 불러일으켰다. 그 여세를 몰아 주 2~3회씩 글을 써서 6월말까지 내보냈다. 한 달 보름 남짓 만에 무려 16회의 칼럼을 썼다. 7월 들어서는 주 1회 정도로 속도 조절에 나섰다. 5월 말께부터 가습기살균제 문제를 다루는 책을 내야겠다고 마음먹었기 때문이다. 그동안 모은 자료를 정리하고 책을 읽고 인터넷을 뒤지고 숨겨진 뒷이야기를 해줄 사람들을 만났다. 피해자와 정부 관료, 전문가들을 만났다. 때로는 차를 몰고 지방을 다녀오기도 했다. 무더위 속에 땀을 뻘뻘 흘려가며 머리가 어지러울 정도의 더위 속에서 글을 써내려갔다. 대중교통을 이용해 서울을 한 번 다녀오려면 오가는 데만 네 시간이 걸린다. 종종 대책회의다, 특강이다, 토론회다, 기자회견이다, 시위다 해서 5월과 6월 두 달 간 족히 스무 차례 넘게 서울을 다녀왔다. 이 책이 가습기살균제 참사의 시작을 알리는 구실을 하면 그걸로 족하다. 이를 계기로 많은 분이 주옥같은 책을 펴내고, 시나리오와 소설과 현장기록을 남겨주었으면 하는 바람이다. 가습기살균제 참사는 분명 그럴 만한 가치가 있는 대한민국, 아니 단군 이래 최대의 환경병이라고 굳게 믿는다.

가습기살균제 관련 책 출판 많이 늦어, 앞으로 많이 나오길 기대

이 책은 5부로 꾸몄다. 1부에서는 가습기살균제 참사와 관련해 잘 알려지지 않은 이야기와 언론과 인터넷 등에서 이야기되고 떠도는 말 가운데 잘못된 것을 주로 살펴보았다. 가습기살균제의 원인 규명과 판정, 언론 보도와 국회 활동, 사건이 주는 교훈과 의미, 시민환경단체 활동은 비록 2014년 까지기는 하지만 2015년 펴낸 『가습기살균제 건강피해 사건 백서』에 잘 정리돼 있기에 최대한 중복을 피했다. 인터넷에서 백서 파일을 구해 읽어보시기 바란다. 또 수사 과정이나 불매 운동 등 현재 진행 중이거나 계속 수치가 바뀌는 환자 수, 피해 신고 등은 뉴스를 통해 실시간으로 더 정확한 정보를 얻을 수 있으므로 책에서는 다루지 않았다. 2부에서는 가습기살균제 피해자들의 삶과 고통, 그리고 이들이 전개한 활동을 담았다. 여기서도 피해자들 개개인의 사연은 그리 많이 반영하지는 않았다. 그 수가 너무도 많고 모두 절절한 사연이기에, 또 많은 신문과 방송, 인터넷 매체가 그들의 안타까운 사연을 다루어왔고 앞으로도 그러할 것이라 보기 때문에 몇몇 사연만 간단하게 다루었다. 3부에서는 가습기살균제 참사가 기본적으로 폐에 치명적인 타격을 주어 생명을 앗아가거나 중증 질환을 유발했기 때문에, 우리 주변에서 만날 수 있는 다양한 간질성 폐질환을 알아보았다. 또 생활하면서 주의해야 할 점도 다루었다. 4부는 가습기살균제 참사와 유사하거나 유사하지 않더라도 가습기살균제 참사 해결에 교훈을 줄 수 있는 세계적 환경재앙이나 화학물질 재난을 살펴보고 우리의 가습기살균제 참사와 비교해보았다. 이런 사례는 매우 많지만 그 가운데서도 비교적 일반인들의 귀에 익고 관심을 끌만한 것을 골랐다. 인도 보팔참사와 미나마타병, 탈리도마이드와 같은 외국 사례와 함께 우리나라 최대의 직업병 사건이고 이황화탄소 중독 직업병으로는 세계 최대라고 할 수 있는 원진레이온 참사를 다뤘다. 5부에서는 가습기살균제 재앙과 관련해 가득 쌓여 있는 난제들을 어떻게 풀고 역사 속에서 이 사건을 어떻게 기록하며 남겨야 할지에 대해 개인적인 바람과 생각을 내놓았다. 이에 대해 독자 여러분이 관심과 지지, 그리고 고견을 보내주시길 부탁드린다.

끝으로 가습기살균제 재앙과 관련해 가장 열심히 싸우고 활동해온 두 분, 시민환경단체를 대표해 최예용 환경보건시민센터 소장과 피해자와 그 가족들을 대표해 가습기살균제 피해자와 가족모임의 강찬호 대표가 지난 5년간 좌절과 희망을 함께 보면서 느낀 소회를 보냈다. 두 분께 이 자리를 빌려 고마움을 전한다. 아울러 가습기살균제 참사와 관련해 제작한 많은 디자인 작품 가운데 일부를 이 책에서 사용할 수 있도록 허락하고 표지 디자인까지 맡아주신 그린 디자이너 이성진 씨께도 고맙다는 말씀을 드린다. 이 책은 오랫동안 기획하고, 자료를 모으고, 정리하고 취재해온 결과를 바탕으로 치밀하게 쓴 결과물은 아니다. 이 책은 개인적 견해와 사실을 섞어 놓은 책이다. 가습기살균제 참사를 처음부터 끝까지 살펴본 몇 안 되는 사람 가운데 한 명으로서 책을 내는 것이 바람직하고, 또 이미 많이 늦었다고 생각해 서둘러 펴낸 책이다. 첫술에 배부를 수 없듯이, 앞으로 질책과 비판을 겸허히 받아들여 더 좋은 책을 낼 수 있는 첫걸음으로 보아주셨으면 하고 바란다.

2016년 7월 무더운 여름날 광교산 자락 산너울마을에서

기업하기 좋은 나라에서 소비자 시민이 안전한 나라로

강찬호(가습기살균제 피해자와 가족 모임 대표)

인생은 우연한 방향으로 흘러가기도 한다. 인생은 예상한 적도, 생각해 본 적도 전혀 없던 시간 속으로 흘러들어가기도 한다. 그러한 시간 속으로의 여행과 경험은, 어쩌면 상상력의 빈곤 때문에 나타날 수도 있다. 적어도 나에게 가습기살균제 사건은 예측 불가능했던, 단 한 번도 생각해 볼 수 없었던 사건이고, 나는 그 사건의 소용돌이 속으로 빨려 들어가 어느 시기를 살았고, 통과하고 있다. 돌이켜 보면 군이 가습기살균제 사건이 아니었다 해도, 어떤 위험 때문에 어떤 비극에 처해지는 것은 충분히 생각해 볼 수 있는 일이었다. '위험사회'에서 말하는 그 위험은 늘 우리 사회에 존재해왔다. 다만 무관심했던 것이고, 무의식적으로 외면했던 것일 뿐이다. 이는 이러한 위험을 피하고자 하는 자기본능에 따른 것일 수도 있다.

2011년 6월 어느 날, 다섯 살 딸을 데리고 서울대병원으로 향했던 당시에는 어떤 위험도 직감하지 못했다. 감기는 흔한 질병이지 않은가? 폐렴도 다소 심각할 수 있지만, 의술이 발달한 우리 사회에서 큰 위험이 될 것이라 생각하지는 않았다. 아이가 기침이 잦아들지 않는 상황에 대해서도 심각하게 생각하지 않았다. 물론 아이 엄마는 좀 달랐다. 다른 엄마들도 그러하듯, 아이 엄마는 아이에게 다소 민감한 편이었다. 아이의 기침이 지속되자 예민해졌다. 그해 아이 기침 때문에 동네 병원을 무던히도 찾아다녔다. 동네 '병원 쇼핑'의 어리석음을 알면서도 답답한 마음에 이 병원, 저 병원을 찾아다니기도 했다. 돌이켜 보면 '인간의 어리석음은 어디까지일까'라는 의문이 든다. '대한민국의 의료체계는 제대로 된 것인가' 하는 생각도 든다. 동네 병원에서 흔한 감기 증상으로 일주일, 또는 이주일 정도 진료를 받았음에도 아이의 병세에 차도가 없다면, 아니 오히려 증상이 더욱 심해진다면, 진료하는 의사는 이를 의심하고, 2차 병원으로 가도록 권유해야 하는 것은 아니었을까 하는 의문이다. 그런데 그런 기억이 없다. 당시 한 동네 병원을 지속적으로 찾았고 그래도 낫지 않자 다른 동네 병원을 찾았다. 1차 의료에서 3차 의료까지 국내 의료체계는 어떤 방식으로 작동하고 있던 것인지, 현재도 그러한 시스템은 제대로 작동되고 있는지 의구심이 든다.

2011년 다섯 살 딸에게 찾아온 원인 미상 간질성 폐질환

딸이 서울대병원에서 진료를 받을 당시, 처음에는 통상적 수준의 진료를 하겠거니 생각했다. 하지만 상황은 급반전됐다. 기침이 멈추지 않아 엑스선 촬영을 했다. 그 증상에 관한 소견은 매우 나빴다. 이어 CT까지 찍은 후, 의사는 심각하게 상황을 설명해주었다. 꿈에도 상상할 수 없는 상황이었다. 천금 같은 아이, 적어도 우리 아이에게는 어떤 일도 일어날 수 없고, 일어나서도 안 된다는 것이 아버지로서의 믿음이었다. 이러한 확고한 믿음, 무의식에서 비롯된 믿음이 아이의 질병에 대해 담담하게 또는 대수롭지 않게 반응하도록 했던 것이었다. 그런데 믿기지 않는 일이 눈앞에 펼쳐졌다. '원인 미상 간질성 폐질환'이 진단명이었다. '현재 원인을 모른다는 것, 치료도 장담할 수 없다는 것, 유사한 케이스 환자들의 예후가 좋지 않았다는 것, 의료진으로서 최선을 다하겠지만 부모들도 마음의 준비를 해야 한다는 것' 등등. 그러면서 아이의 입원에 동의하라고 의사가 요구했다. 순간 머릿속이 하얗게 변하는 것을 느꼈다. 영화나 소설에서 나오는 그 느낌이었다. 몸에 전율이 흐르고, 의식은 실감을 하지 못했다. 믿어지지 않았다. 동시에 당황스럽고 초조해졌다. 어떻게 받아들여야 하는지 난감한 상황이었다. 무너질 수 없다는 어떤 저항감도 마음 한 구석에서 생겼다. 평소에 병원이나 의료에 대한 다소의 불신도 있었다. 오진일 것이고, 말도 안 되는 진단이라는 '자기부정'의 방어기제도 작동했다. 입원을 거부했다. '원인도 모르고 치료법도 없으며, 심지어 예후도 좋지 않은데 병원에 입원시키라는 말을 어떻게 수용한단 말인가. 의사의 말이 진정 맞는다면, 이 아이가 죽을병에 걸린 것이라면, 치료 확률도 낮은 병원에 맡기느니, 아이와 함께 지리산에 들어가겠다'는 생각이 불뚝 솟았다. 실제로 의사에게 그렇게 항변했다. 다른 대책을 마련하겠다며, 지인들에게 연락해 대처 방안을 의논했다. 당시 의사는 '해당 질환은 염증이 급속도로 번져 위험에 처할 수 있는 질병'이라며 서둘러 입원할 것을 촉구했지만, 완강하게 저항했다. 처음에는 의사도 보호자를 꺾지 못했다.

그렇게 첫날은 응급실 입원실에서 지냈다. 어떻게 시간이 흘렀는지 모르는 첫날이었다. 아이는 어떤 생각이었고, 어떤 느낌이었을까? 지금 생각해도 눈물이 흐르고, 또 뭔지 모르는 공포감이 저 밑에서부터 솟아난다. 하물며 아이 엄마가 보낸 시간은 또 어떠했을지 도저히 상상이 되지 않았다. 어떻게든 입원 여부를 판단해야 하는 상황에서 병원에서 간호사로 일하는 아이 엄마와 고민도 많이 하고, 의견 차이로 실랑이를 벌였던 생각이 난다. 하룻밤이 어떻게 흘렀는지 모르겠다. 둘째 날에 대한 기억 역시 아련하고 아득하다. 기억하고 싶지 않은 탓일 것이다. 담당의사는 보호자를 설득하기 위해 작심하고 나선 듯 했다. 의료인으로 양심과 책무 때문인 듯했다. 의사 자신도 딸아이를 키우는 입장이라며, '입장을 바꿔 본인이 환자 보호자가 된다고 해도 자신은 병원에 입원을 시켜서 치료를 받도록 하겠다'고 말했다. 당시 담당의사에게서 어떤 진정성을 보았다. 완강했던 마음이 흔들리기 시작했다. 고민으로 갈팡질팡하며 갈피를 잡을 수 없었지만, 결국 의사의 뜻을 따르기로 결정했다. 의사의 뜻에 따라 치료에 참여하면서도 보호자로서 적극적으로 의논하고 개입하려고 애를 썼다. 조직검사를 거부하고, CT 촬영도 가능하면 적게 하도록 요청했다. 의료진은 폐의 염증 반응에 대한 자가면역 질환으로 규정하고 고농도 스테로이드제 치료를 시행했다. 스테로이드제 치료를 하면 면역기능이 저하되기 때문에 아이가 병원 내에서 다른 감염에 노출되지 않도록 환자 보호자들이 주의 깊게 관리해줘야 한다는 요청도 받았다.

손녀들에게 한없는 애정을 보내주고 자주 돌봐주셨던 장모님도 아이의 질환 소식에 충격을 받았고, 아이 병간호에 전력을 쏟았다. 기독교인으로서 손녀의 병 회복을 비는 간절한 기도를 쉼 없이 했고, 간병도 했다. 병원과 30여 분 떨어져 있는 처가를 오가시면서 음식을 해왔다. 집안에서 누군가가 아프면 가족들은 고통스러운 시간을 보내야 한다. 특히나 어린 아이가 아프면 더욱 그렇다. 의사들은 팀으로 움직이며, 사례 관리를 했다. 아이는 다행히 스테로이드제 치료를 잘 견뎌주었다. 폐의 염증이 더 확산되는지, 경과를 멈춘 것인지를 파악하기 위해 자주 영상 체크를 했다. 한 달 가까이 병원 생활을 한 것은 나의 삶에서 처음 겪는 일이었다. 생사를 오가는 불안의 연속인, 두 번 다시 겪고 싶지 않은 첫 경험이었다. 그 사이 한방 치료를 알아보기도 하며, 다른 해법을 찾아다니기도 했다. 아이에게 불안감을 주지 않기 위해 일부러 병원 근처에서 술 한 잔을 걸치고 아이 옆에서 잠을 청하기도 했다. 집안에서와 다르지 않은 일상을 유지하며 안심하도록 하기 위함이었다. 질병을 이겨내는 것은 결국 아이의 힘이고, 그런 믿음이 흔들리지 않도록 부모로서 지지와 지원을 하고 싶었다.

나도 아내도 직장 잠시 접고 아이 살리기에 매달려

아이가 불치병이자 생사를 오가는 질병에 걸렸다는 사실이 알려지자 주변에서 걱정하며 직접 찾아와준 분들을 지금도 잊지 않고 있다. 치료비에 보태라며 목돈을 준 사람도 있고, 병원 근처에 와서 차와 저녁을 사주고 간 지인도 있었다. 가족들도 당황하고 걱정했지만 주변에서도 당황하고 놀랐던 모양이다. 아이 엄마도 3개월 휴직을 했고, 나 역시도 하던 일을 중단했다. 모든 것이 멈춰 섰다. 한 달 가까이 입원했던 시간이 어떻게 흘러갔는지 지금도 실감이 나지 않는다. 병원에서 아이를 지켜보며 흔들리지 않으려고 애썼다. 객관적인 진단이나 전망과 무관하게 아이의 생존 본능을 믿으며 애써 낙관했고, 태연한 척했다. 그러면서도 마음 한 구석에서 엄습해오는 불안에 흔들리는 자신을 보기도 했다. 원인 미상 간질성 폐질환에 대해 애 엄마와 나는 인터넷을 뒤져가며 정보를 알려고 애썼다. 특히 아이 엄마와 처형이 인터넷을 통해 많은 정보를 주고받았다. 그때 알게 된 사이트가 '소아 간질성 폐질환으로부터 우리 아이들을 지키자'라는 커뮤니티였다. 원인 미상 간질성 폐질환으로 어린 아이를 잃거나 아이가 다친 가족들이 서로 위로하며 아이들과 가족들을 돌보기 위해 정보를 주고받는 카페였다.

한 달가량 입원한 후, 아이 엄마와 딸은 집으로 올 수 없었다. 사고를 당한 집에 다시 머무르는 게 힘겨웠기 때문이다. 아직 원인을 모른 상태였으니, 그 집에 머문다는 것은 다시 위험에 노출되는 것이었고, 또 감정적으로도 용납이 안 되었던 일이었다. 아이는 처가에 머물렀다. 그러면서 퇴원 후 아이를 돌보기 위해 가장 좋은 곳이 어디인지를 두고 고민했다. 시골로 가 공기 좋은 곳에서 보내는 방안을 주로 고민했다. 그 전에도 귀농을 생각했 던 적이 있었기 때문이다. 또 다른 대안으로는 살고 있던 곳에서 좀 더 외곽 으로 이사하는 것을 생각했다. 다행히 도심이지만 산이 많은 편이어서, 조 금은 낫다는 판단에서였다. 그래서 현재 머물고 있는 곳으로 이사했고, 아 이는 처가에서 한동안 머물렀다. 스테로이드제 감량 치료와 재발 추이를 지 켜보며 '이제 약을 중단해도 괜찮다'고 의사가 판단한 후, 아이의 거처를 옮 겼다. 아이는 새로운 거처에 적응했다. 그러나 퇴원 후 2년 정도는 긴장을 놓지 못했다. 천식과 폐렴으로 수차례 고생했다. 감기에 취약했고, 감기가 오면 폐렴과 천식이 이어졌다. 밤새 자지러지듯이 기침을 하는 아이를 지켜 보며 가슴을 졸였던 시간이었다. 시간은 다시 흘렀다. 아이도 조금씩 강해 지는 모습이었다. 강해진다는 것은 이전보다 더 나아지고 있다는 주관적 느 낌일 뿐이다. 아이의 폐가 섬유화가 된 것인지, 염증의 흔적이 흔적으로만 남아 있는 것인지 정확히는 모른다.

피해자 첫 모임, '무엇을 하자' 말 꺼내기도 힘든 어두운 분위기

아이가 입원할 당시의 상황에 대해 기억을 다소 장황하게 풀어내 보았 다. 정도의 차이만 있을 뿐, 가습기살균제 피해를 겪은 모든 피해자 가족은 이러한 상황을 경험했을 것이다. 어떻게 보면 나의 경우는 사망한 유족들이 나 큰 후유증으로 힘든 시간을 보내는 피해자 가족들의 상황에 견주어 본다 면 감히 말조차 꺼내는 것이 민망한 상황일지도 모른다. 내가 처음 피해자 모임에 나갔을 당시도 그러했다.

2011년 8월 31일 정부가 원인 미상 간질성 폐질환의 원인이 가습기살균제라고 밝혔고, 그 이후 피해자모임에 나갔을 때 상황이 그러했다. 첫 모임에 나갔을 때 참석자 대부분이 어린아이를 잃은 유가족 부모였다. 첫 대면의 어색함도 있었지만 다들 너무도 깊은 슬픔에 잠겨서 울고만 있었다. 기자가 와 있고, 누군가가 환경단체(현재의 환경보건시민센터) 관계자를 불렀음에도, 선뜻 모임에서 어떤 제안이나 진행이 이뤄지지 않았다. 당시 가습기살균제가 시중에 유통되고 있었다. 피해자들의 억울함과 분노, 부당함을 밝히기 위해 어떤 행동에 나서야 하는 상황이었다. 하지만 선뜻 그러한 제안을 하기 어려웠다. 유족이 아닌 상해 피해자 가족이 그런 제안을 했다가, 행여 오해를 받을 수 있다는 자기 검열이 내 안에서 작동했다. 그런 상황에서 얼마만큼의 시간이 흘렀는지 모르지만, 피해자들이 행동, 활동에 나서야 한다고 제안했다. 그것이 계기가 되어 현재까지 피해자단체 활동을 해오고 있고, 대표로서 역할을 하고 있다.

그럼에도 여전히 나로서는 내가 경험하거나 알고 있는 것이 피해자로서, 피해자 가족으로서 하는 전부일 뿐이다. 더 깊은 고통과 상실감을 안고 살아가는 이들의 상처를 내가 감히 알 수 있다고 말할 수 없다. 그저 내 딸아이가 당한 피해에 대한 억울함과 분노가 행동의 출발점이다. 가습기살균제 피해자와 가족모임을 이끌고 있는 리더 가운데 한 사람이지만, 내가 얼마만큼 피해자들의 심정을 대변하고 있는 것인지, 얼마만큼 피해자들, 가족들과 공명하고 있는지 물어온다면 매우 두려운 것이다. 그래서 전체에서 답을 찾기보다는 나 자신, 내 가족으로부터 활동의 명분이나 이유를 찾는 것이 우선이다. 그것이 더 솔직한 접근이다. 따라서 내 입장에서는 다른 피해자들에게 '당신은 더 큰 피해를 당했으니 더 많이, 더 강도 높게 피해자 활동에 참여해야 한다'고 요구할 수도 없다. 반대로 '당신이 비교적 경미한 피해를 당했으니, 그 정도의 활동 참여에도 감사할 따름입니다'고 말할 수도 없다. 어느 경우든 나는 피해자들의 피해 정도에 따라 어느 정도의 참여를 요구할 수 있다는 어떤 기준도 가지고 있지 않다. 그저 피해자와 가족들이 스스로 느끼고 분노하고 참여하는 정도면 그것에 만족할 수밖에 없다. 현장에 나오면 나오는 대로, 안 나오면 안 나오는 대로 있는 그대로를 받아들이는 것이 피해자 활동이라고 생각한다. 그동안 피해자 활동을 해오면서 여러 피해자를 만났다. 피해자들의 여러 요구와 기대의 목소리를 듣기도 했다. 그러나 분명한 것은 피해자들을 얼마나 만났든, 그들의 요구가 무엇이든, 가습기살균제 피해자 활동을 규정하는 것이 매우 힘들다는 점이다. 근본적으로 피해자들이 겪는 개별적인 상황이 있고, 각자가 자기 문제를 극복하고 대처하는 방식들이 다르기 때문이다.

2011년 정부 가습기살균제 발표 뒤 환경보건시민센터와 함께하기 시작

그럼에도 피해자들의 활동은 지난 5년간 지속되어왔다. 직장인으로서, 가장으로서 생활을 병행하면서 시간의 일부를 쪼개 활동에 참여했다. 누구의 눈에는 턱없이 부족해 보이는 활동일지도 모르지만 피해자들은 자신들의 형편에서, 할 수 있는 만큼의 몫을 내주었다. 피해자 활동은 2011년 당시에는 현재 인터넷 다음카페('가습기살균제피해와가족모임', 가피모) 운영진을 중심으로 진행됐다. 당시 카페 이름은 '가습기살균제피해 대책위원회'였다. 모임이 생겨나고 외부 활동이 시작될 당시 환경보건시민센터가 함께했고, 현재도 피해자들 곁에 있다. 환경보건시민센터가 기자회견이나 활동을 기획하고, 피해자들이 그 자리에 함께하는 방식으로 활동이 시작됐다. 첫 피해자 활동은 피해 사례를 증언하고, 시중에 유통되는 가습기살균제의 즉각적인 수거와 피해 대책 마련을 촉구했다. 기자회견에 참여하는 피해자들은 힘들게 언론과 대중 앞에서 나섰다. 그 모습을 지켜보는 시간은 힘들었다. 기자들 역시 힘겹게 피해 상황을 취재했다. 그럼에도 피해 상황이 개선되거나 사고가 수습되거나 피해 대책이 마련된 것은 아니었다. 답답할 정도로 긴 시간이 흘렀다. 길고 지루한 싸움의 시작이었다.

이명박 정부는 꿈쩍도 하지 않았다. 정부는 원인을 밝히는 것 말고는 피해 대책이라고 하는 것은 내놓지 않았다. 긴 싸움이 시작되면서 환경보건시민센터는 피해자 접수를 지속적으로 받았고, 피해 상황을 알리는 일에 주력했다. 광화문 광장에서 피해자들, 환경단체 활동가와 관계자들이 참여하는 1인시위가 매일 진행됐다. 언론 인터뷰를 통해 피해를 증언하는 것도 중요한 활동이었다. 대중들의 기억 속에서 사라지는 것을 어떻게든 막아야 했기 때문이었다. 그러는 사이 정권이 바뀌었다. 19대 국회 환경노동위원회를 중심으로 피해 문제 해결을 촉구하는 목소리가 국회에서 적극적으로 제기됐다. 심상정 의원의 국회결의안이 결정적이었다. 이후 환경노동위원회 야당 의원을 중심으로 법안 발의와 피해 대책 촉구가 이어졌다. 더불어민주당 장하나 의원이 초선의 열정을 가지고 가장 적극적으로 피해자와 함께했다. 환노위 소속 정의당 심상정 의원, 환노위 야당 간사인 홍영표 의원, 19대 전반기 보건복지위원회 소속 이언주 의원이 특별법과 일반법을 발의하며 정부와 기업을 압박했다. 19대 환노위에서 가습기살균제 피해자 구제 특별법안에 대한 공청회가 준비되는 등 진전이 이뤄졌다. 그럼에도 정부와 여당의 소극 대응으로 환노위 계류 법안들은 공청회 문턱에서 주저앉았다. 여대야소 국회 상황에서 어떤 돌파구가 마련되기는 어렵다는 체념이 더 이상의 진전을 주저하게 만들었다. 상황을 돌파하기에는 피해자들의 힘 역시도 미약했다. 그렇게 가습기살균제 피해구제 특별법과 일반법이 환경보건법 시행령 일개 조항을 신설하는 것으로 맞바꿔치기 됐다. 그 이후 정부는 이 한 줄

조항에 근거해 피해자들 구제에 나섰다.

정부의 피해구제는 반쪽의 반쪽에 불과한 대책

그러나 정부의 피해구제는 반쪽짜리였다. 아니, 더 정확하게는 그 절반에 대한 반쪽짜리 구제였다고 해야겠다. 정부는 피해자들을 4단계로 구분했다. 이 가운데 1·2단계 피해자들에게 대해서만 의료비와 장례비 등을 지원하는 방식으로 접근했다. 3·4단계 피해자들에 대해서는 3단계 피해자 모니터링 외에는 아무런 지원이 없었다. 2013년부터 피해자 단계와 피해자 지원이 구분되면서 피해자 문제는 더욱 꼬였다. 정부는 가해 기업에 대한 구상권을 전제로 피해 지원에 나서는 상황이어서, 피해 지원의 폭을 확대하는 데 소극적이고 보수적이었다. 피해자들의 원성을 살 수밖에 없었다. 이러한 정부의 피해 지원 방식은 2016년 7월 현재까지도 지속되고 있다.

2016년 1월부터 검찰 수사를 통해 사건의 실체가 어느 정도 드러났다. 20대 국회가 개원되고, 국정조사 특위가 구성되는 등 새로운 문제의 돌파구가 마련될 것으로 기대되고 있다. 그럼에도 정부의 피해 지원 방식에는 크게 변화가 없다. 2015년 말로 중단됐던 피해자 접수를 2016년 5월부터 재개하는 것, 1·2단계 피해자를 대상으로 생활비와 간병비를 일정 조건하에서 추가로 제공하는 것, 폐질환 이외의 질환 판정 확대를 위한 추가 조치를 취하는 것 등만 이어지고 있다. 2011년 이후 3·4단계 피해자들을 피해 지원에서 배제한 기준에는 변함이 없어서 이들의 낙담과 억울함은 지속되고 있다. 정치권 일부가 이들의 피해구제를 위해 적극적으로 나설 것이라는 예측이 나오고는 있지만, 여전히 지켜봐야만 하는 상황이다.

이렇듯 피해 문제 해결은 더디게 진행되고 있다. 획기적이고 파격적인 진전을 기대하기는 여전히 어렵다. 피해 발생 시기가 오래 되었고, 피해 유형도 다양하며, 제품을 사용한 유형도 다양하다. 제품을 구입하고 사용을 입증하는 문제, 거기에서 발생된 피해를 입증하는 문제가 만만치 않다. 설령 피해를 입증한다 해도 손해배상 시효 10년을 경과한 경우도 허다하다. 피해자들이 피해 사실을 입증해야만 하는 경우에는 미궁에 빠진다. 이래저래 억울한 피해자들의 입장에서는 피해 입증 과정에서 또 다른 억울함을 마주해야만 하는 상황이다. 한편 피해 입증이 용이한 경우라 해도 그동안 겪은 피해로부터 삶을 회복하는 것은 또 다른 문제다. 과연 이들이 치유되고 회복할 수 있을까? 가족의 고통과 상실감을 무엇으로 채울 수 있는가 하는 근본적인 문제를 마주한다. 현행 법 체제, 혹은 배상체계 안에서 물리적, 정신적 피해에 대한 회복의 지원이 이뤄진다고 해도, 피해자들이 겪은 삶의 고통과 트라우마는 무엇으로도 치유될 수 없기 때문이다. 하물며 피해자들에 대한 물리적·정신적 고충에 대한 지원이 제대로 될지도 숙제다.

나는 피해자모임의 대표로서, 피해자 한 명 한 명이 최대치의 배상을 받아야 한다고 주장해오고 있다. 피해자 단계 구분 없이 모든 피해자를 피해자로 인정하고, 그들의 요구에 부합하는 피해 회복을 지원해야 한다고 요구하고 있다. 이러한 요구들이 충족된다고 해도 그들의 삶이 원래 자리로 돌아올 수 없다는 것이 분명하기 때문이다. 동시에 나의 요구가 현실적으로 가능하지 않을 것이라는 것도 알고 있다. 비현실적이고 무리한 요구일 것이라고 볼 가능성이 높을 것이다. 그럼에도 나는 그렇게 주장해야 하고, 주장할 수밖에 없는 입장이다. 앞서 장황하게 나의 사례를 기술한 이유이기도 하다. 내 딸아이가 목숨을 잃을 뻔했고, 앞으로도 생길 수 있는 후유증도 장담할 수 없는 상황에서, 무엇이 그 자리를 메워줄 수 있느냐를 놓고 보면 답이 없다. 하물며 가족을 잃고 중증의 피해를 입은 피해자들의 처지는 오죽하겠냐는 것이다. 그렇지만 현실에서는 현실세계의 논리와 이해관계가 주장되고, 관철되어가고 있을 뿐이다. 피해자들의 입장에서, 그들의 처절한 삶의 자리로부터 모든 피해 문제의 해결이 진행돼야 한다는 것을 현실세계에서는 현실이라는 이름으로 간과하고 외면하고 있다.

그렇다면 도대체 무엇이 현실이란 말인가? 교통사고 수준의 보상에서, 다시 몇 배의 금액을 올리면 그것이 '뛰어난 현실'이 된다고 보는 것인가? 피해자들이 아쉬운 입장에서, 그 정도라면 흔쾌히 받아들일 것이고, 이로써 피해 문제가 해결된 것이라고 바라볼 것인가 하는 문제다. 결론적으로 결코 그렇지 않다. 피해 문제가 우리 사회에 알려진 지난 2011년 8월, 그리고 그 이후 5년이라는 시간이 흘러갔다. 그 사이 피해자 문제는 방치되었고, 농락당했다. 어디에도 피해자들의 삶에서, 피해자들의 인권에서 문제를 해결하려는 시도는 없었다. 정부는 시혜적으로, 불편하게 이 문제를 대했다. 가해 기업들 역시 철저하게 이 문제를 외면하고 회피하려고 했다. 그리고 지금도 크게 달라진 것은 없다. 가해 기업들이 검찰의 눈치를 조금씩 보기 시작했고, 정부가 국회와 국민들의 눈치를 조금 볼 뿐이다.

생활화학용품 때문에 일어난 국가재난이자 사회재난

가습기살균제 사건의 진실 또는 실체의 일부가 세상에 알려진 것에 근거해 이 사건을 재조명해보면 이 사건은 생활화학용품, 즉 소비재로 발생한 국가재난이자 사회재난이다. 국가와 기업이 생명과 안전을 도외시한 결과임이 자명하다. 모든 국민이 피해 대상자였고, 사실상 피해자였다. 전 국민을 대상으로 화학물질 테러를 가한 사건이다. 대한민국 안전관리에 구멍이 뻥 뚫린 사건이다. 안전사고가 과거와 달리, 전혀 다른 차원에서 발생할 수 있다는 사실을 상기시켜준 사건이다. 우리가 안전하다고 믿고 있었던 것들이 사실은 그렇지 않다는 것을 보여준 사건이다. 이 사건이 '안방의 세월호

사건'으로 불리든, '침묵의 살인사건'으로 불리든, 사실상 전 국민을 대상으로 이렇게 끔찍한 사건이 발생할 수 있다는 것을 아직 많은 사람이 믿지 않을 것이며, 여전히 실감하지 못할 것이다. 당사자의 한 사람으로서 나 역시도 그렇기 때문이다.

앞으로 법원의 형사 재판이나, 국회의 국정조사와 청문회를 통해 많은 사실들이 드러날 것이다. 또 그에 대한 이해관계를 두고 여러 갑론을박이 제기될 것이다. 진실을 얼마만큼 드러내고, 그것을 통해 원인과 책임을 어떻게 다룰 것이며, 재발 방지 대책을 어떻게 마련해서 안전한 대한민국을 만들어가기 위해 어떻게 합의하고 실천해갈지 지켜볼 일이다. 그러나 이러한 문제를 관통하는 원칙과 기준은 피해자들의 삶 그 자체다. 평범한 시민으로, 소비자로, 가족의 일원으로, 사회 공동체의 일원으로 살아가던 그들에게 불어 닥친 부당함과 피해로부터, 그들이 다시 일어서서 원래의 자리로 돌아갈 수 있도록 응원하고 보살피는 것, 그것이 이 모든 문제의 핵심이다. 진실 규명과 책임의 부과, 재발 방지 대책의 모든 과정, 그 한복판에서 피해자들의 삶이 온전히 구현되어야 한다.

앞서 언급한 대로 피해자들의 삶은 한 명 한 명이 그 자체로서 삶이다. 이러한 삶은 개인적인 삶이면서 동시에 전체 삶의 일부이기도 하다. 피해자들의 행태가 저마다 다를 수 있고, 피해 문제 해결의 과정에서도 피해자들의 모습과 양상은 저마다 다를 수 있다. 누군가는 상식에 서 있을 수 있고, 또 누군가는 상식과 멀리 떨어진 곳에 있을 수 있다. 또 누군가는 도저히 이해할 수 없는 삶의 영역에 있을 수도 있다. 피해자들 모두를 이해해 달라고 요구할 수 없을 수도 있다. 누군가는 올바른 자세로 피해자의 활동이나 운동에 다가설 수도 있고, 누군가는 정반대에 서 있거나 엉뚱한 곳에 서 있을 수도 있다. 피해자나 피해자 활동을 바라보는 우리 사회의 시각과 입장도 어찌 보면 새로이 정립하는 과정에 있을 수 있다. 피해자나 피해자 활동을 두고 많은 대화와 토론이 오고가야 할 필요도 있다. 피해자 활동이나 운동을 지원하는 방안도 마찬가지다. 피해자들 스스로 주체로 나서면서 다양한 영역에서 벌어지고 있는 피해자 활동이나 운동, 또는 피해자들의 다양한 유형을 경험하고 공유하는 과정도 필요할 수 있다. 가습기살균제 사건의 피해자나 피해자 활동이나 운동을 다양한 시각과 입장에서 규정하고 설명하는 과정도 필요하다. 물론 피해 문제 해결이 여전히 미궁인 상태에서, 피해자 활동이나 운동을 언급하는 것이 시기상조일 수도 있다. 누군가의 입장에서는 전혀 참고가 될 수 없는 활동으로 여겨질 수도 있을 것이다. 현재로서는 확실하게 답을 말할 수 없다.

피해자 활동 5년은 고통과 눈물의 시간

그럼에도 지난 5년 가습기살균제 피해자들은 어떤 식으로든 자신들이 당한 피해의 부당함을 알리기 위해 달려왔다. 각자 힘든 고통의 시간도 있었을 것이다. 활동에 나서지는 못했지만 마음으로 응원하고 견뎌온 다수의 피해자들도 있을 것이라고 믿는다. 가끔은 같은 피해자들에게 상처를 입고, 실망해 저 밑으로 숨어 버린 이들도 있을 것이다. 미안한 마음에, 자신에 대한 책망 때문에 세상 밖으로 달려 나가 전혀 다른 사람인양 행세하며 살아가는 피해자들도 있을 것이다. 나 역시 이들처럼 때와 장소, 상황은 달리했을지 모르지만 그들과 같은 시간을 다양한 방식으로 경험하고 느껴왔다. 가피모의 대표로서 어느 자리에 서 있었을지 모르지만, 뒤로 달리기도 했고, 세상 밖으로 달리기도 했다. 누군가를 원망하고 누군가에게 실망하기도 했다. 또 누군가에게 원망의 대상이나, 실망의 대상으로 서 있기도 했을 것이다. 그럼에도 난 피해자들이 사실상 각자의 자리에서 위대한 승리를 이뤄가고 있다고 믿는다. 그렇게 믿고 싶다. 난 피해자 한 명 한 명의 삶을 여전히 알지 못한다. 그들이 겪은 피해의 이야기를 들으면 여전히 낯설고 힘들다. 그들은 사건이 발생한 이후, 사회가 그들을 알아주든 그렇지 않든, 자기 자리에서 삶을 건뎌왔고, 살아가고 있다. 이겨내고 있는 것이다. 가습기살균제로 받은 건강피해의 고통을 견뎌내고, 지금도 계속되고 있는 고통 속에서도 앞에 나서서 활동하는 이들을 오히려 걱정하는 그들의 목소리에서, 인간의 근원적인 힘을 느끼기도 한다. 이미 '인간극장' 같은 역경 속에서 당당하게 싸워가고 있기 때문이다. 그래서 당당하게 요구한다. 정부나 가해 기업들이 피해자들에게 전하는 어설픈 사과나 시혜 같은 '코스프레'를 걷어치우라는 것이다. 당신들이 세상에서 마땅히 치러야 할 책임에 대해 스스로 통감하고 그 역할을 다하라는 것이다. 피해자들은 스스로의 힘으로 부당한 세상에 맞서 삶의 주인으로, 주인공으로 당당하게 살아갈 것이기 때문이다. 누구의 문제가 아닌, 모두의 문제인 가습기살균제 사건에서 피해자들은 비틀거리더라도 결국은 똑바로 앞으로 걸어 나갈 것이라고 믿는다.

아울러 지난 5년간 꿈쩍 않고 숨겨져 있었던 가습기살균제 사건의 진실이나 실체의 일부가 세상에 알려지게 된 데에는 환경보건시민센터라고 하는 작지만 강한 단체의 힘이 분명히 있었다. 그리고 올해 이 문제가 본격적으로 세상에 알려지면서 옥시 불매에 나선 시민사회단체와 그 네트워크, 깨어 있는 소비자들의 참여가 새로운 힘으로 폭발하고 있어 정말 고맙다. 이들의 움직임은 소비자가 더 이상 '호갱'이 아니며, 당당하게 소비자 주권을 외치며 새로운 주체로 나서는 과정이라고 생각한다. 분명 대한민국은 가습기살균제 사건 이전과 이후로 나뉘어져야 하며, 그 이후는 이전과 확연하게 달라야만 한다. 기업하기 좋은 나라에서 소비자 시민, 소비자 국민들이 자신들의 삶을 보호받고 살아가는 안전한 나라로 나아가야 할 것이다.

/

환경이 건강해야 몸도 건강하다

최예용(환경보건시민센터 소장)

'두 번째 인생'을 살지 못한 산모의 죽음

2011년 12월 12일 이른 오후 환경보건시민센터의 전화벨이 울렸다. "우리 딸애가 아이를 가진 뒤 갑자기 숨쉬기가 어렵다고 해서 병원에 갔는데 위험하다고 해 강제로 아이를 출산했다오. 7개월째였어요. 그리고 병원에서 다른 사람의 폐를 받아 이식 수술까지 했는데 지금도 계속 병원 중환자실에 입원해 사경을 헤매고 있는 중이오. 질병관리본분가에서 가습기살균제 때문이라고 했다는데 어찌하면 좋겠소?" 전화를 건 이의 목소리가 비틀거렸다. 딸아이가 병원에 입원한 뒤로 계속 술만 마신다는 아버지 윤 모 씨였다. 윤 씨가 전한 이야기는 환경보건시민센터 가습기살균제 피해 사례 165번 윤지영 씨로 '산모 환자'로 분류되어 기록됐다. 2011년 7월초 폐 이식 수술을 받은 후 퇴원한 윤 씨는 집에 있었다. 질병관리본부 역학조사관이 집에 찾아와 이것저것 묻고 갔다. 가습기를 사용하는지, 가습기살균제를 사용하는지도 물었다. 그 후 8월 31일 저녁 뉴스를 보면서 남편 이 씨는 왜 아이 엄마가 저 지경이 되었는지 알게 되었다. 이씨는 2010년 3월경부터 가습기와 가습기살균제를 같이 사용해왔다. '옥시싹싹 뉴 가습기당번'이라는 제품을 동네 홈플러스에서 구입했다. 2~3주마다 한두 통씩 샀던 것으로 기억한다. 300ml짜리 작은 통이다. 가습기는 주로 밤에 물이 떨어졌다. 그때마다 이 씨가 싱크대에서 가습기를 헹구고 청소한 다음 통에 물을 채운 후 가습기살균제를 뚜껑에 따라서 부었다. 식구들이 한 방에서 잠을 잤고 문가의 서랍장 위에 가습기가 있었다. 아빠는 주로 가습기 가장 가까이에서 잤고 옆에 엄마, 그리고 첫째가 끝에서 잤다. 아빠와 아이는 아직까지 별다른 증상이 없지만 알 수 없다. 가정주부인 엄마는 임신 중이라 매일 집에 있으면서 가습기 수증기를 쐬었다.

2012년 2월 12일 정오경 두 남자가 서울아산병원 장례식장 지하1층 3호에 들어섰다. 안 모 씨와 이 모 씨다. 2011년 2월과 5월 아내를 잃은 사람들이다. 인터넷을 통해 '세퓨'라는 이름의 가습기살균제를 구입해 사용한 것이 두 남자의 공통점이다. 잠시 후 세 남자가 장례식장 밖으로 나갔다. 눈발이 날린다. "작년 2월 집사람을 떠나보냈을 때도 눈이 왔었는데……" 안 씨가 중얼거린다. "옆에서 지켜줬어?" 직업군인인 이 씨가 검은 상복을 입은 윤 씨의 남편 이 씨에게 묻는다. 고개를 끄덕이는 이 씨. 안 씨는 어제 아내의 위패를 모신 충북의 한 암자를 다녀와 폭음을 했다. 이 씨도 어제 밤늦게 만취한 상태에서 윤지영 씨의 부고를 들었다. 가습기살균제 피해자모임 인터넷 카페에서 '눈물'이라는 아이디를 쓴 이 모 씨. 아내가 작년 서울아산병원 중환자실에 입원했을 때 여섯 명의 산모가 사경을 헤매고 있었다. 서울, 수원, 청주, 광주에서 올라왔던 산모 네 명이 차례로 세상을 떠났다. 두 명이 폐 이식을 받고 살아남았었는데 전날 윤 씨가 사망했다. 이제 대전에 사는 산모 한 사람만 이 세상에 남았다. 세상을 떠난 윤 씨도 생전에 가습기살균제 피해자모임 인터넷 카페에서 '두 번째 인생'이라는 아이디를 사용하며

┃ 2011년 2월과 5월 가습기살균제로 아내를 잃은 안 모, 이 모 씨가 2012년 1월 12일 오후 서울아산병원 장례
식장 입구에서, 가습기살균제를 사용하다 7개월 된 아기를 강제 출산한 후 폐 이식 수술을 받고 투병하다
2012년 1월 11일 사망한 윤지영 씨의 빈소 안내판을 보고 있다. ⓒ환경보건시민센터

대책활동에 참여해왔다. 눈발이 간간이 날리는 가운데 세 남자는 말없이 담
배를 연거푸 피웠다. 영안실 3호 입구에 조화가 새로 도착했다. "삼가 故人
의 冥福을 빕니다. 가습기살균제피해자모임 一同"이라는 문구가 걸려 있었
다. 가습기살균제 피해 사례 165번의 분류가 '산모 환자'에서 '산모 사망'으
로 바뀌었다.

TV드라마 〈기억〉과 가습기살균제 피해자의 '기억'

15년 전 뺑소니 교통사고로 하나뿐인 어린 아들을 잃은 태석과 지수는
헤어져 각자 다른 삶을 산다. 지수는 이혼 전 살던 집에서 혼자 살면서 아들
을 앗아간 뺑소니범을 향한 분노를 가득 품고 있는 판사다. 태석은 재혼해

두 아이를 두고 잘나가는 변호사가 되었다. 어느 날 정기 건강검진을 받은 태석에게 알츠하이머병이 찾아온다. 병이 진전되면서 물건을 잃고, 사람 이름을 잊고 찾아가던 곳이 어디였는지 잊어 거리를 헤매다가, 태석은 전처의 집을 찾아가는가 하면 재혼해 얻은 중학생 아들의 이름 대신 오래전 잃은 아들의 이름을 부른다. 알츠하이머병은 태석에게 잃은 아들의 기억만을 남기고 다른 것들을 하나씩 지워나간다. TV드라마 〈기억〉의 내용이다.

가습기살균제 사건 초기인 2011년, 정부의 동물실험 결과가 발표되는 기자회견 자리에서 울부짖으며 피해 대책을 호소했던 피해자가 있었다. 그는 '세퓨'라는 제품을 사용하다가 하나뿐인 아이를 잃은 아빠였다. 아이를 잃은 상황은 부부를 갈라서게 만들었다. 엄마는 친정이 있는 경상도로 돌아갔고 아빠는 여러 직업을 전전하며 힘든 삶을 살아내고 있다. 언론에서는 2012년 10월 국정감사에서 가습기살균제 문제가 불거졌을 때 이 사연을 조명했다. 나는 한 뉴스 전문 채널의 프로그램에 초대되어 실상을 알렸다. 방송을 마치고 나오는데 담당 PD가 말을 건넸다. 자신도 가습기살균제로 아이를 잃었노라고. 2009년 대한소아과학회지 논문에 소개된 원인불명의 아이들 사망 사례들 가운데 하나가 자신의 아이라고 했다. 피해 신고를 하지 않느냐는 물음에 그는 한숨을 내쉬었다. 아이를 잃은 후 이혼했고 지금은 재혼해서 아이들을 낳고 사는데, 전처와 잃은 아이 이야기를 꺼내기 어렵다고 했다. 그가 한 말이 잊히지 않는다. "아이를 하나 둔 부부가 이런 일을 당하면 열에 아홉은 헤어집니다." 이혼 과정은 어렵지 않게 생각해볼 수 있다. 이유도 모른 채 황망하게 아이를 보내는 과정에서 던지는 말들은 비수가 되어 서로에게 꽂힌다. 부부간 갈등에 양가 친척들까지 개입하면, 갈등이 증폭되고 책임론이 떠오르면서 돌이킬 수 없는 상황으로 치닫는다. 마침내 한 가정 자체가 해체되어 버린다. 지금까지 수백 여 건의 가습기살균제 피해 사례를 접하면서 아이를 잃고 난 후 헤어진 이혼 사례를 수시로 접할 수 있었다.

TV드라마 〈기억〉의 이야기로 다시 돌아가 보자. 태석이 근무하는 로펌은 그쪽 계통에서 잘나가는 회사다. 로펌을 설립한 사람은 지금은 은퇴한 법조계의 여성 거물이었고 현 대표는 검사 출신인 설립자의 아들이다. 그런데 태석이 알츠하이머병으로 하나씩 기억을 잃기 시작하는 시점에서 15년 전의 뺑소니 사고 범인이 등장한다. 바로 현 로펌 대표의 아들이다. 그 아들은 할머니와 아버지의 후광 속에 새내기 법조인이 되었지만, 15년 전 사건의 기억 때문에 고통스러워한다. 할머니와 아버지는 고민하는 아들에게 이미 소멸시효가 지났고 증거도 없으니 법적으로 전혀 문제되지 않는다며 정신 차리고 살라고 한다.

그런데 과거에 뺑소니 사실을 털어놓았던 아들의 중학교 친구가 로펌 대표 앞에 나타나 15년 전의 일을 들먹이며 돈을 요구하는 과정에서 태석과 전처 지수가 로펌 대표의 아들 친구를 범인으로 여기게 된다. 뺑소니 사건의 발생 초기부터 모든 상황을 지휘하고 통제해온 법조계의 거물인 할머니는 손자의 친구를 제거하고 손자를 해외로 유학 보내는 것으로 상황을 정리한다. 이제 드라마는 태석과 전처 지수가 로펌 대표 일가가 저지른 뺑소니 사건의 은폐 과정과 청부살인을 파헤치는 이야기로 결말을 향해 간다.

드라마 〈기억〉의 스토리 곳곳에서 가습기살균제 사건의 특징이 겹친다. 몇 가지만 비교해보자. 첫 번째로 미성년자이고 무면허인 중학생이 차를 몰다 어린 아이를 치어 사망케 한다. 놀란 운전자는 뺑소니를 치는데 당시에는 CCTV가 없어 증거가 없다. 가습기살균제라는 제품은 가습기 물통에 농약과 마찬가지인 화학물질을 넣어 방 안에서 분무하는 것이다. 지금 생각해보면 참으로 어처구니없는 제품이다. 한국 외에 다른 나라에서는 없는 물건이다. 3000~4000원 정도하는 일회용 물건이기 때문에 현금으로 제품을 산 대다수 피해자에게는 제품을 구입해 사용했다는 증거가 없다.

두 번째로 앞서 자세히 소개한 것처럼 드라마 속에서나 현실에서나 하나뿐인 아이를 잃고 부부는 헤어진다. 그러나 아픈 기억은 사라지지 않고 남아서 엄마와 아빠는 고통 속에 살아간다.

세 번째로 가해자에게 사건의 법적인 책임을 물을 수 있는 시간적 한계인 시효가 있다는 점이 같다. 형사책임을 묻는 공소시효는 7년이고, 민사책임을 묻는 소멸시효는 10년이다. 드라마에서 뺑소니 사고의 범인은 할머니와 아버지의 비호 속에 사건 발생 15년이 지나 법적 책임에서 벗어났다. 가습기살균제 피해자들의 경우, 1990년대 말이나 2000년대 초반에 피해를 당한 사례는 2011년 정부 조사로 사건이 알려진 그 시점에서 이미 민형사상의 시효가 지났다. 2005년을 전후한 시점의 많은 피해자도 정부가 조사를 하느니 마느니 하며 늑장을 부리고 검찰도 고발이 접수된 지 4년이 지나서야 수사에 착수해 시효가 지나가고 있다. 드라마에서는 법적 시효를 넘기는 과정에서 범인 비호 세력으로 막강한 법률가들인 할머니와 아버지가, 가습기살균제 사건 현실에서는 대한민국 정부와 검찰인 셈이다.

네 번째로 드라마에서 뺑소니 사망 사건의 범인은 사고 당시 중학생인 무면허 미성년자와 가족 일당이다. 사건의 증거를 철저히 은폐시키고 심지어 피해자 가족을 자신들의 회사에 취직시켜 지켜보기까지 한다. 사건의 진실을 아는 유일한 증인이 나타나 돈을 내놓으라고 협박하고 피해자들이 이를 눈치채려 하자 청부업자를 보내 자살로 위장해 살해해버린다. 막장드라마인 셈이다. 현실 속의 가습기살균제 책임자들은 드라마보다 더한 막장을 연출했다. 대한민국 최고의 로펌 김앤장의 변호사들을 앞세우고 서울대학교와 호서대학교의 관련 교수들을 매수해 정부조사가 틀렸다며 조작된 보고서를 법정에 버젓이 내밀고서는 큰소리를 친다. 이들은 또 미국의 컨설팅 회사인 그래디언트에 자신들이 만든 보고서를 검토받는데, 이 회사는 세계를 주무르는 다국적 담배회사와 석면회사가 요구하는 조작된 보고서를 낸 바 있다. 그리고 이들이 검토한 의견서를 받아 국제적인 연구기관도 '우리 조사결과를 이렇게 평가해준다'는 식의 주장을 펼쳤다. 다국적 기업다운 면모를 유감없이 보여준 것이다.

마지막 공통점은 드라마의 제목과 같은 '기억'이다. 드라마에서 아들을 잃은 피해자 부모들은 이혼해서 각자 살지만 처참하고 아픈 기억을 지우지 못한 채 고통 속에서 몸부림친다. 알츠하이머병이 갉아먹어 기억이 사라지지만 죽은 아들은 사라지지 않는다. 범인을 찾아야 한다는 의지는 더욱 불타오른다.

나는 가습기살균제 문제와 씨름해온 지난 5년 내내 숫자를 가장 많이 떠올렸다. 신고된 환자와 사망자의 숫자, 즉 피해자가 몇 명인가를 파악하기 위해서였다. 정부가 피해자 파악에 나서지 않아 환경보건시민센터가 피해신고 센터를 개설하고 피해자 접수를 받아 수십 차례 현황을 알려왔다. 첫 발표는 2011년 9월 20일로 영유아 여섯 명(사망 다섯 명), 산모 두 명(사망 한 명) 등 모두 여덟 명이었다. 8월 31일 발표된 정부의 역학조사에서는 산모만을 대상으로 했지만 정작 신고된 피해자는 영유아가 훨씬 많았다. 한 달 보름이 지난 11월 1일의 2차 발표에서는 50명이 늘어난 58명이었는데, 사망이 18명이었다. 11월 9일의 3차 발표는 33명이 추가된 91명이었고, 11월 30일의 4차 발표에는 62명이 추가되어 모두 153명이었다. 이런 식으로 피해자는 계속 늘어났다. 2012년 10월 7일의 7차 발표에서는 사망 78명이 포함된 232명으로 늘었고, 2013년 4월 1일에는 사망 112명 포함된 359명이었다. 2015년 5월 10일에 142번째 사망자가 확인되었다. 2016년 1월 19일에는 사망 218명을 포함한 1282명이었다. 그리고 가습기살균제 문제에 대한 사회적 관심이 폭발한 2016년 5월과 6월 각각 1000명이 넘는 피해 신고가 이어져 7월 4일에 발표된 6월말까지의 피해 신고 수는 무려 3698명에 사망 701명이었다. 그리고 7월 1일부터 15일까지 보름간 270명(사망 61명)이 추가되어 모두 3968명에 사망 762명을 기록하고 있다. 이 숫자는 앞으로도 계속 늘어날 것이다. 피해자가 계속 늘어나는 것이 놀랍기도 하지만 정작 이러한 숫자를 파악해서 사람들에게 알리는 일이 반복되는 동안 내가 특히 염려한 것은 숫자에 무감각해지지 않을까 하는 점이었다. 가가호호 방문조사를 하면서 피해자 한 사람 한 사람이 어떤 고통스러운 과정을 거쳤는지 조금은 알고 있는 나에겐 피해자 숫자가 결코 단순한 숫자일 수는 없었기 때문이다.

정부 범인 알고도 정작 수사는 하지 않아

2011년 8월 31일 정부는 최초의 역학조사 결과를 발표하며 가습기살균제 사건의 시작을 알렸지만, 정작 사건은 그 이후부터 꼬이기 시작했다. 정부는 피해 대책을 전혀 제시하지 않았다. 아니 피해 신고조차 받지 않았다. 지금 생각해봐도 참으로 어처구니없는 것이었다. 나는 그 상황을 이렇게 말하곤 한다.

정부가 살인사건을 조사해 범인이 누구인지 알아냈다. 17년간이나 사용되어온 생활용품이 사람을 죽고 다치게 한 유례가 없는 집단살인사건으로 자칫 영구미제 사건이 될 뻔 했지만, 그 분야를 아는 사람들은 십여가지의 역학조사와 동물실험 등 과학적 조사를 통해 진실을 알아낸 참으로 대단한 일이라고 정부의 역학조사 과정과 결과를 높이 평가했다. 그런데 정작 정부는 지목한 범인을 잡아들이지 않았다. 그리고 피해자 수사도 하지 않았다. 피해자, 즉 살해당한 범죄 희생자를 찾거나 파악하지 않고 손을 놔버렸다. 그 분야는 질병관리본부라는 조사기관이 해야 할 영역이 아니라는 이유에서였다. 게다가 처음 질병관리본부는 감염병 조사를 전문으로 하는 기관인데 화학물질이 원인이라는 걸 알고 중간에 빠져버리려다 그냥 끝까지 진행해서 발표까지 해 주었으니, 그 이상 그들이 할 일은 없다는 태도를 명백히 했다. 그렇다고 화학물질 관리를 책임지는 환경부와 협업을 하려는 시도도 하지 않았다. 사람이 여럿 죽고 다치는 사건이었지만 검찰과 경찰에 신고해 추가적인 수사와 범인의 사법적인 조치를 의뢰하지도 않았다. 여러 부처가 관련된 사안이라 국무총리실이 관련된 T/F를 꾸려 대처하겠다고 했지만 해당 부처들은 서로 자신의 일이 아니라고 손사래를 쳤다. 조정하고 결정해 지시해야 할 총리실은 무기력하게 지켜보기만 했다. 그렇게 5년이 흐르는 사이에 살인범으로 지목된 제조·판매사들은 관련 증거를 은닉하고 조작해서 일사불란하게 오리발을 내밀었다. 사실상 정부가 그렇게 하라고 귀띔해주며 수사를 종결해버린 것이나 마찬가지였다. 그리고 2016년 갑자기 검찰이 수사팀을 꾸려서 압수수색을 하며 수사를 시작했다. 4개월 동안의 수사를 통해 12명을 구속했다. 하지만 정작 중요한 집단살인사건의 피해자를 파악하는 일은 여전히 진행되지 않았다. 12개의 제품에서 사망자가 나왔고 이들 제조·판매사의 등기임원 256명이 고발되었지만 검찰은 12명만 구속하고 사건을 마무리하려고 한다. 사실상 시늉만 내고 살인범들을 봐주고 있는 것이다.

피해자들에게는 저마다의 사연이 있다. 하지만 신고자가 수천 명이 넘어가면서 자그마한 환경단체로서 그들의 사연을 일일이 들어줄 여력이 없다. 그저 숫자로만 기록할 뿐이다. 이래선 안 된다. 304회에 걸쳐 하루에 한 명씩 1면과 2면에 걸쳐 세월호 희생자의 얼굴 그림과 사연을 소개하며 기억하고자 했던 ≪한겨레≫의 기획보도와 같은 자세가 가습기살균제 재난에서도 필요하다.

독성학자들은 가습기살균제 사건을 '세계 최초의 바이오사이드 사건', '한국판 탈리도마이드 사건'이라고 표현했다. 바이오사이드라는 말은 좀 생소한데 해충을 죽이는 살충제 농약을 뜻하는 페스트사이드(pesticide)를 빗대, 살균 화학물질이 포함된 생활용품이 사람을 비롯한 생명체를 죽이는 문제를 말한다. 농업이 아니라 생활 속에서 균과 해충 등을 제거할 목적으로 사용하는 생활용품이 사람의 생명과 건강을 위협하는 문제다.

탈리도마이드는 1957년부터 1961년 사이에 독일을 비롯한 유럽국가 등 당시 세계 40여 나라의 임신부들이 입덧완화제로 복용한 진통제 콘테르간에 의해 발생한 기형아 출산 사건이다. 페니실린으로 유명한 독일의 제약회사 그뤼넨탈이 판매한 이 약의 성분이 탈리도마이드다. 독일에서만 수천 명의 피해가 발생했는데 절반이 사망했다. 생존자는 팔다리가 짧거나 어떤 장기가 없거나 기형인 상태. 독일 이외의 나라에서도 수천 명의 피해가 발생했다. 이 사건으로 사람들은 임신 초기 태아의 주요 장기가 형성되는 시기에는 어떤 약도 먹지 말고 주의해야 한다는 교훈을 얻었다. 가습기살균제는 가정용품이고 탈리도마이드는 약품이라는 점에서 다르지만 피해 규모, 영유아와 산모에게 피해가 집중되었다는 점, 정부와 기업이 전혀 문제를 인지하지 못했다는 점 등에서 유사한 점도 많다.

병원에서 사용한 피해자 없는지 면밀히 조사해야
적지 않은 피해 신고자들이 가습기살균제를 병원에서 사용했다고 진술

했다. 어떤 경우는 병원 측에서 가습기살균제를 구비해 놓고 사용했다고도 하고 어떤 경우는 환자의 보호자들이 이 제품을 구입해서 사용했다고 한다. 하지만 지금까지 단 한 군데의 병의원도 자신들이 가습기살균제를 사용했다고 밝히며 환자들이 피해를 입었는지 조사해달라고 신고하지 않았다. 제조사를 제외하고는 어느 누구도 가습기살균제의 문제를 알지 못했으므로, 당연히 병원에는 잘못이 없다. 피해자들이 고발하고 검찰이 수사하는 대상도 가습기살균제를 제조한 제조사와 원료 공급사, 그리고 자신들의 이름을 붙인 PB상품을 만든 대형마트들이지 이들 제품을 판매한 도소매점들이 아닌 것과 같다.

하지만 여러 가지 질병으로 병원에 입원한 환자들이 가습기살균제를 넣은 가습기를 사용했다면 당연히 치명적인 영향을 입었을 것이고 이러한 점들에 대한 병원 차원의 조사가 이루어져야 하지 않을까? 대부분의 피해자들이 증언하고 있는 것처럼, 초기에 감기 증세를 보여 가습기를 더 적극적으로 사용하고 살균제도 더 열심히 넣었다는 사용 환경을 생각하면 가습기살균제 사용이 환자의 증세를 악화시키고 조기 사망에 이르게 했을 가능성이 매우 크기 때문이다.

탈리도마이드 사건에 관심이 많은 나는 독일 출장길에 짬을 내 탈리도마이드 취재에 나섰다. 2012년 10월 중순 독일 남부 슈투트가르트에서 차로 한 시간 반가량 걸리는 알멘딩엔를 찾아 탈리도마이드 피해자 전국협회의 대표를 만났다. 그녀는 다리는 멀쩡했지만 팔이 짧아서 손이 어깨에 붙어 있었다. 그녀가 한 말이 잊히지 않는다. "제 어머니가 저를 임신했을 때 콘테르간 딱 한 알을 먹었다고 해요." 단 한 알의 알약이 엄청난 비극을 낳은 것이다.

평생을 미나마타병 문제와 싸웠던 고 하라다 마사즈미(原田正統) 선생은 수은에 오염된 생선을 먹은 엄마가 낳은 기형 아이가 태아성 미나마타병 환자임을 밝혀낸 신경과 의사다. 2005년 환경보건 초청강의 자리에서 그가 '환경문제는 어머니의 자궁에서 시작된다'라고 말했을 때 나는 감전되는 듯한 전율을 느꼈다.

가습기살균제로 어린아이를 잃은 피해자들 중에는 겨울 한 철 동안 단 두세 통의 가습기살균제를 사용한 경우가 적지 않다. 하루 종일 방에 누워 지내는 영유아와 그 옆에서 아이와 함께 지내는 산모들이 가습기살균제 사건의 가장 큰 피해자다. 피해 유족들은 자신이 사다 직접 넣어준 가습기살균제 때문에 가족이 죽었다는 죄책감에 시달린다. 내 손으로 내 아이를, 부인을 죽게 했다는 자책감을 이겨내기 힘들다.

가습기살균제 참사사건은 우리 사회에 많은 숙제와 교훈을 주고 있다. 크게는 화학물질의 남용이라는 측면, 사회안전의 취약점, 생활용품의 제조 판매과정에서의 안전장치의 문제, 피해 발생 후 피해 대책과 원인자에 대한 책임을 제도화하는 문제가 있다. 사회문화적인 측면에서는 환기를 잘하지 않게 되는 아파트 주거문화도 고민해야 하고 영유아와 산모를 보호하는 생활환경을 어떻게 만들지도 적극적으로 고려해야 한다. 피부로 노출되거나 음용했을 때는 안전해도 호흡에 노출됐을 때는 전혀 다른 건강상의 영향을 일으킨다는 것이 이 사건의 직접적인 교훈이다. 화학물질 사용 시 용도가 달라지면 처음부터 안전점검을 해야 하고, 스프레이형 생활용품에 대해 호흡독성 안전시험을 의무화하는 제도적 보완은 이른 시일 안에 반드시 이루어져야 한다.

초록

한눈에 읽는 가습기살균제 건강피해 사건과 교훈

가습기살균제 백서를 거의 마무리해갈 무렵 문득 이런 생각이 들었다. 이 백서를 보는 사람 가운데 처음부터 끝까지 정독할 사람이나 두세 번씩 읽을 사람도 분명 있을 것이다. 하지만 장삼이사들은 관심 있는 부분만 보거나 아니면 그냥 한번 훅 훑어보고 말 것이다. 논문도 초록(abstract)이 있고 책도 서문이 있듯이, 백서도 초록이 있으면 일반 시민들에게 좋지 않을까? 백서의 편집 책임을 맡고 나서 정부 몇몇 부처의 백서와 『바이오안전성 백서』, 『허베이 스피리트호 유류유출사고 환경보건 백서』 등을 살펴보았다. 대부분은 초록이 없었지만 『바이오안전성 백서』에는 초록이 있었다. 백서의 내용이나 성격상 초록이 있을 수도 있고 없을 수도 있겠다는 결론을 내렸다. 그리고 가습기살균제 백서는 초록을 넣는 것이 좋겠다고 판단했다. 주요 내용을 빠트리지 않으면서도 간결하게, 매우 짧게 정리하는 것이 목표였다. 글쓰기 법칙을 재미있게 보여주는 키스의 법칙을 적용할 시점이었다. 단순하면서도 짧게 글을 쓰라는 뜻의 'KISS', 즉 'Keep It Simple, Short'의 정신이 가습기살균제 백서의 전체에 녹아들도록 애썼다.

백서는 4부로 나뉘어져 각 부마다 그 부의 편집인과 집필인 명단을 소개했지만 이 초록의 필자는 밝히지 않았다. 이 책을 통해 처음 밝히는 것이다. 그렇게 하지 않았다면 영원히 주인 없는 글이 될 뻔했다. '한눈에 읽는 가습기살균제 건강피해 사건과 교훈'은 그렇게 나왔다. 이 사건의 성격을 한마디로 보여주기 위해 '대한민국에서 일어난 세계 최초의 바이오사이드 사건'이라고 내 나름대로 규정 내렸다. ≪프레시안≫에 2011년 가습기살균제 칼럼을 쓰면서도 이렇게 규정한 바 있다. 백서에서도 이를 그대로 원용한 것이다. 초록은 다음과 같다. 이 초록은 어디까지나 사건 인지에서부터 1차 판정까지만 대상으로 한 것임을 염두에 두고 읽으시길 바란다.

대한민국에서 일어난 세계 최초의 바이오사이드 사건

가습기살균제 건강피해 사건은 전 세계적으로 유례를 찾기 힘든 살생물제(殺生物劑, biocide)사건이다. 다시 말해 미생물이나 해충을 죽이려고 사용한 제품이 외려 인간의 생명을 앗아간 사건이다. 건강해지기 위해 사용한 제품 때문에 많은 사람이 숨지거나 치명적인 건강피해를 입은, 우리 사회가 예기치 못한 정말 안타까운 사건이라고 할 수 있다. 가습기살균제는 한국의 SK케미칼과 같은 대기업한테서 원료를 공급 받거나 외국에서 원료를 수입해, 옥시레킷벤키저와 같은 외국계기업과 롯데마트 등 주요 대형마트들이 만들어 판매했다. 1994년 첫 제품이 나온 뒤 2011년까지 20여 종이 시장에 선보였으며 18년간 800만 명이 사용한 것으로 추정됐다. 가습기살균제는 2000년대 이후 많은 가정에서 생활필수품처럼 인기를 끌며 널리 사용됐다. 실제 이 살균제 피해자는 어린이와 임산부 등을 중심으로 2000년대 초반부터 나오기 시작해 2006년 이후에는 상급종합병원에 초봄을 전후해 피해자가 거의 동시에 네다섯 명씩 중환자실에 입원하는 등 심각한 상황이 벌어졌으나 정부와 의료진 모두 그 원인을 밝혀내지 못했다.

그 사이 피해자의 규모는 점점 더 커져갔다. 그리고 마침내 사건이 수면 위로 떠올랐다. 2011년 3월 서울아산병원 중환자실에 원인 미상 중증폐질환을 가진 환자들이 입원했다. 환자들은 주로 젊은 나이의 출산 직전, 직후 주산기(週産期) 여성이었다. 의료진은 기존 치료 방법이 이들 환자에게 거의 들지 않는 심각한 질병이라고 판단해 질병관리본부에 신고했다. 원인 규명을 위해 내외부 전문가들과 회의를 하고 질병관리본부에 의뢰해 광범위한 미생물 검사를 했으나 감염성 질환이 아닐 것이라는 정도 외에는 여전히 원인을 밝혀내지 못했다.

한편 서울아산병원 자체 흉부집담회를 통해 관련 전문의들이 토의를 했고 환자들의 영상 소견 및 폐 조직 소견을 검토하면서, 병인이 어떤 흡입성 물질에 의한 폐 손상일 것이라고 생각하게 됐다. 환자들은 주로 출산 전후 여성이었으며 소아과 영역에서 인지하고 있었던 환자들 역시 영유아로서 두 인구군 모두 실내에서 주로 많은 시간을 보내는 집단이었다. 그리고 질환에 걸리는 시기가 늦겨울부터 봄에 집중된다는 점 등에서 미루어 겨울철 실내 환경 요인에 주목하게 되었다. 이러한 추론하에 질병관리본부의 환자-대조군 역학조사가 진행되었으며 가습기살균제가 관련성이 높은 것으로 밝혀졌다. 역학조사에서 나온 결론을 뒷받침하기 위해 동물실험이 논의되었다. 가습기 사용이 많아지는 겨울이 오기 전에 결과를 확인할 필요가 있어 단기 실험과 표준 실험 두 가지를 병행했다. 두 가지 실험 모두 가습기살균제의 위해성을 증명했다. 이에 따라 보건복지부는 긴급하게 가습기살균제 수거 명령을 내렸다. 가습기살균제 수거 명령 이후 시행된 소아 및 성인 환자에 대한 전향적 감시에서 유사 질환자가 다시 발생하지 않았다.

가습기살균제로 발생한 폐질환에 대한 2013년 당시까지의 조사자료를 검토하고 정리된 결과들을 종합해서, 신고된 사례들을 대상으로 가습기살균제 때문에 일어난 피해를 객관적으로 판정하기 위해 폐 손상 조사위원회가 민관합동으로 꾸려졌다. 위원들은 가습기살균제 피해자를 진단·치료하거나 가습기살균제 사건의 역학조사와 독성 시험 등을 맡았던 소아과, 호흡기 내과, 병리학, 진단영상, 역학, 환경보건학, 독성학 전문가와 의사들을 중심으로 이루어졌다.

폐 손상 조사위원회는 피해자 판정기준과 절차를 확정한 뒤 피해 신고를 해온 가정에 2013년 7~8월 조사요원을 보내 환경조사를 벌이는 한편, 국립중앙의료원에서 생존 환자에 대한 컴퓨터단층촬영(CT) 등 건강검진을 했다. 이런 활동의 결과와 환자들이 가습기살균제 피해 치료 과정에서 확보했던 기존 진단·치료 의무기록 등을 모아 종합적인 피해를 판정했다.

판정은 조직병리, 영상의학, 그리고 임상의학을 포함하는 건강영향평가 분야와 가습기살균제 사용과 노출을 평가하는 환경노출평가 분야, 그리고 전체자료의 정리와 분석을 담당하는 역학 분야로 나누었으며, 건강 및 환경 평가는 각 세부 분야별로 관련 분야의 경험과 지식을 갖춘 3인 이상의 전문가로 구성하는 것을 원칙으로 했다.

종합판정 결과 판정 대상자 361명 가운데 가능성 거의 확실함 판정을 받은 사람이 127명, 가능성 높음 판정자 41명, 가능성 낮음 판정자 42명, 가능성 거의 없음 판정자 144명, 판단 불가능 7명으로 각각 집계됐으며 2014년 3월 공식발표와 함께 각 개인에게 그 결과가 통보됐다.

피해자들 시민단체, 언론과 함께 눈물겨운 피해 대책 요구 투쟁

2011년 8월 31일 정부는 가습기살균제 피해 원인에 관한 역학조사 결과를 발표하면서 피해자들에 대한 보상 등 대책에 대해서는 이렇다 할 내용을 내놓지 못했다. 가습기살균제 제조·판매 회사들도 자신들의 책임을 인정하지도 않았으며 이에 따라 사과나 보상 대책을 전혀 언급하지 않았다. 이 때문에 피해자들은 시민단체를 찾았고 이후 사건은 시민단체와 피해자모임이 제조회사와 정부, 그리고 국회를 상대로 책임과 대책을 요구하는 시위와 기자회견 등 긴 투쟁과정으로 이어진다. 피해자들은 200차례가 넘는 광화문 1인시위를 이어갔고 가습기살균제 제조기업 등을 대상으로 민형사 소송을 제기했다.

피해자들의 요구에 부응해 국회는 본회의 결의문을 채택하고 특별법 제정을 추진하며 정부가 피해 대책을 마련하도록 이끌었다. 가습기살균제 사건과 관련한 활동은 18대 국회부터 이루어졌으며 19대에도 이어졌다. 보건복지위원회와 환경노동위원회를 중심으로 가습기살균제 피해구제 관련 법안이 잇따라 발의됐으며 피해자 지원과 대책 마련을 위한 국회 본회의 결의문이 채택되기도 했다. 하지만 정부가 뒤늦게 환경보건법 하위법령에 관련 근거를 마련하고 피해자들을 위한 의료비 지원과 장의비 지원 관련 예산을 확보하면서 피해구제법안 제정 논의는 더 이상 진전되지 못했다.

가습기살균제 피해 문제를 해결하기 위한 민간 차원의 노력도 도드라졌다. 정부의 피해조사가 제때 이루어지지 않자 한국환경보건독성학회 소속의 전문가들이 시민단체와 함께 전국 100여 개 피해 신고 사례를 조사하기 위해 가가호호 가정방문을 했다. 한국환경보건독성학회 전문가들은 학술보고를 통해 문제의 가습기살균제 제품과 성분에 대한 기존 자료를 바탕으로 연구해보니 판매하기 어려울 정도의 위해성이 드러났다고 밝혔다. 이들은 제조사와 정부가 기초적인 위해성평가라도 했더라면 피해를 크게 줄이거나 막을 수 있었을 것이라고 지적했다.

언론은 가습기살균제 사건의 피해 사례를 집중적으로 조명하며 사건의 실체를 사회에 알렸다. 피해 사례를 알리는 데 공중파 방송의 시사프로그램들과 ≪프레시안≫과 같은 인터넷 매체, 그리고 ≪베이비뉴스≫와 같은 전문매체가 앞장섰다. 2013년 4~5월에는 ≪경향신문≫이 10여 차례 1면 머리기사와 전면기사 등으로 이 사건의 가려진 부분을 들춰내는 특집 연속기사를 내며 사건을 집중 조명했다.

시민사회단체들은 많은 시민이 희생된 이 사건에서 피해자를 조직하고 대변하며 문제 해결에 앞장섰다. 환경보건시민센터를 필두로 환경운동연합, 녹색소비자연대, 여성환경연대가 나섰다. 또 피해자들은 정부의 역학조사 결과가 나오기 전부터 스스로 인터넷카페를 만들어 피해 내용을 공유했고, 정부 발표 이후에는 시민단체와 함께 '가습기살균제 피해자와 가족 모임'을 결성해서 적극적인 피해 대책 요구를 줄기차게 해오고 있다. 그러나 이 사건과 관련해 가습기살균제 제조사와 판매사들은 여전히 자신들의 책임을 인정하지 않아 현재 피해자와 그 가족들은 여러 갈래로 나뉘어 이들 회사와 정부를 대상으로 민형사상 피해보상소송을 힘겹게 벌이고 있다.

기업의 안이함과 정책과 제도의 미비가 빚어낸 생활환경제품 재앙

왜 대한민국에서, 외국에서는 전례가 없는 이런 끔찍한 가습기살균제 집단 사망 및 건강피해 사건이 발생한 것일까? 이 점에 대해 많은 전문가가 다양한 분석을 내놓고 있다. 먼저 우리나라의 기업들이 화학물질 신제품을 개발하면서 그 용도에만 초점을 맞추고 안전성 평가에는 관심을 두지 않은 점과 화학물질 안전관리를 효과적으로 뒷받침해주는 정부의 정책과 제도가 미비하다는 점을 지적했다. 특히 유해화학물질 관리법, 품질경영 및 공산품 안전관리법 등의 부실이 도마에 올랐다. 그리고 아파트 위주로 주거문화가 변화하면서 가습기 사용이 늘어나고, 건강에 대한 관심이 커졌으며,

편리함을 좇고, 과학기술 문명의 이기를 맹신하는 등의 사회문화적인 요인도 사건의 배경으로 꼽혔다.

이 사건을 본격적으로 인지한 시점에서부터 원인을 규명하고 제품을 회수 조치하는 등 문제 해결 시점에 이르기까지의 시간이 길지 않았던 것은 그나마 다행으로 여겨졌다. 하지만 사건의 원인을 빨리 규명해야 한다는 시간 제약 때문에 나타난 미흡한 점도 일부 지적됐다. 역학조사에서는 경증 환자, 민감 집단, 후유증 등에 접근하기 어려웠다. 독성학적 시험 과정에서는 세포 독성 시험의 변별력 문제, 폐 섬유화 기전 규명 등이 미흡했다. 노출력 재연 시험에서는 성분 농도의 정밀 분석이 이루어지지 못했다. 흡입 독성 시험 과정에서는 용량-반응 시험이 완벽하게 이루어지지는 못했다. 또 피해자 판정을 위한 조사 및 분석 과정에서 인과관계를 규명하기 위한 임상 자료가 부족해 판정에 어려움을 겪었으며, 임상 판정과 환경 노출 판정을 효과적으로 연계하는 문제는 앞으로 해결해야 할 과제로 남았다.

사건 재발을 방지하기 위해서는 이와 유사 사건이 발생할 때 정부 부처와 전문 분야별 연구자들 간 긴밀한 연계와 사후 처리 단계에서 정부 부처 간 신속한 연계 등이 필요하다는 지적도 나왔다. 또 기업에 대해서는 제품에 사용하는 화학물질의 안전성에 대한 책임 의식을 강화하고 이를 실천하기 위한 교육이 이루어져야 한다는 점이 강조됐다. 이 사건에서 드러난 법적인 미비점은 앞으로 법 개정을 통해 하루빨리 보완하되, 특히 과학기술적인 부분을 치밀하게 검토해 반영해야 한다는 지적도 있었다.

가습기살균제 건강피해 사건과 유사한 성격의 화학물질 또는 생활용품 위해 사건이 두 번 다시 대한민국에서 일어나지 않도록 하기 위해서는 국회, 정부, 기업, 시민, 전문가, 언론 모두 이 사건이 주는 교훈을 마음 깊이 새겨야 할 것이다.

1부

가습기살균제 재앙의 시작과 끝,
불편한 진실들

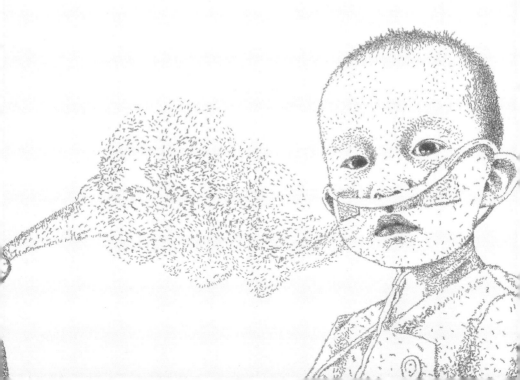

전화 한 통, 수많은 목숨을 살리다

충청북도 오송에 있는 질병관리본부 역학조사과 사무실에 이른 아침 전화가 울렸다. 사무실 밖에는 철쭉과 같은 봄꽃들이 화려한 생명을 뽐내고 있었다. 그날은 2011년 4월 25일이었다.

"안녕하세요. 곽진 연구관이십니까?"

"네. 제가 곽진인데요."

"저는 서울아산병원 중환자실 최상호 감염관리실장입니다."

그들은 한 번도 만난 적이 없는 사이였다. 이름도 처음 들어보았다.

"무슨 일이시죠." 곽진 연구관은 이런 식의 전화는 처음이었다. 약간 어색해하며 전화를 받았다.

"긴급히 상의 드릴 일이 있어 전화를 했습니다. 저희 병원에 연초부터 중환자실에 임신부가 폐렴에 걸려 계속 들어오고 있습니다. 모두 중증 환자인데다 이상하게 항생제와 스테로이드 등 온갖 방법을 써도 치료가 잘되지 않습니다. 모두 7명의 환자가 들어왔고 한 명은 사망했습니다. 한 번 오셔서 상황을 파악하시고 대처를 함께 했으면 합니다."

"네. 알겠습니다. 위에 보고하고 내일 바로 가겠습니다."

곽진 연구관이 질병관리본부에 몸을 담은 것은 신종플루가 우리 사회를 한바탕 할퀴고 지나간 후인 2010년이었다. 서울대학교 의과대학에서 예방 의학을 전공한 그의 첫 직장이 질병관리본부였다. 자신의 전공이 예방의학 인지라 역학조사과에서 역학조사관 업무를 맡았다. 그는 역학조사팀장으로 공중보건의 출신 역학조사관들을 데리고 일을 해왔다. 그동안 큰 감염 사건이 없어서 식중독 발병 등 몇몇 자그마한 감염 사건들만 다루어왔다.

그는 곧바로 직속상관인 윤승기 역학조사과장에게 서울아산병원에서 전화 받은 내용을 보고했다. 윤 과장은 "빨리 나가서 조사해보시죠"라고 말했다.

그는 다음날 출근하자마자 출장신고를 하고 혼자서 질병관리본부가 있는 충북 오송에서 서울로 향했다. 최상호 실장과 호흡기 내과 고윤석 교수, 임채만 교수 등을 차례로 만났다. 그리고 그들에게서 서울아산병원이 맞닥뜨린 괴이한 임신부 폐질환에 대한 이야기를 자세하게 들을 수 있었다. 그리고 그들이 왜 질병관리본부에 직접 전화를 해 역학조사를 요청하게 됐는지 파악했다.

출산 직후 여성 서울아산병원서 숨지자 의료진 충격

서울아산병원 응급실과 호흡기내과 등에 2011년 1월부터 숨을 잘 쉬지 못하는 임산부들이 한두 명씩 들어왔다. 2월말에는 아기를 출산한 지 얼마 되지 않은 한 여성이 2011년 2월 말 호흡부전으로 서울아산병원을 찾았다. 호흡부전(呼吸不全, respiratory failure)은 폐에서 가스 교환, 즉 산소와 이산화탄소 교환이 적절하게 이루어지지 않아 숨을 쉬기가 어려운 증상을 말한다. 호흡부전으로 가스 교환이 잘 이루어지지 않으면 동맥 혈액의 산소 및 이산화탄소 농도가 통상 범위 안에서 유지될 수 없다. 다시 말해 핏속 산소 농도가 떨어지는 저산소증 현상이 생긴다. 또한 동맥 혈액의 이산화탄소 농도는 거꾸로 증가하게 된다. 서울아산병원의 의료진들은 산모의 호흡부전이 바이러스나 세균의 폐 감염 때문일 수 있다고 보고 항생제와 항바이러스제를 투여하고 간질성 폐렴 등에 잘 듣는 스테로이드 제제를 투여하는 등 집중적인 치료를 했으나 환자들은 나아지지 않았다. 의료진은 혈액검사와 엑스선 촬영, 컴퓨터단층촬영 등 여러 검사를 모두 해보았다. 그래도 이 여성의 호흡부전 원인을 알 수 없었다. 상태는 점차 나빠졌다. 마침내 환자는 호흡이 거의 불가능한 위급 상황에 이르렀다. 의료진은 최후의 수단을 동원했다. 체외순환막형산화요법(Extracorporeal Membrane Oxygenation, ECMO: 몸의 피를 밖으로 빼내 기계장치에서 산소를 피에 공급한 뒤 다시 몸속으로 집어넣어 생명을 유지하는 방식) 치료까지 했다. 이런 값비싼 첨단치료장비는 다른 병원에서는 찾아보기 어려워 다른 병원에서 호흡곤란이 매우 심한 환자들을 서울아산병원에 보내기도 한다. 2011년 서울아산병원에 원인 미상 폐질환 환자가 많이 몰려들었던 이유 가운데 하나이기도 했다. 의료진들은 산모가 젊어서 병세가 좋아질 가능성이 있다고 보았다. 하지만 그런 예상과 바람은 이루어지지 않았다. 환자는 안타깝게도 얼마 버티지를 못하고 3월 초 숨졌다. 산모의 남편과 가족은 더할 나위 없는 깊은 슬픔에 빠졌다. 백약이 무효였던 환자를 지켜보기만 해야 했던 의료진도 마음의 충격을 받았다.

　이 사건은 비극의 시작에 지나지 않았다. 한 산모의 안타까운 죽음이 있고 나서 한 달 뒤인 4월 초, 중환자실에 임신부와 출산 직후 여성 네 명이 숨진 산모와 비슷한 증상으로 입원을 했다. 만삭에 가까운 임신부는 몸 상태가 중환자실을 떠나 분만실로 가기 어려운 상황이었다. 결국 환자는 내과 중환자실에서 아이를 출산해야만 했다. 의사들도 이런 상황은 처음이었다.

이들 중 한 명은 기침이 심해 혹 결핵일 수도 있다고 보고 투베르쿨린 검사, 인터페론 감마분비검사와 함께 결핵균의 활동성 여부를 파악하고 정확히 진단을 하기 위해 흉부 X-선 검사, 객담 검사 등을 했다. 그 결과 산모는 결핵균 양성자인 것으로 확인됐다. 혹 나머지 환자들도 결핵 환자일 수도 있다고 보고 검사를 했으나 양성은 아닌 것으로 판정이 났다.

서울아산병원에는 진단이나 치료가 어려운 호흡기 질환에 대해 호흡기내과, 영상의학과, 병리학과, 핵의학과 등 관련 과들의 전문가들이 매주 모여 효과적 치료 방법, 병의 원인 등을 토의하는 흉부집담회가 열렸다. 여기에 애초 흉부집단회 멤버는 아니었지만 임산부들이 겪고 있는 질환이 감염성 질환일 가능성도 있다고 보고 감염내과 전문의를 초청해서 이 환자들의 증례를 다루었다. 집담회에서 병의 원인으로 새로운 바이러스, 황사, 독성 물질 등을 지적하는 여러 의견이 나왔다. 하지만 어떤 의사도 이런 추정 원인을 뒷받침할 만한 증거를 내놓진 못했다. 서울아산병원 의사들로서도 임산부들을 앓게 만들고 또 숨지게 한 질병의 원인을 알 수 없었다. 결국 범인이 잡히기 전까지는 이 질병에 원인 미상의 폐질환이라는 이름이 붙었다.

조사 결과 다른 병원에서도 비슷한 중증폐질환 산모 다수

서울아산병원 호흡기내과 교수들은 이런 질환을 앓고 있는 환자가 모두 서울아산병원만 찾아오지는 않을 것이라는 판단을 했다. 마침 당시 호흡부전연구회란 모임을 이끌고 있던 회장이 호흡기내과 임채만 교수였다. 4월 19일 다른 병원에서도 이와 유사한 환자가 있었는지 알아보기 위해서 호흡부전연구회 회원들에게 이메일을 보내 다른 병원 임신부 또는 출산 직후 여성에게서 원인을 알 수 없는 폐질환 사례를 진료한 적이 있거나 진료하고 있는지를 조사했다. 놀랍게도 네 곳의 병원에서 서울아산병원 사례와 유사한 환자가 있다고 알려왔다.

　서울아산병원 내과 의료진은 이 원인 미상 폐질환이 전국에서 나타나고 있다고 판단했다. 갑자기 세계적 대유행을 한 신종감염병이 떠올랐다. 중국에서 시작하여 세계를 긴장시켰던 2003년의 사스(중증급성호흡기증후군)와 국내는 물론 전 세계적으로 유행해 많은 사망자와 환자를 발생시켰던 2009년의 신종플루가 떠올랐다. 사스는 국내 발생환자가 거의 없어서 서울아산병원 의사들도 직접 진료나 치료를 한 경험이 없지만 신종플루의 경우는 국내에서도 많은 환자들이 발생하고 또 죽었기 때문에, 또 그 사태를 겪은 지 1년 남짓 되기 때문에 뇌리에 생생하게 남아 있었다. 그러자 덜컥 겁이 났다. 혹 이 원인 미상 폐질환이 우리가 지금까지 한 번도 본적이 없는 새로운 세균 또는 바이러스에 의한 신종 감염병은 아닐까. 그런 생각에까지 이르자 몸에 전율이 느껴졌다. 감염병은 초기에 확산을 막는 것이 유행을 막는 핵심이다. 1분이라도 빨리 정체를 파악하고 또 정확한 원인을 모르더라도 이를 다른 의료진은 물론이고 국민에게 알려 방역을 하는 것이 기본이다. 서울아산병원 의료진은 세균보다는 바이러스에 무게를 두었다. 세계적으로 문제가 된 신종감염병의 병원체는 주로 바이러스였기 때문이다. 만약 이 질환이 바이러스 감염병이라면 방역 당국이 하루라도 일찍 인지하고 대응해야 한다는 것 정도는 내과 의사들도 잘 알고 있다. 서둘러 직접 질병관리본부에 신고해서 정부의 역학조사를 요청한 것은 당연한 일이었다.

　4월 26일 혼자서 서울아산병원을 찾았던 곽진 연구관은 이 질병과 관련한 여러 정보를 신속하게 파악하기 위해 27일에는 다른 역학조사 요원 한 명과 공중보건의 출신 역학조사요원 등 두 명을 추가로 불러들여 본격적인 조사에 들어갔다. 질병관리본부 역학조사반은 먼저 환자 현황과 상태를 살펴보았다. 환자들은 모두 호흡곤란을 주로 호소했다. 모두 임신 말기인 임신 29주에서 출산 후 1주까지의 20~30대 주산기 여성이었다. 홍미로운 것은 이들의 발병 시기가 매우 비슷하다는 점이었다. 겨울이 끝나갈 무렵, 또는 초봄인 2~3월께 증상이 발생하기 시작해 서서히 진행하다가 어느 시점 이후 갑자기 하루 이틀 만에 증상이 급격하게 악화했다. 이들은 처음부터 서울아산병원을 찾아 치료를 받은 것은 아니었다. 처음에는 동네 의원이나 동네 산부인과를 찾았다가 치료가 잘되지 않고 병이 심하게 악화하자 거주 지역의 큰 병원을 찾았다. 하지만 그곳에서도 별 차도가 없었고 마침내 서울아산병원까지 오게 된 것이다. 서울 환자들도 있었지만 경기·충청·전라 등 전국 각지에서 올라온 환자들이었다. 임산부에서 생긴 호흡곤란 중증 폐렴이라는 임상 증상 외에 특별한 공통점도 눈에 띄지 않았다. 왜 이러한 질병이 생겼는지 대한민국 최고 수준의 병원 의사들이 밝혀내지 못한 것을 질병관리본부의 초짜 역학조사팀이 2~3일 조사해보고 밝혀낼 수 있는 일은 결코 아니었다. 그들은 셜록 홈즈가 되기에는 여러 면에서 많이 부족했다. 이미 병원에서는 감염병 가능성에 대비해 미생물 검사를 해보았다. 원인균이나 바이러스가 발견되지 않았다. 감염병 진단과 관련해서는 가장 풍부한 경험을 지니고 있고 검사 장비와 검사 인력의 수준이 뛰어난 국립보건연구원에 환자들에게서 얻은 검삿감을 보냈다. 하지만 여기에서도 공통된 병원성 미생물이 검출되지 않았다.

환자의 몸에서 공통된 바이러스 나오지 않아

병원을 찾은 환자들의 차트에는 국제 질병분류기호에 따라 질병번호가 붙는다. 이를 토대로 병원 원무행정실은 건강보험심사평가원에 진료비를 심사청구한다. 국민건강보험공단은 건강보험심사평가원의 진료비 심사를 토대로 병원에 진료비를 지급한다. 하지만 병원에서는 환자들의 질병에 진단명과 국제 질병분류기호조차 줄 수 없었다. 그래서 가습기살균제 피해자들이 거쳐 간 병원에서는 이들에게 결핵, 간질성 폐렴, 바이러스성 폐렴, 특발성 간질성 폐렴, 민감성 폐렴, 민감성 폐장염 등 다양한 질병 이름과 분류기호를 붙였다. 환자들의 증상 등 임상 면에서 보거나 영상의학 검사 결과를 종합하면 바이러스성 폐렴과 간질성 폐질환의 특성이 조금씩 섞여 있었다. 하지만 이들 전형적 질환과는 또 거리가 있었다. 의사들이 가장 쉽게 떠올릴 수 있는 질환, 그리고 가장 많이 보아온 호흡곤란 폐질환은 역시 호흡기 세균이나 바이러스에 의한 것이었다. 서로 거의 같은 증상과 질병 진행 경과를 보였으므로 만약 이들 일곱 명에게서 똑같은 병원체가 발견된다면 그놈이 범인일 가능성이 짙다. 그러나 검사 결과 환자들 간 공통 병원체는 나오지 않았다. 감염질환에 걸리면 우리 몸에서 세균이나 바이러스와 싸우는 면역체계가 작동된다. 우리 몸은 백혈구 등 다양한 면역군대를 이들 병원체에게 보내 한바탕 치열한 전투가 벌어진다. 장렬히 죽은 놈들은 염증을 남긴다. 그 과정에서 열이 난다. 하지만 이들 환자들에게서는 웬일인지 열도 크게 나지 않았다. 백혈구 증가도 뚜렷하게 나타나지 않았다. 당연히 곰팡이를 잡을 수 있는 항진균제와 세균을 죽칠 수 있는 항균제, 바이러스를 무력화하는 항바이러스제도 투여해보았다. 그런데 모든 약물이 듣지 않았다. 이는 임산부들을 괴롭혔거나 괴롭히고 있는 질환이 감염성은 아닐 것이라는 점을 방증했다. 또 일반적으로 간질성 폐질환에는 스테로이드제가 잘 듣는데 어찌된 일인지 스테로이드마저 잘 듣지 않았다. 환자와 의사 모두 정말 낭패였다. 서울아산병원 의료진은 15~20년 넘게 중증 호흡기 환자들을 수없이 보아왔지만 이런 경우는 처음이었다. 사실 서울아산병원 의료진은 이와 유사한 환자들을 그 이전 몇 년 동안 1년에 한두 차례 경험한 적이 있다. 그때는 워낙 희귀하게 그런 환자를 보았기 때문에 그냥 넘겼다. 물론 그때도 이상하다며 질병관리본부에 신고를 하면 좋았겠지만 환자 한두 명보고 신고를 하는 경우는 우리나라뿐 아니라 선진국에서도 잘 없는 일이다. 이를 두고 병원 의료진을 나무랄 일은 아니라고 본다. 그냥 그때 질병관리본부에 역학조사를 요청했으면 좋았으리라는 아쉬움을 토로하는 정도가 좋을 것 같다.

"아니 이럴 수가", 소아과에서는 2006년부터 유사 환자가 발생했는데 같은 병원에서도 몰라

질병관리본부 예비 역학조사가 시작되면서 새로운 정보가 입수됐다. 서울 시내 다른 대형병원에도 비슷한 환자가 입원 중이라는 것이다. 게다가 임산부만이 아니라 남성 한 명도 임산부들과 비슷한 증상을 보이며 서울아산병원에 입원 중이라는 사실도 알게 됐다. 예비 역학조사 중 매우 놀라운 사실이 드러났다. 성인이 아니라 갓난아기를 포함한 어린이에게서는 2006년부터 소아청소년과 의료진이 임산부들과 증상이 거의 같은 수십 명의 어린이 환자를 진료했으며 이들 중 상당수가 숨졌다는 것이다. 이는 서울아산병원의 병리과 의사들이 임산부들의 폐 조직을 현미경으로 관찰한 뒤 소아청소년과에서 의뢰해온 어린이 폐 조직과 조직병리 현상이 완전히 일치한다는 이야기를 해주었기 때문에 확인되었다. 서울아산병원 소아청소년과 홍수종 교수를 중심으로 서울아산병원 소아과 의사와 전국의 소아과 의사들은 이미 2006년부터 원인 미상 폐질환에 걸린 어린이 환자를 많이 보아왔다. 그리고 홍 교수 등 소아과 의사들도 치료가 잘되지 않고 전에 본 것과 다른 간질성 폐질환이 유행하는 것을 알고 그 원인을 밝혀내고 이를 토대로 어린 생명을 살려보기 위해 매달렸다. 소아들의 원인 미상 폐질환에 대한 전국 조사를 벌여 그 결과가 대한소아과학회지에 2008년과 2009년 두 차례

학술논문까지 발표되기도 했다. 그런데 소아과 의사들도 바이러스 등 온갖 병원체 검사를 했지만 끝내 원인을 밝혀내지 못했다. 역학조사반은 이 논문들과 어린이들의 진료 기록, 그리고 홍수종 교수 등 소아청소년과 의사들을 만나 인터뷰를 한 결과 두 집단에서 발생한 질환이 같은 것임을 알아차렸다. 2006년부터 거의 해마다 늦겨울과 이른 봄에 환자가 집중적으로 생겼다는 점도 같았다.

서울아산병원 의료진들은 질병관리본부 역학조사반과 함께 다시 흉부 집담회를 열어 토의를 벌였다. 이 과정에서 환자들에게서 보이는 영상학적 소견이 병리학적으로는 세기관지(細氣管支)를 중심으로 하는 급성 내지 아급성 손상인 것으로 확인됐다. 이 질환이 어떤 종류의 흡입 물질에 의해 유발되었을 것이란 짐작을 하게 되었다. 그리고 이 환자들이 주로 출산 직전 또는 직후의 주산기 여성으로 집 안에서 생활하는 점으로 미루어 원인 흡입 물질이 실외에서 노출되기 쉬운 바이러스나 황사보다는 실내에서 노출되는 물질일 것으로 추정했다. 임산부보다 먼저 같은 증상을 보인 소아과 환자들도 주로 영유아로, 이들 또한 대부분의 시간을 실내에서 보낸다는 것이 이런 추론을 뒷받침했다. 또한, 소아 환자들의 경우 질환 발생이 늦은 겨울부터 초봄 사이에 집중되었고 여름이 되면서 환자가 없었다고 소아과 의료진이 증언함에 따라, 이러한 주요 환자군의 특성들과 연관될 만한 실내 환경 요인들을 살폈다. 환자들이 병원을 찾았을 때 서울아산병원 의료진은 꼼꼼하게 집에서 사용하는 각종 세제와, 방향제, 탈취제, 항균제, 항진균제 등이 있는지, 곰팡이는 있는지 등과 함께 가습기를 사용하는지 물었다. 이 원인 미상 폐질환이 임산부에 국한하지 않는다는 사실을 알고서 5월 4일 다시 호흡부전연구회 전국회원 의사들에게 임산부 외에 다른 사람들에게서도 유사 환자가 있는지 물었다. 이 질환이 감염성 질환이 아닐 가능성이 매우 높다는 판단에 따라 기존 감염병 중심의 전문가위원회를 지양하고 5월 6일 질병관리본부는 환경보건 등 여러 분야의 전문가가 참여하는 다학제(多學制) 역학조사를 수행하기로 했다. 역학조사전문위원회는 가습기살균제를 포함한 여러 환경 요인을 조사 대상에 포함해 범인을 찾기 위한 본격적인 추적에 나섰다.

곽진 연구관은 화학물질이나 환경보건에 대해서는 잘 몰랐다. 하루빨리 원인을 밝혀내야 할 텐데라는 걱정이 매시간 들었다. 임산부 피해자만 해도 이 사건이 외부로 알려지면 엄청난 파장을 불러올 것이 분명한데, 수십 명의 어린이까지 이 질병에 걸려 그 가운데 상당수가 숨졌다는 사실을 안 곽연구관은 이 병이 보통 문제가 아니라는 것을 직감했다. 앞으로 환자가 얼마나 더 나올지, 혹 감염성이 있는 것은 아닐지에 대한 의구심도 완전히 떨쳐내지는 못했다. 불안감이 엄습하는 가운데 역학조사를 진행할 무렵 병원을 중심으로 임산부들이 괴질에 걸려 죽어가고 있다는 소문이 돌기 시작했다. 발 없는 소문이 천리를 간다는 말이 맞았다.

역학조사 신고 뒤 13일 만에 "정체불명의 바이러스성 폐렴 급증" 보도

역학조사 신고를 받은 지 13일이 지난 5월 8일 저녁 무렵부터 통신과 방송들이 임산부들의 원인 미상 폐질환 집단 발생 소식을 보도하기 시작했다. 다음날 조간신문들은 일제히 이 소식을 비중 있게 다루었다. 다음은 뉴스전문방송인 YTN이 5월 8일 오후 5시께 보도한 내용이다.

정체불명의 바이러스성 급성 폐렴 환자가 최근 집중 발생해 보건당국이 조사에 들어갔습니다. 질병관리본부는 최근 한 달 새 정체를 알 수 없는 바이러스에 의한 급성 폐렴 환자 여섯 명이 한 대형병원에 한꺼번에 입원해 역학조사에 나섰다고 밝혔습니다. 이들 중 5명은 20~30대 임산부이고, 나머지 한 명은 40대 남성이며, 처음엔 발열과 기침 등 감기 증세로 가까운 병원에서 치료를 받다 호흡곤란 등 급성 폐렴 증세로 이 대형병원으로 이송됐습니다.

질병관리본부는 이 같은 증상을 보이는 환자는 1년에 한두 명씩 보고되곤 하지만 이렇게 짧은 기간에 대여섯 명의 환자가 한꺼번에 확인된 것은 이번이 처음이라고 밝혔습니다. 하지만 이 같은 현상이 전국적인 현상은 아니라고 밝혔습니다.

환자 중 한 명은 증세가 호전돼 일반 병실로 옮겨졌지만 5명은 중환자실에 입원해 있습니다.

질병관리본부는 역학조사관들이 환자들의 혈액 샘플을 채취해 바이러스 종류를 검사하고 있으며 이번 주 안에 검사 결과가 나올 예정이라고 밝혔습니다.

언론은 서울아산병원을 실명으로 밝히지 않았다. 질병관리본부도 이미 3월 초 사망자가 나왔음에도 언론에 이를 알려주지 않았다. 원인도 밝혀지지 않은 상태에서 사망자가 나온 것이 알려지면 시민들의 불안감을 키울 수 있다는 판단 때문이었는지도 모른다. 하지만 첫 보도 하루 만인 5월 10일, ≪한국일보≫가 임산부 가운데 한 명이 이미 사망했다는 특종보도를 터뜨리자 언론사 간 보도 경쟁에 불이 붙었다. 5월 11일 자에는 ≪조선일보≫와 ≪세계일보≫가 이 사건을 1면 기사로 싣는 등 거의 모든 신문이 주요 뉴스로 다루었다. 특히 ≪세계일보≫는 "정체불명 폐렴 공포"라는 제목으로 시민의 공포심을 자극했다. 위험 보도에서 언론이 즐겨 쓰는 보도 방식이 공포소구인데 이 사건에서도 유감없이 발휘된 것이다.

원인도 밝혀내기 전에 언론이 이 사안을 대대적으로 보도하게 되자 질병관리본부와 서울아산병원 의료진, 그리고 역학조사에 참여한 전문가들의 어깨는 더욱 무거워졌다. 그리고 감염병이 아니라면 과연 어떤 요인이 약도 잘 듣지 않는 이런 무서운 폐질환을 일으키는지 한시라도 일찍 밝혀내기 위해 밤잠을 설쳐가며 애를 썼다. 진짜 범인 찾기는 사실상 이때부터 시작됐다.

2011년 4월 25일 오전 10시께 울린 전화 한 통. 이 전화 한 통이 없었더라면 정부의 역학조사도 없었을 것이다. 정말 귀중한 전화였다. 이 전화가 8월 31일 원인 미상 폐질환을 일으킨 범인을 색출하는 데 결정적 역할을 했다. 가습기살균제가 대한민국에 첫 선을 보인지 16년 6개월이 흘렀다. 어린이에게서 가습기살균제 피해가 집단으로 생긴 지 만 5년 만이다. 2006년부터 많은 어린이가 해마다 봄이 되면 가쁜 숨을 내쉬며 살려달라고 서울아산병원 등 여러 병원을 찾았지만 5년 동안 어느 소아과의사도 보건소나 질병관리본부 등 방역 당국에 역학조사를 해달라고 요청하지 않았다. 지금 와서 돌이켜보면 의사들과 병원들이 보건소나 방역 당국에 전화 한 통 하기가 그렇게도 힘든 일이었나 하는 아쉬움이 든다. 서울아산병원은 5년 동안 환자 신고와 역학조사 요청을 하지 않았다. 5년 뒤 소아과가 아닌 호흡기내과 쪽에서 신고했다. 그리고 범인을 찾아내는 일에 서울아산병원 예방의학과 교수들이 앞장서 마침내 범인을 검거하는 데 성공했다. 좌절과 영광, 실패와 성공, 아픔과 기쁨이 같은 병원 다른 의사들 사이에 일어났다.

가습기살균제 재앙 사건의 시작에 얽힌 이야기를 찬찬히 뜯어보면서 이런 생각이 들었다. 앞으로 의심나면 망설이지 말고 전화하라. 백지장도 맞들면 낫다. 혼자 끙끙 앓지 말라. 나 혼자서 모든 것을 처리할 수 있다는 지나친 자신감을 버려라. 집단지성이 문제를 해결할 수 있다. 2011년 4월 25일 서울아산병원 중환자실 감염관리실의 전화 한 통이 질병관리본부를 깨웠고 많은 생명을 구했다. 만약 이 전화가 2011년 4월이 아니라 2012년이나 2013년에 울렸더라면, 억울하고 원통하게도 수십 내지 수백의 생명이 더 희생됐을 것이다.

영웅이나 의인은 없었다

1981년 여름 미국 로스앤젤레스에서 면역결핍이 생길 이유가 없는, 즉 면역억제제를 투여받았거나 암 치료를 위해 방사선 치료를 받은 적이 없는 건강한 남성이 비병원성 주폐원충에 의한 폐렴(뉴모시스티스 카리니 폐렴, Pneumocystis carinii pneumonia, PCP)에 걸려 병원을 찾았다. 그리고 며칠 사이 그 병에 걸린 환자 수가 계속 늘어났다. 이들은 대부분이 마약 주사를 사용하는 사람들과 남성동성연애자들, 즉 게이들이었다. 병원은 이 이상한 감염병을 즉각 미국 질병통제센터에 신고했다. 그리고 비슷한 시기에 미국에서 게이들의 도시라고 하는 샌프란시스코에서도 같은 환자들이 병원을 찾기 시작했다. 그리고 얼마 뒤에는 뉴모시스티스 카리니 폐렴뿐 아니라 카포시 육종(Kaposi's sarcoma)이라고 해서 매우 희귀하게 생기는 피부암의 일종에 걸려 병원을 찾는 환자수도 늘어나기 시작했다.

미국 질병통제센터(CDC)는 긴급 대응팀을 구성해 즉각 새로운 병의 유행을 모니터링하기 시작했다. 처음에는 처음 보는 병이라 그 이름도 제대로 지을 수 없었다. 처음에 이 병은 임파절종대(Lymphadenopathy) 관련 질병으로 불렀다. 긴급대응팀은 카포시 육종과 기회감염이라는 용어를 사용했다. 한때 CDC는 이 괴상한 증후군이 마약사용자(heroin users), 남성 동성애자(homosexuals), 혈우병환자(hemophiliacs), 아이티인들(Haitians)에게서 많이 생긴다고 해서 이 병을 '4H 병'이라고 부르기도 했다. 재치 있는 말을 즐기는 사람들은 이들을 '4H 클럽 회원들'로 불렀다. 초기에 언론은 게이 가운데 이런 질환자가 많다고 해서 이 병을 '그리드(GRID: gay-related immune deficiency)'라고 불렀다.

대한민국에서 최초로 발생한 가습기살균제병

물론 이런 이름으로 부른 것은 모두 잘못임이 얼마 뒤 드러났다. 에이즈는 모든 사람에게 생길 수 있는 바이러스 감염병이었기 때문이다. 1982년 7월 한 모임에서 후천성면역결핍증(acquired immune deficiency syndrome, AIDS)이라는 말이 처음 제시됐고 CDC도 그해 9월 이 질병을 에이즈로 부르기 시작했다. 처음 발견되는 감염병은 대개 이와 비슷한 길을 걷는다. 2003년 전 세계를 강타한 사스(SARS, 중증급성호흡기증후군)도 처음에는 괴질로, 이어서 비정형 폐렴으로 불리다가, 마지막으로 지금의 이름을 갖게 됐다. 가습기살균제 폐질환도 처음에는 소아 간질성 폐렴, 원인 미상 간질성 폐렴, 원인불명의 급성 폐렴, 미확인 바이러스성 폐렴, 정체불명 폐질환 등 다양한 이름으로 불렀다. 이제 가습기살균제가 폐질환만 일으키는 것이 아니므로 그냥 가습기살균제병(Humidifier disinfectant disease)이라고 해도 좋을 듯하다.

현재는 에이즈 감염병을 이야기할 때면 인간면역결핍 바이러스 감염증 및 후천성 면역결핍증(Human immunodeficiency virus infection and acquired immune deficiency syndrome, HIV/AIDS)이 바늘과 실처럼 따라다닌다. 의학

자들은 이 질병의 원인을 찾는 데 온 힘을 집중했다. 원인을 알아야 치료를 하거나 예방백신을 개발할 수 있기 때문이다. 미국에서 에이즈 환자를 관찰한 지 2년이 지난 1983년, 이 질병이 새로운 형태의 바이러스에 의한 것임이 확인되었다. 미국과 프랑스에서 이 바이러스를 각각 다르게 부르다가 1986년부터 혼란을 피하기 위해 학자들이 인체면역결핍 바이러스(Human immunodeficiency virus, HIV)로 통일해 부르고 있다. 후천성 면역결핍증 바이러스, 또는 줄여서 에이즈 바이러스라고 부르기도 한다. 가습기살균제 폐질환의 경우 그 원인이 가습기살균제 때문임을 사실상 밝혀내는 데 4개월이 걸렸다. 이 질병이 수면 위로 떠오른 뒤 그 정체를 상당히 빨리 파악했다고 평가할 수 있다.

아마 1981년 처음 이 질환 때문에 몇몇 집단에서 환자가 늘어나기 시작하고 1983년 그 원인이 바이러스임이 드러났을 때, 그 누구도 에이즈가 지구촌을 강타하는 가장 무서운 감염병이 될 줄 몰랐다. 유엔 에이즈 집계에 따르면 2014년 3690만 명의 사람이 에이즈 감염자나 환자로 살고 있고, 에이즈 때문에 120만 명이 숨진 것으로 나타났다. 에이즈가 발견된 이래 2014년까지 에이즈로 숨진 사람은 전 세계에서 3900만 명가량으로 추산되고 있다. 에이즈의 위력을 실감케 하는 통계다. 시작은 미약했으나 끝 모르게 피해 규모가 커져가는 감염병이 에이즈라 할 수 있다.

가습기살균제병 원인 밝혀내 영웅이 될 수 있었던 소아과 의사들

에이즈와 가습기살균제 참사는, 피해 규모 면에서는 비교하는 것 자체가 부적절하지만, 첫 환자가 드러난 뒤에 많은 피해자 잇따라 나오고 있다는 점에서는 유사하다. 다만 크게 다른 점은 에이즈는 첫 환자가 발견된 뒤계속해서 감염자와 환자가 엄청난 속도로 불어나고 있는 반면, 가습기살균제 피해는 집단발생 원인이 가습기살균제임이 확인된 뒤 가습기살균제가 사실상 우리 사회에서 퇴출되면서 피해자가 나오지 않고 있다는 것이다.

에이즈는 노벨상 수상자까지 만들어냈다. 에이즈를 일으킨 원인 바이러스를 밝혀낸 과학자에게 그 영광이 돌아갔다. 그는 진정한 에이즈의 영웅이요 의인이 됐다. 프랑스 파스퇴르 연구소의 바이러스 학자인 뤼크 몽타니에(Luc Montagnier) 박사야말로 에이즈의 영웅이랄 수 있다. 그는 인간의 면역결핍증을 일으키는 HIV 바이러스를 1983년 발견한 공로로 2008년 노벨 생리학·의학상을 자궁경부암을 일으키는 인간유두종 바이러스(HPV)를 발견한 독일의 바이러스 학자 하랄트 추어하우젠(Harald zur Hausen), 그리고 함께 에이즈 바이러스를 발견하는 데 공을 세운 프랑스의 프랑수아즈 바레시누시(Francoise Barre-Sinoussi)와 함께 수상했다.

공해병의 대명사인 일본 미나마타병의 원인이 유기수은임을 밝히는 데 결정적 역할을 한 의사 호소카와 하지메(細川一)와 유기수은이 태반을 통해 태아까지 중독시켜 태아성 미나마타병을 일으킨다는 사실을 알아낸 하라다 마사즈미 교수도 미나마타 재앙의 의인들이라고 할 수 있다. 하지만 아쉽게도 우리나라에는 가습기살균제 재앙이 일어났지만 이와 같은 의인이나 영웅이 단 한 명도 없었다.

실은 2006년 가습기살균제 사건의 영웅이 될 수 있는 기회를 포착한 사람들이 있었다. 서울아산병원 소아청소년과 홍수종 교수를 비롯한 몇몇 소아과 의사들이다. 이들은 축구에 비유하자면 패스를 받아 공을 몰고 하프라인을 넘어 상대방 지역으로 가기는 했으나 골문 근처까지도 가보지 못했고 당연히 골도 넣지 못했다.

2011년 임산부들이 다른 병원을 거쳐 집단으로 서울아산병원에 몰려오기 전, 2006년 이미 숨을 잘 쉬지 못하는 갓난아기와 어린이들이 서울아산병원 소아청소년과의 문을 두드렸다. 서울대병원 등 몇몇 다른 대형병원에도 서울아산병원만큼 많지는 않았지만, 소수의 어린이 환자가 비슷한 증상을 보이며 병원을 찾았다. 이들은 호흡기 내과 의사들이 겪었던 당혹감을 5년 앞서 맛보았다. 그 당시에는 어린아이들이 걸린 병의 실체를 파악하지 못했기 때문에 소아과 의사들은 급성 간질성 폐렴으로 질병을 정의했다. 2006년 3월부터 6월까지 서울아산병원을 찾은 어린이 환자는 무려 12명이나 됐다. 서울대병원 소아중환자실에도 이런 환자가 3명이나 있었다. 15명 가운데 절반가량인 7명은 병원에 입원한 지 짧게는 20일, 길게는 95일 만에 숨졌다.

서울아산병원 홍수종 교수, 바이러스에만 매달리다 범인 놓쳐

이들은 모두 초기에 기침 증상을 보였으며 절반가량은 호흡곤란까지 함께 나타났다. 이 환자들의 특징 가운데 하나는 늦겨울(2월)부터 초여름(6월) 사이에 주로 나타난다는 점이었다. 또 일반 호흡기감염 환자들이 흔하게 경험하는 증상과는 달리, 동반되는 가벼운 기침 외에 열이나 콧물 등 감기 전구증상이 뚜렷하지 않았다. 이밖에 증상이 나타나기 시작한 뒤 2~3주께 갑자기 호흡이 가빠지는 등 호흡곤란이 급격하게 진행되면서 환자의 약 50% 이상에서 기흉이 발생하는 특징을 보였다. 의사들은 호흡기감염병에 의심을 품고 세균·바이러스 검사를 진행했다. 가래와 비인강에서 검삿감을 채취하고 일부 환자에게서는 폐포세척액을 추가로 얻어 분석한 결과 절반가량에서 폐렴균 또는 코로나 바이러스, 인플루엔자 바이러스 등이 다양하게 발견됐다. 하지만 일곱 명은 감염을 의심할 만한 세균이나 바이러스가 전혀 나오지 않았다.

하지만 홍수종 교수 등이 화학물질을 의심하거나 언급한 내용은 나중에 발표한 논문에서도 전혀 찾아볼 수 없다. 가습기살균제를 비롯한 화학물질에 의한 어린이 폐 손상은 용의선상에도 오르지 않았던 것이다. 악마의 물질이 15명이나 되는 어린이를 제물로 삼았음에도 소아과 의사들은 낌새도 알아차리지 못했다. 이는 15명에 대한 임상과 검사 결과 등을 분석해 2007년 10월 ≪대한소아과학회지≫에 제출해 2008년 제5권 4호에 실린 「2006년 초에 유행한 소아 급성 간질성 폐렴」이라는 논문에서도 잘 드러난다. 서울대병원 박준동 교수를 교신저자(논문 제1저자)로 해 홍수종 교수 등 모두 아홉 명이 참여해 발표한 이 논문은 고찰과 결론에서 다음과 같이 말한다.

결론적으로 2006년 봄에 발생한 급성 간질성 폐렴군은 일부 바이러스 감염에 의한 것으로 추정되며 폐종격동 및 폐기흉을 동반하는 특징을 보이며 급속히 진행하여 높은 사망률과 합병증을 보이므로 조기에 적극적인 조직검사와 고농도 스테로이드 치료를 고려해볼 수 있다. 이에 저자들은 국내에서 계절적으로 봄철에 발생한 소아 급성 간질성 폐렴의 원인과 그 치료에 대한 전국적인 규모의 연구가 필요할 것으로 생각되며 앞으로도 국내에서 이러한 환자들의 발생이 우려되는 바 이 질환에 대한 의료인의 인지가 필요하다.

논문 어디에도 정부의 역학조사가 필요하다는 말이 없다. 이 논문에서 예상한 대로 어린이 폐질환은 그 뒤 2008년, 2009년, 2010년 계속해서 적지 않은 규모로 나타난다.

2008년에는 전국 대형병원 소아과 의사들 참여했으나, 계속 바이러스에 집착

2008년에는 이미 대학병원 소아과 의사들은 이 질환이 봄철에 발생할 가능성이 있음을 알고서 환자 발생에 대비하고 있었다. 당시 원인을 찾기 위해 서울지역에 있는 서울아산병원, 서울대병원, 삼성서울병원, 연세대병원 등 네 개 대학 병원 소아청소년과 의료진은 미리 모임을 열었다. 2006년 초에 유행한 것과 비슷한 증상과 치료 경과를 보이는 어린이 환자가 입원하면 적극적인 정밀검사를 하기로 했다. 이에 따라 2008년에 병원을 찾은 소아환자들에게 기관지내시경과 폐 조직 검사를 포함한 여러 가지 검사를 시행했다. 일부 어린이 환자들에게서는 호흡기 가래(객담) 검삿감을 채취해 바이러스 및 세균 배양 검사를 실시했다. 2006년에는 서울대병원과 서울아산병원에 국한해 이 질병의 원인과 치료 등 이 질병의 실체를 파악하기 위해 다양한 검사를 시행하고 노력을 기울었다면, 2008년에는 더 많은 대학 병원이 참여하고 정확하게 바이러스를 검사하기 위해 질병관리본부 소속 국립보건연구원까지 합류했다. 하지만 이들 소아과 의사들은 여전히 바이러스에 목을 매달고 있었다. 2008년 봄에도 어린이 폐질환 환자들이 서울아산병원 등에 몰려왔다. 하지만 2006년과 달라진 점은 없었다. 여전히 치료는 제대로 이루어지지 않았다. 당혹과 좌절의 2008년 봄을 보낸 뒤, 서울아산병원 홍수종 교수를 중심으로 2008년 8월 6일에서 8월 15일까지 전자우편으로 전국 2차병원급 이상 소아청소년과에 사발통문을 보내 과거부터 2008년 7월까지 진료한 급성 간질성 폐렴 환자에 대한 자료를 보내달라고 요청했다. 설문조사에는 전국 총 23개 병원이 참여했다. 이들이 경험한 어린이 급성 간질성 폐렴 환자는 총 78명이었으며 이 중 36명이 사망했다. 20명에서 폐생검이 이루어져 폐 조직이 확보돼 있었다. 환자는 서울지역에서 가장 많아 45명이 발생했고 25명이 사망했다. 2008년에 진료한 사례만 보면 전국에서 9명이 발병했고 6명이 사망했다. 서울지역에서는 4명이 발생하여 3명이 사망하였다. 이들은 모두 봄철에 발병했으며 이 가운데 78%인 7명은 진단 후 평균 46일 이내에 사망했다. 환자의 검체에서 코로나 바이러스 2례, 인플루엔자 및 파라인플루엔자 바이러스가 3례로 나타났다.

잇단 논문 발표, 어디에도 화학물질이나 환경 요인 언급 없어

홍수종 교수는 교신저자로서 2008년 전국 급성간질성 폐렴 환자를 설문 조사한 결과를 2009년 ≪대한소아과학회지≫에 "급성간질성 폐렴의 전국적 현황조사"라는 제목으로 발표했다. 울산대의대(서울아산병원)를 비롯한 5개 의과대학 소아과학교실 교수 13명과 국립보건연구원 연구관과 연구사 2명 등 모두 15명이 논문저자로 참여했다.

소아과 의사들은 이번에도 가습기살균제는커녕 화학물질이나 환경 요인을 언급조차 하지 않았다. 적어도 고찰에서는, 화학물질이나 환경 요인을 유력한 용의자로 보지는 않아도 언급이라도 할 만한데 그런 내용도 전혀 보이지 않았다. 이 논문은 다음과 같이 결론을 내렸다.

본 연구를 통하여 최근 국내 소아에서 발생하고 있는 급성 간질성 폐렴이 전국적인 분포를 보이며 드물지 않음을 확인하였다. 또한, 49.4%의 높은 사망률과 빠른 임상 경과를 보였기 때문에 소아과 의사의 적극적인 인지가 필요하다. 이러한 환자들을 조기에 발견하여 질병이 진행되기 전에 적극적인 치료를 제공하기 위해 전국적인 네트워크 구성과 원인 규명을 위한 지속적인 전향적 연구가 필요할 것으로 사료된다.

만약 이들이 두 번째 논문에서 가습기살균제를 언급이라도 했으면 지금에 와서 상당한 대접을 받을 뻔했다. 아니면 적어도 방역 당국이 이 질병에 관심을 가지고 원인 규명을 해줄 것을 요청하거나 논문에서라도 언급을 했더라면 면피라도 했을 것이다. 소아과 의사들은 두 번째 찾아온 기회도 무산시켰다. 작은 영웅, 작은 의인이 될 기회조차 사라져버린 것이다.

이 2009년 두 번째 논문 때문에 일부 언론은 가습기살균제 영웅 만들기에 나섰다. 그리고 2008년 바이러스 검사 때 질병관리본부 연구관과 연구사가 관여한 것과 이들이 논문에 저자로 오른 것을 두고, 질병관리본부가 이 어린이 유행병을 알고서도 적극적인 역학조사를 하지 않았다고 비판하는 목소리도 나왔다. 하지만 이런 언론의 지적이나 비판은 사실과 현실을 전혀 모르고 마구잡이로 보도한 것에 지나지 않는다.

TV조선 등 일부 종편 방송을 중심으로 한 홍수종 교수 가짜 의인 만들기

하지만 일부 언론은 어찌된 일인지 2008년 전국 어린이 간질성 폐렴 실태 조사를 주도한 서울아산병원 홍수종 교수를 가습기살균제 참사의 원인을 밝혀낸 영웅 또는 의인으로 포장해 추켜세우기에 열을 올렸다. 특히 종편들이 앞장섰다.

가습기살균제 재앙 사건에 대해 지난 5년간 거의 침묵으로 일관하던 종편들은 검찰 수사로 이 사건에 대한 국민 관심이 높아지자 2016년 4월과 5월 앞다투어 가습기살균제 문제를 다루기 시작했다. 그러던 중 5월 3일 TV조선은 "'가습기 의인' 홍수종 교수 '집요한 추적으로 원인 밝혔지만······'"이라는 인터뷰를 내보냈다. 앵커는 "그래도 이런 분이 있어 살균제 사망 고리를 끊을 수 있었습니다. 서울아산병원 홍수종 교수인데요, 병명을 알 수 없는 폐질환의 발병 원인이 가습기살균제였다는 사실을 2006년부터 추적해 2011년에 결국 밝혀냈습니다"라고 말한다. 그리고 기자는 홍 교수에게 이런 질문을 던진다. "'수천 명의 목숨 살린 의인'이라고 하는데?" 이에 홍 교수는 "그것까지는 제가 잘 모르겠습니다. 살린 건지 아직도 있는 건지 아직도 잘 모르겠어요. 앞으로 더 많은 조사가 이뤄져야 한다는 것은 확실하다는 생각이 듭니다"라고 답한다.

TV조선은 홍 교수를 원인 미상 폐질환의 원인이 가습기살균제라고 밝힌 영웅으로 추어올렸다. 홍 교수는 자신이 원인을 밝혀낸 것이 아니라고 확실하게 부인하지 않고 애매하게 대답했다. 이를 시청한 시청자들은 그가 대한민국을 떠들썩하게 만든 가습기살균제 피해의 원인을 진짜로 밝혀낸 것으로 안다. 밝혀낸 사람들은 따로 있는데도 말이다.

전형적인 '기레기', 즉 '기자 쓰레기'식 보도다. 졸지에 가습기살균제 사건의 영웅 또는 의인이 된 의사는 분위기 탓인지 방송에서 단호하게 자신이 한 일이 아니라고 밝히지 않는다. 이 이야기는 다른 언론에 의해 계속 집중조명을 받는다. 홍수종 교수 영웅 만들기는 이렇게 확대재생산해 다른 방송으로, 신문으로, 각종 블로그로 퍼져나갔다.

종편방송인 MBN은 한술 더 떴다. 홍 교수가 10년 전, 그러니까 2006년 이번 가습기살균제 사태를 알아차렸다고 보도했다. MBN의 한 여성 앵커는 5월 17일 홍 교수와 한 인터뷰를 내보내면서 이렇게 말했다.

이번 '가습기살균제 사태'를 10년 전 가장 먼저 알아챈 의사가 있습니다. 눈앞의 환자들이 알 수 없는 이유로 죽어갈 때, 이 의사는 전국을 돌며 환자들의 상태를 알리고 의사들의 의견을 모으는 데 앞장섰습니다. '가습기 의인'으로 통하는 홍수종 서울아산병원 환경보건센터장을, 조경진 기자가 만나고 왔습니다.

TV조선이 말한 '가습기 의인'이란 표현을 빌려와 홍 교수에게 사용하는 것이다. 의인이란 말은 일본 도쿄에서 철로에 떨어진 일본인 승객을 구하려다 숨진 한국 유학생 이수현 씨를 비롯해 '세월호 의인' 등 사회에서 추앙할 만한 인물을 추어올릴 때 쓰는 말이다. 하지만 가습기살균제 사건의 원인 밝혀내기와 관련해서는 아쉽게도 그런 인물이 없다. 의인도 아닌 사람을 억지로 의인으로 만들려고 하는 기레기 언론의 열정(?)이 눈물겹기만 하다.

엉터리 종편 방송을 근거로 신문들도 의인 만들기에 늑장 동참

이어 신문들도 홍 교수를 영웅으로 만드는 작업에 동참했다. ≪국민일보≫는 5월 7일 자 "'옥시 서울대학교 교수와 진짜 다른 분', 살균제 의심한 의사"라는 제목의 기사에서 "옥시 가습기살균제 사망 사건과 관련해 옥시 측에 유리한 보고서를 써준 의혹을 받는 서울대와 호서대의 교수와 완전 딴판인 교수가 있다. '옥시 의인'으로 불리는 홍수종(서울아산병원 소아청소년 호흡기알레르기과) 교수다. 홍수종 교수는 감기처럼 특이 증상 없이 시작되지만, 시간이 지나면 폐가 딱딱하게 굳는 폐 섬유화가 급격하게 진행돼 심한 호흡곤란을 일으킨 환자들을 자꾸 접한 뒤, 이런 내용을 전국의 의사와 공유했다고 한다. 이후 이상 증상을 추적했고 결국 원인을 규명하는 논문을 2년 전에 발표했다"라고 보도했다.

2006년과 2008년 완전 헛발질을 해 수많은 생명을 구할 수 있는 기회를 놓친 의사에게 외려 '영웅' '의인' 호칭을 써가며 엉뚱하게 거짓 뉴스를 내보내는 언론인의 이런 모습은, 물론 가습기살균제 사건에서만 볼 수 있는 것은 아니지만 그동안 세월호 참사 등 수많은 위험 보도, 사건 보도에서 신랄하게 비판받고서도 근절되지 않는 것을 보니 같은 언론인으로서 정말 부끄럽기 짝이 없다.

언론은 가습기살균제 참사의 가짜 의인 만들기만 한 것이 아니라 2008년 정부가 홍수종 교수의 역학조사 요청을 받고서도 이를 묵살한 것으로 몰고 가기도 했다. 이 또한 2009년에 홍수종 교수 등 소아과 의사들이 ≪대한소아과학회지≫에 발표한 논문이 빌미가 됐다. 이 논문에 강춘 국립보건연구원 당시 인플루엔자 바이러스 과장(2016년 현재는 에이즈·종양 바이러스 과장)을 포함한 두 명의 연구관 및 연구사가 저자로 이름이 올라가 있던 것이 이런 보도의 발단이 됐다.

2008년 정부 역학조사 묵살 허위보도의 진원지는 ≪조선일보≫ 논설위원의 칼럼

왜 사실과 전혀 다른 이런 내용이 기정사실로 굳어졌을까? 이 괴담의 진원지를 캐기 위해 인터넷을 뒤졌다. 최초의 진원지는 정확하게 알 수 없었다. 그러다 큰 영향을 끼쳤을 것으로 짐작되는 칼럼을 한 편 찾았다. 대한민국 최대 부수를 자랑하는 ≪조선일보≫의 2016년 4월 30일 자 "○○○의 환경칼럼"이었다. 이에 앞서 ≪조선일보≫에 실린 같은 필자의 환경칼럼 "가습기 비극, 4년 방역 허송만 없었더라도"에도 비슷한 내용이 있었다.

이 논설위원은 기자 생활을 30년 넘게 한 베테랑 언론인이다. 오랫동안 환경 분야에서 취재·보도·논평을 해왔다. 그는 환경 분야에서 활동하는 사람 가운데 그를 모를 사람이 없을 정도로 지명도도 높고, 큰 영향력을 행사하는 언론인으로 평가받는다.

그는 "가습기, 논문만 쓰고 앉아 있었던 질병본부"라는 제목과 "2008년 괴질 전국 조사 '78명 발병 36명 사망' 논문까지 발표했던 질병본부 실무자들, 3년을 손 놓고 있어 비극 확산 방치…… 조직 기강 다잡기 필요"란 부제 목을 달아 질병관리본부를 강하게 비판했다. 그 가운데 일부를 살펴보자.

방역 시스템으로 좀 더 일찍 가습기살균제 괴질의 정체를 규명해 피해 확산을 막을 순 없었을까 하는 아쉬움이 있다. 그런 관점에서 가습기 자료들을 뒤지다가 뜻밖의 논문과 마주치게 됐다. 2009년 3월 대한소아과학회지에 실린 '급성 간질성 폐렴의 전국적 현황 조사'이다. 2006년 초부터 원인 미상의 어린이 간질성 폐렴에 주목했던 서울아산병원 소아과 홍수종 교수 등 15명이 저자로 돼 있다. …… 그런데 문제의 논문 저자 명단에 당시 질병관리본부 바이러스팀장과 해당 팀 연구원 이름이 올라 있다. 두 명은 환자 폐 조직·분비물 등을 분석해 원인물질을 찾는 역할을 맡았던 듯하다. ……

만일 2008년 소아과학회와 질병관리본부의 전국 현황조사 직후 정밀 역학조사가 이뤄졌다면, 2009년 이후의 급속 확산은 막을 수 있었을 것이다. …… 하지만 질병관리본부는 160년 전 영국 의사 수준도 못 됐다. 무엇보다 '78명 발병, 36명 사망' 사태를 놓고도 어떻게 그냥 넘어갔던 것인지 이해가 안 된다. 윗선에 보고가 안 됐던 것인지도 궁금하다. 실무자 실책도 있었겠지만, 개인 탓을 따지기 앞서 조직의 문제라는 생각이 든다. …… 가습기살균제 사건으로 다시 드러난 질병관리본부의 모습은 그런 기대와는 거리가 너무 멀었다.

'질병관리본부는 원인 규명에는 관심이 없고 논문 쓰기에만 열중하고 있었다'는 식의 제목은 피해자뿐만 아니라 환경·시민단체, 그리고 일반 국민을 분노케 하기에 충분하다. 이를 본 사람이라면 누구나 "아니 생명이 경각에 달려 있어 원인 규명에 밤낮을 가리지 않아도 시원치 않을 판에 논문에 매달리다니"라고들 생각했을 터다. 하지만 이는 《조선일보》 논설위원이 전후 사정을 전혀 모르고 쓴 글이다.

《조선일보》가 모르는 진실, 논문 쓴 적 없어도 이름 올려주는 일 비일비재

교수나 연구자들은 이 글에서 자세히 설명하지 않아도 잘 알겠지만, 주 저자를 비롯해 한두 명이 논문을 작성해도 실험이나 연구에 관여하거나 도움을 준 사람은 모두 논문 저자에 이름을 넣는다. 그래서 어떤 논문은 저자가 30~40명씩 되기도 한다. 그가 문제 삼은 논문에 15명이 저자로 돼 있는 것도 바로 이 때문이다. 질병관리본부 관계자는 논문을 쓴 것이 아니라 바이러스 분석에 도움을 줘 홍 교수가 이름을 올려준 것에 지나지 않는다.

나도 가습기살균제 사건과 관련해 SCI에 등재된 국제학술지와 국내 학술지에 여러 차례 논문 저자로 이름이 올랐지만 이는 가습기살균제 피해자 가정을 일일이 방문해 수집한 데이터를 제공했기 때문이다. 실제로 논문을 작성한 적은 없다. 저자 등재 수락과 논문 내용에 대한 검토 또는 감수만 잠깐 했을 뿐이다.

"가습기 자료들을 뒤지다가 뜻밖의 논문과 마주치게 됐다"라고 밝힌 2009년의 대한소아과학회 논문은 오래전(2011년)부터 이미 언론에 소개돼 왔다. 나도 2011년에 그 논문을 읽었다. 2015년 초에 나온『가습기살균제 건강피해 사건 백서』에도 그 내용이 들어 있다. 마치 지금까지 숨겨져 있던 것을 자신이 보물을 찾아낸 것처럼 표현하는 것은 독자들로 하여금 그 논문에 대단한 무엇이 있는 것처럼 착각하게 만들 가능성이 있다. 5년이 지나서 뜻밖의 논문과 마주쳤다는 것은 그동안 가습기살균제 사건에 관심을 두지 않았다는 자기고백이나 다를 바 없다.

그는 또 칼럼에서 "만일 2008년 소아과학회와 질병관리본부의 전국 현황조사 직후 정밀 역학조사가 이뤄졌다면, 2009년 이후의 급속 확산은 막을 수 있었을 것이다"라고 했다. 이는 2016년 6월 내가 가르치던 서울시내 모 여자대학교의 대학원생들이 제출한 과제 글에서 인용한 대목이다. 하지만 전국현황조사는 소아과학회가 했고 질병관리본부(정확하게는 국립보건연구원)는 소아과학회의 요구에 충실하게 그들이 건네준 검체(폐포세척액)에 대한 호흡기바이러스 분석을 해주었을 뿐이다. 바이러스를 분석한 국립보건연구원의 강춘 과장의 증언을 직접 들어보니, 국립보건연구원이 우리나라에서 최고의 바이러스 분석기술을 보유하고 있었고, 서울아산병원 홍수종 교수팀은 2006년부터 아무리 바이러스 검사를 해도 원하던 결과가 나오지 않자 혹시 자신들보다 더 나은 국립보건연구원에서 하면 확실한 결과가 나오지 않을까 싶어 2008년 3월 25일 당시 서울시 불광동에 있던 국립보건연구원의 이주실 센터장(나중에 국립보건연구원장으로 승진)을 직접 찾아와 호흡기바이러스 분석을 부탁했으며 이 센터장은 인플루엔자 바이러스 과장인 자신을 불러 홍 교수의 요청을 들어주도록 했다고 밝혔다.

홍 교수 2008년 전국조사 결과 논문, 어디에도 역학조사 언급 없어

이 괴질에 대한 조사가 필요하다면 같은 건물에 있던 질병관리본부 역학조사과에 신고하면 된다. 홍수종 교수가 이를 모를 리 없다. 그런데 왜 역학조사 신청은 하지 않고 바이러스 분석만 맡겼을까? 추론이지만 홍 교수는 괴질의 정체를 밝혀내어 자신의 업적으로 삼으려 했을 가능성이 높다. 누가 봐도 역학조사가 분명 필요한 상황인데도 이를 하지 않았다는 것은 그렇게밖에 볼 수 없다. 이 내용은 홍 교수를 비롯한 당시 조사에 참여한 소아과 교수들이 고백해야 할 부분이다. 이들은 여기에 대해서는 아직 굳게 입을 다물고 있다. 입을 열게 되었을 때 자신들에게 돌아올 비판의 화살을 피하고 싶어서일까? 나는 2008년 역학조사가 이루어지지 않은 책임의 99%는 소아과 의사에게 있다고 판단한다. 소아과 홍수종 교수팀은 논문 어디에서도 정부 역학조사가 시급하다거나 필요하다고 언급하지 않았기 때문이다.

물론 당시 국립보건연구원 실무책임자에게 원인을 알 수 없는 질병을 더 깊이 있게 인식해서 역학조사와 연결하지 못한 책임을 거론할 수는 있다. 이 또한 그가 소아과 의사들이 충분한 정보를 줘서 이를 인식할 수 있는 상황이었는데도 한 귀로 흘려듣고 인식하지 못했는지, 아니면 홍 교수 등 소아과 의사들이 그가 심각한 질병이 유행하고 있다는 것을 인식할 수 있을 정도의 정보와 상황을 설명하지 않아서인지는 검증이 필요하다.

재앙이나 재난과 같은 사안에 대해서는 언론이 정확하고 깊이 있는 보도를 해야 한다. ≪조선일보≫ 논설위원뿐 아니라 가습기살균제 문제와 관련해 우리 언론이 보인 보도 태도에 실망할 때가 종종 있다. 2016년 5월 방영된 한 종편 심층프로그램에서는 2008년 홍수종 교수의 의뢰로 호흡기 바이러스 분석을 한 국립보건연구원 당시 인플루엔자 바이러스 과장에게 카메라를 들이대고 그가 인터뷰를 거절하자 마치 죄인 쫓듯이 뒤쫓는 장면을 내보내기도 했다. 본질은 소아과 의사들의 실패지 국립보건연구원의 실패는 아니었다. 국내 유명 소아과 의사들이 지난 5년간 가습기살균제 원인 규명에 실패한 원인을 심층취재하지 않고 엉뚱한 곳으로 화살을 돌려 전문가들의 책임을 면제해주는 역할을 하는 것이 진정한 언론의 자세는 아니지 않은가?

가습기살균제 재앙, 막을 수는 없었는가?

　세계에서 처음으로 대한민국에서 일어난 가습기살균제 집단 사망 재앙은 피해자와 그 가족은 물론이고 대한민국에서 숨 쉬고 있는 우리 모두를 부끄럽게 만든, 전대미문의 사건이다. 더 건강하게 살기 위해, 아이와 임신부, 가족 구성원이 감기와 호흡기 질환에 걸리지 않으려고 구입해 사용한 생활용품 때문에 목숨을 잃거나 건강에 치명상을 입게 된 생활용품 재앙이다. 가습기살균제는 물론 살균제로서의 구실을 잘 했겠지만 그것에 그치지 않고 사람을 죽인, 살인제가 된 것이다. 지금 이 순간, 책임 소재와 책임자 처벌, 피해자와 가족들에 대한 배상, 관리 잘못에 대한 정부의 사과와 관련자 처벌 등 많은 문제가 해결되지 않은 채 남아 있어 이를 이른 시일 안에 하나씩 매듭을 짓고 가야 한다. 이런 문제와 별도로 과연 우리 사회는 이 같은 재앙을 막을 능력이 없었는지, 공식적으로 이미 백 명이 넘는 억울한 죽음이 계속되었음에도 왜 10년 넘게 이 사건을 지나쳤는지 하는 점에 대해서, 명탐정 셜록 홈스가 의문의 죽음에 얽힌 미스터리 사건을 해결하듯 풀어나가야 한다.

　바둑에는 승패가 있다. 바둑 고수들은 대국이 끝난 뒤 경기를 복기한다.

복기를 하면서 승패를 가른 결정적 순간에서 어떻게 대처했더라면 좋았을 것인가에 대해 서로 의견을 주고받으며 당시 대국보다 더 나은 행마가 없었는지를 요모조모 따져본다. 그리하면 승자도 어떻게 했으면 더 명국을 만들 수 있는지를 알게 되고 패자는 패인을 찾게 된다. 그래서 복기는 바둑 애호가 또는 프로기사들이 더 나은 기량을 발휘하기 위한 중요한 과정으로 인식되고 있다.

가습기살균제 집단 사망 재앙에 얽히고설킨 이야기 가운데 아직 풀리지 않은 의문들이 많이 남아 있다. 살균제에 엇비슷하게 노출된 사람 가운데 어떤 사람은 가벼운 증상으로 그쳤는데 왜 어떤 사람은 치명적인 손상을 입거나 목숨을 잃었는지 정확한 해답을 내놓지 못하고 있다. 살균제 성분이 폐포 세포에 어떤 기작, 즉 메커니즘으로 악영향을 주는지도 잘 모른다. 하지만 결정적인 순간, 즉 어떤 원인에 의해 사건이 발생했는지는 알고 있다. 즉 가습기살균제의 구성물질인 PHMG(폴리헥사메틸렌구아니딘) PGH(올리고에톡시에틸구아니딘클로라이드) 등이 지닌 흡입 독성 때문에 사건이 발생했다는 것이다.

전염병을 포함한 인류의 질병 역사를 살펴보면 새로운 질병을 정확하게 진단하는 일은 매우 어렵고 험난한 과정을 거쳤다. 미생물이 질병을 일으킨다는 사실을 밝혀낸 것은 100여 년 전에 불과하다. 과학과 의학이 급속도로 발전을 하고 있는 요즘에도 어떤 경우에는 불과 몇 달 만에 새로운 질병의 원인을 밝혀내지만 상당수의 경우 수년이 걸리거나 그보다 더 오래 걸리기도 한다.

왜 어떤 감염병은 유행의 시작과 함께 금방 알아차리는데 어떤 감염병은 제때 알아차리지 못하는 걸까? 에볼라, 신종플루, 사스와 같이 전파력이 강하고 치명률이 높은 감염병은 유행 초기에 쉽게 알아차릴 수 있다. 하지만 바이러스가 사람의 몸에 들어와 서서히 증식하고 또 생명을 앗아갈 정도로 자라나는 데 상당한 시간이 걸리는 '느림보 감염병'들은 그런 감염병과는 다르다. 특히 우리가 기존에 알고 있던 감염병이 아니면 눈치 채기가 더욱 어렵다. 세계적으로 대유행하고 있는, 즉 팬데믹(pandemic, 세계적으로 유행하는 전염병)인 에이즈에서 서서히 우리 몸을 공략하는 병원체의 위력을 엄청난 대가를 치르고서야 알아차렸다. 하지만 이런 교훈은 첨단과학 기술 시대를 맞이한 지금에 와서도 아무런 도움이 되지 못했다는 것이 지카바이러스 감염증이 유행하면서 입증됐다.

새로운 감염병이든, 재출현한 감염병이든 세계적 대유행으로 이어질 때까지 모두 풍토병(endemic)-유행병(epidemic)의 단계를 항상 거친다. 사스나 신종플루 등은 강한 전파력과 교통수단의 발달, 그리고 국제 간 활발한 교류를 등에 업고 이런 단계를 거치지 않고 순식간에 팬데믹의 대열로 뛰어올랐다. 하지만 에이즈와 지카바이러스 감염증은 이와는 전혀 다른 길을 걸었다. 에이즈와 지카바이러스 감염증은 많은 점에서 닮았다. 원인 바이러스의 기원(origin)이 원숭이라는 점과 아프리카에서 시작됐다는 사실, 수혈, 성 접촉으로 전파된다는 점, 그리고 인간이 그들의 존재를 알아차렸을 때이미 많은 사람의 몸에 들어와 자리 잡고 증식하고 있었다는 점 등이다.

1947년 우간다 지카 숲에서 서식하는 원숭이에게서 처음 발견된 지카바이러스

브라질 리우 올림픽에서 누가 세계 신기록을 세우느냐, 누가, 어느 나라가 금메달을 따느냐 못지않게 관심을 끈 것은 지카열(Zika fever) 또는 지카바이러스 감염증이었다. 선수는 물론이고 관광객들과 응원단도 혹시 지카바이러스를 옮기는 모기에 물릴까 브라질에 머무는 동안 노심초사하며 지냈다. 사람들은 브라질에서 지카바이러스 감염증이 대유행을 하니 1~2년 전 브라질에서 처음 나타난 모기 매개 감염병으로 착각하는 이들도 적지 않다. 실은 지카바이러스는 이미 오래전부터 인간의 몸을 야금야금 갉아먹고 있었다. 그리하여 지금 카리브 해 연안 캐리비언 국가 사람들은 캐리비언 해적의 출몰을 무서워하는 것이 아니라 지카바이러스의 습격을 두려워하고 있다. 2016년 2월 초 현재 브라질에서만 150만 명이 이 바이러스에 감염된 것으로 추정되고 있다. 콜롬비아에서도 2만 명의 환자가 발생한 것으로 추산된다. 온두라스, 베네수엘라, 엘살바도르 등에서도 3000~5000명의 감염자가 나오는 등 모두 160만 명가량이 지카바이러스 감염증에 걸린 것으로 나타났다. 이른 시일 안에 그 같은 확산을 막지 못한다면 제2의 에이즈가 되는 것은 시간문제다. 리우 올림픽이 열리기 전부터 지카와 관련해 시끄러웠던 것도 바로 세계인의 축제인 올림픽이 지카바이러스를 전 세계로 실어 나르는 초전파효과(superspreading effect)의 구실을 하는 허브가 될까 봐 염려해서였다.

지카바이러스는 1947년 우간다 엔테베 인근 지카(Zika) 숲에서 서식하는 붉은털원숭이(rhesus monkey)에서 처음 추출됐다. 공포의 '에볼라 열(Ebola fever)' 이름이 콩고민주공화국(자이르)의 에볼라 강에서 유래됐듯이 지카라는 이름은 지카 숲에서 따왔다. 그 후 의학자들이 사람의 혈청을 분석한 결과 1950년대 아프리카인과 아시아인 일부가 바이러스에 감염된 것을 확인했다. 그리고 지카바이러스는 인간의 눈을 피해 '은인자중'하며 호시탐탐 기회를 노렸다. 아프리카와 아시아 국가가 아닌 지역에서는 2007년 처음으로 마이크로네시아 연방국에서 그 모습을 슬쩍 드러냈다. 그 전까지 지카바이러스 감염증 환자는 전 세계에서 14명에 지나지 않았다. 지카바이러스는 2013년 10월 프랑스령 폴리네시아에서 다시 한번 그 존재를 드러내는 등 당시까지 모두 8723사례 감염된 것으로 나타났다. 마이크로네시아나 폴리네시아는 국제 교류가 왕성하지 않고 국제적으로 주목받는 국가들도 아니어서 이곳에서의 유행은 풍토병 수준으로 취급당했다.

인간 사회에서 서서히 자손을 퍼트리던 지카바이러스는 활개 치기 가장 좋은 브라질에서 물 만난 물고기가 됐다. 브라질 보건부는 2015년 5월 지카 바이러스가 브라질에서 활개를 치고 다닌다고 공식적으로 보고했다. 소두 증 아이들이 급속히 늘어난다는 사실도 함께 알려지면서 지카바이러스 확 산과 연관된 공포가 증폭됐다. 마침내 브라질 정부는 11월 11일 국가 공중 보건 비상사태를 선언하기에 이르렀다. 지카바이러스병이 풍토병을 넘어 유행병으로 번졌으며 사실상 팬데믹 문턱에까지 이른 것이다. 미국에서도 2016년 7월 지카바이러스에 감염된 여성이 소두증 아기를 출산하는 등 지 카 공포가 북미 대륙에도 상륙했다.

1952년 미국에서 뉴모시스티스 카리니 폐렴 에이즈 환자가 입원함

인간이 감염병의 정체를 알았을 때 이미 그 원인 바이러스가 세계 곳곳 에서 퍼져 있었던 것은 지카가 처음은 아니다. 20세기 후반기, 그리고 21세 기 들어서도 세계 공중보건 위협의 주역인 에이즈 바이러스는 지카바이러 스도 혀를 내두를 정도로 정말 은밀하게 자손을 퍼트리는 감염의 달인이었 다. 1981년 4월 미국 로스앤젤레스에 있는 몇몇 병원에서 젊은 남성동성애 자, 즉 게이들 가운데 정상인은 걸리지 않는 희귀 세균성 폐렴인 뉴모시스 티스 카리니(Pneumocystis carinii) 폐렴이 발견됐다. 이들에게서는 면역체계 가 무너졌을 때 입안과 목구멍에 생기는 곰팡이 캔디다(Candida) 감염증 등 의 여러 증상과 질병이 나타났다. 이들 중 사망자가 속속 나오기 시작했다. 미국 CDC는 ≪질병과 사망 주보(Morbidity and Mortality Weekly report,

MMWR)≫라는 주간보고서를 매주 발행(우리나라 질병관리본부도 이와 같은 주보를 매주 발행하고 있음)하는데 두 명의 사망자가 생기자 이들에 관한 내용을 주보에 실어 전국 병의원과 의사들에게 배포했다. 에이즈란 거대한 죽음의 빙산이 물 위로 솟구치던 순간이었다. 그것은 재앙을 담은 판도라의 상자를 열어젖힌 격이었다. 그 뒤 에이즈가 지구촌에 어떤 충격과 공포를 주었는지, 그리고 지금도 주고 있는지는 우리 모두 잘 아는 바대로다.

그 뒤 에이즈가 언제, 어디서 시작됐는지 의학자들과 의사학자(医史学者)들의 에이즈 기원 찾기가 시작됐다. 프랑스의 의사이자 의사학자인 미르코 그뤼멕(Mirko D. Grmek)이 쓴 『에이즈의 역사(Histoire du sida)』와 영국의 에드워드 후퍼(Edward Hooper)가 쓴 『강: HIV와 AIDS 기원을 찾아가는 여행(The River-A journey to the source of HIV and AIDS)』은 에이즈의 역사를 오롯이 담았다.

이들 책은 1952년 미국 테네시 주의 한 병원에 뉴모시스티스 카리니 폐렴 환자가 입원한 기록이 있으며 1958년 영국 맨체스터에서 선원이 기묘한 병에 걸려 고통을 겪다가 1959년 사망한 사례가 있어 이들이 미국과 영국에서 발생한 최초의 에이즈 환자들(?)이었을 가능성이 있다고 평가한다. 또 의사학자들은 역학적 정보를 바탕으로 1976년 미국에서 에이즈가 사실상 유행하기 시작했다고 추정하고 있으며 같은 해 아프리카 적도 부근에서 에이즈에 감염된 유럽인이 몇 명 입원한 적이 있었다고 보고 있다. 1979년 12월에는 미국에서 혈우병 환자 가운데 에이즈 환자가 있었다는 사실이 나중에 드러났다.

감염병은 유행하기 전 얼마나 일찍 그 정체를 정확하게 파악하느냐에 방역의 성패가 달려 있다. 만약 에이즈를 1970년대 중반이나 후반에라도 알아차렸다면 오늘날 우리가 겪고 있는 대재앙의 수준에까지 오지 않았을 것이다. 이는 지카바이러스 감염증도 마찬가지다. 하지만 과거는 되돌릴 수 없다. 지금이라도 지카가 팬데믹이 되는 것을 막기 위해, 대한민국에 상륙하는 것을 막기 위해 할 수 있는 모든 것을 다해야 하는 까닭이 바로 여기에 있다.

새로운 질병 원인 밝혀내기 쉽지 않지만 갈수록 그 기간은 단축돼

우리나라 질병의 역사를 살펴보자. 1970년대부터 농촌에서 가을만 되면 원인 모를 고열에 시달리다 농민들이 계속 숨져갔다. 1980년대 중반이 되어서야 그 죽음의 원인이 들쥐의 오줌에서 분비된 렙토스피라(Leptospira)라고 하는 나선 모양의 세균임을 겨우 밝혀냈다. 한국전쟁 당시 미군과 유엔군, 한국군을 괴롭혔던 괴질도 1970년대 중반이 되어서야 바이러스에 의한 신증후군출혈열(腎症侯群出血熱, 과거 유행성출혈열로 널리 알려짐)임을 알아냈다. 하지만 최근으로 올수록 우리나라에서는 발생한 적이 없는 질환이 처음 등장했을 때 그 정체를 파악하는 데 걸리는 시간이 대폭 줄어들고 있다. 지난 2013년 이후 큰 관심을 불러일으킨, 작은소참진드기가 전파하는 중증열성혈소판감소증후군(SFTS)도, 우리보다 먼저 많은 환자가 발생한 중국에서 밝혀낸 지식의 도움을 받기는 했지만, 발생 1년 만에 그 원인을 찾아내는 데 성공했다. 이 질병도 2012년 환자가 처음 발생했지만 서울대병원에서도 그 원인을 정확하게 알아내지 못했다. 실은 그 이전부터 있었을 가능성도 있다. 중증열성혈소판감소증후군은 중국에서 2009년 최초로 발견되었고 2011년 처음으로 환자에게서 감염이 확인된 신종 전염성 질병이다. 전부터 상당수의 환자가 발생하는 유행이 일어났는데 국내 의료진은 이를 알아채지 못했다. 2013년 초 이웃 일본에서도 중증열성혈소판감소증후군이 문제가 되자 서울대병원 감염내과 오명돈 교수팀이 2012년 숨졌던 환자의 사례를 의심하고 확인 작업에 들어간 결과 이 감염병 환자임을 밝혀냈다. 이 경우는 최근 외국에서 이 감염병이 유행했기 때문에 그 원인을 비교적 일찍 알아낼 수 있었던 사례다. 이밖에도 전염병이나 질병의 역사를 살펴보면 대부분의 경우 상당한 세월이나 시간이 흐르고 난 뒤에서 그 정체를 정확하게 파악하는 경우가 허다하다. 과거 한 번도 보지 못한 질병의 정체를 알아내기가 쉽지 않다는 이야기를 하고 싶어 질병의 역학사(疫学史)를 주마간산 격으로 살펴보았다.

하지만 최근으로 올수록 새로 발생하는 감염병이나 질병도 그 정체를 알아내는 데 걸리는 시간이 크게 단축되고 있다. 환경성 질환이나 생활환경 중 유해인자를 찾아내는 작업도 마찬가지다. 물론 환경성 질환의 경우 여러 복합적 요인이 작용할 수도 있고 질환의 증상이 기존 질환과 확연히 구분되지 않는 경우가 많아 족집게처럼 콕 집어내기가 쉽지 않은 것은 사실이다. 하지만 이번 가습기살균제 재앙의 경우 의사와 질병 관리 당국자들이 좀 더 적극적인 자세를 보였다면 적어도 2006년께는 그 원인을 눈치 챌 수도 있었다는 점에서 큰 아쉬움이 남는다.

1990년대에도 가습기살균제 피해자 있었을 가능성

가습기살균제 피해자는 1990년대부터 생겼을 가능성이 있지만 현재로서는 2000년대 초반부터 공식적으로 확인된다. 2006년에는 유행이라고 할 정도로 상당수의 어린이 환자가 발생했다. 이는 2012년부터 현재까지 피해 신고를 한 사람들을 조사·분석한 결과 사실로 드러난 부분이다. 지난 10여 년 동안 폐 섬유화 현상 등이 나타나는 간질성 폐질환자가 다수 있었다. 이 가운데 곰팡이나 바이러스 등 미생물에 의한 감염, 그리고 이미 세계적으로 보고된 다양한 간질성 폐렴으로 설명되지 않는 사례가 상당수 있었다. 서울아산병원 의료진을 비롯해 국내 대학병원에서 환경 요인을 전혀 의심을 하지 않은 것은 아니었다. 경험 많은 의료진이라면 화학물질 등 환경 요인에 의해서도 간질성 폐렴에 걸릴 수 있다는 것을 알고 있기 때문이다. 그래서 환자와 그 가족들에게 집안 등에서 다루는 화학물질이나 새집증후군을 유발할 수 있는 유기성 휘발화합물 등에 대해 물었다고 한다. 어떤 의사는 새 집에서 살지 말고 오래된 집으로 이사할 것을 권유하기도 했다고 한다. 정확한 원인을 알 수 없으니 할 수 있는 것은 무엇이든지 해보라는 것이었다.

하지만 그 어떤 의사나 정부 당국자도 많은 국민이 필수품처럼 여기고 사용했던 생활용품인 가습기살균제를 의심하지는 않았다. 의사들 가운데서도 가습기살균제 피해 신고를 해온 경우가 있는 점으로 미뤄 우리나라 의사 가운데 어느 누구도 사건이 불거지기 전까지는 가습기살균제를 의심하지는 않았던 것으로 본다. 2011년 언론에서 떠들고 신고하는 피해자가 우후죽순 격으로 마구 늘어나자 뒤늦게 대대적인 범인 색출에 나서 겨우 사건을 해결할 수 있었다. 이는 한 명, 두 명 죽을 때까지는 살인 사건에 별 관심을 보이지 않던 경찰이, 급기야 10여명이 숨지는 희대의 연쇄살인 사건으로 비화되자 범인 공개 수배를 하고, 언론이 이를 대서특필하고, 경찰력이 총동원되고 난 뒤에야 겨우 살인마를 잡은 것에 견줄 수 있다.

만약 2006년에 서울아산병원이 자체적으로 원인을 캐려고 하지 않고 소아과 의사들만의 힘으로 문제를 풀려고 하지 않았더라면 좀 더 일찍 범인을 밝혀내 사건의 파장을 크게 줄일 수 있었을 가능성이 크다. 만약 정부 당국, 민간 전문가, 의사 등이 힘을 보태 2006년에 2011년처럼 대대적인 역학조사를 벌였다면 결과는 어떻게 됐을까? 아마 그 정체를 밝혀냈을 가능성이 높다고 본다. 5년이란 기간, 즉 2006년과 2011년 사이에 우리나라의 역학조사 역량, 즉 질병의 원인을 밝혀내는 역량에는 차이가 크지 않았다고 보

가습기 속을 가득 채운 살균제가 물방울과 함께 아기의 호흡기로 들어가면서 고통을 주고 있는 모습을 형상화한 그래픽 디자인. ⓒ이성진

기 때문이다. 가습기살균제 노출에 따른 치명적 폐질환 발생 사건을 이제부터 찬찬히 복기해보자.

정부, 예방과 역학 분야에 더 과감한 투자를 해야

2000년대 중반부터 서울아산병원, 삼성의료원, 서울대병원 등에는 해마다 봄이 되면 1·2차 병원을 거쳐 어린아이와 산모들이 갑작스레 심한 호흡곤란 등을 호소하며 응급으로 실려 오는 사례가 점점 늘어나기 시작했다. 기존에 경험했던 민감성 폐렴이나 간질성 폐질환, 폐렴 환자와는 사뭇 달랐다. 그래서 의사들은 이 환자들을 원인 미상 간질성 폐질환 환자나 폐렴 환자로 분류했다. 이때 의사들이 셜록 홈스처럼 환자들의 일상과 가습기살균제를 포함해 생활 중 다루거나 사용하는 화학물질을 낱낱이 캐물은 뒤 그 공통점을 파악했더라면 살균제가 살인제임을 충분히 밝혀낼 수 있었다고 본다. 그랬다면 사망자 등 피해자의 절반 이상을 재앙의 구렁텅이에서 건져

낼 수도 있었다.

만약 가습기살균제가 치료하기 어려운 중증 폐질환을 일으키지는 않고 가벼운 증상을 일으키거나 중증 질환을 일으켰더라도 치료가 잘되는 폐질환 등의 증상을 일으켰더라면 어떻게 진행됐을까? 아마 2006년은 물론이고 2011년에도 그 원인, 즉 가습기살균제가 원인임을 밝혀내지 못했을 가능성이 높다. 사망자가 거의 없으면 병원이 방역 당국에 역학조사를 요청하지도 않았을 것이기 때문이다. 그마나 2011년 역학조사 신고가 이루어지고 정부도 모든 역량을 동원해 원인을 밝혀낸 것은 가습기살균제가 지닌 치명성 덕분이었다고 할 수 있다. 이는 앞서 살펴본 에이즈와 지카열, 농촌괴질 렙토스피라 등 많은 유행 감염병 역사에서 알 수 있다.

우리는 이번 사건에서 확실히 교훈을 얻어야 한다. 정부 당국도 그렇고 병원도 마찬가지로 사건이 커질 대로 커진 뒤에야 비로소 시간과 비용을 투자한다. 하지만 우리나라도 이제는 사건의 초기 단계부터 그렇게 할 수 있는 선진 사회에 진입했다. 두 번째 교훈은 여전히 우리 의료계는 예방이나 질병의 원인을 밝혀내는 역학 분야를 홀대한다는 점이다. 동네의원은 말할 것도 없고 대학병원도 치료에만 초점을 맞추는 경향이 있다. 우리 의료계에는 치료는 돈이 되지만 예방이나 역학은 돈이 별로 되지 않는다는 생각이 널리 퍼져 있다. 이를 해소하기 위해서는 정부가 좀 더 적극적으로 이 분야에 투자해야 한다. 의사들이 의과대학과 전공의 시절부터 한 손에는 치료, 다른 한 손에는 예방을 확실하게 쥘 수 있도록 교육 여건을 만들어야 한다. 이밖에도 날이 갈수록 생활 주변에서 화학물질을 사용하는 가정이 늘어나고 있으므로 의사들에게도 화학물질에 대한 관심을 쏟도록 만들고 환경보건 전문가들과 의사들이 함께 협력하는 프로그램을 활성화해 가습기살균제와 유사한 사례가 발생할 경우 조기에 발견할 수 있도록 만들어야 한다.

세계 최초로 가습기살균제라는 악마를 만들어낸 유공, SK케미칼

시작이 없으면 끝도 없다. 우주가 만들어지고, 지구가 탄생하고, 그 지구에 생명의 싹이 움트고, 그 생명이 진화에 진화를 거듭해 다양한 생물상을 만들어내고, 마침내 인간이란 존재까지 꽃피운 것은 시작이 있었기 때문이다. 빅뱅이 있었기 때문이다. 한번 만들어진 생명은 유전자, 즉 디옥시리보핵산(DNA)이 가진 무한 복제의 기능 덕분에 자손을 번성시키고 돌연변이를 통해 다양한 갈래를 쳐왔다.

가습기살균제 참사의 진행 과정과 가습기살균제의 발전 과정을 살펴보면 우주의 탄생과 지구 생명의 진화를 떠올리게 된다. 생명의 시작은 미약했지만 35억년이 지난 지금은 창대하다. 최초의 생명은 단세포에다 그 종류도 많지 않았다. 그 생명은 바다에서만 살다가 나중에 육지로 올라왔고 식물, 동물로 진화에 진화를 거듭해 지금은 정말 많은 생명이 때로는 경쟁하고 때로는 공생하고 때로는 기생하며 자신의 존재를 이어가고 있다. 가습기살균제도 1994년 처음에는 정말 미약하게 등장했다. 그러다가 많은 종류의 제품과 수많은 개체로 늘어나, 마침내 마지막에는 엄청난 재앙을 일으키는 악마가 됐다.

누가 왜 이런 악마의 제품을 만들었는지, 그리고 그 제품은 어떤 진화 과정을 거쳐 대한민국이란 땅에서 꽃피었는지를 살펴보는 것은 그래서 의미가 있다.

가습기살균제가 가습기 내부만 살균했더라면 아무런 문제가 되지 않는다. 최초의 가습기살균제는 1994년 유공이 개발해 시판했다. 유공은 세계 최초라고 강조하면서 이 제품이 매우 우수한 것처럼 선전했다. 하지만 이들이 개발한 것은 실은 가습기살균제가 아니었다. 가습기살균제가 제 노릇을 제대로 하려면 물통에 넣은 살균제가 외부로 오랫동안 빠져나가지 않고 상당 시간 그대로 머물러 있어야 한다. 그래야 가습기 내부의 세균이 살균된다. 이는 유공이 가습기살균제를 시판하려던 농도에서 유해균들이 얼마나 죽는지를 실험한 결과에서도 잘 드러난다. 하지만 가습기살균제를 제조하고 판매한 기업은 한결같이 유공이 처음 개발한 방식을 그대로 따라 가습기 물에 살균제를 넣어 희석하고 나서, 이를 초음파 진동 또는 가열을 이용해서 공기 중으로 바로 내뿜는 방식을 채택했다.

이는 농약 분무기에 살균 성분의 농약을 넣고 들판이 아닌 방안에서 마구 뿌리는 격이다. 한마디로 가습기살균제는 가습기 내부를 살균하는 것이 아니라 살균 성분이 포함된 미세 수증기가 공기 중으로 뿜어져 나와 공기 중 떠다니는 미생물과 만나 이들을 죽이는 실내 공기 살균제였다. 가습기살균제란 이름부터 잘못된 것이다. 이름부터 잘못됐다는 것은 태어나지 말아야 할 것이 태어났다는 것을 뜻한다. 판도라의 상자는 결코 열어서는 안 되는 것이었다. 가습기살균제는 판도라의 상자였다. 유공이 판도라의 상자를 열어젖힌 그 순간 재앙은 시작된 것이었다. 그 뒤에는 판도라의 상자 밖으로 나온 악마의 위험성과 악마의 존재를 인간이 얼마나 일찍 알아차리느냐만 남았다. 하지만 한국인은 이를 알아차리는 데 너무나 굼떴다. 그리고 그 피해는 수많은 사람의 목숨을 빼앗고 가정을 파탄내고 우리 사회에 치유하기 어려운 상처와 고통의 짐을 지웠다.

　그 원죄는 오롯이 유공, 즉 지금의 SK케미칼과 이를 방치한 정부에게 있다. 겉으로 드러난 것만 보면 옥시가 가장 많은 피해자를 낸 가해 기업처럼 보이지만 그 뒷면에 숨어 있는 참사의 기획자이자 원작자는 유공이었다. 유공은 1994년 가습기살균제란 신제품을 내놓으면서 시판 직전 보도자료를 언론사에 뿌렸다. 이는 신문 기사에 그대로 반영됐다. 당시 언론사들은 유공이 배포한 보도자료를 비판이나 검증을 하지 않고 그대로 기사화했다. 《매일경제》, 《중앙일보》 등 여러 신문이 이를 다루었다. 언론은 지금도 정부나 취재원이 주는 보도자료나 정보를 검증 없이 그대로 날름거리며 받아먹는다. 그리고 종종 이 때문에 엄청난 폐해가 일어나고 있다. 가습기살균제 개발 성공 보도도 그랬다. 《매일경제》는 1994년 11월 16일 자 기사에서 "유공(대표 조규향) 바이오텍 사업팀(팀장 노승권)이 1년 동안 18억 원을 투자해 가습기의 물에 첨가하면 각종 질병을 일으키는 세균을 완전 살균해주는" 가습기 메이트를 개발했다고 보도하며 '인체 무해'를 제목으로 뽑아 강조했다. 이 신문은 또 "유공 부설 대덕연구소에서 이 살균제를 콜레라균과 포도상구균 등과 내부의 물때를 형성하는 물때균이 들어있는 물에 0.5% 농도로 첨가, 살균력을 실험한 결과 약 3시간 경과 시 99% 정도를, 만 하루가 지났을 때는 100%의 살균력을 나타냈다"고 덧붙였다. 이어 "'가습기 메이트'라는 제품명으로 판매될 이 살균제의 효력은 약 15일 이상 지속되며 독성 시험 결과 인체에 전혀 해가 없는 것으로 조사됐다"라고 전했다.

　《중앙일보》도 같은 날 이런 내용과 함께 "선진국에도 (가습기) 물때를 제거하는 제품은 있으나 살균용 제품은 없는 점에 착안, 내년 중 북미 지역에 수출키로 했다"라고 보도했다. 유공은 국내 최초일 뿐 아니라 '세계 최초'인 가습기살균제 출시를 강조했다.

유공과 SK케미칼의 무모한 용기, 수백 명을 죽음으로 몰아

미국이나 유럽 선진국은 살균제 성분을 가습기 물에 집어넣어 이를 공기 중으로 뿌린다는 것은 매우 위험한 일로 상상조차 할 수 없는 것으로 보았다. 이 때문에 그런 제품을 만드는 것 자체를 꿈도 꾸지 않는다. 반면, 대한민국 기업은 어처구니없는 살인 제품을 만들고선 너무나 용감하게 국내 최초, 세계 최초를 강조했다. 그리고 그 무모한 용기는 세계 최초로 살균제가 수백 명의 사람을 죽이는 재앙을 불러왔다.

살균제를 공기 중으로 미세하게 뿜어내 실내 중 유해세균이나 바이러스를 모두 죽이는 살균장치는 미국이나 유럽 선진국에서도 개발돼 사용되고 있다. 이는 병원에서 입원실이나 수술실이 병원성 미생물에 오염되었다면 환자가 감염병에 걸릴 위험성이 있기 때문에 제대로 된 병원이라면 당연히 사용하는 것이다. 메르스로 홍역을 겪은 2015년 상황을 떠올려 보자. 당시 평택성모병원, 삼성서울병원 등 많은 병의원에서 환자가 공기 중으로 내뿜은 바이러스 때문에 함께 입원했던 환자와 의료진, 간호진 등 병원 근무자들이 메르스, 즉 중동호흡기증후군에 감염됐다. 병원 또는 환자가 입원했던 곳은 소독이 불가피하다. 바닥과 벽 등은 물론이고 공기도 살균이 필요하다. 이때 가습기살균제를 공기 중으로 내뿜는 방식과 유사하게 살균력을 지닌 살균제를 공기 중으로 내뿜어 병실을 완전 소독하는 방법을 사용한다. 소독이 이루어진 방에는 살균 성분이 남아 있어 환자나 의료진이 그냥 들어가면 위험할 수 있다. 이 때문에 살균 성분을 제거해주는 장치를 가동해 살균제 성분을 없앤 뒤 실내 공간에 들어가게 된다. 이러한 방식이 극히 최근에 이루어진 것은 아니다. 병원에서는 잘 아는 방식이다. 병원에서 근무하는 의사들이 가정 또는 병원에서 가습기살균제가 쓰이는 것에 관심을 가졌더라면 좀 더 일찍 피해 확산을 막을 수 있었을 것이다.

유공은 신제품을 내놓으면서 독성 시험을 했다고 분명히 밝혔다. 이는 완벽한 거짓임이 분명하다. 사람과 기업, 정부는 거짓말을 잘 하지만 화학 물질은 거짓말을 하지 않는다. 유공이 당시 가습기살균제 성분으로 사용한 화학 물질은 CMIT/MIT로 사건이 불거지고 난 뒤 알려졌다. 이 성분의 가습기살균제 사용으로 현재까지만 해도 사망 1명을 포함해 모두 3명이 중증 피해를 입었다고 정부가 공식 등급을 판정했다. 피해 신고자가 계속 늘고 있어 실제 피해자는 이보다 훨씬 많을 것으로 보인다.

이 성분은 미국에서 이미 유독 농약 성분으로 등록돼 있다. 유럽연합(EU)의 소비자 안전과학위원회 자료를 보면 실험생쥐(mouse), 실험쥐(rat), 토끼, 기니피그 등을 대상으로 독성 시험을 한 결과, 흡입의 경우 소량으로도 죽음에 이를 수 있고 피부, 안구 등에 다양한 부작용을 보이는 것으로 나타났다.

1994년 독성 시험 결과 안전 발표, 실은 거짓말

선진국의 이런 독성 시험 자료로 미루어 1994년 유공이 '가습기 메이트'라는 가습기살균제를 시판하면서 독성 시험을 제대로 하지 않고 무해하다고 거짓말을 했거나 아니면 엉터리 독성 시험을 하고선 마치 독성 시험을 제대로 한 것처럼 속인 것 둘 중 하나임이 분명해졌다. 현재까지 독성 시험과 관련해 드러난 사실은, 당시 서울대학교 수의대 이영순(전 식품의약품안전청장) 교수팀에게 흡입 독성 시험을 맡겼으나 이 교수팀은 당시 국내에 실험 쥐 등을 대상으로 급성·아급성·만성 흡입 독성 시험을 할 수 있는 장치가 없어 그냥 살균제 성분을 실험쥐 코끝에 떨어트려 보는, 그야말로 흡입 독성 시험이라고 결코 볼 수 없는 간이시험만 한 채 '문제없다'는 결론을 내린 것으로 드러났다. 유공이 제대로 된 흡입 독성 시험 결과를 얻으려면 선진국에 가습기살균제 개발 제품을 보내 실험을 의뢰해야 하는데, 이를 했다는 해명을 하지 않는 것으로 미루어 흡입 독성 시험은 하지 않은 것이 거의 확실해 보인다. 이처럼 흡입 독성 시험 여부와 과정 등은 검찰이 수사로 반드시 밝혀내야 할 부분이다. 검찰은 무슨 이유 때문인지 피해자들과 시민·환경단체가 고발까지 하고 이와 관련해 대규모 시위를 여러 차례 했음에도 SK케미칼을 수사하지 않는 것은 물론 수사 계획조차 밝히지 않아 피해자와 시민환경단체들의 분노를 사고 있다. 국회 청문회 과정에서도 검찰의 부실 수사와 유공의 독성 시험 무시에 대한 철저한 심문이 필요하다. 야당 쪽에서 이 부분에 초점을 맞추기로 해 이 책이 출판될 때쯤엔 기대할 만한 성과물이 나올지도 모르겠다.

유공은 포도상구균과 콜레라균에 대한 살균력 테스트도 했다고 했다. 콜레라는 당시 전파력이 강한 1군 전염병을 일으키는 치명적 병원균이었다. 만약 콜레라 환자가 한 명이라도 생기면 방역 당국은 즉각 비상사태에 들어간다. 집단 발병 가능성이 매우 높은 수인성 전염병균이기 때문이다. 콜레라균은 민간 연구소가 그렇게 쉽게 배양 및 실험할 수 있는 세균이 아니다. 콜레라균에 대해 어떻게 살균력 실험을 했다는 것인지 앞으로 철저하게 규명돼야 한다. 또 살균력 테스트를 하려면 공기를 매개로 해 감염병을 일으키는 폐렴균이나 독감바이러스 등 호흡기 감염병 유발 세균이나 바이러스에 대해 하는 것이 상식인데 엉뚱하게 식중독균과 수인성전염병균을 대상으로 했는지는 미생물 전공자인 나도 전혀 이해할 수 없는 부분이다. 가습기살균제 물에 콜레라균이 들어가 있을 가능성은 제로에 가까운데 말이다. 가습기살균제 최초 개발 책임자인 노승권 박사도 미생물전공자이므로 이에 대한 설명을 청문회를 통해 들을 필요가 있다.

1994년 유공이 가습기살균제를 최초 개발했다는 이야기를 듣고 왜 석유 에너지 기업이 이런 가정용 화학제품까지 손을 댔을까 하는 의문이 들었다. 1973년 제1차 석유 파동 이후 유공은 해외 유전 탐사에 도전했으나 별 소득이 없어 포기를 하고 만다. 그래서 1980년 석유 에너지 부문은 선경(현 SK)으로 경영권이 넘어간다. 유공은 주력 사업을 에너지와 석유 화학 분야로 크게 나누고 특히 정밀 화학 사업에 힘을 쏟게 된다.

이때 구조조정 대상자들이 많았다고 한다. 이들을 모두 내쫓을 수 없어 각자도생을 꾀하도록 했다. 화학, 생물학 전공자로 이루어진 생물공학연구팀이 연구소 설립과 함께 1985년 만들어졌다. 이 시기에 서울대학교 미생물학과를 나온 뒤 한국과학기술원(KAIST)에서 석사 학위를 갓 취득한 노승권 씨가 연구소에 선임연구원으로 합류한다.

생물공학연구팀은 석유를 장기간 보관할 때 곰팡이에 오염되면 석유의 품질이 나빠지는 문제를 해결하기 위해 항진균제 개발 연구를 1988년부터 시작했다. 첫 결실은 1990년 해조류에서 곰팡이 제거 물질을 추출해 1993년 '팡이제로'라는 상품을 내놓는 성과로 나타났다. 이에 자신감을 얻은 노승권 팀은 1994년 가습기 메이트 가습기용 살균제 개발이라는 두 번째 성과물을 내놓는다.

당시 개발팀과 회사는 새로운 성과물에 엄청난 기대와 박수를 보냈지만 그 성과물은 17년이 지나 비극의 시작으로 바뀌었다. 가습기살균제에 살균제 한 방울을 떨어트리면 '물때 걱정 끝', '청소 끝'이란 생각은 무척 매력적이다. 하지만 세균을 모두 죽일 정도로 강한 살균력이라면, 이것이 공기 중으로 나왔을 때는 사람에게 위험할 수도 있다는 생각을 전문가라면 당연히 해보았을 것이다. 유공의 당시 노승권 팀장을 비롯한 연구개발팀은 왜 그런 점에까지는 생각이 미치지 못했을까.

최초 개발 당시 시판 반대 목소리도 있었으나 묵살 당해

실은 당시 가습기살균제 제품을 출시하기 전에 내부에서 일부 반대하는 목소리가 있었던 것으로 전해진다. 안전성 문제를 확실하게 해결하지 않은 상태에서 서둘러 시판했을 때의 위험과 아직 가습기 사용이 보편화되지 않아 사업성이 낮을 수 있다는 염려 때문이었다는 것이다. 당시 개발에 참여했던 사람 가운데 한 명이 익명으로 전한 이야기다.

유공이 1993년 '팡이제로'를 시장에 내놓자 몇 달 뒤 LG화학도 경쟁 상품으로 '곰팡이 아웃'을 내놓는다. 유공 쪽이 이를 보고 혹시 경쟁회사가 자신보다 먼저 가습기살균제 제품을 내놓을지도 모른다는 우려 때문에 충분한 독성 시험을 하지 않고 제품 출시를 서둘렀을 가능성이 있다. 유공은 1993년 '소비자용 살균 조성물'에 대한 특허를 신청(등록은 1996년에 이루어짐)했다. 여기에는 CMIT/MIT 계열의 이소티아졸리논 성분 등 외국의 기존 살균제를 에어로졸이나 스프레이 형태의 소비자용 제품으로 만드는 내용이 포함돼 있다. 사람의 건강을 보호하는 특허가 아니라 사람을 죽음으로 내모는 특허였던 셈이다.

유공이 1994년에 물에 타서 사용하는 가습기살균제라는 아이디어를 내놓지 않았다면, 지금까지도 이런 제품이 선진국에서처럼 시장에 나오지 않았을 수도 있다. 설령 나왔다 하더라도 그 시기가 많이 늦어졌을지도 모른다. 선진국에서는 가습기 물때 문제를 해결하고 가습기 폐증을 예방할 수 있는 방안을 분명 찾았을 터인데, 결코 한국에서처럼 무지막지한 제품을 내놓지는 않은 것을 보면 말이다. 하지만 첫 제품이 나오니 고삐 풀린 망아지처럼 가습기살균제는 여기저기서 마구 쏟아져 나왔다. 이는 가습기살균제 뿐만 아니라 거의 모든 상품이 마찬가지다. 세탁기든, 자동차든, 텔레비전 이든, 라면이든 우리가 알고 있는 모든 제품들이 국내는 물론이고 전 세계에서 거침없이 나오기 마련이다.

CMIT/MIT 성분을 특허 때문에 쓸 수 없게 된 다른 기업들은 폴리헥사메틸렌구아니딘과 염화올리고에톡시에틸구아니딘클로라이드라는 전혀 다른, 더 강력한 살균력을 지닌 유독 성분을 넣은 가습기살균제를 개발해 팔기 시작했다. 비극이 재앙 수준으로 가는 일등 공신 노릇을 '악마의 특허'가 한 것이다. 유공에서 최초의 가습기살균제를 개발한 주역인 노승권 팀장은 지금 어디서 무엇을 하고 있을까? 그의 이름은 1994년 '유공, 세계 최초 가습기살균제 개발'을 보도한 당시 신문 기사와 『가습기살균제 건강피해 사건 백서』에 이미 나와 있다. 하지만 그 뒤 그가 어떤 일을 해왔고 최근에는 무엇을 하는지는 언론에 거의 소개되지 않았다. 2016년 6월 그의 근황을 어느 자그마한 인터넷신문이 단독기사로 전했으나 무슨 이유에서인지 곧바로 사이트에서 사라지고 말았다.

바이오 벤처 사업가로 변신, 최근 활발한 언론 활동

인터넷에서 노승권이란 이름을 치면 그가 1996년 유공을 나와 1997년 바이오 벤처 기업 '유진사이언스'를 창업한 뒤 지금은 메타사이언스 대표를 맡고 있다는 사실을 알 수 있다. 영국 더럼대학교에서 박사 학위를 받았으며 한국생물공학회 부회장, 《미생물과 산업》 편집간사, 한국바이오벤처협회 이사를 지내는 등 학술 활동과 기업 경영을 활발하게 병행하고 있다.

2012년부터는 네이버 블로그 '출장 발명가의 행복이야기'를 운영하며 재미있는 생물학, 맛과 음식의 과학, 건강 정보 등에 대한 글을 실으며 동시에 ≪스포츠경향≫에는 '출장 발명가 노승권의 알면 힘이 되는 생물학'이라는 칼럼을 맡아 매주 연재했다. 6월 28일 '임신부에게 미치는 지카바이러스의 영향', 6월 29일 '나쁜 습관을 손쉽게 고치는 시대가 온다'라는 칼럼을 이틀 연속 싣고 난 뒤 7월부터는 연재가 되지 않고 있다. 아마 최근 가습기살균제 국정조사와 청문회 개최를 앞두고 연재가 중단된 것 같다.

그가 연재한 칼럼을 훑어보면서 관심을 끄는 것이 하나 눈에 띄었다. 가습기살균제 사건이 2016년 4월부터 우리 사회에 엄청난 지진을 일으켰고 그 여진이 남아 있는 가운데 6월 15일 자에 쓴 '세균과 친해져야 하는 두 가지 새로운 이유'라는 제목의 칼럼이었다.

지금까지 부정적 이미지로만 인식돼왔던 세균은 사실 정신 건강 회복, 기억력 유지, 면역기능 향상 등에 긍정적 모습으로 우리 몸 곳곳에 존재하고 있습니다. 가까운 장래에 이러한 세균을 이용해 스트레스 회복 탄력성을 높이고 기억력 감퇴 같은 퇴행성 질환을 치료하는 시대가 열리리라 기대해 봅니다.……

세균이라는 단어는 우리 머리에 '감염', '위험', '죽음' 같은 부정적 모습을 떠오르게 합니다. 그러나 세균과 인간은 오랜 세월 동안 여러 영향을 서로 주고받으며 공생하고 있습니다. 예를 들어 우리 몸의 장에 살고 있는 장내 세균은 음식물의 소화, 흡수를 돕고 식욕 조절에 영향을 줄 뿐 아니라 면역기능에도 관여합니다. 그런데 최근 세균이 정신 건강과 기억력 유지에도 관련이 있다는 연구 결과가 속속 발표되고 있습니다. 이런 영향을 주는 미생물에는 장내 세균뿐 아니라 환경 미생물도 포함된다고 합니다.

세균에게 감염, 위험, 죽음 등의 부정적 모습을 옴팡 뒤집어씌운 일등공

신은 일부 전문가와 언론이다. 특히 세균 공포는 제품 마케팅에 활용돼 항균제, 항곰팡이제, 탈취제 따위를 팔아먹는 기업들에 의해 확대 재생산돼왔고 지금도 확대 재생산되고 있다. 가습기살균제를 최초 개발한 유공과 노승권 팀장도 세균 공포를 들먹이며 세균 공포 마케팅을 이용해 가습기살균제를 개발하고 판매한 주역이다. 하지만 미생물 전문가들은 세균의 유해성은 세균들이 보여주는 특성 가운데 극히 일부분이라는 것을 잘 알고 있다. 지구의 진정한 주인이라고도 할 수 있는 세균은 실은 인간의 동반자다. 유해세균은 여기서 잠시 벗어난 일탈자일 뿐이다. 세균은 깡그리 죽여야 한다며 가습기살균제를 개발하고 판매한 주역이, 가습기살균제라는 악마가 들어 있던 판도라 상자의 문, 결코 열어서는 안 될 문의 봉인을 뜯은 그가 이제 와서는 세균의 긍정적 모습을 바로 바라봐야 한다고 강조하고 있다. 이 글을 읽고 있는 가습기살균제 피해자와 그 가족들은 어떻게 생각할까? '병 주고 약주는 격'의 글이다. '그때는 틀리고 지금은 맞다'는 노 박사의 칼럼은 가습기살균제 개발에 대한 회한을 드러낸 것일까?

나는 《프레시안》에 6월 30일 자에 '가습기살균제 발명가, 어디서 뭐하나?'라는 칼럼을 기고해 "그가 과거의 판단이 잘못된 것임을 깨우치고 피해자와 그 가족에게 사과할 마음이 조금이라도 있다면 국회 청문회에 출석해, 아니 지금 당장이라도 언론과 피해자 및 가족 앞에 나서서 당시 유공에서 독성 시험을 제대로 했는지, CMIT/MIT의 유해성에 대해서는 어느 정도 알고 있었는지 등에 대해 진솔하게 증언해 주기를 기대한다"라고 밝혔다.

하지만 그는 이에 대한 대답을 회피했다. 그가 가습기살균제 피해자들과 그 가족에게 조금이라도 미안함을 가지고 있다면 청문회 증언대에서라도 있는 그대로의 진실을 말해주길 기대한다. 그와 유공이 개발한 가습기메이트가 얼마나 많은 피해를 입혔는지, 그가 특허를 낸 CMIT/MIT 성분이 얼마나 많은 피해를 입혔는가를 묻거나 따지고 싶지 않다. 이보다는 실내 공기 중에 유독물질을 마구 뿌리는 방식의 가습기살균제를 처음으로 발명한 것, 즉 판도라의 상자에 채워진 자물쇠를 열쇠로 연 것에 책임을 묻고 싶다. 유공이 없었으면 가습기살균제 재앙도 생기지 않았을 수 있다. 노승권 박사가 그때 그곳에서 가습기살균제를 발명하지 않았다면 가습기살균제 재앙은 일어나지 않았을 수도 있다. 유공의 가습기살균제 사업을 고스란히 인수한 SK케미칼이 그 뒤 PHMG와 CMIT/MIT를 생산해 많은 돈을 번 것에 대한 추궁과 사법 처리가 반드시 이루어져야 하는 까닭이기도 하다.

이중기준과 이중기업이 가져온 재앙

가습기살균제를 사용한 것은 우리나라가 유일하다는 말을 한다. 틀린 말이다. 우리나라 말고 다른 선진국에서도 가습기살균제를 사용했다. 가습기용 물에 살균 성분을 집어넣어 이를 실내 공기 중으로 내뿜는 방식의 가습기살균제를 사용한 나라로는 현재까지는 일본 정도를 확인했다. 독일에서도 화학물질이 들어간 가습기살균제가 잠시 팔린 적이 있다는 소문이 있으나 아직 물증은 확인되지 않았다.

2011년 아이들과 산모들에게 집중적으로 피해를 일으킨 중증 폐 손상의 원인이 가습기살균제임이 드러난 뒤 2013년 아시아 석면추방회의에 참석한 환경운동가이자 환경보건시민센터에서 활동하고 있는 최예용 소장은 오랫동안 교류해온 일본 등 아시아 다른 국가에서도 한국에서 사용된 것과 유사한 가습기살균제 제품이 팔린 적이 있거나 팔리고 있는지 궁금했다. 이 회의에 참석한 노동·환경 활동가와 전문가 등 각국 민간 대표들에게 한국의 상황을 전하고, 다른 나라에서도 유사한 제품이 팔리고 있는지 조사해줄 것과 만약 있다면 샘플을 보내줄 것을 요청했다. 일본 석면추방 네트워크

(Ban Asbestos Network of Japan)가 샘플 두 개를 보내왔다. 하나는 자그마한 용기에 들어 있는 용액이었고 다른 하나는 우리나라에서 주로 팔렸던 500ml 용기에 담긴 가습기살균제였다. 이를 본 순간 나는 다소 놀랐다. 아니 일본에서도 이런 제품을 써왔단 말인가? 이 제품이 언제부터 얼마나 일본에서 쓰였는지에 대해서는 정보를 얻지 못했다.

호기심에 제품에 표시된 선전문구와 성분 표시, 용도 등을 유심히 살폈다. 이들은 살균제란 표현을 사용하지 않고 제균제(除菌劑)라는 말을 사용했다. 일본과 우리가 사용하는 용어는 같은 경우도 많지만 이처럼 다를 때가 종종 있다. 예를 들면 우리는 산재(산업재해), 산재보험이란 용어를 쓰지만 일본에서는 노재(노동재해), 노재보험이란 말을 사용한다, 또 우리는 보건복지부라고 하지만 일본은 같은 성격의 부처가 후생성(지금은 노동 분야와 합친 후생노동성이 됨)이었다. 용도를 살펴보니 우리와 똑같이 가습기 내부에 물때가 끼거나 세균이 번식하는 것을 막아준다고 돼 있었다. 다른 점으로 우리는 강력한 살균력을 지닌 구아니딘 계열의 화학물질을 쓴 반면 일본은 한 제품의 경우 에탄올(에틸알코올)을 주 살균 성분으로 사용했고 여기에다 양이온 계열의 계면활성제를 사용했다는 것이며, 또 다른 하나는 동남아 원산 식물 추출액과 유칼립투스 액, 감잎 추출 아미노산을 섞어 만든 것이었다. 이들 식물에서 추출한 성분은 항균성이 있는 것으로 널리 알려져 있던 것이다. 우리나라에서도 유칼립투스 액은 천연 살균 성분으로 단독으로 팔리거나 여러 제품에 성분으로 들어가고 있다. 유칼립투스액을 넣은 모기기피제도 화학물질에 기피증을 지닌 주부들에게 인기리에 팔리고 있다.

일본도 가습기살균제 사용, 성분은 천연물질 중심

가습기살균제 사건이 2016년 봄부터 본격적인 검찰 수사와 함께 옥시레

┃가습기살균제 참사가 일어나고 3년 동안 나 몰라라 하는 가해기업과 행정기관, 사법기관에 경종을 울리기 위
해 제작한 캠페인 디자인. ⓒ이성진

킷벤키저 등에 대한 수사에 들어가자 일부 일본 언론도 관심을 보이며 취재
현장에 기자들을 내보냈다. 지난 4월부터 몇몇 유력 일간지와 NHK, 후지
TV 등 방송매체들이 가습기살균제피해자와 가족모임, 환경보건시민센터
가 주최한 기자회견에 종종 모습을 드러냈다. 일본 취재진에게 일본에도 우
리나라와는 다른 형태의 가습기살균제를 판매하고 있으므로 혹시 피해 가
능성과 피해자가 있는지 알아보라고 귀띔했다. 벌써 수개월이 지났음에도
일본 사회와 언론은 조용한 것으로 보아 현재까지는 건강피해 문제가 전혀
없는 것 같다. 일본 가습기 제균제에 쓰인 성분을 본 국내 독성학자들은 우
리나라와 같은 문제가 생길 것 같다고 보지는 않았지만, 계면활성제 성분이
공기 중으로 지속적으로 뿜어져 나와 인체 건강에 어떤 영향을 끼칠지는 미
지수라고 말했다.

가습기살균제는 습한 지역의 국가에서는 사용할 필요가 거의 없다. 또
미국, 유럽 등지에서 가습기를 사용하고 있지만 우리와 같은 방식으로 살균
제를 가습기통에 넣어 사용한다는 것은 상상조차 하기 어렵다고 잘라 말한
다. 내가 잘 아는 지인 가운데 한 명은 병원, 사무실의 실내 바닥과 공기를
소독하는 소독제를 영국에서 수입해 파는 일을 하고 있다. 영국 업체에 한
국에서 일어난 사건을 이야기하고 영국이나 유럽에서도 그런 일이 가능하

냐고 물어보았더니 펄쩍 뛰더라고 전해주었다. 상식 밖의 일이라는 것이다. 이 미생물 소독제 전문 제조·판매업체 기술진의 말을 빌리면 대한민국에서는 선진국 표준에는 전혀 맞지 않는 제품을 안전하다고 판 것이 된다.

최대의 희생자를 만들어낸 회사가 영국계 다국적 기업인 옥시레킷벤키저여서 이 영국 기술진의 지적은 우리의 가슴을 더욱 아프게 만든다. 자신들의 선전대로 어린이에게도 안전한 제품이었다면 영국에서는 왜 팔지 않았는가? 이는 과거부터 선진국들이 개발도상국이나 후진국에 공해공장을 이전하거나 유해제품을 팔면서 자국에서는 그런 공장을 가동하지 않고 그런 제품도 팔지 않는 이른바 이중기준(double standard)을 적용한 결과다.

선진국 기업들 개발도상국 · 후진국에서 이중기준 적용

역사상 많은 사례에서 이런 이중기준을 찾아볼 수 있다. 특히 한국과 인도 등 개발도상국이나 후진국에서 발생한 환경재앙이나 직업병 재앙을 살펴보면 그 뒷면에는 이중기준이 자리 잡고 있음을 알 수 있다. 인도 보팔참사, 한국을 비롯한 세계 각국의 석면 재앙, 한국 최대의 직업병 참사인 원진레이온 노동자 이황화탄소 중독 직업병 집단 발병 등이 대표적이다. 자신의 나라에서는 사실상 사용하지 않으면서 다른 나라에는 안전하게 사용할 수 있다며 유해물질을 수출하는 경우로는 발암물질인 석면을 꼽을 수 있다. 또 본사가 있는 자신의 나라에서는 기업들이 엄격한 작업장 환경 조건이나 배출기준 조건을 지키면서 다른 나라, 특히 개도국과 후진국에서는 자신들의 기준보다 열 배, 백 배 느슨한 기준으로 노동자와 그 나라 국민의 건강을 위협하고 있다.

먼저 원진레이온 노동자 이황화탄소 중독 직업병 사건을 살펴보자. 1960년대 일본이 인견사 레이온 제조를 가능하게 하는 기계를 한국에 팔면서 유독가스인 이황화탄소가 많이 나오는, 매우 위험한 공정인 실을 뽑는 방사(紡糸)공정에서 이황화탄소 중독 직업병 환자가 계속 나오자 자신들은 사람이 들어가지 않는 무인(無人) 자동공정으로 바꾸었다. 하지만 이를 사가는 한국 기업에는 이런 내용을 알려주지 않은 것은 물론 귀띔조차 해주지 않았다. 그 결과 1000명에 가까운 노동자들이 말도 못하고 잘 걷지도 못하다 숨지거나 각종 중추·말초 신경독성 때문에 지금도 고통을 겪고 있다. 1963~1966년 일본 도레이레이온(동양레이온)사로부터 중고 기계를 들여오기 위해 원진레이온의 전신(前身)인 홍한화학섬유(주)의 기술자들이 인조견 생산 기계조립과 작동법 등을 배우기 위해 연수를 갔다. 몇 달간 연수를 마치고 한국에 들어오기 직전에 이들은 자신들에게 이것저것 친절하게 가르쳐준 일본 기술자들과 송별 회식 자리를 가졌다. 헤어지기 직전 한 일본 기술자가 우리 기술자에게 이렇게 말했다. "이 기계 한국에 가면 큰 문제가 생길 겁니다."

술자리인데다가 이황화탄소나 직업병에 대해서는 들은 바도 없는 문외한이어서 이 말을 들은 한국 노동자는 한 귀로 흘러버리고 말았다. 만약 그때 일본 기술진이 일본에서 벌어졌던 레이온 공장의 비극적 이황화탄소 중독 이야기를 자세하고 정확하게 말해주었더라면 원진레이온 노동자들의 비극을 막을 수 있지 않았을까하는 생각을 해보았다.

유럽에서는 19세기 중반부터 고무공장을 중심으로 노동자의 이황화탄소 중독 때문에 많은 피해자가 발생했다. 프랑스의 오귀스트 델펙(August Delpech)이 프랑스 고무공장 노동자에게서 발생한 이황화탄소 중독증을 '이황화탄소신경증'이라고 이름 붙인 뒤 학계에 보고했다. 이황화탄소는 주로 중추 및 말초 신경장애를 일으키는 유독성물질이다. 그 뒤 고무공장에서 이황화탄소 중독 노동자들이 잇달아 나오자 고무제조 공법을 바꿔 1900년대 들어서는 피해 노동자의 수가 크게 줄어들었다. 반면 1930년대 들어 인견사 제조 공장에서 이황화탄소 중독 노동자가 잇따라 나타나기 시작했다.

한국, 이황화탄소 중독자가 많이 나온 이유도 이중기준

1916년 인견사 제조업을 시작한 일본에서 1930년대 첫 이황화탄소 중독증이 보고된 이래 1970년대까지 지속적으로 직업병 환자가 발생했다. 당시 일본 레이온공장의 작업환경은 매우 열악해서 한국에서 원진레이온 직업병이 문제가 될 당시의 이황화탄소 작업환경 기준인 10ppm의 4~5배에 달했다. 이런 농도에 노출된 노동자들 가운데 70%가 정서장애 등 이황화탄소 중독 증상에 시달린 것으로 나타났다. 1960년대 들어서도 여러 레이온공장에서 환자가 계속 나오자 1964년 직업병 판정기준을 만들었다. 이 기준은 나중에 한국에서 이황화탄소 중독증 인정기준을 만드는 데 지침으로 쓰였다. 일본에는 12개의 레이온 공장이 있었다. 이 가운데 구마모토현에 있던 공장에서 가장 많은 35명의 이황화탄소 중독증 환자가 나왔다고 한다.

원진레이온 참사 10주년을 맞아 1998년 한국에 온 이황화탄소 중독증 전문가는 한국에서 일어난 원진레이온 사건과 관련해 두 가지 사실에 크게 놀랐다고 발언했다. 나도 참여한 10주년 기념세미나에서 일본 전문가는 원진레이온에서 발생한 직업병 환자수가 1000명에 가깝다는 사실에 한번 놀랐고, 한국 노동자와 시민사회의 일치단결로 원진 피해 노동자를 돌볼 원진녹색병원을 설립했다는 사실에 다시 한번 놀랐다고 말했다. 한국에서 벌어진 원진레이온 직업병 참사가 얼마나 큰 규모였는가와 원진레이온 공장의 작업장 환경이 얼마나 열악했는가를 짐작케 하는 발언이었다.

이처럼 레이온 생산기계가 일본에서 골칫거리로 등장한 가운데 한국에서 이 기계를 사가겠다고 하니 일본 기업 입장에서는 쾌재를 부를 일이었다. 그렇게 해서 나무 펄프에서 인조비단실을 뽑아내는 도레이레이온의 중고 방사(紡糸)기계가 한국으로 왔다. 한국의 산업보건 전문가들은 레이온 산업에서 이황화탄소 중독 노동자가 나올 수 있다는 것을 잘 알면서도 그것을 예방하는 데는 무관심했다.

선진국에서는 폐기처분해야 할 공해 기계가 개발도상국이나 후진국에 팔리는 일은 지금도 세계 곳곳에서 벌어지고 있다. 대한민국은 1960~1980년대 공해와 직업병 수입국이었다. 1990년대와 2000년대 들어서는 이제 고물이 된 기계를 중국, 인도네시아, 베트남 등에 팔아먹은 공해와 직업병 수출국의 길로 들어섰다. 한국은 피해자이면서 가해자라는 두 얼굴을 가진 나라며, 한국 기업 또한 선진국 기업처럼 두 얼굴을 한 이중 기업들이다.

석면 산업도 선진국 또는 선진국 기업들이 전형적인 이중기준을 만들어 작동시키는 분야다. 미국, 캐나다 등 석면 제품을 일찍부터 만들어 사용해오거나 석면광산을 가동해 떼돈을 벌어온 선진국들은, 1980년대 유럽에서는 이미 석면 제품 제조와 사용 금지 조치를 내렸음에도 석면제품을 제조하거나 사용할 때 안전하게만 다루면(safe use) 별 문제가 없다는 논리와 주장을 하면서 개발도상국과 후진국에 그런 제품을 계속 수출했다. 우리나라도 1960년대 중반부터 석면슬레이트와 석면방직제품용 원료 석면을 캐나다 등에서 수입해 사용하기 시작했다. 하지만 석면공장 작업장 기준은 선진국의 기준과 비교해 매우 느슨했고 관리도 엉망이어서 1990년대부터 지금까지 계속해서 석면질환자를 양산해오고 있다. 현재 우리나라에서는 석면 제품 제조와 사용이 완전 금지됐지만 선진국기업들은 아직도 인도, 방글라데시, 인도네시아, 베트남, 중국 등 아시아 신흥공업국을 중심으로 다량의 원료 석면과 석면 제품을 수출하고 있다. 이들 국가에서도 머지않은 장래에 석면이 시한폭탄처럼 작용해 많은 피해자를 낳을 것이 틀림없다.

20세기 최대의 화학 참사가 된 1984년 인도 보팔의 유니언 카바이드 공장 메틸이소시안산염 누출 사건도 이중기준이 빚어낸 비극이라고 할 수 있다. 보팔 참사를 일으킨 유니언 카바이드사는 미국에도 인도 보팔 공장과 꼭 닮은 쌍둥이 공장을 이미 가동하고 있었다. 하지만 미국에서는 이 공장을 가동하려면 매우 까다로운 안전장치와 규제를 만족해야 하는 반면 인도는 규제가 느슨했다. 공장 가동비와 운영비를 절감하기 위해 미국 공장과는 다른 매우 느슨한 안전장치를 해놓고 그 감시·관리도 신경을 쓰지 않다가 마침내 만여 명이나 되는 인도 주민을 생지옥 속으로 집어넣어 숨지게 만든 것이다.

정말 안전했다면 옥시 살균제를 영국에서도 팔았어야

가습기살균제 재앙의 주범인 옥시레킷벤키저도 마찬가지다. 생활용품, 건강의료용품 분야의 내로라하는 다국적 기업인 레킷벤키저는 가습기살균제 제품을 한국에 팔면서 영국 등 유럽에서와는 전혀 다른 이중기준을 적용해 우리나라 소비자들과 가습기살균제 피해자와 가족들의 비난을 사고 있다.

30대 주부 김화나(가명) 씨도 레킷벤키저의 이중인격과 이중기준에 몸서리를 치는 옥시 가습기살균제 피해자다. 그녀는 '옥시'란 이름만 들어도 가슴이 울렁거린다. 그녀의 한 살배기 아들은 지난 2011년 봄 서울의 한 대학병원 중환자실에서 호흡곤란 증상이 생기는, 원인 모를 폐렴으로 고통을 겪다 숨졌다. 그리고 몇 달이 지난 그해 9월, 언론을 통해 뒤늦게 아들을 죽음으로 몰고 간 그 괴질의 원인이 자신이 구입해 사용한 가습기살균제이며 옥시레킷벤키저라는 회사가 제조·판매한 제품이었다는 사실을 알았다. 그녀의 옥시 울렁증은 그때부터 시작됐다.

▎가습기살균제 최대 가해 기업인 '옥시레킷벤키저' 제품에 대한 불매운동 캠페인 디자인(영문 버전). ⓒ이성진

그는 옥시란 말을 신문·방송에서 보고 듣거나 마트에서 이 회사의 상품을 볼 때마다 죽은 아이가 생각나 애써 외면하거나 눈길을 다른 곳으로 돌린다. 요즘에는 이 회사가 자신들이 아성을 구축한 표백제나 세제뿐 아니라 '스트렙실', '개비스콘' 같은 기관지·소화기계 질환 치료제 시장까지 진출하고 나서 막대한 비용을 들여 텔레비전에 대대적으로 상품 광고를 해대자 더욱 자주 화가 치민다. 우리 아이를 죽게 만든 회사가 망하거나 추락하지 않고 오히려 더 승승장구하는 것으로 보여서다. 최근에는 전국적인 불매운동 탓에 과거보다는 광고가 뜸해졌지만 언제 다시 되살아날지 모른다.

김 씨만 이런 사정을 품고 있는 것은 아니다. 비슷한 생각을 하거나 사정에 처한 사람이 너무 많다. 가습기살균제 시장에서 옥시 제품이 오래전부터 인기를 끌었고 그 결과 많은 사람이 옥시 제품인 '옥시싹싹 뉴 가습기당번'을 사서 가습기 물통에 넣었다. 피해자 다수도 주로 옥시 제품을 사용했다.

하지만 옥시레킷벤키저는 자사의 제품이 어린이와 임신부 등 많은 사람

┃가습기살균제 최대 가해 기업인 '옥시레킷벤키저' 제품에 대한 불매운동이 본격적으로 국내에서 진행되면서 기업의 이중성에 대한 이미지를 추가하여 2016년 5월 새롭게 한글 버전으로 만든 디자인. ⓒ이성진

을 죽게 만든 살인 제품이라는 대한민국 정부의 발표를 오랫동안 부정해왔다. 피해자와의 재판에서 회사 변호를 맡았던 김앤장은 줄곧 살균제 성분 때문에 환자들이 숨진 것이 아니라 곰팡이나 레지오넬라균 등 다른 원인에 의한 사망일 수 있다고 주장해왔다. 이 또한 거액의 연구비와 뒷돈을 주고 만들어낸 청부 연구를 바탕으로 한 주장이었다는 것이 최근 검찰수사로 드러났다.

2013년 여름 가습기살균제 피해자 환경 조사를 벌이면서 안 사실은, 소비자 가운데 상당수가 옥시레킷벤키저라는 이름을 잘 모른다는 것이다. 이들은 입에 배고 귀에 못이 박힌 '옥시'가 순수 우리나라 기업인 줄로만 알고 있었다. 일부 피해 신고자는 옥시 제품을 애경그룹에서 만들어 파는 것으로 오인하고 있었다. 이는 오래전부터 옥시라는 상표를 달고 국내에서 세제 등이 많이 팔렸기 때문으로 보인다.

'옥시'는 원래 동양화학그룹의 계열사로 잘 나가던 기업이었다. 옥시의 생활용품사업부는 세탁 표백제 '옥시크린'과 습기 제거제인 '물 먹는 하마' 브랜드로 우리 소비자들에게 매우 친숙했다. 특히 '옥시크린'은 대한민국 시장에서 압도적인 시장 점유율을 보이며 세탁 표백제의 대명사로 통했다. '물먹는 하마'도 제습제 시장에서 1위를 계속 지켰다.

그러나 1997년 국가재정부도, 즉 IMF 구제금융 사태가 터진 지 얼마 되지 않아 옥시는 세계적인 생활용품 기업인 영국의 레킷벤키저에 팔렸다. 회사 이름을 옥시레킷벤키저로 바꿔 새로 탄생한 이 기업은 옥시가 길러놓은 상표의 힘에다가 막강한 자금력과 세계 시장에서 이름을 널리 알린 모기업의 브랜드 제품들을 보탰다. 그 후 살균제, 세제, 탈취제 등 국내 각종 생활화학용품 시장에서 10년 넘게 승승장구하며 강자로 군림하고 있다. '옥시크린'은 10년 넘게 한국 표백제 시장에서 50%를 넘는 시장 점유율을 기록했다고 한다.

현재 옥시가 국내에서 판매하고 있는 제품은 모두 합쳐 9개 부문에서 40종이 넘는다. '파워크린'이나 '옥시크린'과 같은 세제 제품과 청소용품인 '옥시싹싹', '물먹는 하마' 등 하마라는 이름이 들어간 제품, 손 세정제인 데톨 제품 등은 대한민국 주부나 성인이라면 한 번쯤은 사용했을 것이다. 손 세정제 데톨은 대한의사협회의 추천까지 받은 데다 2009년 신종플루가 한국도 강타하면서 불티나게 팔렸다. 최근에는 위 역류성 식도염치료제인 개비스콘과 인후염치료제인 스트렙실 같은 의약품도 시장에 선보여 대대적인 광고와 함께 국내 시장을 빠른 속도로 개척해왔다. 레킷벤키저는 '듀렉스'란 상표로 콘돔 업계에서 세계 시장을 주도하고 있는 기업이기도 하다.

옥시레킷벤키저의 주인은 모기업인 레킷벤키저다. 레킷벤키저는 영국의 종합 생활용품 업체로 '위키백과'에서도 자세하게 소개할 정도로 세계적인 회사다. 레킷벤키저는 1999년 영국의 레킷앤드콜먼과 독일 벤키저가 합병해 탄생했다. 두 회사는 19세기 전반기부터 이어져온 200년 전통의 회사였다. 현재 세제·방향제·위생용품 분야의 세계적인 업체 중 하나이며, 의약품과 식품 브랜드도 보유하고 있다. 항균제 '데톨', 제모제 '비트'는 해당 분야에서 세계 최대의 생산량과 판매량을 보인다. 2010년에는 유명 콘돔 제조업체 듀렉스를 인수했다.

한국 아이들을 죽이면서 전 세계에 '어린이를 구하자' 캠페인

지난 2014년 이 회사의 홈페이지에 들어가 보았다. 이 회사가 어떤 회사인지 궁금했기 때문이다. 한국에서 수많은 어린이를 죽인 이 기업은 놀랍게도 '어린이를 구하자(Save the children)'라는 기업 사회 공헌 프로그램을 눈에 띄게 선전하고 있었다. 2006년부터 시작한 이 캠페인은 2012년에만 전 세계 가난한 어린이 32만 5000명과 그 가정에 도움을 주었으며 2014년까지 90만 명의 소외계층 어린이를 도왔다고 밝히고 있었다.

또 한국의 옥시레킷벤키저 홈페이지도 클릭해보았다. 환경보호 활동을 특히 강조하면서 첫 화면에 배치해놓았다. "'우리 집 우리 지구(Our Home Our Planet)'는 우리의 일상생활에서 간단하고 실용적인 방법으로 탄소 배출량을 감소시키기 위해 레킷벤키저가 진행하는 전 세계 환경 캠페인입니다"라고 밝히고 있었다.

만약 소비자들이 이 회사의 홍보와 홈페이지만 보았다면 어린이와 지구 환경을 무척이나 아끼고 사랑하는 기업으로 알 것이다. 가습기살균제 사건이 영국에서도 아직 공론화·여론화되지 않았기 때문에 다른 국가에서는 레킷벤키저의 파렴치한 행동을 잘 모를 것이다. 하지만 한국에서 이 회사가 보인 행태를 보면 이러한 선전은 허구에 지나지 않는다. 국내 한 언론사가 한국에서 벌어진 가습기살균제 대재앙과 관련해 영국 본사에 질의한 적이 있다. 그러자 영국 본사는 "우리는 잘 모르니 레킷벤키저코리아에 연락하라. 앞으로 가습기살균제와 관련해 본사로 오는 문의는 모두 한국의 자회사로 넘기겠다"라고 밝힌 바 있다. 자칭 세계적인 기업의 두 얼굴을 한국 언론과 소비자들에게 드러낸 것이다.

한국의 옥시는 2013년 8월 불량 주방 세제를 팔다 적발돼 문제가 되기도 했다. 옥시가 내놓은 '데톨 3 in 1 키친시스템' 제품 3종이 한국소비자원의 산성도 측정 결과 평균 4.0으로, 보건복지부의 1종 세척제의 위생용품 규격 기준에 미달하는 것으로 나타났다. 옥시 측은 이 주방 세제가 손에 닿아도 문제가 없다고 제품에 표시했지만 실제로는 강한 산성을 띠고 있어 피부에 자극을 줄 수 있는 것으로 드러났다. 회사는 물량을 전량 회수하고 환불 조치하기로 했지만, 이 과정에서 소비자들과 크고 작은 다툼이 벌어졌다.

'악마의 변호인' 김앤장이 청부과학자를 만났을 때

변호사를 지독하게 디스한 영화지만 만일 이 영화가 법정에 선다면 그래도 변호사들은 변론에 나설 것이다. 영혼 따위는 개밥으로 줘버린 지 오래된 그들이니까.

한 트위터리안이 한 영화에 대해 남긴 말이다. 〈데블스 애드버킷(The Devil's Advocate)〉이라는 영화다. 이 영화는 1997년 상영되었으며 테일러 핵퍼드(Taylor Hackford)가 감독했고, 키아누 리브스(Keanu Reeves)와 알 파치노(Al Pacino)가 주연을 맡았다. 매력 넘치는 이 두 주인공의 이름을 모르면 진정한 영화 마니아라고 할 수 없듯이, 〈데블스 애드버킷〉을 보지 않은 법조인은 법조인이라고 할 수 없다. 법조인과 영화 마니아가 아닌 사람을 위해 네이버영화에서 간추린 대강의 줄거리를 소개하겠다.

플로리다의 소도시 갱스빌. 제자를 성희롱한 혐의로 한 남자 교수가 기소된다. 담당 변호사는 단 한 번도 재판에서 저본 적이 없는 것으로 유명한 신출내기 변호사 케빈 로막스. 키아누 리브스가 그 역을 맡았다. 모든 것이 불리한 재판, 케빈 자신도 의뢰인인 교수가 유죄임을 확신하지만 케빈은 모든 상황을 뒤집고 증인을 몰아붙여 배심원의 마음을 움직임으로써 재판을 승리로 이끈다. 그는 64전 64승이라는 전설적인 기록을 세우며 인기 절정의 변호사로 부상한다.

케빈은 뉴욕에 있는 '존 밀턴 투자회사'에 스카우트되어 이 회사 존 밀턴 회장(알 파치노)의 지시로 밀턴 사의 고객 변호를 맡게 되고 역시 성공적으로 변호를 해낸다. 하지만 다른 소송 도중 회사 동료가 살해당하고 아내마저 자살하자 케빈은 그녀의 죽음과 공포의 근원이 밀턴에게 있다고 확신하고 그를 찾아간다. 그리고 그 곳에서 상상도 못할 엄청난 사실을 알게 된다. 밀턴은 사탄이고 케빈은 그의 아들이었다. 케빈은 모든 악의 근원이 결국은 자신의 의지에 의한 것임을 깨닫고 총을 머리에 대고 방아쇠를 당긴다.……

〈데블스 애드버킷〉의 변호사, 신뢰 떨어진 작금의 현실과 잘 맞아

2016년 7월 대한민국은 현직 검사장 구속, 부장판사 출신의 여자 변호사와 고위검사 출신의 비리, 전관예우 등 법조 비리로 시끌시끌하다. 무전유죄와 유전무죄가 다시 인구에 회자되고 있다. 고위검사 출신의 청와대 민정수석까지 부동산 거래와 아들 의경 보직 특혜로 정치적 공방이 오가고 있다. 현직 부장판사는 성매매를 하다가 적발되기도 했다. 법조인에 대한 국민의 신뢰는 땅에 떨어졌다. 20년 전의 영화 〈데블스 애드버킷〉이 무덤에서 되살아나 타락한 법조인을 질타하는 칼럼의 소재가 되고 있다.

한 변호사는 "변호사라는 직업이 진실을 밝혀 억울한 사람의 누명을 벗겨주는 일도 하지만, 간혹 영화처럼 악마의 유혹을 받기도 한다. 법조인이 아닌 일반인들은 법조인들에 대한 이중적인 시각을 가지고 있음을 발견한다. 즉, 평소에는 법조 비리, 전관예우 등을 비판하지만 막상 소송의 당사자가 되면 담당 검사·판사와 가깝거나 전관 출신인 변호사를 찾는 경우를 보는 것이다"라며 이 영화에 빗대 현실을 비판한다.

유죄인 줄 잘 알면서도 무죄로 변론하는 변호사가 희귀종은 아니다. 하지만 여러 어린아이를 포함해 수많은 생명을 앗아간 제품을 만들어 판 기업의 무죄를 주장하는 변호인은 '데블스 애드버킷'의 환생이라는 것 이외는 달리 설명할 방도가 없다. 천하의 나쁜 짓을 저지른 사람과 기업을 변호해 온 것이 꼭 김앤장 만은 아니지만, 유독 김앤장은 그런 일로 자주 구설에 올랐다. 가습기살균제 재앙은 일찍이 대한민국 최대의 환경 재앙, 세계 최초의 바이오사이드 집단 사망 사건으로 자리매김한 사건이다. 그 범인 중 피해자들에게 사죄도 제대로 하지 않고 가장 죄질이 무겁다는 옥시레킷벤키저의 무죄를 변론하기 위해 대한민국 최대 로펌이 나섰다. 하지만 그들은 과실을 따먹기 직전 날개 없이 바닥으로 추락했다. 지금은 관계를 끊었다고 한다.

그동안 장막 뒤에서 온갖 꾀를 내어 가습기살균제 피해자들을 다그치고 옥죄던 김앤장의 일그러진 행태들이 2016년 4월과 5월 검찰 수사가 진행되면서 속속 드러났다. 옥시, 김앤장과 손발과 입을 맞추는 연구를 하다 뇌물 혐의 등으로 서울대학교 조 아무개 교수가 구속된 뒤 변호인을 통해 한 말을 보면, 김앤장은 가습기살균제 피해자와 그 가족들은 물론이고 일반 국민도 분노를 감출 수 없는 '데블스 애드버킷'의 모습을 보였다고 할 수 있다. 가습기살균제 사건과 관련해 언론을 통해 드러나고 있는 김앤장의 이런 추악한 행태는 물론 어제 오늘의 일은 아니다. 이와 유사한 일은 그동안 꾸준히 있어 왔다. 2016년 7월에는 우병우 민정수석의 처가 식구들이 상속세를 제때 납부하기 위해 내놓은 1400억 원대의 강남 땅을 유명 게임 업체인 넥슨 측과 매매할 때 법률대리인 역할을 하면서 중개사무소 측과 다툼을 벌여 입길에 오르기도 했다.

김앤장 법률사무소는 대한민국 최대의 로펌이다. 흔히 변호사 업계의 삼성이라고 불린다. 현재 728명의 변호사를 거느리고 있어 변호사 수 기준으로 대한민국에서 가장 크며 변호사 1인당 매출액도 가장 높다. 1973년 1월 김영무가 설립하고, 같은 해 말 장수길이 합류하며 '김앤장'이라는 이름이 만들어졌다. 이 법률사무소에는 대표 변호사로 김영무, 장수길, 이재후가 있고, 이 회사의 공문은 대부분 김영무 변호사의 이름으로 발송된다. 김영무 이외에 대표변호사가 둘이나 있는 구조지만 사실 이 집단은 공동 운영되는 로펌이 아니라 김영무 한 사람에 의해서 운영되는 형태의 회사로 알려졌다. 회사라고 표현한 이유는, 정확히 말해서 로펌이 아니기 때문이다. 해당 집단은 법적으로는 합동 변호사 사무실의 형태를 취하고 있으나 업무나 실제 구성에 있어서는 로펌의 형식으로 일하는 특이한 조직 형태를 취한다.

국내 최고의 로펌이라는 명성에 걸맞으려면 나름의 도덕성을 지녀야 하는데, 적어도 가습기살균제 사건과 관련해 김앤장이 취한 행위들을 살펴보면 돈 없는 서민 즉, 무전(無錢)의 입장에서는 최악의 로펌이다. 구속 재판을 받고 있는 서울대학교 조 아무개 교수의 변호인 입을 빌리면 "옥시와 김앤장은 가습기살균제의 유해성을 경고하는 실험 결과를 입수하고서도 법원과 검찰에 사망자의 폐 손상 원인이 봄철 황사와 꽃가루 때문이라는 의견서를 제출했다"라는 것이다. 황사와 꽃가루가 아이들과 산모를 집단적으로 죽인 원인이라는 주장은 정말 소가 웃을 말이다. 2011년 4월부터 추적에 들어간 정부 역학조사에서 전문가들은 황사, 꽃가루, 곰팡이, 심지어는 일본 후쿠시마 방사능 낙진까지 검토했다고 한다. 조 교수 변호인의 말을 종합해

보면 가습기살균제의 독성이 있는데도 얼토당토않은 이유를 내세워 이를 의견서에서 고의로 **뺐**다면 증거인멸죄가 성립될 수 있다. 하지만 검찰은 김 앤장에 대해서는 수사의 '수'자도 꺼내지 않고 있다.

가습기살균제 참사 사건에서 옥시의 변호인을 맡으면서 김앤장은 적어도 도덕적 비난의 화살을 피해가기는 어려울 것 같다. 김앤장의 행태 가운데 국민한테서 손가락질을 받는 대표적인 것은 의뢰인뿐만 아니라 자신들의 승소를 위해 변호를 맡은 피고인이 분명 유죄인 것을 잘 알고 있으면서도, 무죄 판결을 이끌어내고 싶어 하는 '악마의 유혹'에 시달린다는 사실이다. 김앤장이 맡은 사건 재판에서 단 한 번도 져본 적이 없는 것은 물론 아닐 것이다. 최근에는 CJ그룹 총수 재판 등 몇몇 재벌 총수 관련 재판에서 패소해 스타일을 구겼다. 그렇지만 재판에서 김앤장이 최고의 승률을 자랑한다고 해도 크게 틀린 말은 아닐 것이다. 이렇게 맡은 사건마다 대부분 승리를 하니 큰 사건이나 집단 소송이 생기면 기업들이 앞다퉈 김앤장에 사건을 의뢰하는 것이 아닐까?

로펌이라는 입장에서 보면, 김앤장은 '최고로 유능한' 국내 변호사와 외국인 변호사를 수백 명이나 고용하고 있다. 막강한 인재와 돈, 그리고 장관 등 고위 관료를 지낸 이들까지 고문으로 모시며 법조계의 대통령으로 군림해왔다. 전관예우가 얼마나 대한민국에서 잘 작동하고 있는가는 과거 벌어졌던, 그리고 현재 벌어지고 있는 법조 브로커가 활개치는 현실이나 검찰과 사법부 고위직 출신들이 1년에 수십억 원 내지 백억 원 이상을 벌어들이는 데서도 엿볼 수 있다.

김앤장은 환경부 장관 출신과 고위 간부 출신들을 영입해 자문 등의 역할을 맡기고 있다. 이들이 이번 사건에서 구체적으로 어떤 역할을 했는지는 알 수 없다. 김앤장의 행태가 문제가 되고 있는 만큼 국회 청문회나 검찰 수사 과정에서 이런 부분까지 한 점의 의혹 없이 속 시원히, 성역 없이 파헤쳐지길 피해자 가족들은 바라고 있지만 현재로서는 두 가지 모두 쉽지 않아 보인다.

2009년 베이비파우더 석면 탤크 사건 때, 탤크 위험성은 묻지 않은 김앤장

김앤장은 2009년 한국 사회를 떠들썩하게 만든 우리나라 최대의 석면 스캔들인 베이비파우더 석면 탤크(활석) 사건 때도 기업의 편을 드는 변호를 맡았다. 인체에 치명적인 발암물질이며 불치의 석면폐증을 일으키는 석면이 다량 들어 있는 베이비파우더를 사용해온 어머니 등 소비자들은 2009년 사건이 나자마자 곧바로 정신적 피해를 입었다며 1인당 100만 원씩 손해배상을 요구하는 소송을 냈다. 하지만 1, 2심에 이어 소송을 낸 지 5년 만인 2014년에는 대법원에서도 패소하고 말았다.

2011년 2심 서울고등법원 재판 때 소비자 쪽, 즉 원고 쪽 전문가 참고인 진술을 위해 나는 법정에 갔다. 석면 탤크를 공급하고 이를 사용해 베이비파우더를 만든 회사를 대리해 김앤장 변호사가 나왔다. 그는 나에게 다그치듯이 몇 가지 질문을 던졌다. "외국 학술지에 석면 유해성 관련 논문을 실은 적이 있습니까?" "석면과 관련해 연구실에서 직접 유해성이나 독성 연구를 한 적이 있습니까?" 등등. 물론 대답은 "아니요"였다. 언론인이 실험실에서 연구를 하지는 않으니까.

김앤장 변호사는 탤크에 들어 있는 석면이 인체에 어떤 해를 끼칠 가능성이 있는지, 석면이 들어 있는 베이비파우더를 어느 정도 사용하면 나중에 악성중피종 위험성이 있는지에 대해서는 전혀 관심이 없었다. 그것이 재판에서 다투어야 할 사건의 본질인데도 무시했다. 한마디로 전문가 증인으로 나왔지만 전문가라고 할 수 없다는 것을 판사에게 보여주기 위한 다그침이었다. 죄인 다루듯이 건방지고 안하무인격의 심한 말투가 계속되자 나에게 증인을 서달라고 부탁했던 변호사는 참다못해 재판부를 향해 "이거 너무 심하게 말하는 게 아닙니까!"라고 따졌다. 재판장은 그제야 김앤장 변호사에게 "참고인으로 나오신 분에게 무례하게 비칠 수 있는 언사를 삼가라"고 주의를 주었다. 그러자 그는 알았다며 더 이상 질문할 것이 없다며 자리에 앉았다.

원고 쪽 변호사가 나를 증인으로 부른 것은 우리나라에서 처음으로 1988년 석면에 관한 책을 쓴 데다 같은 해 연구자, 과학자, 학자를 통틀어 내가 가장 먼저 우리나라 석면 질환 실태를 탐사 취재해 신문에 다루었기 때문이다. 또 1988년과 2008년에 내가 펴낸 책 『조용한 시한폭탄 석면 공해』와 『침묵의 살인자, 석면』에서 베이비파우더 석면 탤크 문제를 제기했고, 이것을 한 방송 프로듀서가 다루어 베이비파우더 석면 탤크 사건이 불거졌다.

전문가 증언을 마친 뒤 그날 원고 쪽 변호사와 함께 저녁을 먹으면서 물어보았다.

"그 김앤장 변호사는 어떤 사람이죠?"
"최근 부장판사(부장판사라 했는지 부장검사라고 했는지 기억이 가물가물하다)를 하다가 김앤장에 영입된 것으로 알고 있습니다."

들자마자 나는 이렇게 중얼거렸다.

"전관예우를 받을 수 있겠군."

그리고 재판 결과는 시민들의 완전한 패소였다. 우리 사회에 아직도 회자가 되고 있는 말 중에 '유전무죄 무전유죄'라는 말이 있다. 서울 올림픽 직후인 1988년 10월, 지강헌 등 죄수들이 집단 탈주한 뒤 벌인 주민 인질극 사건 때 지강헌이 외쳤던 말이다. 우리 사회에서 돈은 권력과 붙어 다니므로 '유권무죄 무권유죄'란 말도 있다. 가습기살균제 사건의 주범인 옥시 기업을 변호하고 있는 김앤장의 일그러진 행태가 오늘따라 지강헌의 말과 영화 〈데블스 애드버킷〉의 장면들을 자꾸 떠오르게 만든다. 우리 사회에서 보통 시민들은 언제까지 김앤장 앞에만 서면 한없이 작아져야만 하는 것일까? 김앤장을 가습기살균제 사건과 관련해 수사하고 기소해야 한다는 의견도 있고 피해자들과 환경시민단체들이 회사 앞에서 시위도 벌여보지만 이들은 눈 하나 꿈쩍하지 않는다. 고위 공직자와 판검사 출신들을 돈으로 마구 데려와 김앤장은 무소불위의 권력기관처럼 됐다. 그 어떤 정권이나 사정 당국도, 그 어떤 정치 세력도 김앤장이 잘못하더라도 단죄하려 들지 않는다. 그러는 사이 그들은 정부와 하나가 되어가고 있다. 김앤장은 정부의 각종 위원회에서 약방의 감초처럼 참여하고 있다. 정부나 공공 기관, 그리고 재벌 등은 각종 자문과 사건을 이들에게 맡기고 있다. 물론 태평양, 세종, 광장, 화우, 율촌 등 다른 대형 로펌도 많지만 그 가운데 김앤장은 벌어들이는 수입 면에서나, 변호사 숫자 면에서나, 영향력 면에서 군계일학이다.

환경부 환경오염피해구제정책위원회에도 김앤장 참여

하지만 김앤장이 고객과의 만남에서 기쁨과 승리만 안겨주는 것은 아니다. 해리가 샐리를 만나면 즐거움과 로맨스를 기대해도 좋다. 결코 관객들에게 실망감을 안겨 주지 않는다. 하지만 김앤장은 가습기살균제 사건을 변호하기로 옥시와 계약을 맺으면서 너무 자만했다. 지금까지 해오던 방식을 그대로 적용하면 어렵지 않게 이길 수 있을 것으로 보았다. 하지만 고지 점령을 앞두고 9부 능선에서 검찰 수사라는 예상치 못한 복병을 만났다. 이때 옥시와 김앤장의 행태가 드러났다. 물론 낱낱이 드러난 것은 아니다. 그들 행태 가운데 일부만 드러났음에도 피해자들과 국민들은 분노했다. 옥시는 사면초가에 빠졌다. KO 펀치를 맞은 옥시에 비하면 김앤장이 두들겨 맞은 것은 한두 차례의 잽 정도밖에 되지 않는다. 혹자는 옥시보다 김앤장이 더 나쁘다고 말한다. 서울대학교 교수와 호서대학교 교수들의 청부 연구 행태는 있을 수 없는 일이었고 앞으로도 있어서는 안 되는 일이겠지만 이들은 깃털에 불과하다는 말이 학계에서 공공연하게 떠돌고 있다. 몸통은 김앤장인데 깃털만 구속 기소했다는 비판이 나오는 것이다. 하지만 교수들의 행태가 분명 잘못된 것이어서 학계에서도 목소리를 크게 낼 수도 없다. 옥시와 김앤장의 만남은 일그러졌고 그들은 결별했다. 옥시는 그동안 들어간 비용이 아까운 것이 아니라 치명적 상처를 입었기 때문에 그렇게 한 것이다.

우리 사회는 두 번 다시 '악마의 변호인'과 청부과학자들이 만나지 못하도록 감시의 눈을 부릅떠야 한다. 구속된 두 교수는 물론이고 청부과학자들이 기업이나 특정 집단의 돈을 받고 학자의 양심을 내팽개친 채 연구를 하고 그 결과를 학술지나 언론, 제품 허가와 인증 때 사용하는 것은 아닌지 동료 학자들이 감시해야 한다. 대한민국에서 발행되는 모든 학술지에 이런 윤리심사규정을 둬서, 연구비 출처가 어디인지 밝혀야만 논문을 실을 수 있도록 해야 한다. 전문가 집단의 자정 노력이 없으면 또다시 청부과학자들이 활개를 치고 엉터리 연구로 소비자와 시민들을 구렁텅이로 몰아넣을 것이다. 이들의 손에 시민들의 생명과 건강, 안전을 내맡길 순 없다.

'악마의 변호인들'에게 정부나 정부 기관들의 평가위원회, 심사위원회, 자문위원회 따위를 맡겨서는 안 된다. 고양이에게 생선을 맡기는 꼴이다.

위원회에서 얻은 정보와 영향력, 위원회 활동으로 형성한 네트워크로 소송을 따고 다시 돈을 벌고 그 돈으로 우리 사회에 영향력을 행사하는 악순환을 막아야 한다.

환경부는 올 초부터 '환경오염피해 배상책임 및 구제에 관한 법률'의 시행에 들어갔다. 이 법에 따라 환경오염피해구제정책위원회가 만들어졌다. 이 위원회는 환경책임보험 약정, 보험자 선정, 보험가입자 지원, 환경오염피해 평가의 방법과 절차에 관한 사항 등 매우 중요한 사항을 심의하고 결정한다. 그런데 이 위원회에 김앤장 변호사가 위원으로 활동하고 있다. 이미 환경부 관련 다른 위원회는 물론이고 다른 부처나 기관 등에서 운영하는 법정 또는 비법정 위원회에 수많은 김앤장 변호사들이 참여하고 있을 것이다. 가습기살균제 사건 소송에서 보인 김앤장의 '불법(?)' 내지 부도덕한 행태를 계기로 모든 정부 위원회에서 김앤장 변호사를 퇴출토록 하는 운동을 벌여야 한다. 부도덕한 짓을 한 로펌의 경우, 그 소속 변호사들이 일정 기간 일체의 정부 활동에 관여하지 못하도록 하는 제도적 장치를 만든다면 적어도 '악마의 변호인들'은 사라지지 않을까?

한국인, 세계 최초로 가습기살균제의 실험대상이 되다

"우리를 인간 모르모트로 삼은 옥시를 비롯한 가습기살균제 회사 책임자를 살인죄로 처벌하라!" "우리 아이를 실험동물로 삼은 옥시는 각성하고 즉각 사죄하라!" 2016년 5월 가습기살균제 사건에 대한 수사를 한창 진행 중이던 서울 서초구 서울지방검찰청 정문 앞에서는 가습기살균제 피해자와 가족 모임 회원들과 환경보건시민센터 회원들이 목소리를 높여 외치고 있었다. 이날 이들과 함께한 나는 인간 모르모트란 말에 10여 년 전 내가 쓴 책 『인간복제 그 빛과 그림자』에서 소개한 한 소설이 떠올랐다. 그 책에 다음과 같은 내용의 이야기를 담았다.

독일 나치 정권하에 아우슈비츠 수용소에서 악명을 떨치던 멩겔레 박사는 생체실험을 통해 유기체 복제기술(단핵 재생기술)을 익힌다. 그는 복제하고자 하는 유기체의 세포핵을 핵이 제거된 난세포에 이식해 수정한 후 일정 기간 배양하고 대리모의 자궁에 이식하는 방법으로 아돌프 히틀러(Adolf Hitler)와 유전자가 똑같은 94명의 아이들을 만든다. 그는 이

복제된 인간들을 히틀러가 자라난 환경과 비슷한 곳에서 키우고자 남자의 직업이 공무원, 아내와 32년 차이가 나는 가정을 찾아 세계 곳곳에 입양시킨다. 복제 히틀러가 12세 때, 즉 그의 아버지가 65세의 나이로 죽었으므로 나치 친위대원 잔당 6명은 복제 인간 히틀러를 입양한 가정을 찾아가 양아버지들을 차례로 살해한다. 나치의 만행으로 가족을 잃은 나치 전범 추적자 리베르만이 그들의 음모와 비밀을 알아차리고 1974년 18명이 희생됐을 때 이를 좌절시킨다.

현대 공포 소설의 제왕이라 불리는 스티븐 킹이 "서스펜스 소설계의 스위스 명품 시계"라고 극찬했던 현대 대중소설의 거장 아이라 레빈(Ira Levin)이 1976년 발표한 과학추리소설 『브라질에서 온 소년들(The Boys from Brazil)』의 줄거리다. 나는 2003년 『인간 복제 그 빛과 그림자』라는 책의 '히틀러는 복제할 수 없다: 인간 복제에 대한 오해들'이라는 장에서 원본 인간과 똑같은 사상과 철학을 지닌 복제인간을 만들어내는 것은 불가능하다는 것을 설명하기 위해 이 소설을 소개했다.

당대 최고의 배우인 그레고리 펙(Gregory Peck)과 로런스 올리비에(Laurence Olivierm) 주연의 영화로도 만들어져 주목을 받았던 이 소설을 다시 끄집어낸 것은 멩겔레 박사가 나치 정권 때 실제로 유태인을 상대로 생체실험을 했던 사람이라는 사실과 인체실험의 만행을 소개하기 위해서다. 2003년에는 히틀러의 부활과 관련한 과학의 허구에 관심이 있었다면 이번에는 나치의 생체실험에 관심이 있어 이 책을 다시 읽었다.

반인륜 생체실험 벌인 일본 제국주의와 나치 독일

과학자나 의학자가 자신이나 가족들을 상대로 병원균의 실체를 파악하거나 백신의 효과를 검증하기 위해 인체실험을 했다면, 많은 사람의 생명을 구하기 위한 불가피한 선택 내지는 위대한 결단이라고 보아줄 면도 없지 않다. 하지만 그 어떤 이유로도 인간의 목숨을 위태롭게 하고 본인의 동의 없이, 아니면 본인의 동의가 있다 하더라도 사람을 대상으로 위험할 수 있는 실험을 한다는 것은 결코 용납할 수 없는 반인륜적 범죄다. 동물을 대상으로 한 독성 실험도 반대하는 목소리가 점점 커지고 있는 마당에 인간을 대상으로 독성 실험을 할 수 없다는 것은 이젠 지극히 상식적인 관점이다. 물론 인류 역사에서 사람을 대상으로 한 병원균 또는 유독물질 독성 연구가 없었던 것은 아니다. 생체실험은 인류 역사에서 심심찮게 이루어졌다. 특히 전쟁 때 이런 반인륜적이고 짐승만도 못한 인체 독성 연구가 벌어진다. 그 대표적인 것이 2차 대전 때 나치 독일과 일본 제국주의가 저지른 각종 인체 독성 실험이다. 이 전범 국가들이 실험 대상으로 삼은 인간 모르모트, 인간 마루타의 악명은 지금도 그 내용을 접한 사람들이 치를 떨 정도다.

2차 대전 때 반인륜적 생체실험을 저지른 범죄에 가담한 의사나 과학자는 매우 많다. 그 가운데 오늘날 우리에게도 여전히 악명을 떨치는 대표적 인물은 독일 나치의 요제프 멩겔레(Josef Mengele)와 일본의 이시이 시로(石井 四郎)다. 멩겔레는 나치 친위대(SS) 장교이자 아우슈비츠-비르케나우(Auschwitz-Birkenau) 나치 강제 수용소의 내과의사였다. 그의 별명은 죽음의 천사였다. 그를 죽음의 악마라고 불러야 옳지만 천사라는 역설적인 별명을 붙인 것이다. 수용소에 유태인들이 실려 오면 누구를 가스실로 보내 죽이고 누구를 강제노역에 동원할지 그가 최종적으로 결정했다. 그는 일찍부터 우생학에 관심을 가졌고 이는 나중에 집착에 가까운 믿음으로 변질됐다. 멩겔레는 1935년 유태인 하층민들의 인종적 차이점에 대한 논문을 작성해 뮌헨대학교에서 인류학 박사학위를 받았다. 이어 1938년에는 「갈라진 입

술과 구개에 관한 가족사 연구」라는 논문으로 프랑크푸르트대학교에서 박
사학위를 받았다. 두 대학은 그가 2차 대전 때 인간의 탈을 쓴 악마의 행동
을 했음에도, 전쟁이 끝나고 19년이 지난 1964년에 가서야 그의 학위를 취
소했다.

아우슈비츠의 죽음의 천사 멩겔레, 천수 누려

멩겔레는 1937년에 나치당원이 되었고 1938년에는 친위대에 들어갔다.
1939년 결혼한 그는 아들을 낳았다. 1942년 러시아 전선에서 부상을 당한
그는 전투 부적합 판정을 받았다. 그는 친위대 대위로 진급한 뒤 1943년 병
에 걸린 전임의사 대신 비르케나우 강제수용소로 배정되었다. 1943년 5월
24일 멩겔레는 아우슈비츠와 비르케나우 강제수용소의 '집시 캠프' 의무관
으로 임명되었다. 수용소에서 머문 21개월간 그는 죽음의 천사라는 별명을
얻었다.

멩겔레의 온갖 악행과 생체실험에 가담한 의사, 과학자들의 추악한 모
습은 미국의 저명한 정신의학자이자 심리학인인 로버트 리프턴(Robert Jay
Lifton)이 1986년 펴낸 『나치 의사들(The Nazi Doctors: Medical Killing and the
Psychology of Genocide)』과 프랑스 저명 의사인 미셸 심(Michel Cymes)이
아우슈비츠 해방 70주년인 2015년 1월에 때맞춰 출간한 『나쁜 의사들: 그
곳에 히포크라테스는 없었다(Hippocrate aux enfers)』 등에서 잘 묘사돼 있
다. 특히 심은 나치가 집권하던 1942년, 할아버지를 아우슈비츠 강제수용
소에서 잃은 홀로코스트의 후손이다.

멩겔레는 20개월가량 강제수용소에서 의무책임자로 있으면서 특히 쌍
둥이 생체실험에 자신을 바쳤다. 집단수용소에 유태인을 포함한 수용자들
이 도착하면 큰 소리로 외쳤다. "쌍둥이들 밖으로!(Zwillinge heraus!)", "쌍둥

이들 한 발 앞으로!(Zwillinge heraustreten!)". 유태인 쌍둥이를 발견하면 이들을 즉시 특별 수감동에 따로 수용했다. 헝가리 유태인이 도착했을 때 맹겔레의 이런 모습을 지켜본 인류학자 출신의 수용자 조수는 훗날 소리치는 멩겔레의 표정을 보고 미친 사람이라는 생각이 들었다고 증언했다. 쌍둥이 한 쌍씩 모든 부분의 크기를 재고 기록한 후 한 아이에게 온갖 종류의 독약, 세균, 화학물질 가운데서 자신의 마음에 드는 것을 골라 주입한 후 결과가 나타나면 멀쩡한 다른 쌍둥이 아이와 비교·분석했다. 그 후 아이들을 죽여서 해부한 뒤, 장기 등을 골라서 그의 스승인 오트마어 페어슈어(Otmar von Verschuer) 박사가 근무하고 있던 베를린의 연구소로 보냈다. 그는 프랑크푸르트 대학에 다닐 때 그의 밑에서 우생학을 공부했는데 아유슈비츠에서 벌인 쌍둥이 생체실험은 그 연장선상에 있었던 셈이다.

멩겔레의 악명은 어린 아이들까지도 생체실험을 위한 도구로 쓰면서 극에 달했다. 그는 20개월 동안 정확하게는 모르지만 수백 쌍의 어린 쌍둥이를 별의별 실험에 동원했다. 쌍둥이를 제외한 다른 어린 아이에게는 별 관심이 없었다. 실려 온 수용자 중 어린아이를 골라내 벽에 150cm 키의 줄을 긋고는, 150cm에 이르지 못하면 죄다 가스실로 보냈다. 아우슈비츠 수용자들은 이 선택된 쌍둥이들을 '멩겔레의 아이들'이라 부르며 매우 부러워했다. 하지만 사실 이는 실험용 쥐를 대신할 건강한 생체실험 대상자를 확보하기 위한 행위였다. 하지만 그들 중 일부는 비참한 최후를 맞이해야만 했다. 이들이 정말로 배 속까지 동일한지 확인하기 위해, 쌍둥이 아이들 중 몇 쌍을 선택해 자신의 실험실로 부른 후 침대에 눕히고 잠을 재운 후, 클로로포름을 심장에 바로 주사해 즉사시킨 다음 해부했다. 멩겔레의 진짜 모습을 모르는 아이들은 자신에게 잘해주었던 친절한 모습 때문에, "멩겔레 아저씨(Uncle Pepi)"라고 말하며 죽기 직전까지 미소를 지었다고 한다. 멩겔레는 쌍둥이에게 집착했다. 쌍둥이의 장기나 혈액을 교환하는 실험을 하는 만행도 서슴지 않았다.

왜 쌍둥이에게 그렇게 집착했을까? 아리안을 많이 낳기 위해(?)

멩겔레는 아이들의 믿음을 쉽게 얻기 위해서 실험은 철저히 실험실에서만 하고 밖에서는 아이들에게 상냥하게 웃어주며 사탕이나 과자를 주기도 했기 때문에, 아이들은 순진하게 멩겔레를 믿고 요제프 아저씨라고 따르기까지 했다. 멩겔레는 그런 아이들을 잘 대해주고서는 하루 뒤 혹은 12시간 안에 바로 그 아이들을 가스실로 보내거나 실험실로 불러서 해부해버렸다.

쌍둥이 실험에서 살아남은 쌍둥이는 200쌍 정도였다. 그들은 온갖 후유증을 겪으며, 1980년대에 이르러서는 절반가량이 생을 이어가지 못하고 100쌍만이 살아남았다. 게다가 멩겔레는 직접 아이들의 머리에 총을 쏴서 살해하기도 했으며, 하룻밤 사이에 14쌍의 쌍둥이를 살해하기도 했다. 멩겔레는 자신을 도와줄 의사나 연구자들을 수용자 가운데 골랐다. 헝가리에서 살다가 수용소에 온 유태인 의사 미클로스 니슬리(Miklos Nyiszli)는 법의학과 독일어를 공부한 병리학자였다. 그 덕에 그녀는 멩겔레에게 선발되어 그의 조수로 일했다. 그녀는 1960년 『아우슈비츠 : 한 의사의 증언 보고 (Auschwitz: A Doctor's Eyewitness Account)』라는 책에서 멩겔레의 실험들에 대한 기록을 자세히 남겼다. 그에 따르면 멩겔레의 실험 대상이 된 이들은 일반 수감자들보다 나은 주거 환경에서 더 좋은 음식을 먹었다고 한다. 가스실에 갈 위험도 없었다. 하지만 멩겔레는 이들을 실험 재료로 생각했을 뿐 결코 이들을 인간으로 대우하지 않았다고 한다. 멩겔레는 필요에 따라 이들을 간단히 살해하고 해부용으로 사용했다. 멩겔레는 마음 내키는 대로 아이들을 죽였다.

멩겔레가 쌍둥이에게 집요한 관심을 보인 것은 아리안 종족의 번성을 위해 독일 여성들이 어떻게 하면 다둥이 임신에 성공해 단기간에 종족의 수를 늘릴 수 있을까 하는 생각에서 비롯했다는 이야기가 있다.

멩겔레의 생체실험들은 과학적 가치조차 모호해 제멋대로였다. 아이들의 눈에 염색약을 주사해 눈 색깔을 바꾸는 실험도 했다. 그는 두 눈동자의 홍채 색깔이 다른, 이른바 홍채 얼룩증 소유자를 수용자 가운데 골라내 실험을 했다. 그들의 눈에 메틸렌 블루 염색약을 주입해 아리안 종족의 눈 색깔인 갈색으로 바꾸려는 기괴한 시도를 했다. 실험 도중에 피험자가 죽으면 안구를 빼내 추가 연구를 하기 위해 스승 페어슈어가 있는 베를린-달렘 인종생물학 연구소로 보냈다. 멩겔레와 나치 의사들은 마취 없이 늑골을 적출하는 끔찍한 수술을 하는가 하면 말과 글로는 차마 옮길 수 없는 잔인한 외과 실험을 거리낌 없이 수행했다.

나치 생체실험, 인간이기를 거부하다

쌍둥이 외에도 멩겔레는 특별 임무를 맡기려 한다며 여성 수감자 중 건강하고 젊은 여자들을 모집했다. 그는 동료 의사들과 함께 이들 여성에게 불임 수술과 전기 충격 요법 등을 실험했다. 수용자들을 고압실과 저압실에 넣고 얼마나 견디는지 측정했다. 이 실험으로 엄청나게 많은 사람들이 사망하거나 평생 부작용을 가지고 살게 되었다. 당시 멩겔레는 루마니아 태생의 유태인 산부인과 의사로 수용소에 온 지셀라 페를(Gisella Perl) 박사에게 임신한 여성을 모두 자신에게 데려오라고 명령했다. 임신부는 우유를 주는 등 더 좋은 영양원을 공급해주어야 하기 때문에 별도의 캠프로 데려간다는 것이었다. 하지만 이는 새빨간 거짓이었다. 임신부는 모두 실험동물처럼 이용됐다. 이용이 끝난 임신부는 태아와 함께 화장터로 보내졌다. 지셀라 박사는 그 뒤 수용소에 임신 여성이 있으면 한밤중 몰래 더러운 바닥에서 더러운 자신의 손을 임신 여성의 자궁 속으로 집어넣어 태아를 조산시켰다. 그렇게 하지 않으면 두 생명 모두 잔인하게 살해되기 때문이었다. 그녀는 용케 살아남아 전쟁이 끝난 뒤 1947년까지 프랑스에 있다가 미국으로 건너가 37년간 수천 명의 아기를 받아내는 산부인과 의사로 활동했다. 1948년에는 마취되지 않은 젊은 여성의 유방을 자신이 절개했던 끔찍한 일 등 아우슈비츠의 참상을 고발하는 책『나는 아우슈비츠 의사였다(I was a doctor in Auschwitz)』를 펴내기도 했다. 그리고 72살 때 이스라엘로 건너가 수용소에서 자신을 '기시 의사선생님'이라고 불렀던 사람들을 만났다. 그녀들은 '기시 의사선생님' 앞에서 무릎을 꿇고 생명을 지켜준 데 대해 감사의 마음을 전했다. 그녀는 1988년 81세로 세상을 떠났다.

이밖에도 아우슈비츠 나치 의사들은 사람이 차가운 물속에서 얼마 동안 버틸 수 있는지 알아보기 위해 얼음이 떠 있는 차가운 얼음물 속에다 사람을 최대 세 시간 동안 넣어둔 후 그 온도가 몸에 미치는 영향을 연구하고, 그리고 나서 따뜻하게 만들어서 신체가 제대로 작동하는가를 연구했다. 당연하게도 동상과 면역력 저하로 엄청나게 많은 사람이 사망했다.

미셸 심은 『나치 의사들』에서 나치 의사들은 35세부터 60세에 이르는 다양한 나이에 외과, 피부과, 내과, 방사선과 의사, 세균학자, 유전학자 등 전공도 다양했다고 밝혔다. 이들은 자신들이 맡은 분야에서 다양한 잔학 행위를 저질렀다. 지그문트 라셔(Sigmund Rascher)라는 의사는 저체온증을 연구하기 위해 강제수용소 수감자들을 얼음물 수조 안에서 죽어 가게 했다. 헤르타 오버호이저(Herta Oberheuser)는 치료약 테스트를 위해 사람들의 다리뼈를 부러뜨리고 난 뒤 상처를 포도상구균, 나뭇조각, 유리 파편 등으로 감염시켰다. 이러한 실험 때문에 사망한 사람이 무려 40만 명에 이를 것으로 추정됐다.

멩겔레, 아우슈비츠라는 환경 만나 악마로 변신

멩겔레는 전쟁 뒤 독일 내에서 가명을 쓰며 숨어 지내다 남미로 도주했다. 그는 아르헨티나를 거쳐 1959년 브라질로 이주했는데, 그곳에서 가정부와 재혼했다. 말년에는 붙잡힐 것을 무서워해 집 주변에서 조금이라도 소리가 나면 깜짝 놀라 밖을 내다보았으며, 불면증에 시달리거나 여러 가지 정신병적인 행태를 보였다고 한다. 그리고 67세 때인 1979년 브라질 상파울루에서 바다 수영을 하던 도중 심장마비로 숨졌다. 1985년, 브라질의 어느 무덤에 멩겔레가 묻혀 있다는 소문이 퍼졌고 1985년 6월 21일 미국, 서독, 브라질 과학자들은 무덤 속 유골이 멩겔레라고 공식 발표했다. 그리고 1993년 과학의 발달로 멩겔레 아들의 DNA를 토대로 무덤 속에 남겨진 이빨을 DNA 검사한 결과 신원이 최종 확인되었다.

멩겔레는 1960년부터 1975년 사이 16년간 손으로 쓴 31권의 노트북과 일기장을 남겨놓았다. 모두 3400페이지에 달하는 방대한 분량이다. 여기에는 소련군이 폴란드의 아우슈비츠에 진군했을 때 어떻게 도망 다니다 1949년 남미로 탈출하는 데 성공했는지 기록돼 있다. 이 일기장들은 아들이 지니고 있다가 2011년 7월 한 경매장에 나와 24만 5000달러에 팔렸다. 스탬퍼드 경매 회사는 판매자와 구매자가 누군지는 알려주지 않았다.

멩겔레에 대한 정신적 심층 분석은 많은 학자들이 해오고 있다. 멩겔레는 악마적 성격의 추종자, 순수 악의 상징, 비인간, 초인간적 능력의 소유자 등으로 불렸다. 특히 리프턴 박사는 아우슈비츠에서 그와 함께 일했던 수십 명의 수용자 출신 의사와 과학자, 그리고 수용자들의 증언을 토대로 멩겔레에게서 정신분열증 환자 경향과 가학증을 발견했다고 지적했다. 인간에게는 평범성과 잔학성 등 이중성이 있는데 멩겔레는 아우슈비츠라는 매우 특수한 환경을 만나면서 잔학성이 비정상적으로 발휘되어서 악마의 모습으로 나타났다고 설명한다.

독일에서 멩겔레가 있었다면 일본에서는 그에 필적할 만한 인물로 이시이 시로가 있다. 멩겔레가 군인 겸 의사였듯이 이시이도 군인 겸 의사였다. 멩겔레는 미국 CIA와 이스라엘 모사드 등 세계 최고를 자랑하는 정보기관의 끈질긴 추적을 피해와 언론과 세계인의 호기심을 자극한 측면이 있어 이시이보다 더 유명세와 악명을 떨쳤다. 1976년『브라질에서 온 소년들』이라는 소설이 발표돼 세인의 관심을 끌게 된 것도 그의 신출귀몰한 탈출과 잠적 등이 한몫했다고 볼 수 있다. 이시이는 그 반대로 전쟁 뒤에도 아무런 제재를 받지 않고 버젓이 평범한 삶을 누리다 67세로 숨졌다. 이 두 사람이 모두 같은 나이에 숨졌다는 것도, 거의 천수를 누렸다는 것도 역사의 아이러니라 할 수 있다. 멩겔레가 아우슈비츠를 무대로 온갖 악행을 저질렀다면 이시이는 중국 하얼빈 인근 핑판에 세운 731부대에서 온갖 추악한 생체실험을 자행하며 악마적 행동을 일삼았다.

일본 멩겔레가 된 731부대장 이시이 중장

교토제국대학교 의학부에서 공부한 그는 유럽에서 유학을 하면서 세균 무기가 값싸고 강력한 전쟁 무기라는 것을 알게 되었다. 이시이는 731부대 이전부터 생물학전 실험에 힘을 쏟았다. 종남 요새에서 일본 육군을 위한 생물학전 비밀연구 프로젝트와 관련한 예비실험을 수행했다. 1935년 의무 중령으로 승진했고 1936년 마침내 일본이 점령한 만주의 하얼빈 외곽에 6평방킬로미터 넓이의 지역에 150동의 건물이 들어선 거대한 복합시설을 지어 본격적으로 실험을 시작한다. 비행장이 들어서고 소각장, 극장, 음식점과 술집 그리고 일본인들의 국민신앙이었던 신도(神道, Shinto) 사원도 들어섰다. 그 규모는 나치의 악명 높은 아우슈비츠-비르케나우의 죽음의 캠프와 맞먹었다. 물론 수용자 수는 아우슈비츠에 견주면 턱없이 적었다. 1936~1942년까지 3000명에서 1만 2000명 사이로 추정된다. 하지만 그곳에서 이루어진 잔학 행위는 나치의 죽음의 캠프보다 더 심했다. 실험 대상을 바로 죽이지 않고 오랜 생체실험을 자행하면서 그들의 고통은 훨씬 더 오래 지속됐다. 그리고 나치와 달리 단 한 명의 생존자도 남기지 않았다. 731부대는 설립 초기에는 '관동군 방역급수부'나 '전염병 예방 연구소' 등의 이름으로 위장하기도 했으나 중일전쟁 이후에는 일본군이 점령한 만주국 하얼빈에 일왕 직속으로 세균전 부대를 설립했다. 731부대를 맡고 나서 이시이는 1938년 의무대령으로 승진했고 1942~45년에는 제1육군의 의무분야 최고책임자가 된다. 그리고 마침내 1945년 3월 의무감으로 승진한다.

먼저 731부대에서 어떤 일이 벌어졌는지를 살펴보자. 이곳에서는 숨이 막혀 죽을 때까지 걸리는 시간을 알아보기 위해 목을 매다는 실험을 했다. 거꾸로 매달아 얼마나 오래 죽지 않고 버티는가도 실험했다. 색전이 생기는 시간을 계산하려고 동맥 또는 심장에 공기를 주입하기도 했다. 일부 수용자의 콩팥에 말의 소변을 주입해 인간이 이를 어떻게 처리하는지를 살폈다. 인간이 물과 음식을 먹지 않고 얼마나 버티는지를 알아보기 위해 물과 음식을 전혀 주지 않았다. 전장에서는 이런 극한 상황이 종종 생긴다. 일부 수용자는 죽을 때까지 고압의 방에 두었다. 고압실에 두면 가장 먼저 눈알이 뽑혀 나왔다. 나치도 하던 실험이었다. 세탁기에 고양이를 집어넣어 죽이듯이 수감자를 원심분리기에 넣고선 돌렸다. 극저의 온도에 사람을 두어 언제 동상이 걸리는지도 실험해보았다. 겨울이면 영하 40도까지 내려가는 하얼빈 평판의 들판에 수감자를 맨팔로 있게 하는 것도 모자라 차가운 물을 그

위에 쏟아부었다. 더 빨리 냉동되도록 하기 위해서였다. 그러고 나서 막대기로 그 언 팔을 내리쳤다. 남녀를 발가벗겨 몸을 냉동시켰다, 해동시켰다를 반복하며 살이 썩거나 괴저가 생기는 것을 연구했다. 추운 만주 벌판에서 한겨울 전투 때 그런 조건에서 얼마나 생존할 수 있는지를 알아보기 위한 것이었다. 동물의 혈액을 일부 수용자에게 주입해 효과가 있는지를 검증했다. 전투를 하다 총알이나 포탄에 맞아 피를 많이 흘릴 경우, 사람 혈액이 부족해 소나 돼지, 염소 등의 혈액을 사용할 수 있을지 알아보기 위한 것이었다. 사지가 잘리면 얼마나 많은 피를 흘리는가를 알아보기 위해 살아 있는 사람의 사지를 절단했다. 그리고 나중에는 가끔 제자리가 아닌 반대편 엉뚱한 곳에 봉합하는, 그야말로 장난 같은 실험을 했다. 어떤 희생자들은 뇌, 폐, 간, 위 따위를 떼어내고 식도를 내장에 붙여보는 실험을 했다. 정말 반인륜적이고 무모한 실험이 아닐 수 없다. 일부 수용자를 가스실에 넣어 다양한 종류의 화학 무기를 시험하기도 했다.

전쟁이 끝난 뒤 한동안 731부대에 근무했던 병사들은 이러한 일에 대해 입을 다물었다. 당시 731부대에 파견을 나갔던 516부대의 생존 부대원들이 입을 열자 그때서야 그들은 조심스레 자신들이 저지른 만행을 증언하기 시작했다. ≪데일리 메일(Daily Mail)≫의 크리스토퍼 허드슨(Christopher Hudson) 기자는 2007년 3월 2일 자 "악행의 의사들"이라는 기사에서 생존한 한 731 부대원의 증언을 이렇게 전했다. "나는 통나무의 목에 외과수술 칼을 바로 들이대 가슴을 열었다. 처음에는 끔찍한 비명소리가 해부실 방안에 가득했지만 이내 잠잠해졌다." 몇몇 수용자에게는 바닷물이 주사되었다. 바닷물이 생리식염수를 대치할 수 있는지 알기 위해서였다. 진공 상태에서 사람이 얼마나 버틸 수 있는가 하는 실험도 이루어졌다고 한다. 화염방사기가 가장 효과적인 거리가 얼마인지, 수류탄과 폭약 폭발 효과가 가장 좋은 각도와 거리를 계산하기 위해 수감자를 말뚝에 묶어놓고 실험이 이루어졌다. 이들은 때론 화학무기와 탄저균 폭탄을 터뜨릴 목표물이 되기도 했다. 포로들에게 이런 악행을 하지 못하도록 규정한 제네바 협약은 이시이에게는 휴지조각이었다. 전쟁 중 적에게 방사선을 처음 사용한 것은 일본이었다. 히로시마에 원자폭탄이 터지기 수년 전 이시이는 수감자의 간에 엑스선을 쬐어 어떻게 되는지 실험했다. 실험 대상자가 부족하면 이시이는 끊임없이 보충하라고 명령했다. 그는 하얼빈 외곽에서 피를 찾아다니는 현대판 드라큘라 백작이었다.

제국주의 일본에서 중국인과 조선인은 마루타일 뿐이었다

이러한 만행은 의사 출신의 이시이 시로가 부대장이 되면서부터 시작됐다. 그는 태평양 전쟁, 중국과의 전쟁에서 승리하기 위해 할 수 있는 모든 일을 다했다. 생체실험과 생화학무기 개발 실험이 731부대의 존재 이유였다. 생체실험의 대상은 '마루타(통나무)'라고 불렸다. 실험하는 부대원들이 양심의 가책을 덜 느끼도록 하기 위한 방편으로 지어낸 이름임이 분명하다. 그 부대원들이 사람을 학대하고 죽인 것은 아니라고 말이다. 희생자, 즉 마루타 중에는 중국인이 가장 많았다. 만주에 거주하던 조선인과 러시아인들도 제법 있었다. 살아 있는 실험 대상자, 즉 마루타에게 치명적인 탄저균이나 두창바이러스와 같은 가공할 만한 위력을 지닌 바이러스를 주사해서 결과를 지켜보았다. 매독균을 남자와 여자 '통나무'들에게 감염시켜 관찰했다. 살아 있는 사람을 마취하지 않고 그대로 해부해 내장을 빼내거나 심지어 동물의 내장과 교체하는 실험도 자행했다. 그리고 포로를 한꺼번에 죽이는 데 독극물을 쓰면 돈이 들기에 빠르게 대량학살을 하기 위한 방법을 궁리하다가 사람을 진공실에 집어넣어 죽이는 실험까지 했다고 한다. 이곳에서 이시이의 말은 곧 법이었다. 만약 그가 실험에 사용할 사람의 뇌를 원하면 병사는 수감자를 데려와 눕혀 묶어놓고서는 한 사람이 도끼로 두개골을 열어 뇌를 떼어냈다. 그리고 곧장 뇌를 들고 이시이의 실험실로 달려갔다. 도끼로 통나무를 자르듯 인간을 죽였다. 731부대가 들어선 곳은 목재 가공소가 있던 자리였다. 그래서 그들은 실험 대상 수감자를 껍질을 벗긴 통나무를 뜻하는 마루타라고 불렀는지도 모른다. 일본군은 실험 대상자가 건강해야 좋은 결과를 얻는다며 먹을 것을 잘 주고 손과 발에 족쇄를 채운 채 운동도 시켰다고 한다.

731부대의 생물학전 현장 실험은 미국과의 공방이 치열하던 1942년부터 본격화됐다. 실제 전투에서 사용하기 위해 세균을 길렀다. 이질과 장티푸스균, 콜레라균 등을 전장에서 사용하기 위해 다량으로 배양됐다. 소형 화기나 폭탄 등을 이용한 다양한 세균 확산 방법도 개발했다. 그리고 중국 포로와 중국 마을 거주민을 대상으로 실제로 실험을 수행했다. 일본군은 페스트균을 지닌 쥐벼룩을 포탄 껍질 속에 담아 농촌 지역 등에 투하했고, 생필품과 식품이 부족한 지역에 병원균이 잔뜩 묻은 의복과 음식을 떨어뜨렸다. 마을과 전체 도시가 콜레라와 탄저, 선페스트에 감염됐다. 역사가들은 수년 동안 만주에서 페스트와 콜레라, 탄저 등의 생물무기를 사용한 결과 약 40만 명의 중국인이 숨졌다고 추정하고 있다. 다섯 번째 세균 폭탄을 투하한 뒤 현장 실험은 중단됐다. 바람의 방향이 바뀌어 1700명이나 되는 일본군이 병원균에 감염돼 목숨을 잃었기 때문이다. 일본이 항복하기 직전 이시이와 육군 수뇌부는 미국을 상대로 생물전쟁을 벌인다는 계획을 진행 중이었다. 그들은 가축 전염병균과 탄저균을 담은 생물무기를 풍선 폭탄에 장착해 사용하면, 폭탄이 제트기류를 타고 미국 서부해안 지역을 강타할 수 있을 것이라 제안했다. 또 다른 계획은 잠수함에 생물무기를 싣고 샌디에이고 해안까지 가서, 그곳에서 경비행기에 생물폭탄을 싣고 샌디에이고 시민을 대상으로 가미카제식 자살 공격을 감행할 계획이었다. 자살 공격이 허가나기 전에 전쟁이 끝나버렸다.

미국이 악령 깃든 전범 이시이를 단죄하지 않은 까닭

이시이는 이렇듯 인간이기를 포기한, 악령이 깃든 1급 전범인데도 점령군 미국은 어찌된 일인지 그를 처단하기는커녕 아무런 제재를 가하지 않았다. 무슨 일이 벌어진 것일까? 멩겔레는 체포의 두려움 속에 운 좋게 남미로 탈출했지만 이시이는 일본에서 보란 듯이 잘 먹고 잘 살다가 죽었다. 미국은 전쟁 후 전범들과의 사법거래를 통해 이러한 자료를 고스란히 얻을 수 있었다. 실제로 731부대에서 제대로 된 죗값을 치른 자들보다 사회적으로 출세한 자들이 압도적으로 많다. 이는 미국군과의 사법거래에 의한 것이었다. 미국이 자료에 눈이 멀어 전범에게 면죄부를 준 탓에 죽어나간 사람들의 영혼만 구천을 떠돌게 됐다. 미국은 지금도 난징대학살이나 위안부 문제에 대해서는 비판의 목소리를 높이지만 731부대에 대해서는 잘 언급하려하지 않는다. 이시이는 전범으로 처리되지도 않았다. 67세에 식도암으로 죽을 때까지 단 한 번도 기소되지 않았다. 전쟁 이후 그는 일본에서 실험용 생쥐 농장을 차렸고 매춘업도 병행했다.

미국도 2차 대전 뒤 방사능 피폭 생체실험

생체실험은 2차 대전 때 나치 독일과 제국주의 일본에서만 있었던 것은 아니다. 그 뒤 미국에서도 끔찍한 생체실험이 벌어졌다. 미국에서 생체실험이 벌어진 것은 소련이 혹 미국에 원자폭탄을 투하해 미국인들이 방사능에 피폭될 상황에 대비하기 위해서였다. 해리 트루먼(Harry S. Truman) 대통령은 총책임자 존 오펜하이머(John Robert Oppenheimer)로부터 방사능 피폭 치료법을 개발해야 한다는 말을 들었고, 결국 병원 측에 인체실험을 지시했다. 병원 환자들이 가장 먼저 실험 대상이 됐다. 부랑자나 정신질환자, 경제적으로 치료를 못 받는 사람도 마찬가지였다. 무료로 건강검진을 해주겠다고 속인 뒤 방사성 물질을 직접 투여했다. 지적장애아들도 초대해 음식에 섞어 먹였다. 미국인뿐 아니라 외국인까지 실험 대상으로 삼았다. 방사능 인체실험은 오래 지속돼 1945년부터 1970년대까지 인체실험이 광범위하게 이뤄졌다. 피폭자 중 수천 명이 사망한 것으로 드러났다. 이 사건이 불거진 뒤 당시 빌 클린턴(Bill Clinton) 대통령은 진상 조사에 나섰고, 이러한 내용이 모두 사실이라고 인정했다. 클린턴 대통령은 자신의 재임 기간 중 벌어진 일은 아니었지만 국가를 대표해 수천 명의 목숨을 앗아간 방사능 인체실험 피해자와 유족들에게 공식적으로 사과했다. 하지만 당시 인체실험에 참여한 의사들은 누구도 처벌받지 않았다. 731부대 이시이 부대장을 비롯한 군의관들과 마찬가지였다.

나치 가스실에서든, 아우슈비츠 생체실험실에서든, 일본 제국주의가 만든 괴물인 731부대의 끔찍한 생체해부실에서든, 희생당한 사람의 목숨은 모두 소중하다. 죽이더라도 곱게 죽이지 않았다는 점에서는 731부대가 가장 악독하지 않았나싶다.

나치 의사든, 731부대 의사든 이들이 나중에 미국과 독일, 일본에서 과학 또는 의학의 발전이라는 명분 아래 대학, 연구기관, 제약 기업, 병원에서 자신들이 생체실험에서 배운 지식을 토대로 새로운 역할을 맡으며 아무런 일이 없었다는 듯이 지냈다. 전쟁 당시 의과대학부터 양심 없는 제약연구소까지 이들에게는 숱한 공범이 있었다. 특히 종전 후 나치의 수많은 과학자를 데려가 기술과 인적자원을 챙긴 연합군도 이들 나치 과학자 또는 의학자와 별반 다르지 않다는 것을 잊으면 안 된다. 종전 후 미국은 첨단 기술을 연구하기 위해 나치 과학자들을 모집하는 '페이퍼클립 작전'을 극비리에 벌였다. 이를 통해 미국에 합류한 과학자는 1600여 명에 가까운 것으로 추정된다. 이 과정에서 수백 명의 나치 흉악범이 법의 심판을 피할 수 있었다. 일본은 일제 치하였던 우리나라에서도, 소록도에서 한센병 환자들을 대상으로 일본 의사들이 강제불임 등 부도덕한 여러 인체실험을 자행했다. 많은 여성교도를 강간하고 살해한 백백교 교주의 치아구강 조직과 살해당한 청수장 여주인의 여성생식기를 도려내 포르말린에 담아 보관하기도 했다.

  나치와 일제의 생체실험과 미국의 방사성 인체실험이 가습기살균제와 무슨 관련이 있어서 이렇게 자세히 소개하는가라는 의문을 품는 사람이 있을 것이다. 잔혹한 의사들은 교육, 또는 의학 지식 습득 등을 목적으로, 도저히 눈과 귀를 가지고 보거나 들을 수 없는 만행을 저질렀다. 우리는 그 어떤 이유로도 생명을 앗아갈 수 있는 실험을 인간을 대상으로 해서는 안 된다는 교훈을 2차 대전의 생체실험 역사에서 이미 얻었다. 우리가 정확하게 독성을 알지 못하는 물질이나 병원균에 대해서는 인간이 아닌 배양조직세포실험이나 동물실험을 통해 독성의 특성과 강도를 파악해야 한다. 연구자들은 이를 생체 외(in vitro) 실험, 생체 내(in vivo) 실험으로 구분해 부른다.

독성 시험 없이 살균제 개발·판매, 사실상 인체실험

  사실 독성물질이라 할지라도 극미량에서는 그 독성이 나타나지 않는 경우가 있다. 물론 여기서 인체 발암물질은 예외다. 발암물질은 미량이라 해서 안심할 것이 결코 못된다. 최대한 피해야 한다. 하지만 독성물질은 인공화학물질이든, 천연물질이든 그 양에 따라, 노출 빈도에 따라 독성의 정도가 크게 달라진다. 가습기살균제 성분도 그렇다. 어디로 노출되느냐, 즉 호흡기, 소화기, 피부 등 어떤 인체 경로로 노출되느냐에 따라 독성의 유무와 독성의 정도가 크게 달라질 수 있다.

만약 독성물질을 흡수 경로별로, 제품에 사용할 농도에 따라 배양조직 세포와 동물을 대상으로 정교한 독성 시험을 하지 않고 사람이 바로 구입해 사용하게 만들었다면, 그래서 그들이 독성물질에 노출됐다면 이는 인체실험을 한 것과 다르지 않다. 물론 가습기살균제 사건이 나치 독일과 제국주의 일본에서 벌어진 반인간적 생체실험과 똑같을 수는 없다. 적절한 비교 대상이 아닐 수 있다.

하지만 충분한 사전 독성 시험 없이 사람에게 바로 유독성 또는 유독 가능성이 있는 물질을 사용하는 것은 인간의 생명보다 돈을 더 중요하게 보았을 때나 생길 수 있는 일이다. 독성 시험에 들어갈 비용 수억 원을 아끼려고 가습기살균제 회사의 연구진이나 경영진이 수백 명의 목숨을 빼앗는 것과, 독일 민족 우수성을 증명해 보이기 위해 인간의 길을 포기했던 멩겔레, 전쟁에서 승리하기 위해 인간을 생물무기와 화학무기의 재료로 삼아 온갖 기괴한 실험을 한 이시이가 무엇이 다른가?

가습기살균제 성분으로 사용된 PHMG와 PGH, CMIT/MIT의 유독성이 가습기살균제 사건이 불거진 뒤인 2011년 이후 드러나거나 확인된 것이 아니다. 이미 많은 외국 연구를 통해 폐, 피부, 눈 등에 독성을 보인다는 것이 알려져 있었다.

결국 전 세계 어느 나라에서도 하지 못한, 전체 국민의 20%에 해당하는 사람을 대상으로 한 가습기살균제 성분의 대규모 인체 흡입 독성 시험이 대한민국에서 무려 17년간 이루어진 것이다. 가습기살균제 재앙은 최초의 대규모 바이오사이드 참사라고 할 수도 있지만 대한민국에서 벌어진 세계 최초의 살균제 인체 독성 시험이라고 할 수도 있다. 생각하는 것조차 싫은 악마의 생체실험으로 독일과 일본이 역사에서 결코 지울 수 없는 상처를 남겼 듯이 국민을 인간 모르모트로 만든 가습기살균제를 제조하거나 판매한 기 업과 국가의 책임 또한 우리 역사에서 영원히 지워지지 않는 기록으로 남겨 야 한다. 그래서 두 번 다시 인간이 실험동물이 되는 일이 없도록 하는 것만 이 가습기살균제 재앙을 바로 보는 성찰일 것이다.

우리 사회는 왜 그때 그렇게
가습기살균제에 매달렸나?

가습기살균제 때문에 큰 인명 피해가 생긴 배경에는 여러 가지 요인이 있을 수 있다. 가습기는 장착한 초음파 장치나 가열 장치를 이용해 가습기 통의 물을 미세한 수증기 입자로 만들어 공기 중에 분사해 실내 습도를 높이는 용도로 사용하는 가전제품인데, 그 수증기가 될 물에 넣는 강력한 살균 성분의 화학물질이 바로 가습기살균제다. 기업들은 가습기살균제의 살균 성분이 인체에 악영향을 줄 수 있는 화학물질이란 사실을 알면서도, '우리 몸속, 특히 폐에 그 화학물질이 미세한 입자 형태로 지속적으로 다량 들어갈 경우, 건강에 어떤 영향을 끼칠지에 대한 연구나 임상시험'을 게을리하거나 전혀 하지 않았다. 정부 또한 가습기살균제의 제조 및 판매를 허용하면서 건강 영향에 관한 어떤 안전관리도 하지 않았다.

비극의 발단을 이처럼 기업과 정부의 책임으로 돌릴 수 있겠지만 여기서 왜, 즉 "2000년대 들어서 일반 가정과 사무실 등에서 가습기와 가습기살균제 사용이 크게 늘어났는가?" 같은 사회문화적 배경을 살펴보는 것이 사건의 전말을 파악하고 우리가 앞으로 이와 유사한 참극을 다시 겪지 않는데 도움이 되리라 본다.

이와 관련해 몇몇 요인을 생각해볼 수 있다. 먼저 세균에 대한 공포를 부추기는 사회문화가 급속히 확산한 점을 들 수 있다. 둘째, 아파트 위주로 주거문화가 바뀐 것을 꼽을 수 있다. 셋째, 저출산 사회로 접어들면서 출생 자녀 수 감소에 따른 자녀 건강에 대한 높은 관심 또한 요인으로 생각할 수 있다. 넷째, 편리함을 제공하는 과학기술문명의 이기(利器)에 대한 지나친 맹신도 한몫했으리라 본다.

이러한 요인들이 보태져 가습기와 가습기살균제 사용이 보편화됐고 이들에 대한 의존이 일상화됐다. 그리고 오랜 기간 많은 가정과 사무실에서 가습기에 살균제를 넣어 사용하는 것이 자연스런 사회문화로 정착됐고 이때문에 그 피해가 커졌던 것으로 판단한다.

우리나라 검찰이나 경찰은 가끔 조폭과의 전쟁을 벌인다. 하지만 대한민국 사람들은 가끔이 아니라 일상적으로 세균과의 전쟁을 벌인다. 인간과 세균이 치른 전쟁 역사를 시간을 거슬러 올라가 살펴보면, 그 시작은 비위생·감염병(전염병)과의 싸움이었다고 볼 수 있다. 페니실린을 비롯한 각종 항생제의 등장과 화학산업의 발달로 살균소독제가 값싸게 시장에 나오면서 항생제·항균제와 살균제·소독제는 이제 의사나 방역 당국 고유의 무기가 아니라 일반인들이 곁에 두고 언제든지 사용하는 생활필수품이 되었다.

각종 질병의 원인이 세균이나 바이러스 때문이라는 질병의 병원체 기인설을 주창한 프랑스의 위대한 미생물학자 루이 파스퇴르(Louis Pasteur)와 결핵균을 발견한 독일의 로베르트 코흐(Robert Koch) 이래로, 병원미생물의 위험성을 경고하는 목소리는 약간의 부침은 있었지만 결코 줄어든 적이 없다. 특히 20세기 후반과 21세기 초반 들어와서도 여전히 에이즈와 이로 인한 결핵의 재만연, 사스와 신종플루, 조류독감과 같은 신종 감염병 출현, 한때 수그러들었다 다시 유행하는 홍역 등 재출현 감염병 등은 방역 당국을 긴장케 하는 것은 물론 지구촌 사람들을 공포에 떨게 만들기도 한다.

이런 가운데 언론은 이들 감염병이 새로 등장하거나 유행할 때마다 최악의 시나리오를 가정해 공포를 극대화하는 방식으로 관련 보도를 하는 행태를 보인다. 이는 예나 지금이나, 서양이나 동양이나, 선진국이나 후진국이나 크게 다를 바 없다. 우리나라 언론도 이런 전통을 오랫동안 보여왔다. 이런 보도 행태는 일반인들이 미생물을 극소수 병원미생물과 대다수 무해 미생물로 구별해 대처하지 못하도록 만든다. 그래서 많은 시민들은 '세균·바이러스=무조건적인 적'이라는 공식을 구구단처럼 머리에 달달 외어 세균 없는 세상, 세균 없는 환경을 만들기 위해 돈과 시간을 아끼지 않는다.

사람들은 미생물이 몸 안에 들어와 질병을 일으키려면 특정 경로를 거쳐 특정 지역에 자리 잡고 또 적정한 수가 필요하다는 사실을 잘 모른다. 피부에 병을 일으키는 균은 피부에 자리를 잡아야 한다. 또 소화기 계통에 질병을 일으키는 미생물은 입으로, 호흡기 계통에 문제를 일으키는 미생물은 호흡기로 침투해야만 한다. 그 반대가 될 경우 또는 엉뚱한 곳에 들어가거나 붙을 경우 문제를 일으키지 않는다.

언론의 '무한도전', 세균 공포 부추기기

미생물이 일으키는 질병에 대한 정확한 인식과 지식이 없는 상황에서 만약 언론이 침대 시트나 옷에 세균이 득실거린다거나 가구와 장난감, 컴퓨터 자판과 (휴대)전화기, 책과 지폐, 마트 수레 손잡이, 화장실과 마룻바닥 등에 세균이 검출된다는 사실만을 보도해도 화들짝 놀란다. 이들 가운데 어린이가 있거나 병에 민감한 사람들은 한 달에 수십만 원의 비용을 들여 온 집안과 집안 내 각종 용품에 살균제를 마구 뿌려댄다.

우리나라 언론은 시도 때도 없이 이런 행태의 보도를 보인다. 특히 방송이 그렇다. 미생물이 득실댄다는 이야기를 대상 소재를 바꿔가며 되풀이한다. 마치 살균제나 소독제를 만들어 파는 회사와 짜고 치는 고스톱처럼 한다는 인상마저 들 정도다. 언론의 세균 공포 부추기기는 우리의 손과 발, 몸, 옷, 입안, 장내(腸內)에는 그 수를 헤아리기조차 힘들 정도로 엄청난 수의 미생물로 가득하다는 사실을 바보처럼 잊고 있을 때 가능한, 언론이 할 필요가 없는, 아니 해서는 안 되는 비정상적 행태다. 가습기살균제의 피해를 키운 것에 언론의 세균과 곰팡이 공포 부추기기 보도가 큰 몫을 했다고 사건 직후부터 여러 차례 강조하고, 『가습기살균제 건강피해 사건 백서』에서도 결론 부분에 눈에 띄게 강조했는데도 여전히 우리 언론은 잘못된 버릇을 그대로 드러내고 있다. 과거 언론의 세균 공포 키우기 보도로 가습기살균제 회사가 톡톡히 재미를 보았다면 지금도 옛날과 달라지지 않은 보도 행태 때문에 화학물질 등으로 살균제나 세정제를 만들어 파는 회사가 쾌재를 부르고 있다. 독감이나 신종플루 같은 호흡기 감염병이 크게 유행하거나 식중독 우려가 있는 상황에서는 조리를 하는 사람들이 자주 비누 따위로 깨끗하게 손을 씻는 습관을 지니는 것이 매우 중요하다. 하지만 평상시에는 세균 등 미생물을 과도하게 경계할 필요가 전혀 없다. 아래에서 불필요하게 세균 공포를 부추기는 전형적인 언론 보도를 소개한다.

≪서울신문≫이 외신을 인용해 "공항·기내 거친 여행가방 '세균 8000만 마리' 득실"이라는 제목으로 2015년 6월 2일에 보도한 내용을 살펴보자.

한 번 해외여행을 떠날 때 당신이 들고 간 여행 가방은 현지 호텔 등 숙소에 도착할 때까지 엄청난 양의 세균을 붙이고 가게 되는 것이 조사를 통해 밝혀졌다. 미국 NBC 뉴스와 영국 데일리메일 등 외신에 따르면, 살균제 제조사인 어퀸트(Aqaint)가 한 조사에서 항공기 기내에는 수많은 세균이 숨어 있으며 우리는 그 세균을 여행 가방 등에 붙인 채 호텔이나 집으로 가져왔던 것으로 나타났다. 가장 놀라운 점은 여행 가방 등 수하물에 평균 8000만 마리 이상의 박테리아가 붙어 있었다는 것이다. 이런 짐은 평균 네 명의 수하물 담당자와 두 명의 택시 기사, 호텔 포터, 그리고 항공사 관계자의 손에 닿고 있기에 이들 각각의 손에 1000만 마리의 세균이 존재한다고 계산할 수 있다. …… 게다가 여행객이 노출되는 세균은 여행 가방과 같은 수하물뿐만이 아니다. …… 이번 조사를 의뢰한 어퀸트의 볼라 라페 대표는 "기내와 공항, 크루즈선, 호텔에 숨어 있는 세균 때문에 오래전부터 기대해온 해외여행이 엉망이 돼 버릴 수 있는 위험이 있다"라고 말해 경종을 울리고 있다. 실제로 인터뷰에 응한 승무원도 승객이 이륙 전에 테이블을 비롯해 좌석 주위를 살균하는 것이 좋다고 말했다. ……

≪서울신문≫은 외신에 난 보도를 번역해 지면에 실었지만 원문 내용을 보면 어퀸트라는 살균제 제조사가 비용을 댄 여행 가방 등에 있는 세균을 조사한 것으로 돼 있다. 살균제 회사는 세균 공포를 만들어내야만 장사가 된다. 이 기사에는 수하물 때문에 감염병이 걸렸다거나 승객이 질병에 걸렸다는 내용은 없다. 세균보다는 세균 공포 때문에 시도 때도 없이 살균제 성분이 들어 있는 물휴지를 사용하는 것이 오히려 건강에 더 큰 문제를 일으킬 수 있다. 일반 세균은 수하물에 붙어 있는 정도의 숫자로는 아무런 문제가 되지 않는다.

특정 기업 제품 선전장으로 전락한 언론 보도

기사 하나를 더 보자. "손 씻기만큼 중요한 신발, 그 안에 세균들이 득실 하다면?"이라는 제목의 ≪세계일보≫ 2015년 6월 18일 자 보도다.

최근 불편한 구두나 킬힐보다는 활동에 편한 가벼운 스니커즈나 운동 화를 선호하는 사람들이 많아졌다. 특히 따뜻한 날씨에 나들이나 캠핑 등 야외활동에 운동화를 신게 되는 일이 잦아지게 되는데 여름철에는 운동 화 내부가 땀으로 쉽게 습해져 세균번식으로 인한 무좀이 발생할 수 있으 므로 발의 건강과 신발을 위해서 청결하게 유지하는 것이 중요하다. 또한 신발에 묻은 각종 세균이나 오염물질은 집 내부로 들어와 2차 오염을 발 생시킬 수 있으므로 요즘같이 위생에 민감한 시기에는 세심한 관리가 필 수다. …… 신발 안쪽 오염과 냄새까지 간편하게 제거하고 싶다면 운동화 전용 세정제를 사용하는 것도 한 방법이다. 애경에스티에서 출시한 '홈즈 퀵크린 운동화크리너'는 거품 타입으로 분사 후 솔로 문질러주면 강력한 세정거품이 찌든 때에 흡착돼 때를 쉽게 제거할 수 있다. 광표백 성분 배 합으로 건조시간 동안 오염을 분해하고 신발 냄새를 제거하는 소취효과 가 있으며, 상쾌한 선샤인 애플향이 세탁 후에도 산뜻한 향을 유지해 준 다. 물세탁이 불가능한 가죽소재의 운동화는 가죽 전용 클리너를 이용해 마른 헝겊으로 닦아낸다. …… 또한 신발의 습기와 냄새를 효과적으로 제 거하는 신발용 전용제습제를 함께 넣어 보관하는 것도 좋은 방법이다. '홈 즈 제습력 신발용'은 강력한 제습 효과로 눅눅함이나 냄새를 빠르게 제거 하고 사용 후 햇볕에 말려 재사용이 가능해 경제적이다. 또 슈트리의 긴 형태로 디자인돼 신발 모양을 유지시켜준다. 애경 관계자는 "다양한 곳의 오염이 묻는 신발 관리에 소홀하면 신발을 따라 들어온 각종 세균과 먼지 등이 집안으로 유입될 수 있다"라며 "신발뿐만 아니라 신발을 놓아두는 신발장이나 현관 또한 깨끗하게 관리하는 것이 좋다"라고 말했다.

이 기사는 아주 노골적으로 특정 회사 상품, 즉 애경의 운동화 전용 세정제를 홍보하고 있다. 세균은 무좀과 아무런 관련이 없는데도(무좀은 세균이 아니라 곰팡이가 일으키는 병이다) 이 기사를 작성한 기자는 세균이 번식해 무좀이 발생할 수 있으므로 운동화 관리와 청결이 중요하다고 엉뚱한 보도를 하고 있다. 이는 누가 봐도 애경의 제품을 일방적으로 홍보하는 기사다. 애경은 가습기살균제 사건에 연루된 가해 기업이다. 애경이 만들어 판 '가습기메이트' 때문에 피해를 입었다고 말한 사람이 여럿 있으며 이 가운데 세 명은 정부로부터 공식 피해를 인정받았다. 애경은 가습기살균제 참사를 겪고도 세균 공포 마케팅을 통해 생활화학제품을 계속 파는 전략을 취하고 있는 모양이다.

앞서 살펴본 ≪서울신문≫과 ≪세계일보≫의 이런 보도는 우리 언론이 벌이고 있는 세균 공포 부추기기 보도의 극히 일부분에 지나지 않는다. 비슷한 기사를 내보낸 언론사가 너무나 많고 1년에도 몇 차례씩, 또 매년 연례행사처럼 자주 벌어지는 일이어서 여기에 일일이 싣기에는 지면이 부족하다. 특히 이런 유형의 보도는 영상과 함께 나가면 더욱 효과가 크다. 문제는 병원성 세균이나 바이러스다. 일반 세균이나 바이러스가 우리 몸이나 생활용품에 많아도 대부분 별 문제가 되지 않는다.

살균과 소독은 아무리 지나쳐도 문제가 되지 않거나 과하지 않다고 결코 말할 수 없다. 살균과 소독도 지나치면 독이 된다. 꼭 필요한 곳에 필요한 만큼 필요한 방식으로 해야 한다. 대한민국의 세균 죽이기 열풍은 너무나 지나쳐, 마침내 그 독화살이 사람의 생명을 한꺼번에 빼앗은 재앙으로 모습을 드러냈다. 뒤늦게라도 세균 죽이기 열풍을 식혀야 하는데 한번 달아오른 열풍이 좀처럼 식지 않고 있다. 언제 다시 살균제·소독제의 재앙이 또 다른 가습기살균제 악마가 되어 우리를 덮칠지 모른다.

판도라 상자의 또 다른 주인공은 세균 공포

가습기살균제 재앙은 분명 우리들의 세균(원래는 서로 다른 것이지만 여기서는 곰팡이와 바이러스를 포함하는 개념으로 사용함)에 대한 일그러진 공포가 준 판도라의 상자였다. 세균을 죽이기 위해 가습기에 넣은 살균제는 세균뿐 아니라 어린이와 산모 등 수많은 목숨과 건강을 빼앗았다.

가습기살균제 피해를 입은 환자와 사망자의 가족들은, 가습기를 청소하지 않고 사용할 경우 세균이 가습기 물통 안에 자랄 수 있고, 그렇게 되면 그 세균들이 공기 중으로 날려 심각한 감염병을 일으킬 수 있다는 살균제 회사의 광고·선전과 언론의 보도를 보고 살균제를 구입해 물에 넣었다고 한결같이 증언했다.

또 이들 가운데 상당수는 처음 들어본 이름의 감염병이 우리나라에 들어왔을 때 병원성 바이러스의 공포에 휩싸였다. 2012년 11월 중국 광둥성에서 처음 환자가 발생해 홍콩을 거쳐 2013년 3월 전 세계로 삽시간에 번져 중국뿐만 아니라 미국, 캐나다, 베트남, 한국 등 세계 곳곳을 강타한 중증급성호흡기증후군, 즉 사스의 위력은 대단했다. 그해 7월까지 세계 32개국에서 8096명의 감염자가 발생하고 774명이 사망했다. 한국은 첫 환자 발생을 두고 논란이 일었으나, 방역 당국이 환자가 아닌 감염자라고 해 더는 논란이 확산되지 않았다.

또 2009년 전 세계적으로 많은 사람에게 감염을 일으킨 신종플루는 1918년과 1919년 최고 5000만 명까지 숨지게 한 것으로 추정되는 스페인독

감의 재현이 될 수 있다는 언론과 일부 전문가의 위험성 증폭 겁주기와 맞물려 한국인들의 신종 감염병 바이러스에 대한 공포는 최고조에 달했다. 방역 당국은 텔레비전 등을 통해 손 씻기의 생활화와 손 소독의 중요성을 대대적으로 홍보했다. 공공 기관과 사무실, 다중 이용 시설, 호텔 등에서는 층별로 액체 살균소독제를 비치해 직원과 손님이 수시로 손을 소독하도록 했다. 가정에서도 소독제를 따로 사서 사용하는 사람들이 있었다. 일부 소독제 회사는 신종 감염병 덕분에 한때 톡톡히 재미를 보았다.

정부의 손 씻기 대대적 홍보, "세균 죽이기는 무조건 좋아요"를 부추기다

그 후 대한민국에서는 세균 죽이기는 좋은 일이라는 인식이 널리 퍼졌다. 가습기살균제 피해자 가족들도 한결같이 이들 감염병 유행과 정부의 손 소독 홍보 때문에 미생물에 대한 부정적 인식이 강하게 각인돼 아무런 의심 없이 가습기살균제를 구입해 사용했다고 밝혔다.

세균은 생태계에서 없어서는 안 될 귀중한 존재다. 과학자들은 지구 최초의 원시 생명체가 일종의 세균일 것으로 보며, 이 세균이 죽은 동식물을 분해해 각종 원소로 되돌려 놓는, 그리하여 생태계가 온전히 순환할 수 있도록 하는 중요한 구실을 한다고 본다. 미생물 없는 생태계, 미생물 없는 지구는 생각조차 할 수 없다. 인간이라는 존재는 탄생했을 때부터 세균과 한 몸을 이루고 살아왔다. 인간은 태어나면서부터 피부와 몸에 세균을 지닌 채 세상으로 나온다. 인간은 세균과 한 덩어리가 돼 평생을 같이 산다. 그리고 사람은 결국 죽지만 미생물은 살아 인간을 우주의 여러 원소로 돌려놓는다.

또 일부 세균과 곰팡이, 효모는 인간에게 너무나 고마운 친구들이다. 항생제를 선물로 주는 곰팡이와 세균도 있다. 어떤 효모와 세균, 곰팡이는 발효를 통해 김치, 된장 등의 발효식품과 요구르트, 빵, 술을 먹고 마실 수 있게 해준다. 이런 풍성한 먹거리와 건강식품은 온전히 미생물 덕분에 생산될 수 있다.

물론 세균이나 바이러스·곰팡이 가운데는 우리가 경계해야 할 것도 있고, 때로는 안전하고 효과적으로 죽여야 할 것들도 있다. 하지만 미생물은 대부분 인간의 눈으로는 볼 수 없다. 엄청나게 번식해 군집(콜로니)을 형성했을 경우에 눈에는 보이지만 그것만으로 좋은 놈인지, 나쁜 놈인지 일반인의 눈으로는 알아차리기 매우 어렵다. 그래서 사람들은 미생물이 어디엔가 있다고 하면 일단 무조건 죽여야 한다고 생각하는 것이다.

세균을 두려워하는 원초적 본능을 지닌 한국인

피해자 가족 가운데는 살균제 때문에 심각한 피해를 받았다고 생각하면서도 여전히 세균 죽이기에 매달리는 사람들이 있었다. 어떤 이들은 은나노 용액 살균제를 화학 살균제와는 완전히 다른 것으로 보고, 즉 안전할 것으로 보고 가습기에 사용하고 있었다. 어떤 이들은 살균력을 지닌 천연물질 농축액을 가습기 물에 타서 사용하고 있었다. 세균에 대한 두려움을 원초적 본능처럼 느끼는 이들이 많다는 사실이 안타깝기만 하다. 은나노물질은 그 크기가 매우 작기 때문에 인체에 흡수될 경우 어떤 악영향을 줄지 모른다. 최근 과학기술의 발달로 은나노항균 옷, 은나노 세탁기 등 정밀미세화학을 이용한 생활용품들이 쏟아져 나오고 있으나 이들의 안전성은 충분히 실험되거나 연구되지도 않았고, 그 안전성을 보장할 수 있는 단계도 아니다.

사실 가습기는 실내 환경이 건조하지 않도록 사용하는 제품이다. 제때 깨끗하게 청소하면서 사용하면 굳이 살균제를 돈 주고 사서 넣을 필요는 없었다. 하지만 청소를 매일 하는 것은 매우 번거롭고 귀찮다. 또 가습기 물통은 효과적으로 청소하기 쉽지 않은 구조로 돼 있다. 맞벌이 때문에 시간적 여유도 부족하고 편리함을 좇다 보니 알약 하나를 넣거나 살균제 용액을 약간 넣으면 되는 가습기살균제에 눈길이 갈 수밖에 없다.

그런데 맞벌이를 하는 비율은 선진국이 훨씬 높을 것이다. 또 편리함을 추구하는 것은 선진국이나 우리나라 모두 크게 다를 바 없을 터다. 그런데 왜 유독 한국에서만 가습기살균제가 시민들의 필수 생활용품처럼 널리 사용됐을까? 아무래도 이런 의문에 대해서는 세균에 대한 지나친 공포 문화, 특히 언론의 일그러진 세균 공포 심어주기가 그 원인이라는 대답이 설득력이 있지 않을까? 가습기살균제 재앙은 우리에게 세균을 올바로 바라보는 문화를 가꿔나가는 것이 매우 중요하다는 사실을 분명한 교훈으로 남겼다.

가습기살균제를 최초로 개발한 유공도 제품을 시판하면서 가습기를 제대로 청소하지 않을 경우 물때 세균 등이 건강에 위협이 된다는 점을 보도 자료와 광고에서 강조했다는 점 등으로 미루어 볼 때, 가습기살균제의 보편적인 사용은 세균과 곰팡이에 대한 공포가 가장 중요한 몫을 차지하고 있다고 보는 편이 타당하다. 하지만 이런 요인만 있는 것은 아니다. 대부분의 사람은 가습기를 겨울철에 사용했는데, 우리나라 온돌식 난방의 단점 가운데 하나는 실내가 건조해지기 쉽다는 점이다. 또 대부분의 아파트에서 난방을 세게 해서 실내가 무척 건조하다. 아파트 위주의 주거문화가 자리 잡은 것도 가습기살균제 사건의 규모를 키우는 데 상당한 역할을 했다고 보는 것이 합리적인 분석이다.

아파트 공화국 시대가 빚은 참극, 절반의 진실

대한민국은 싱가포르와 같은 도시국가를 제외하고는 세계 어느 나라에서도 찾아보기 힘들 정도로 아파트에서 사는 사람이 많은 아파트 공화국이다. 아파트는 지난 30년간 대다수 국민을 아파트로 몰아넣을 정도로 급성장한 주거 형태다. 농촌이 붕괴되고 도시가 확장되면서 인구가 수도권과 도시에 몰렸고, 좁은 면적에 많은 사람이 거주할 수 있는 주거 형태가 아파트였기 때문에 아파트는 사실상 현재 한국에서 가장 효율적이고 살기에 편리한 주거 형태로 자리매김하고 있다. 여기에다 방범 같은 안전과 가격 상승 등이 단독주택 등 다른 주거 형태에 견주어 아파트가 상대적으로 뛰어나기 때문에, 아파트는 도시뿐 아니라 읍면 지역 등에서도 점차 그 비율이 증가하고 있다. 주거 형태는 다세대주택, 다가구주택, 오피스텔(다시 아파트형과 오피스형으로 나뉨), 주상복합아파트, 일반아파트, 전원주택 등으로 나뉘지만, 여기서 일반·주상복합 아파트뿐 아니라 오피스텔과 상당수의 다가구·다세대주택도 아파트와 유사한 구조여서 크게 보면 이들도 아파트형 주거 형태에 넣어도 좋을 듯하다.

2010년 정부의 주거 형태 통계를 보면 2인 이상 다인 가구의 경우 아파트에 거주하는 비율이 전체의 50.1%를 차지하고, 단독주택은 26.3%를 차지했다. 오피스텔 등 아파트와 유사한 다른 주거 형태에 거주하는 사람도 23.6%에 달해 아파트 또는 준아파트형 주택에서 살고 있는 사람이 전체의 3분의 2가량을 차지하는 것으로 분석되고 있다.

아파트는 단독주택에 비해 단열성이 뛰어나고 에너지 효율도 좋은 것으로 평가된다. 특히 겨울철에 매우 추운 우리나라에서 아파트를 선호하는 이유 가운데 하나가 여기에 있다. 알다시피 아파트 생활자들 가운데는 한겨울에도 실내에서 속옷 차림으로 생활하는 사람이 많을 정도로 아파트는 난방이 잘 이루어진다. 따라서 아파트에서는 겨울철 실내가 매우 건조해질 가능성이 높다. 또 베란다 등의 창문을 자주, 그리고 오랫동안 열어둘 경우 에너지 효율이 급격히 떨어지기 때문에, 실내 보온을 고려해 겨울에는 환기도 잘하지 않는 편이다. 하더라도 매우 짧게 1~2분간 환기하는 시늉만 한다.

가습기살균제 피해를 신고받아 이들의 가정을 방문해 가습기살균제를 사용하는 시간에 얼마나 외부 공기와 실내 공기를 환기하느냐고 물어보니, 열에 아홉은 하루 한 차례 아주 잠깐 하거나 거의 하지 않는다고 응답했다. 하기야 서울을 비롯한 대도시에 있는 아파트에서는 창문을 너무 오래 열어둘 경우 자동차 소음 문제도 있고 대기 중 오염물질이 많아 환기를 오래하는 것 자체가 건강을 해칠 수 있다고 여겨지는 경우도 있다. 이런 상황에서 가습기살균제를 사용할 때 환기를 적절히 하라는 조언은 현실을 무시한 것이라고 할 수 있다. 또 가습기를 트는 시간은 거의 대부분 한밤중 곤히 잠을 잘 때이기 때문에 황소바람이 들어오는 겨울철에 문을 조금이라도 열어놓을 수가 없다. 환기도 잘되지 않는 좁은 방에, 가습기살균제를 넣은 가습기를 세게 틀어놓은 상황에서, 비극은 달리 피할 수 없는 일이었는지 모른다.

강력한 온돌식 아파트 난방은 필연적으로 실내를 건조하게 만들었다. 이 때문에 아파트 거주자들은 실내가 건조해지는 것을 막기 위해 가습기를 사용하는 경우가 상대적으로 많았다. 이에 따라 가습기살균제 사용자도 자연스럽게 많아질 개연성이 높았다. 실제로 가습기살균제 피해 신고를 해온 가정의 대다수는 아파트 또는 아파트형 주택의 거주자였다. 순수 단독주택 형태의 거주자는 보기 어려웠다. 따라서 1000만 명에 달하는 사람이 1회 이상 가습기살균제를 사용한 경험이 있는 것으로 분석된 사실을 상기할 때, 주거 형태가 가습기살균제 집단 사망 사건의 규모에 어느 정도 영향을 끼친 것으로 분석할 수 있다.

우리 사회가 안고 있는 심각한 문제이며 이른 시일 안에 꼭 해결해야 할 화두로 저출산이 꼽힌다. 저출산은 사회의 지속 가능성을 가로막을 뿐 아니라, 자녀가 적기 때문에 부모들은 자녀 학업, 자녀 건강, 자녀 키, 용모 따위를 위해 빚을 내서라도 자녀에게 모든 것을 해주려 든다. 저출산은 교육열 과열과 건강에 대한 과도한 관심으로 이어졌다. 저출산은, 반드시 그런 것은 아니지만 자녀 수가 많은 집보다 자녀 수가 적은 집에서 교육과 건강 등 자녀들에 대한 관심을 더 유별나게 보이게 만들었다. 2000년대 들어 우리 사회는 세계에서도 대표적인 저출산 국가로 꼽히게 됐을 정도로 한국은 초 저출산 국가다. 초저출산 국가는 합계출산율(한 명의 여성이 평생 낳을 것으로 예상되는 평균 출생자 수)이 1.3 이하인 나라를 뜻한다. 우리나라는 2001년 합계출산율이 1.3이었으며 2005년에는 1.08까지 떨어졌다. 정부의 적극적인 저출산 대책 등에 힘입어 2012년에는 1.3으로 약간 높아지는 듯했으나 2013년 다시 1.19로 낮아졌다. 이 때문에 한국은 경제협력개발기구(OECD) 회원국 가운데 출산율이 가장 낮은 국가가 됐으며, 전 세계 224개국 가운데 다섯 번째로 출산율이 낮은 나라가 되었다. 이처럼 낮은 출산율은 가임기 여성, 즉 임신이 가능한 여성 가운데 결혼하지 않고 혼자 지내는 사람이 늘어난 탓도 있지만 결혼한 뒤에도 자녀를 두지 않거나 못하고, 자녀를 낳더라도 한 명, 많아야 두 명 정도만 낳기 때문에 빚어진 일이다.

이들 가정에서는 자녀 양육과 교육에 힘을 쏟는다. 특히 자녀들이 건강하지 못하게 자라거나 사망할 경우 충격은 매우 클 것이다. 이 때문에 현재 20~30대 부모들은 자녀 건강에 때로는 심하다 싶을 정도로 관심을 쏟고 돈을 들이는 것을 마다지 않는다. 한마디로 아기는 최대한 적게 낳고 그 아이에게 모든 것을 쏟자는 출산·육아 문화가 우리 사회에 자연스럽게 자리 잡았다. 이들 가정에서는 아이가 감기에라도 걸릴까봐 걱정을 한다. 그래서 매스컴에서 세균 공포를 부추기는 보도를 하면 즉각 영향을 받는다. 또 사스(중증급성호흡기증후군)나 신종플루와 같은 낯선 감염병이 유행할 가능성이 있다고 하면 더욱 신경을 쓴다. 이뿐 아니라 가까운 친척이나 친구, 이웃들이 가습기나 가습기살균제를 권하면 이를 재빨리 받아들이는 경향이 강하다.

실제로 가습기살균제를 사용하다가 자녀의 목숨을 잃거나 치명적인 건강피해를 본 부모들은 한결같이 가습기를 청소하지 않고 사용할 경우 세균이 가습기 물통 안에 자랄 수 있고 그렇게 되면 그 세균들이 공기 중으로 날리게 돼 심각한 감염병을 일으킬 수 있다는, 가습기살균제 회사의 광고와 선전, 언론 보도를 보고 살균제를 구입해 가습기 물에 넣었다고 증언했다.

현실성 떨어지는 노케미족, 과학기술은 천사도 악마도 아니다

가습기살균제 참사는 과학기술에 대한 시민들의 혐오를 낳고 있다. 유해물질이 가습기살균제에 버젓이 들어가는데도 과학자(의학자)와 정부 당국은 왜 그것을 막지 못했느냐를 묻고 따지며 피해자와 그 가족들을 앞세워 이들을 준엄하게 꾸짖고 있다. 요즘에는 가습기살균제 사건을 계기로 화학물질에 대한 과도한 공포심 때문에 일상에서 모든 화학물질을 사용하지 않겠다고 선언하는 이른바 노케미족이 젊은층을 중심으로 퍼지고 있다.

하지만 현대 사회의 특징 가운데 하나는 과학기술 발전 덕분에 누릴 수 있는 생활의 편리함이 눈부실 정도로 증가했다는 것이다. 넘쳐나는 플라스틱 제품, 자동차 대량 보급, 인터넷과 텔레비전 등 영상매체 발달, 휴대폰과 전화, 전자레인지 등 우리 일상생활은 안락함과 편리함을 주는 과학기술문명의 이기(利器)로 가득하다.

자동으로 습도를 조절해주고 청소가 필요 없다고 선전하는 가습기와 가습기살균제는 20~30년 전만 해도 우리나라에서는 거의 보기 힘든 제품이었다. 세탁기에 액체비누를 조금 넣어 빨래하는 것에 익숙한 우리나라 사람들에게, 알약 하나만 넣거나 뚜껑에 액체로 된 가습기살균제를 부어 한두 번만 넣어주면 매일 번거롭게 해야 했던, 청소 자체가 쉽지 않은 가습기를 청소할 필요가 없다고 하니 시민들은 정말 편리한 제품이라 여겼을 것이다.

그리고 세계적으로 이름 있는 외국계 대형 생활용품 제조·판매 회사를 포함해 국내 대기업, 중소기업이 앞다퉈 가습기살균제 제품을 내놓고 이에 뒤질세라 국내 굴지의 대기업이 운영하는 체인형 대형마트 등에서도 가습기살균제를 자체상표(PB) 상품을 제조해 고객 끌기용 기획제품으로 싸게 팔면서 가습기살균제는 큰 인기를 끌었다. 이 때문에 소비자들은 유해 가능성을 조금도 의심하지 않고 가습기살균제를 사용했다. 어떤 가정에서는 권장량보다 더 많은 양의 살균제를 가습기에 넣어 사용하기도 했다. 실내가 건조한 겨울철뿐 아니라 1년 내내 가습기를 사용한 가정도 제법 있었다. 가습기 분무량의 세기를 강하게 해놓고 잠을 잔 가정도 많았다.

겨울에 실내가 건조할 때 젖은 수건이나 빨래를 널어 실내 습도를 관리하던 옛 생활의 지혜를 발휘했더라면 비극이 벌어지지 않았을 수도 있지 않았을까?

2부

재앙에 맞서 싸우는 사람들

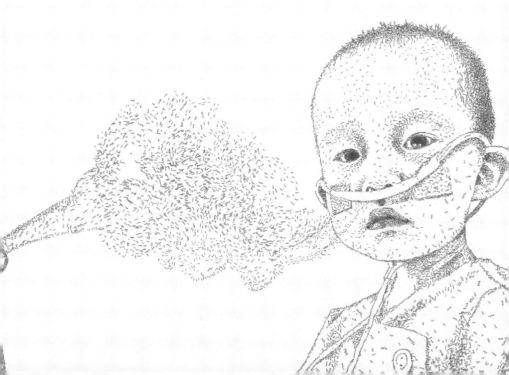

왜 그들은 분노했는가?
피해자와 가족들의 눈물겨운 투쟁

참외의 대명사 경상북도 성주의 군민이 분노하고 있다. 정부의 일방적인 미군 사드(고고도미사일 방어시스템) 배치 발표 때문이다. 성난 성주 군민을 달래러 온 황교안 국무총리와 한민구 국방부장관에게 날계란과 물병, 썩은 참외를 마구 던지며 분심(忿心)을 표출했다. 경호원들은 군민들이 던지는 분심이 총리와 장관에게 다가가 폭발하지 못하도록 큼지막한 우산으로 방어막을 만들었다. 너덧 명은 우산을 펼치고 앞에서는 경찰들이 폴짝폴짝 뛰며 공중을 가로질러 총리 쪽을 향해 가는 참외와 물병을 손을 뻗어 잡아냈다. 이 광경을 방송으로 보는 순간 마치 적국이 쏘아올린 미사일을 패트리어트, 사드로 목표 지점에 이르기 전에 요격하는 장면을 떠올렸다. 그 뒤에도 총리는 6시간이나 성난 민심에 갇혀 성주군청에서 안절부절못하다가 경찰이 쏜 연막탄 등 물리적 힘을 빌려 겨우 서울로 올라올 수 있었다. 분노가 크면 어떤 일이 벌어지는지를 너무나 잘 보여준 사건이었다.

이처럼 분노는 사람들을 거리로 내몬다. 인권을 말살하고 고문하고 죄

없는 사람을 마구잡이로 가두던 박정희 유신 시대와 전두환 군사정권 시절 학생과 시민들은 거리로 나섰다. 최루탄을 맞아가며 경찰에게 몽둥이찜질을 당해가며 군홧발에 짓밟혀 온몸에 멍이 들고 머리채 끄덩이를 당해가면서도 거리로 나섰다. 구할 수 있는 아이들을 세월호 안에 가둬놓은 채 아무것도 하지 않은 정부에 대한 분노는 아버지, 어머니, 학생, 시민들을 광화문 거리로 나서게 만들었다.

아들을 잃은 구급대원, 영국 옥시 본사에서 분노의 시위 벌여

가습기살균제 피해자와 그 가족들의 분노 또한 그 어떤 분노보다 강하다. 때로는 그 강한 분노가 그들을 대한민국을 벗어나 멀리 이국땅의 거리로까지 내몬다. 경상북도 구미에서 119구급대원으로 일하는 김덕종 씨는 영국의 낯선 거리에서 2년에 걸쳐 두 차례나 가습기살균제 피해자와 가족들을 대표해 눈물겨운 투쟁을 했다. 그는 2009년 당시 다섯 살이던 아들을 잃었다. 그해 5월 4일 눈에 넣어도 아프지 않을 아들 승준이가 갑자기 열이 마구 오르고 호흡이 곤란한 증상을 보여 응급실로 갔다. 다음날 폐가 매우 안 좋다는 진단을 받고 경북대병원 중환자실로 옮겼다. 입원 이틀 만인 7일 승준이는 세상을 떠났다. 병원은 사인을 상세불명의 폐질환이라고 진단했다. 2011년 가습기살균제 사건으로 언론이 잠시 떠들었지만 이것이 아들의 죽음과 관련 있다는 것을 알아차리지 못했다. 2012년과 2013년 일부 가습기 피해자들과 그 가족들이 질병관리본부에 피해 판정 신고를 해 등급 판정을 할 때도 그는 이를 잘 몰랐다. 2012년 10월 구미 휴브글로벌에서 다량의 불산이 누출돼 인근 마을 주민들이 건강피해를 입고 긴급 대피하는 등 큰 사고가 벌어졌을 때도 그는 현장에 투입됐다. 일 자체가 워낙 고되고 바쁜 탓에 세상에서 벌어지는 일들에 깊은 관심을 가질 여유가 없었다. 2014년 1

차 피해 판정이 나고 이 사실이 언론에 보도되고 나서 그는 아들이 가습기 살균제 사건과 관련이 있을 수 있겠다고 생각했다. 인터넷을 검색하니 피해 자모임 카페가 있었다. 2014년 환경부가 주관하던 2차 신고 때 피해 신고를 했다. 그리고 2015년 4월 1단계 판정을 받았다. '옥시싹싹 뉴 가습기당번'을 사용한 것이 화근이 된 것이다. 다른 사람의 생명을 구하는 것이 직업인 구 급대원이 아이에게 죽음의 제품을 사주어 결국 아들을 죽게 만들었다는 죄 책감으로 괴로워했다.

그때 환경보건시민센터 최예용 소장에게서 연락이 왔다. 영국 레킷벤키 저 본사에 원정항의단을 꾸려서 가기로 했는데 함께 갈 수 있겠느냐는 전화 였다. "가느냐, 마느냐 그것이 문제였다." 그는 잠시 망설였다. 그의 마음속 에는 두 목소리가 부딪혔다. "이제 그만 승준이는 잊고 살아라." "누군가는 가서 항의하고 억울한 죽음에 대해 이야기해야 한다. 피해자 당사자가 해야 한다." 그리고 그는 가기로 결심했다.

초등학생 딸과 함께 영국으로 간 피해자 대표 강찬호 씨

피해자 가족 가운데 구급대원이 있다는 것은 언론이나 시민의 눈과 귀 를 사로잡을 수 있는 요소임이 분명하다. 사회운동을 하는 환경보건시민센 터로서는 당연히 김덕종 씨 같은 사람과 함께 가는 것이 우리 언론이나 영 국 현지에 가서 외국 언론과 이야기할 때, 요즘 흔히들 말하는 '스토리'가 되 는 것이다. 대한민국 공무원, 그것도 1급 응급구조사 자격증을 지니고 다른 사람의 인명을 구하는 전문가 레킷벤키저의 자회사가 만들어 판 생활용 품을 써서 아들을 저 세상으로 보냈다는 것은 그 어떤 사례보다도 '스토리' 성이 강하다. 첫 영국 원정 시위 때 피해자모임 대표 강찬호 씨와 피해자인 그의 딸 나래가 함께 간 것도 그 이유에서였다. 공부해야 할 초등학생을 데리고 외국에 시위를 나간다는 비판도 있을 수 있지만 이 사건의 상징, 다시 말해 가장 많은 희생을 당한 어린아이를 대표해 가는 것이 몇 배 더 효과적이라고 생각한 것이다. 그가 아들을 잃었다는 것은 알았지만 가습기살균제로 아들을 잃었다는 사실을 동료들은 그가 영국으로 떠날 때까지 잘 모르고 있었다. 소방서에 휴가계를 냈다. 여비의 일부는 자비로 부담하고 나머지 일부는 환경보건시민센터가 부담했다. 당시 피해자 가족 4명과 백도명 환경보건시민센터 공동대표 등 모두 6명이 1주일 넘는 여정을 떠났다. 비용도 만만치 않았다. 일단 서울대학교 보건대학원 옛 사무실 공간에서 센터 사무실이 나가게 될 경우를 대비해 모아둔 700만 원에다가 운영위원 등에게 긴급 도움을 요청해 다시 십시일반 모금을 했다. 그렇게 여비를 마련해 갔으니 이들은 영국에서 그럴듯한 숙소를 잡는 것은 꿈도 꾸지 못했다. 런던의 한인 집에 짐을 놓고 낮에는 라면으로 끼니를 때우면서 레킷벤키저 본사 앞에서, 영국 의회 의사당 앞에서 외롭고 힘든 싸움을 벌였다.

언론이 레킷벤키저 영국 본사 원정항의 소식을 크게 다루지는 않았지만, 그래도 동료들은 언론을 통해 그의 소식을 알고 있었다. 힘내라는 응원이 쏟아졌다. 그도 여느 피해자 가족처럼 아들에게 늘 죄책감을 안고 살아왔다. 교통사고를 당해 자식을 잃은 경우와 가습기살균제 피해로 아들을 잃은 경우는 전혀 다르다. 거의 대부분의 가습기살균제 피해자 부모들이 씻어내기 힘든 트라우마를 지니고 있다. 실은 그렇지 않지만, 자꾸 자신이 죽였다는 죄책감을 느끼기 때문이다.

그는 옥시와 소송 중 화해를 해 합의금으로 마무리하기로 한 대다수 옥시 피해자들과는 달리 영국 본사를 상대로 한 소송을 제기했다. 처음에는 10여 명이 소송을 함께하려고 했다. 하지만 옥시 쪽이 2억~3억 원의 합의금을 포함해 10억 원이나 되는 위로금을 주겠다는 발표를 하고 나서 대부분 영국 소송을 접은 상태다. 그는 돈도 중요하지만 옥시 영국 본사의 책임을 확실히 묻는 것이 더 중요하다며 다른 피해자들과 다른 길을 걷고 있다. 혼자서라도 소송을 계속할 생각이다. 그는 정부도 이번 사건과 관련해 분명히 책임이 있다고 생각한다. 가해 기업이 진정으로 잘못을 뉘우치고 정부가 책임을 인정할 때까지 분노의 끈을 놓지 않기로 했다. 승준이에게 떳떳한 아빠가 되기 위해.

안성우, 그는 왜 가습기살균제 사건 투쟁 최고의 전사가 됐나

가습기살균제 피해자와 그 가족 가운데 최고의 전사를 꼽으라면 단연 첫손가락에 안성우 씨를 꼽고 싶다. 내가 2013년 여름 그에 대한 가정환경 조사를 맡았다는 것과 종씨라는 인연 때문은 결코 아니다. 그는 지금도 종종 기자회견장이나 국회 간담회에서 아내와 태아의 사망을 증언하다 말고 눈물을 쏟곤 한다. 그도 그럴 것이 그의 아내는 7개월 동안 뱃속에 있던 아이와 함께 세상을 떠났는데, 그는 아내와 6년이라는 긴 연애 끝에 2008년 결혼한 사이였다. 그는 첫아들을 낳고 곧바로 둘째를 낳아 오순도순 살 수 있을 것이라는 생각 외에는 해본 적이 없었다. 가습기살균제는 안 씨 가정을 너무나 무참하게 짓밟았다. 그는 아내와 이별을 해야 했던 2011년 2월을 잊지 못한다. 2011년 2월 1일 설을 보내려 고향에 내려가려던 날, 아내는 부산이 아닌 병원 응급실로 가야 했다. 병원에 간 아내는 설날도 병원에서 보냈다. 그리고 그 뒤 살아서 고향 땅을 밟지 못했다. 그에게는 세월이라고 하는, 망각에 가장 뛰어난 도구도 소용이 없었다. 또한 그는 매우 여린 감성을 지녔다. 겉으로도 몸이 탄탄하게 보이지 않는다. 텔레비전이나 언론에 워낙 많이 소개돼 이름까지는 기억하지 못하더라도, 그를 알아보는 사람도 꽤 있다. 그는 아내와 태어나보지도 못한 자식을 떠나 보낸 지 5년이 흘렀지만 여전히 사부곡(思婦曲)을 읊조리고 있다. 그의 고향은 부산이다. 내가 그가 아내와 아이를 잃게 된 경위와 가습기살균제 사용 여부 따위를 조사하기 위해 그를 만난 곳도 부산이었다. 그를 직접 만나기 전에 사연은 이미 알고 있었다. 환경보건시민센터에서 함께 활동하고 있는 최예용 박사가 2012년 2월 5일 오전 11시 충청북도 옥천의 작은 사찰에서 진행된 성우 씨의 아내와 태아를 기리는 진혼제에 참석한 뒤 쓴 글을 읽었기 때문이다. 그 글 가운데 "(진혼제가 진행되는 도중) 따분했던지 안에 있던 성우 씨의 여섯 살짜리 아들 재상이가 밖으로 나왔다. 카메라를 들고 있는 나에게 다가와 뭐하는 거냐며 호기심을 보인다"라는 대목에서 마음이 울컥했다. 아내의 1주기에 맞춰 바라춤을 잘 추는 춤꾼까지 특별히 모셔와 진혼제를 지낸 뒤에도, 그는 마음에서 여전히 아내와 아이를 놓아주지 못하고 있었다. 부인상을 치른 뒤 회사도 사직한 그는 2년간 홀로 충청북도 옥천의 작은 암자에 파묻혀 살았다. 옥천 생활을 정리하고 그는 2013년 부산에 있는 한 조선회사에 들어갔다. 아내가 남긴 유일한 혈육은 부산에 계신 부모님께 맡겼다. 내가 그를 만나러 부산에 간 것도 그가 다시 부산에서 일을 하고 있었기 때문이었다. 여느 집에 가서는 30분 내지 1시간가량 조사를 하고 나왔지만, 2013년 8월 부산에서 성우 씨를 만났을 때는 일부러 밤에 만나 저녁 식사를 하고 소주 한 잔을 나누며 위로 같은 조사를 했다.

그러다 2015년 다시 그의 소식을 들었다. 부산에서 서울로 자전거를 타고 올라오면서 최예용 소장과 함께 전국 피해자 찾기 캠페인을 벌인다는 것이다. 이야기를 듣는 순간 최 소장의 아이디어구나라는 생각이 들었다. 그는 과거 폐기물 해양투기를 규탄하는 SOS(Save Our Sea) 전국 캠페인을 벌일 때도 자전거로 이동했고, 집에서 센터 사무실을 오갈 때도 자전거를 타고 다니는 자전거마니아이기 때문이다. 성우 씨는 처음에는 전국도보종단을 제안했다고 한다. 시간이 너무 많이 걸려 효율성이 떨어지기 때문에 자전거로 이동하자는 최 소장의 제안을 받아들여 최종적으로는 자전거 캠페인으로 결정했다. 2015년 10월 가습기살균제 피해자 조사판정을 맡고 있는 환경부는 2015년 12월 31일까지만 한시적으로 피해 신고 접수를 받고 더이상 환자 접수를 받지 않는다고 밝혔다. 이 사건을 언제까지 끼고 갈 수 없다는 생각에서였다. 환경부든 어디든 정부는 그동안 가습기살균제 피해 규모가 늘어나는 것을 달가워하지 않았다. 일만 늘어나고 환자가 많아지면 피해구제금 확보 등 골치 아픈 일이 한두 가지가 아니기 때문이다. 정말 한심하고 말도 안 되는 이야기다. 당시에는 언론도 별 관심이 없었다. 1차 조사와 2차 조사에서 피해구제 등급인 1단계와 2단계를 받은 피해자 가운데 상당수는 자신의 문제가 소송에서 유리하게 해결될 수 있는 근거를 가졌기 때문에 다른 이들의 피해 여부에 대해서는 별로 관심을 쏟지 않았다. 그들은 환경부의 이런 방침을 강력하게 규탄하는 시위를 하거나 기자회견을 하지 않았다. 안성우 씨는 특단의 대책이 필요하다고 보았다. 버터플라이이펙트라는 소기업이 살균제 성분 가운데서도 독성이 가장 강한 PGH라는 화학물질을 사용해 '세퓨'라는 가습기살균제를 만들었는데, 그가 '세퓨' 제품의 피해자였다. 가습기살균제 사건이 이런 식으로 우리 사회에서 별것 아닌 문제로 흐지부지하게 사라져서는 결코 안 된다고 생각했다. 환경부는 피해자 신고를 하라고 국민에게 적극적으로 알리지도 않았다. 그런 탓인지 피해 신고를 해온 사람도 예상보다 훨씬 적었다.

환경운동가와 함께 페달 밟은 10박 11일 부산-서울 대장정

두 사람은 2015년 11월 16일 출발에 앞서 기자회견을 열어 '가습기살균제 제조사의 책임자 구속과 사죄, 모든 피해자에 대한 보상, 143명 사망자

위령비 건립, 스프레이 생활제품에 대한 호흡독성 안전심사 의무화, 환경사범에 대한 징벌적 처벌제도 도입' 등을 촉구했다. 두 사람은 환경보건시민센터 운영위원으로 활동하는 그린디자이너 이성진 씨가 만든 캠페인 조끼를 입고 10박 11일 동안 자전거 페달을 밟았다. 노란색 조끼의 앞과 뒤에는 "살인기업 처벌", "내 아이를 살려내라"라는 글귀가 큼지막하게 새겨져 있었다. 이 조끼는 시위를 하거나 기자회견을 할 때 피해자와 환경보건시민센터 활동가들이 늘 입어 언론이 보도하는 사진과 동영상에 많이 등장한다. 안 씨가 탄 자전거는 환경운동연합에서 빌린 것이었다. 서울로 올라오는 중간 중간에 지방검찰청이 있는 곳에서는 잠시 들러 수사를 촉구하는 진정서를 전달했다. 이때 몇몇 지역신문과 방송, 인터넷언론이 취재를 나와 약간의 힘이 되었다. 부산에서 서울로 자전거로 오는 것 또한 그리 쉬운 일은 아니었다. 때로는 다리와 발에 통증이 왔고 허리와 어깨가 쑤셨다. 그래도 이를 악물고 죽은 아내와 아이를 생각하며 버텼다. 거리에서 만난 시민들의 시선은 '이 사람들 무슨 일을 하고 있지'라고 생각하는 것 같았다. 가습기살균제 사건을 기억하는 사람은 그리 많지 않았다. 이 문제에 4년 넘게 매달려온 최 소장도 성우 씨와 같은 생각이 들었다. "그거 해결되지 않았던가요?" "아직도 가습기살균제 팔고 있나요?" 이런 물음이 그들이 만난 대부분의 사람이 보인 반응이었다. 지난 4년 동안 정부가 가습기살균제 재앙에 무성의하고 무관심했던 결과였다.

안성우 씨는 부산-서울 전국 자전거 캠페인을 계기로 다니던 회사를 아예 그만두고 서울로 올라와 가습기살균제 투쟁에 몸을 바치기로 했다. 자전거 캠페인은 일종의 예비 전투였다. 그는 더 혹독한 싸움을 벌이기로 했다. 그가 싸울 세퓨 제조업체인 버터플라이이펙트는 오래전에 폐업해 사라진 상태였다. 그래서 가습기살균제 참사의 상징 가해 기업인 옥시 본사가 있는

2015년 11월 '가습기살균제 피해 항의행동 자전거 캠페인'을 진행하는 동안 피해자 가족 안성우 씨와 환경보건시민센터 최예용 소장 등 캠페인 참여자들이 착용한 조끼 디자인. ⓒ이성진

여의도 국제금융센터(IFC) 앞에서 텐트를 치고 매주 월요일 24시간 밤샘노숙 캠페인을 벌이기로 했다. 매주 한 차례씩 하는 안성우 씨의 노숙농성은 한겨울 맹추위가 찾아와도, 차가운 밤 눈이 서걱서걱 멈출 줄 모르고 내려도 그치지 않았다. 서울에서도 사람들의 무관심은 다르지 않았다. 그러던 어느 날 지나가던 한 중년 아주머니가 힘내라며 음료수를 주었다. 그 순간 그의 눈가에는 눈물이 핑 돌았다. 그의 텐트에는 환경보건시민센터 활동가와 열성 피해자 가족들만 찾아왔다. 가끔 기자들이 그를 인터뷰하러 들르기도 했지만 큰 반향이 없어 몸과 마음이 정말 고달팠다. 연말과 연초가 하릴없이 흘러갔다.

그렇게 2016년 봄을 맞았다. 검찰이 가해 기업에 대한 수사를 벌이기로 했다는 소식이 그의 귀에 들렸다. 그는 다시 서울지방검찰청 앞에서 수사와 가해 기업 살인죄 처벌을 촉구하는 1인시위를 벌였다. 검찰 수사가 본격화되면서 그는 눈코 뜰 새 없이 바쁜 시간을 보냈다. 피해자 가족 모임이 약간의 교통비와 식비를 대주지만 그것만으로는 생활을 꾸려갈 수 없다. 그래도 아이는 보러 가야 하기에 한 달에 두 번은 부산을 다녀온다. 생활비를 벌기 위해 강릉에서 건축업을 하는, 가습기살균제 피해자 가족인 맹창수 씨의 일을 거들기도 한다. 대개 주말인 금요일 밤에 갔다가 일요일 밤에 돌아온다. 일당이라고 해야 기술이 없기 때문에 12만 원 정도다. 그래도 그에게는 감지덕지다. 7월 8일 금요일, 또 주말에 강릉으로 잡일 여행을 떠난다고 해서 삼계탕을 함께 먹고 그를 보내려니 마음이 짠하다. 가습기살균제만 아니었더라면 지금쯤 두 아이의 아빠로, 예쁜 아내와 함께 알콩달콩하게 미래를 그리며 행복한 생활을 하고 있을 그를 상상하니 말이다.

아들은 엄마가 왜 죽었는지 아직 알지 못한다. 그냥 아파서 하늘나라로 간 것으로만 안다. 그러면 아이는 다시 이렇게 말한다. "그라믄 엄마한테 가자." "엄마한테 갈 수 있지만 다시 못 온다." 인터뷰를 하면서 이 말을 듣는 순간 가슴이 먹먹해졌다. 안성우 씨는 요즘도 감정 조절이 잘 되지 않는다고 한다. 화와 슬픔을 잘 조절하지 못한다는 것이다. 트라우마 치료를 받아야 하는데 제대로 받은 적이 없다. 많은 피해자와 가족이 마찬가지다. 가습기살균제 사건과 관련해 검찰이 6개월 넘게 수사를 벌여왔고 국회 국정조사와 청문회까지 열리게 됐다. 이 책이 나올 때쯤이면 사실상 마무리 수순에 들어갈 것이다. 하지만 가습기살균제 재앙은 완전한 해결과 후유증 수습이 언제 될지 모르는 '네버 엔딩 스토리'다. 이야기가 끝나지 않는 한 안성우 씨의 분노는 거리에서 계속될 것이다.

가습기살균제 피해자가 워낙 많다 보니 별별 사연을 가진 사람이 많다. 나는 2013년 1차 피해 신고를 한 가정 가운데 3분의 1 가량을 대상으로 직접 가정환경조사를 나가 100여 가정을 방문했다. 그 가운데는 일란성 쌍둥이가 모두 희생당한 가정도 있었고, 가습기살균제라는 악마의 손아귀에 이란성 쌍둥이를 모두 빼앗긴 가족도 있었다. 그 두 가족 모두 공교롭게도 내가 조사했다. 그들의 가정을 조사할 때는 집 안에 들어가면서부터 무척 조심스러웠다. 분노를 곱빼기로 치솟게 하는 사연들이었다.

국가 위한 고된 훈련, 국가가 외면한 배구 선수 안은주 씨

이들과 달리 생존해 있는 피해 신고자는 그래도 상대하기가 나았다. 밀양에 사는 안은주 씨도 그랬다. 처음에 그녀를 보았을 때 다소 의외였다. 180cm에 가까운 큰 키에 골격도 탄탄했기 때문이었다. 무슨 일을 하는지 물어보고 그녀의 과거 이야기를 듣는 순간 의문이 풀렸다. 은주 씨는 어릴 때부터 배구를 했다. 고등학교 때는 마산 제일여고에서 실력을 뽐냈다. 1983년 호남정유는 그녀를 스카우트하기 위해 당시 5000만 원이란 거액을 투자했다. 그 스카우트비 가운데 90%는 학교로 가고 정작 본인은 10%밖에 받지 못해 부자가 되지는 못했다. 당시 여고 배구계에서는 무적 일신여상이 천하를 제패하고 있었다. 그녀가 3학년일 때 제일여고는 어느 여고 배구부도 넘지 못할 산이었던 일신여상과 춘계 배구대회에서 만났다. 은주 씨가 주전으로 뛴 제일여고는 그 직전까지 118연승이란 전무후무한 기록을 세우던 일신여상을 상대로 3대 2의 극적 승리를 일궈냈다. 코트는 순식간에 포옹과 함께 눈물바다를 이루며 감격으로 넘쳐났다. 지금도 은주 씨는 그때를 생각하면 가슴이 뭉클하다고 한다. 그런 실력을 바탕으로 은주 씨는 청소년 국가대표 자격을 거머쥐었다. 이어 국가대표 배구 선수단에도 이름을 올렸다. 대한민국을 대표해 세계 곳곳에서 몸을 던졌다. 이를 위해 힘들고 고된 훈련 과정을 묵묵히 이겨냈다. 현역 선수에서 은퇴한 뒤 그녀는 밀양에서 자리를 잡고 어머니 배구팀과 시청 팀의 배구 감독 등을 맡으며 배구 지도자의 길을 활발하게 걷고 있었다.

그러던 그녀가 이제 계단 오르기도 힘들어서 천직으로 여겼던 배구와 인연을 끊었다. 2010년 겨울, 그녀는 계단을 오르다가 숨이 차고 다리에 힘이 없는 것을 느꼈다. 처음에는 겨울이고 해서 체력이 달린다고 여겼다. 4월 초 동네 병원에서 폐렴 증상이라며 항생제를 처방해줬다. 하지만 일주일이 지나도 아무런 차도가 없었다. 더 강한 항생제를 써봤으나 무용지물이었다. 4월 20일 동아대병원에 입원해서 CT촬영과 조직검사까지 했다. 특발성 폐 섬유화증 진단이 나왔고 스테로이드 치료를 받았다. 두 번이나 갑자기 쓰러져 응급실로 실려 가기도 했다. 내가 그녀를 만났을 때 그녀는 3년 넘게 병마와 싸우느라 체력도 거의 바닥이 난 상태였다. 장거리 여행도 마음대로 할 수 없었다. 피해 판정을 받기 위해 2013년 8월 국립의료원에서 검진을 받을 때도 서울에서 1박을 하면서 겨우 검진을 마칠 수 있었다. 그녀의 슬픈 이야기는 내가 2013년 12월 ≪프레시안≫에 "끝나지 않은 고통, 가습기살균제 비극"이라는 연재물의 네 번째 글에서 세상에 알렸다.

그리고 2014년 3월 정부 피해자 판정에서 3등급 판정을 받았다는 이야기를 들었다. 아무런 피해구제를 받을 수 없는 등급이었다. 그래서 그녀는 더욱 안쓰럽고 관심이 가는 피해자다. 그녀는 날이 갈수록 건강이 악화돼 폐 이식 외에는 달리 방도가 없는 길까지 몰렸다. 퇴로는 없었다. 폐 이식을 받지 못하고 죽느냐 폐 이식을 성공적으로 받아 생명을 연장하느냐 두 가지 선택 밖에 없었다. 초등학교와 중학교에 다니는 그녀의 두 아들이 떠올랐다. 수술을 받기로 했다. 2015년 마침 폐를 이식받을 수 있는 기회가 왔다. 50대 중반의 남성 폐를 이식받을 수 있었다. 폐 이식 수술을 성공적으로 마친 가습기살균제 피해자도 있지만, 이식 수술을 받고 얼마 버티지 못하고 숨진 이들도 있다는 것을 그녀도 알고 있었다.

수술실로 가는 순간 아이들이 울면서 말했다. "엄마! 잘 견디고 나와서

보자. 걱정하지 마." 남편도 말했다. "끝까지 힘내요. 애들 보고 살아야지."

그런 염려와 격려 덕분인지 수술은 무사히 끝났다. 하지만 그렇게 해피엔딩으로 이야기가 마무리되지는 않았다. 그녀는 자비로 수술을 하기 위해 동생 등 친정 식구 집을 담보로 빚을 냈고, 장협착 등 수술 합병증으로 고통을 겪었다. 다시 수술을 받아야만 했다. 어떤 사람이 그녀의 얼굴을 보고 몸이 좋아졌다고 생각한다. 실은 부종 때문에 얼굴이 부은 것인데도 말이다. 오랜 투병과 수술비, 치료비 때문에 가정은 풍비박산이 날 지경이다. 다행히 큰 아이가 공부를 잘해줘서 고맙다. 하지만 어려운 가정형편상 대학에 가기가 어렵다는 판단을 한 아들은 인문계 고등학교를 가라는 담임선생님의 권유를 뿌리치고 특성화 고등학교로 진학했다. 엄마로서 가슴이 미어지는 순간이었다. 하루라도 빨리 돈을 벌어 어머니의 건강을 돌보겠다는 아들의 마음이 대견할 따름이었다.

피해자의 분노에 응답하지 않는 국가 존재 이유 없어

그녀는 자신의 한몸을 돌보기도 힘들다. 하지만 그녀의 마음 한 구석에는 분노가 가득하다. 그 분노가 건강에 좋지 않다는 것을 잘 알면서도 어쩔 수 없다. '가습기살균제 항의 행동'이라는 밴드에서 그녀가 올린 글을 자주 읽는다. 은주 씨는 자신처럼 폐 이식을 앞두고 불안해하는 피해 여성들을 격려하기도 한다. 때로는 정부 책임과 옥시 등 가해 기업의 무책임한 행위에 일침을 놓기도 한다. 건강이 허락하면 밀양에서 서울로 올라와 규탄대회나 불매대회에 참여하기도 한다. 그녀는 세종문화회관 계단 앞에서 열린 제 1차 옥시 불매대회 때도 참석해 발언했다. 그녀가 국가대표 배구 선수로 활약했다는 점과 가습기살균제 피해를 당했다는 이야기가 엮여 방송과 신문에 단골손님으로 자주 등장하기도 했다. 2016년 7월 15일에는 가습기살균제 피해자와 가족모임이 가습기살균제 국정조사 특위 새누리당 위원들을 만난 간담회에 참석해 발언했다. 7월 14일에는 "정말 피해자들의 간절한 마음을 꼭 헤아려 정치 이슈가 아니라 가족 같은 마음으로 끝까지 밝혀주시기를 정말 기대합니다"라는 글을 밴드에 남겼다.

안은주 씨가 전한 말은 왜 가습기살균제 참사가 이리 오래 시간을 끌고 있으며 수많은 피해자가 쏟아지는가를 이해할 수 있게 해준다. 대통령도, 장관도, 가해 기업도 피해자와 그 가족의 마음을 자기 가족의 마음처럼 여기지 않기 때문이다. 당리당략에 매몰돼 이들을 외면했던 19대 국회, 가습기살균제 문제에서 어떻게 해서라도 자신들의 발을 빼려고 몸부림쳐왔던 정부 부처들, 엄청난 국가적 재앙이 생겼는데도 사실상 일언반구도 없고 사죄는커녕 사과도 없는 대통령, 아직도 적극적 해결 방안을 내놓지 않고 피해자들의 고통을 외면하는 여러 대기업, 3단계와 4단계 피해자들은 유령처럼 취급하는 옥시레킷벤키저, 가습기살균제 참사의 실체를 축소하기에 바빠 피해자 찾기에 소극적인 정부 등, 이들이 은주 씨의 말마따나 가족 같은 마음을 가졌으면 문제는 모두 일찌감치 해결됐을 것이다. 가해 기업들과 정부가 피해자들과 가족 같은 마음이 될 때 분노는 조금씩 사그라들 것이다. 이들의 분노가 사라지지 않는 한 인터넷에서, SNS에서, 그리고 거리에서 김덕종 씨와 안성우 씨, 안은주 씨 같은 가습기살균제 피해자와 그 가족들의 울부짖음은 계속될 것이다.

너무 아파 비명조차 지르지 못한 가족들

　가습기살균제 피해를 입은 사람들은 한결같이 자신들이 사다준 제품 때문에 아이와 가족들이 숨졌다는 사실에 절규하고 있다. 가습기살균제 참사가 다른 환경 재앙이나 참사와 가장 다른 부분이 바로 이 점이다. 이들은 매일 밤 꿈속에서 가위에 짓눌린다. 벌써 5년, 10년이 지났건만 여전히 잠을 못 이루는 밤이 많다. 수면제를 달고 사는 이들도 있다. 이들 가운데 아내와 아이를 한꺼번에 잃은 가정, 쌍둥이를 모두 잃은 가정, 자신이 고분자화학 (현재까지 가장 많은 사망자와 피해자를 낸 가습기살균제 성분인 PHMG와 PGH는 고분자물질이다) 박사인데도 가습기살균제를 사다줘 아이를 잃은 가장 등은 너무 아파서 아프다고 소리도 내지 못하며 살고 있다.

　지난 2013년 7월과 8월 전국을 누비면서 피해 신고를 해온 가정을 직접 방문했다. 이들의 이야기를 세상에 전하라는 신의 계시였는지는 몰라도 쌍둥이를 모두 가습기살균제로 잃었다고 신고해온 가정이 두 곳 있었는데, 내가 두 가정에 모두 조사를 나갔다. 그들의 사연은 조사하러 간 나에게도 고통이었다. 지금도 종종 3년 전 그들의 집에서 나눈 대화가 생각나곤 한다.

그리고 그 운명은 이들의 이야기를 2013년 11월 ≪프레시안≫을 통해 처음으로 세상에 전하게끔 만들었다. 그리고 이 책에서 다시 그들의 이야기를 끄집어내 3년이 지난 시점에서 새로 바라보는 눈으로 다시 글을 쓰게 만들었다.

임신 · 출산박람회에서 받은 세퓨 살균제, 두 아이를 데려가다

경기도 성남시에 살던 김길수(가명) 씨는 가습기살균제에 이란성 쌍둥이를 모두 잃었다. 공무원과 고등학교 교사였던 이들 부부는 지난 2009년 5월 쌍둥이를 낳았다. 이들은 날아갈 듯 기뻤다. 세상을 다 얻은 것 같았다. 이보다 큰 기쁨은 오지 않을 것 같았다. 하지만 그 기쁨도 잠시였다. 이들은 아기를 낳기 몇 달 전 서울시 강남구 삼성동 종합전시장에서 열린 임신·출산박람회에 갔다. 그곳에서 세퓨 가습기살균제 일회용 샘플을 무료로 받아왔다. 가습기살균제를 나눠준 회사는 이 제품에 안심하고 사용해도 되는 성분이 들어 있다고 말했다. '박람회만 가지 않았더라면', '박람회장에서 그 살균제를 보지만 않았더라면' 하고 부부는 생각하고 또 생각했다. 하지만 과거는 결코 되돌릴 수 없다.

김 씨 부부는 아이들이 태어난 그해 늦가을부터 이른 봄까지 종일 가습기를 틀었다. 첫해는 아이들에게 큰 탈이 없었다. 그래서 2010년에도 11월부터 다시 그 가습기살균제를 사용했다. 하지만 2011년 1월 말부터 두 아이 모두 아침에 마른기침을 서너 차례 해댔다. 이전에는 순식간에 음식을 먹어 치웠으나 어느새 이전의 반도 채 먹지 못했다. 열도 나기 시작했다. 그래서 소아청소년과를 찾았을 때, 병원에서는 단순한 감기라고 했다. 감기 시럽을 몇 차례 먹었다. 3월이 되자 첫째가 밤에 호흡곤란 증세를 보이며 구르고 토했다. 분당 서울대병원 응급실로 갔다. 폐렴 같다는 진단이 나왔고 아이들을 입원시켰으나 차도가 없었다. 상태가 날이 갈수록 악화되자 4월에는 서울아산병원으로 옮겼다. 하지만 그 독한 화학물질을 들이마신 아이들은 한 달을 채 버텨내지 못했다. 쌍둥이는 한 달 간격을 두고 차례로 이들 부부 곁을 그렇게 떠났다. 세상에서 가장 큰 기쁨을 주었던 두 쌍둥이가 세상에서 가장 큰 고통과 슬픔을 이들에게 안겨주었다.

늘 입 맞추고 안아주며 애지중지하던 오누이 쌍둥이가 없는 집은 쓸쓸하기만 했다. 아이 엄마는 아이들이 죽자마자 정신과 상담치료를 일주일에 두 차례 받아야 할 정도로 정신건강이 극도로 나빠졌다. 아이들의 죽음만 떠올리면 가슴이 두근거리고 식은땀이 났다. 두려움과 분노, 슬픔과 아이들에 대한 죄책감이 그녀에게 엄습했다. 심지어는 자살까지 생각했다. 자살 생각이 하루에도 여러 차례 떠올랐다. 다행히 그해 여름 새로운 생명이 들어섰다. 다시금 마음의 안정을 서서히 찾기 시작했다. '그래 살아야지. 악착같이 살아야 이 아이를 낳을 수 있다. 그래서 먼저 간 남매의 못다 한 삶을 이어가도록 해야지' 하며 마음을 다잡았다. 더는 신경정신과 치료를 받지 않아도 됐다. 그리고 2012년 3월, 마침내 새로운 아이가 태어났다. 아들이었다. 그 후로 이들은 이 아이에게 모든 것을 쏟으며 지낸다.

가쁜 숨 몰아쉬며 죽어가는 쌍둥이 간호 위해 대학교수 포기

대전에 사는 이창명(가명) 씨 부부는 2013년 10월 아들을 낳았다. 간호사한테서 아이를 받아 안아보는 순간, 아기 엄마는 자신도 모르게 눈물을 주르르 흘렸다. 새로운 생명의 탄생에 흘리는 기쁨의 눈물이 아니었다. 2013년 봄, 그리고 2010년 저 세상으로 떠나보낸 쌍둥이 두 아들의 모습이 눈앞에 어른거렸기 때문에 흘린 눈물이었다.

박사 과정 학생과 학교 교사로 지내던 이들 부부는 결혼 후 5년 만인

2008년 6월 이란성 쌍둥이 아들을 얻었다. 이들은 이제 이 두 아이만 잘 키우면 되겠다고 생각했다. 가습기는 결혼 직후인 2003년부터 사용했다. 대형마트에서 장을 보던 중 자체상표 상품으로 팔던 가습기살균제가 눈에 들어왔다. 가습기 내에 번식할 수 있는 세균을 원천적으로 막아주고 인체에 안전한 성분이 들어 있다고 표기돼 2009년 가을부터 정말 안심하고, 열심히 가습기에 이 살균제를 넣어 사용했다. 그런데 이것이 화근이었다. 아기가 감기에 걸려 고생할까 사용한 가습기에, 혹시나 못된 폐렴균이라도 서식할까 염려돼 사용한 살균제는 건강지킴이가 아니었다. 이것들이 인체에 치명적인 살인 무기가 될 줄 꿈에도 생각지 못했다. 가습기살균제를 사용한 모든 사람이 그러했듯이.

아이들이 두 살도 채 되지 않은 2010년 3월, 가습기에서 가장 가까이서 잠을 자던 첫째가 먼저 청색증이 생기고 호흡이 가빠져 대전 을지대병원에 입원했다. 컴퓨터단층촬영 결과 간질성 폐렴 진단이 나왔다. 상태가 갈수록 나빠져 서울삼성병원 중환자실에 입원했다. 둘째도 4월 30일 의사 회진 중에 형과 비슷한 이상 증상이 발견돼 형 방에 입원했다.

이 씨는 2007년부터 어느 지방 광역시의 치과대학에서 전임강사로 있다가 2010년 같은 대학에서 조교수가 됐다. 승진의 기쁨도 며칠 누리지 못한 봄날, 학생들에게 강의를 하는 중에 아들이 응급 상황에 처했다는 소식을 전해 들었다. 그는 수업도 마치지 못한 채 황급히 병원으로 달려갔다. 그 후 중환자실에서 사경을 헤매는 두 쌍둥이를 보살피기 위해 힘들게 얻은 대학 교수직을 포기해야만 했다. 그의 삶에는 늘 아이들이 중심이었기 때문이다. 그는 중환자실 복도 소파에서 새우잠을 자며 두 아들을 돌봤다. 하지만 이런 지극정성도 허사였다. 정말 하늘도 무심했다. 큰아들은 그해 9월 숨을 거두고 말았다. 그래도 다른 아들 한 명은 살아 있었다. 첫째 아이의 사망을 슬퍼할 겨를도 없었다. 2010년 12월 교수직을 그만두면서까지 둘째 살리기에 매달렸다. 그의 안타까운 사연과 소파에서 매일 잠자며 아이에게 쏟아붓는 애틋한 부정(父情)에 감복한 기독교 원목은 그에게 원목실에서 먹고 자도록 배려했다. 병원 쪽도 보통 중환자실 입원환자 가족에게 하루 30분간 환자를 면회할 수 있는 시간을 주는데, 그에게는 의사나 중환자실 간호사처럼 24시간 언제고 아이를 면회할 수 있도록 특별대우를 해주었다. 이씨는 어느덧 병원 의료진과 한 가족이 됐다.

하지만 억대를 넘어가는 엄청난 병원비 때문에 그는 할 수 없이 2011년 6월부터 대전의 한 연구소에 연구원으로 재취업했다. 그때부터 아내가 아이 곁을 지키고 자신은 주말마다 가서 마지막 희망인 둘째 아이를 보살폈다. 하지만 둘째도 한날한시에 태어난 첫째를 따라 2013년 1월 하늘나라로 갔다. 3년에 가까운 가습기살균제와의 전쟁은 이렇게 허망하게 패배로 막을 내렸다. 이들 부부에게 가습기살균제와 이를 제조·판매한 회사는 악마나 다름없었다. 이들뿐 아니라 그 누구라도, 자신들이 낳은 쌍둥이의 목숨을 한꺼번에 앗아간 것이 있다면 그것을 악마라고 불렀을 것이다.

슬픔과 아픔 삭이며 인터뷰 내내 꿋꿋하던 부부, 가슴 먹먹하게 해

2013년 여름 만났던 이 쌍둥이 부모들은 내 앞에서 힘든 내색을 하지 않으려 애썼다. 사실 피해자와 그 가족들이 힘든 내색을 하면 질문하기도, 대화하기도 힘들어진다. 인터뷰하는 동안, 그 뒤 한참이 지난 뒤에도, 그리고 3년이라는 세월이 지나 다시 책의 원고를 쓰는 지금도 그들을 떠올리면 나의 가슴 한구석이 먹먹하다. 이 부부들은 자신들의 슬프디 슬픈 이야기를 들어주는 나를 반가운 손님처럼 대했다. 곧 새롭게 기댈 수 있는 아이가 태어난다는 희망도 한몫했는지 모르겠다. 그래서인지 희망이 새로운 생명의 모습을 하고 그들 앞에 다시 기적처럼 찾아왔다. 그들은 이 희망을 통해 고통을 잊으려 한다. 이들은 분명 그렇게 될 것이다. 그들을 보면 가습기살균제 문제로 이혼을 하고, 집안끼리 원수처럼 되어버린 이들이 참 안타깝다.

시험관아기 시술로 어렵사리 얻은 쌍둥이, 세상 떠나다

쌍둥이 형제를 모두 잃을 뻔했다가 다행히 한 명은 운 좋게도 목숨을 건진 부부도 있다. 두 아들 쌍둥이를 잃은 이 씨 부부처럼 대전에서 살던 박영출(가명) 씨 부부는 결혼하고 7년이 지나도록 아기 소식이 없었다. 그래서 그들은 시험관 아기를 갖기로 마음먹었다. 그리고 마침내 2004년 3월 꿈에 그리던 이란성 쌍둥이 형제를 얻었다. 이들 부부에게는 천금과도 바꿀 수 없는 복덩이들이었다. 건강하게 키우기 위해 이들 부부는 아기를 가진 어느 집처럼 가습기와 가습기살균제를 사용했다. 그들은 텔레비전 광고도 하고 가장 잘 팔리던 옥시레킷벤키저의 '옥시싹싹 뉴 가습기당번'을 골랐다. 하지만 2007년 봄 어느 날 둘째 아이가 먼저 갑자기 호흡곤란 증세를 보이기 시작했다. 대전 을지대병원으로 아이를 데려갔다. 그곳에서 상태가 나빠져 지인을 통해 신촌 세브란스병원으로 급히 옮겼다. 엑스선촬영과 컴퓨터단층촬영을 한 결과 간질성 폐렴이란 진단이 나왔다. 첫째 아이도 검진을 해보자는 의료진의 말에 따라 검사를 해보았더니 첫째 아이에게도 폐에 이상이 나타났다. 다행히 둘째와 비교해서 심각한 편은 아니었다. 둘째가 심하게 앓은 덕분에 상태가 심각하지 않은 단계에서 일찍 발견할 수 있었던 것이다. 둘째는 병원에서 한 달도 채 버티지 못한 채 세상을 떴다. 동생 덕분에 살아남은 형은 요즘 정기적으로 병원에서 건강 상태를 점검받으며 형제 없는 삶을 이어가고 있다. 이제 소년이 된 그는 옛날의 동생을 기억하고 있었다. 그래서 부부는 2013년 5월 피해 신고 뒤 7월 국립의료원에서 아이가

각종 검사를 받을 때 동생이 왜 죽었는지를 말해주었다고 한다. 그 말을 들은 아이의 마음은 어땠을까?

고분자화학 박사가 딸을 고분자물질로 잃었으니 그 충격은……

여기에 지난 10년간 마음에 너무나 깊게 새겨진 상처 때문에 세상 밖으로 나오고 싶지 않았던 또 하나의 가정이 있다. 2016년 7월 18일 국회의원 회관 제1세미나실에서 '보건의료개혁 국민연대' 주최로 열린 가습기살균제 재난 실체 규명과 당면과제 토론회에서 발표와 토론이 끝난 뒤 방청석에서 40대 안팎으로 보이는 한 여성이 발언을 했다. 자신을 가습기살균제 피해자 가족이라고 소개한 그녀는 10년 전 딸을 잃었다고 했다. 그런데 남편이

고분자화학 박사라고 했다. 그녀는 딸을 고분자물질인 가습기살균제로 잃었다는 것을 안 뒤 충격에 빠져 지난 10년간 불면증에 시달려왔다고 한다. 대중 앞에 서기가 두려웠으나 이날 용기를 내 처음으로 이런 사실을 털어놓는다고 했다. 여야가 정치적 유불리를 따지지 말고 일치단결해 징벌적 손해배상 제도도 이번 기회에 꼭 만들어주길 바란다는 부탁을 했다. 발언 끝에 그녀는 끝내 흐느꼈다. 이 자리에 참석한 우원식 가습기살균제 사건 국정조사 특위위원장과 의원들, 발표자와 토론자, 소비자단체 회원 등 많은 사람의 눈시울도 붉어졌다. 몇몇 사람의 눈은 촉촉이 젖어 있었다. 그녀의 말에서 그녀가 얼마나 가슴에 깊은 회한을 품고 있었는지 느낄 수 있었다.

그녀의 남편은 대한민국 최고 명문의 대학 화학과에서 고분자화학으로 박사학위를 받은 엘리트였다. 지금은 한국 최고의 기업이며 전 세계에 널리 알려진 글로벌 기업에서 일하고 있다. 남편이 박사과정에 있을 때 대학 기숙사에서 딸과 함께 생활하면서 가습기살균제를 사용했다. 옥시 제품과 롯데마트 제품을 함께 사용했다고 한다. 2004년에 낳은 첫딸을 두 살배기일 때인 2006년 5월 다시 못 올 저 세상으로 보냈다. 아마 그때는 이 가습기살균제에 어떤 물질이 들어있는지를 몰랐을 것이다. 당시 원료 공급사와 제조사, 그리고 판매사 외에는 가습기살균제 성분을 구체적으로 알지 못했으니 말이다. 상품 어디에도 성분이 표시되지 않았다. 제품명 '가습기살균제', 성분명 '살균제'라는 정말 말도 안 되는 표시를 해도 정부는 '엄지 척' 하는 안전인증마크까지 달아주었으니 말이다. 하지만 2011년 가습기살균제가 원인 미상 폐질환의 원인으로 밝혀지고 나서 남편과 아내가 받은 충격은 말로 할 수 없었다. 언론을 통해 들은 이야기로는 자신들이 사용한 가습기살균제 성분이 폴리헥사메틸렌구아니딘(PHMG)이라는 고분자 물질이라는 것이다. 남편은 '토르의 망치'로 머리를 얻어맞은 것 같았다. 자신이 전공한 분야의 물질이 딸을 죽였다는 사실에 죽고만 싶었다. 말을 잃었다. 세상이 싫었다. 그 가정을 환경조사하러 조사원이 갔을 때도 남편은 선글라스를 끼고 있었다. 불안하고 흔들리는 눈빛을 보여주기 싫었기 때문일 것이다. 그 뒤 다시 다행히도 딸 둘을 얻었다. 그리고 5년의 세월이 흘렀다. 2016년 4~6월 검찰 수사에서 가해 기업인 옥시의 추악한 모습이 드러났다. 이날 국회 토론회에 와서 발언했다는 것은 과거보다는 많이 좋아졌다는 것을 말해주는 것이었다고 긍정적으로 해석하고 싶다.

이처럼 가습기살균제는 무려 17년 동안 대한민국 가정 곳곳을 마음껏 휘젓고 다니며 분탕질했다. 그 과정에서 어떤 저항이나 불심검문도 없었다. 이 악마의 물질은 아이 한 명의 목숨도 성에 차지 않았는지 쌍둥이의 목숨을 한꺼번에 앗아갔다. 한날한시에 태어난 쌍둥이들을 세상에서 꽃 한 번 피우기 전에 이승과 저승으로 갈라놓았다. 그것은 결코 어쩔 수 없는 운명이 아니었다. 티 없이 맑고 맑은 어린 영혼들을 대상으로, 어른들이 저지른 살인이었다. 집단살인이며 연쇄살인이었다. 기업들이, 우리 사회가, 국가가 조금만 더 생명의 소중함에 관심과 노력을 기울였더라면 이들은 절대로 죽을 수 없는 대한민국의 아이들이었다. 쌍둥이 피해자들을 포함한 가습기살균제 희생자들의 한 맺힌 사연을 우리들의 가슴에 새겨야만 제2의 가습기살균제 재앙이 더는 생겨나지 않을 것이다.

누가 이들과 함께 하리오

2013년 여름도 무척 더웠다. 7월의 햇볕 아래에서는 100미터도 걷기가 싫을 정도였다. 더군다나 내가 있던 곳은 대전의 낯선 거리였다. 택시비는 정산 처리가 되지 않았지만 어쩔 수 없이 택시를 탔다. 서울에서 왔다는 말에 택시기사는 "오늘 34도래요. 어제는 더 더웠어요. 대전이 여름에 더워요"라며 인사를 건넸다. 가습기살균제 피해를 입었다고 신고한 집을 방문하기 위해 서울에서 대전까지 KTX를, 다시 대전역에서 피해자 집까지 택시를 타고 방문하던 길이었다. 대개 조사는 저녁이 되면 끝냈지만 어떤 경우는 신고자의 직장 등 사정에 따라 밤 9시가 넘게 이어지는 경우도 있었다. 특히 서울이나 수도권이 아닌 지방의 경우에는 여러 번 가기 어렵기 때문에 신고자들이 허락하면 밤늦은 시각까지 조사를 강행했다. 대중교통과 거리가 먼 곳이나 택시 잡기도 힘든 곳은 숙소인 모텔까지 가기가 난감하기도 했다. 그럴 때면 피해자 가족들은 자동차로 20~30분 걸리는 숙소까지 친절하게 태워주기도 했다. 그렇게 나는 피해자들과 조금씩 가까워지고 있었다. 나는 가습기살균제 피해자를 조사하기 위해 7월과 8월 두 달간 외박을 자주해야만 했다. 대전에서, 부산에서, 창원에서, 진주에서 하루 또는 이틀씩 무더운 여름밤을 보냈다.

정부가 가습기살균제 사건의 용의자를 발표한 2011년 8월 31일 이후 환경보건학 전공자로서, 오랜 환경·보건복지 전문기자 생활을 해온 언론인으로서, 그리고 각종 매체에 환경과 보건에 관한 글을 쓰는 칼럼니스트로서, 우리 사회에서 석면을 비롯한 환경문제를 다루는 환경시민단체에서 줄곧 활동해온 나는 이 문제에 관심을 깊이 가질 수밖에 없었다. 환경전문잡지와 일간지, 인터넷 매체인 ≪프레시안≫ 등에 가습기살균제에 관한 글을 기고해왔다. 또 사건 발생 초기 이 문제에 관심을 갖고 자신과 자신의 가족을 포함한 가습기살균제 피해자들의 목소리를 대변하기 위해 애써온 몇몇 피해자를 만나며 이 사건이 지닌 악마성을 피부로 느껴가기 시작했다. 이보다 몇 년 앞서 석면에 노출돼 악성중피종과 폐암, 석면폐증과 같은 불치병 또는 불치에 가까운 병을 앓고 있는 석면 피해자들과 오랫동안 함께해왔기 때문에, 이들과 하나가 되기 위한 몸짓은 더 가벼웠는지도 모른다.

피해자를 잘 아는 만큼 가습기살균제 참사의 진실을 본다

피해자들의 집을 일일이 방문하면서, 그들이 내주는 차와 커피, 음료수, 과일, 때로는 다과를 먹으며, 처음 보는 분들이었지만 처음 보는 느낌이 들지 않았다. 그들이 종종 정부와 기업에 대한 분노의 언어들, 때론 쌍시옷이 들어가는 말들을 토해낼 때는 난감하기도 했다. 가습기살균제를 구입하게 된 경위와 나중에 발병한 날짜, 병원을 찾아가게 된 경위 따위를 꼬치꼬치 물을라치면 어김없이 딸을, 아내를, 자식을, 부모를 잃은 그때를 떠올리며 눈물을 훔치거나 울먹였다. 이럴 때면 한동안 가만히 있는 것이 상책이다. 그럴 때는 약간의 시간이 흐른 뒤 다독이며 인터뷰를 이어갔다. 그들에게

빈말 같이 들릴 수도 있겠지만, 희망을 가지시라고 말해주곤 했다. 쌍둥이를 모두 잃은 뒤 다시 아기를 가진 부부에게는 죽은 아이보다 새로 태어날 생명에 모든 것을 쏟으라고 말했다. 전국의 피해자들을 만나면서 피해자들과 많이 만날수록, 자주 만날수록, 이들의 사연을 깊이 알수록, 이들과 함께하는 마음을 가질수록 가습기살균제 피해 사건이 저들만의 일이 아니라 나의 일이 되어가는 느낌을 받았다. 오랫동안 그들과 함께하며 시위를 하고, 기자회견을 하고, 식사와 술을 함께하고, 식사비를 내고, 영국 원정 시위에 비용을 보태고, 글을 실을 수 있는 매체라면 이를 가리지 않고 기고하는 등의 활동을 지난 5년간 해오면서 아무런 후회도 남지 않은 것은, 바로 2013년에 했던 가정방문 환경조사 때문이라고 할 수 있다.

사람은 자신이 본만큼 느낀다. 그 누구도 피해자와 그 가족의 심정이 될 수 없다. 하지만 그들과 얼마나 한마음이 되어 함께하는 시간을 많이 갖느냐, 그들과의 직접적인 접촉이 있느냐와 그렇지 않으냐는 큰 차이가 있다. 직접 만나지는 않더라도, 신문이나 방송에서 그들의 고통스럽고 안타까운 사연을 많이 접한 사람과 그렇지 않은 사람 간에도 가습기살균제 참사를 바라보는 시각과 눈길의 온도차가 분명 있을 것이다.

피해자 만나면서 인생을 바꾼 소설가 이시무레 미치코의 『슬픈 미나마타』

이시무레 미치코(石牟道子)도 피해자들을 자주 만나면서 인생이 바뀌었다. 미나마타병이 판도라의 상자를 열어젖히고 1956년 세상 밖으로 나왔을 때 그녀는 미나마타 시에서 평범하게 살고 있던 스물아홉 살의 가정주부였다. 그녀는 자신이 살고 있던 지역에서 지금까지 듣지도 보지도 못한, 악마의 질병 미나마타병에 걸린 이웃들이 엄청난 고통을 겪고 있는 것을 알게 됐다. 그녀는 잠을 이룰 수가 없었다. 무엇이든 해서 그들에게 보탬이 되는 사람이 되고 싶었다. 1963년부터 직접 미나마타병 환자의 집들을 일일이 방문하며 그들의 삶과 미나마타병과 관련한 모든 것을 취재하고 기록했다. 그리고 이를 바탕으로 해서 1969년 『슬픈 미나마타(苦海淨土)』라는 소설을 펴냈다. 이 작품은 미나마타병과 관련한 역사적 기록을 토대로 작가의 상상력을 보태 완성한 소설이다. 이 책이 출판되자 많은 평론가와 언론은 공해 고발문학의 절정, 기록문학의 정수라는 호평을 쏟아냈다.

1963년 미나마타병에 걸린 한 소년의 집을 방문한 기억을 떠올리며 시작하는 소설에는 미나마타병이 퍼진 야츠시로 해안가 유도(湯堂) 마을의 풍경이 파노라마처럼 펼쳐진다. 가족과 친구를 미나마타병으로 잃고 죽음에 대한 공포 때문에 열여섯 소년 규헤이는 검진마저 거부하며 뒤틀린 팔다리와 보이지 않는 눈으로 홀로 야구 연습을 한다. 타지에서 후처로 시집와 알뜰살뜰 살림을 꾸리고 남편과 해풍을 맞으면서 고기잡이를 하는 평온한 삶을 살다가 미나마타병에 걸려 달거리(월경) 뒤처리까지 남편의 손에 맡겨야만 했던 사카가미 유키는 그러다 결국에는 이혼을 당한다. 어린 모쿠타로는 기형아인 자신을 낳은 뒤 엄마는 도망가고 아버지는 미나마타병으로 제 몸조차 돌볼 수 없게 돼 늙은 노부모에게 자식 셋 양육을 떠맡기고, 그렇게 할머니, 할아버지 보살핌 속에 겨우겨우 하루를 살아가는 태아성 미나마타병 환자다. 열일곱 꽃다운 아가씨 유리는 우유를 먹으며 목숨을 유지하는 식물인간의 삶을 살고 있다. 이밖에 어부를 천직으로 알고 제 집 앞마당처럼 마구 휘젓고 다니던 바다에서 이젠 미나마타병으로 쫓겨나 집안에서 하릴없이 시간을 죽이고 있는 남정네들과 그 아낙들이 소설의 주인공들이다. 이 소설이 주는 감동과 많은 이야기는 오로지 미치코가 피해자와 그 가족들과 몸과 마음이 하나가 돼 함께했기 때문에 가능했던 것이다.

1960년대 초반에 미나마타의 사진 기록이 시작됐다. 1960년에 미나마타에 도착한 사진가 가운데는 구와바라 시세이(桑原史成)도 있었다. 그의 첫 미나마타 사진 전시회는 1962년 도쿄 후지필름 사진점에서 열렸고 그의 첫 번째 사진집인 『미나마타병(水俣病)』은 1965년 일본에서 출간되었다. 그는 그 이후에도 미나마타를 자주 방문했다.

세계적 사진작가 유진 스미스, 한 장의 사진으로 세계인을 울리다

미나마타 피해자들과 함께한, 우리가 꼭 기억해야 할 사람이 또 있다. 미국의 유명 사진작가이자 언론인인 유진 스미스(W. Eugene Smith)다. 그는 2차 대전의 야만성을 생생하게 보여준 사진 작품으로 명성을 알렸다. 또 적도 아프리카의 프랑스령에서 아프리카인을 위해 헌신했던 슈바이처의 클리닉을 담아 슈바이처의 진면목을 세상에 널리 알리기도 했다. 이런 사실은 이 책을 쓰기 위해 미나마타병에 관한 관심을 가지면서, 유진 스미스라는 인물과 그에 관한 자료나 글 등을 통해 비로소 알게 된 것이다. 스미스는 일본 미나마타병의 참상을 세상에 알린 사진 저널리스트로도 유명하다.

스미스가 일본과 인연을 맺은 것은 이미 2차 대전 때부터였다. 그는 미국이 태평양 전쟁에서 일본과 치열한 공방을 주고받을 때 ≪라이프(Life)≫의 종군특파원으로 최전선에서 사진을 촬영했다. 사이판, 괌, 이오지마, 오키나와 등에서 지옥 같은 전쟁 상황과 일본 포로들 사진을 찍었다. 1945년 지옥의 전투가 벌어졌던 이오지마에서 미 해군이 포격으로 일본군 동굴을 날려버리는 장면을 생생하게 포착한 그의 사진은 4월 9일 발행된 ≪라이프≫지의 표지 사진으로 실렸다. 그 뒤 전쟁 막바지 오키나와에서 극렬하게 저항하는 일본군이 쏜 박격포탄에 맞아 부상을 당했으나 다행히 목숨을 건졌고, 얼마 후 회복해 1954년까지 ≪라이프≫에 계속 몸담았다.

그는 알베르트 슈바이처(Albert Schweitzer)를 찍은 자신의 사진을 사용하는 ≪라이프≫의 방식에 환멸을 느껴, 1955년 오늘날에도 세계 최고의 자유 보도사진 작가그룹으로 자리매김하고 있는 매그넘 포토스(Magnum Photos)에 몸담아 일하게 된다. 또한 스미스는 재즈에 대한 애정이 엄청났다. 1957~1965년에는 재즈로프트 프로젝트에 참여해 당시 유명 재즈 음악가들이 모여 연주하던 맨해튼 꽃 도매상 구역에서 4000시간 동안 작업해 4만여 장의 사진작품을 남겼다. 그는 이 활동으로 세계적으로 주목받는 사진작가가 됐다.

스미스는 일본계 여성과 결혼했다. 미나마타 사건이 국제적으로도 알려지자 이를 취재하기 위해 아내의 모국인 일본으로 건너가 1971년부터 1973년까지 미나마타 시에서 거주한다. 그리고 미나마타병 환자의 가가호호를 방문해 그들의 삶의 속살을 예리하고 따뜻한 앵글로 사진에 담아나가기 시작했다. 그러던 중 1972년 1월 미나마타병을 일으킨 칫소의 직원들에게 도쿄 인근에서 집단 무차별 가격을 당하는 테러 사건이 일어났다. 그는 이 공격에서 겨우 살아남았지만 한쪽 눈의 시력을 완전히 잃고 말았다. 세계적으로 저명하고 영향력이 큰 사진을 찍어 유명잡지와 신문에 보내는 그의 활동을 수단과 방법을 가리지 않고 저지하려는 악랄한 테러였다. 그가 1971년부터 미나마타 시에서 미나마타 환자 집들을 헤집고 다니면서 사진을 찍고 있다는 사실을 안 칫소 쪽이 미나마타 참사와 자신들의 치부가 전 세계로 알려지는 것을 막기 위해 더는 그가 작품 활동을 할 수 없도록 만들려고 한 것이다. 칫소의 뜻대로 그는 더 이상 사진을 찍기 어려워졌다. 하지만 미나마타병 환자들을 향한 그와 그의 아내가 지닌 애정과 열정은 결코 꺾을 수 없었다. 스미스 부부는 1975년 그동안 찍은 미나마타병 관련 사진에다 글을 붙여 『미나마타(Minamata)』라는 사진에세이집을 내놓고 도쿄에서 사진

전도 열었다. 이 사진전에 전시된 사진 중 가장 돋보인 것은 그가 테러를 당하기 한 달 전인 1971년 12월에 찍은 작품이다. 도모코 우에무라(Tomoko Uemura)라는 여성이 자신이 낳은 태아성 미나마타병 기형아 딸을 안고 집안의 욕조에서 아기를 두 손에 안고 어르면서 목욕시키는 장면이다. 이것이 미나마타병을 상징하는 세상에서 가장 유명한 사진이다. 그 사진은 스미스가 미나마타병이 인간에게 얼마나 참혹한 결과를 안겨주는지를 세상에 알리기 위한 열정의 결과물이었다. 이 사진은 처음에는 도모코의 협력을 받아 널리 알려졌다. 나중에 사진은 도모코 가족의 연이은 요청에 의해 공개가 취소되었다. 도모코가 왜 그런 결정을 했는지는 알 수 없다. 두 가지 해석이 가능하다. 하나는 미나마타병의 원흉인 신일본질소 쪽이 이 사건이 세상에 널리 사람들의 분노를 일으키는 방식으로 알려지는 것을 막기 위해 도모코 가정을 회유했기 때문일 수 있다. 다른 하나는 자신들을 찍은 사진들을 볼 때마다 비참한 모습에 마음이 언짢아 사진이 퍼지는 것을 원하지 않았을 수도 있다. 그 사진은 최근 발표된 스미스의 작품집에는 실리지 않았다. 스미스 부부는 미나마타병의 원인을 밝히기 위해 그 후에도 지극히 헌신했고, 보상권 문제를 해결하고 미나마타병을 세상 사람들이 제대로 인식하게 하기 위해 투쟁했다. 그는 테러의 후유증으로 이후 육체적 고통을 겪으며 지내다 결국 뇌졸중으로 1978년 예순 살의 나이에 세상을 떠났다. 그는 이 세상에 없지만 그가 남긴 미나마타의 사진들은 미나마타병 사건을 우리가 기억하는 한 영원히 남을 것이다. 스미스는 20세기 중반 미국의 위대한 사진 저널리스트로 평가받았다.

스미스가 세상 사람들의 뇌리에서 잊혀서는 안 된다고 믿은 사람들은 1980년 유진 스미스 기념기금재단(http://smithfund.org)을 만들었다. 이 단체는 1980년부터 해마다 인본주의 사진(humanistic photography) 부문에서

독창적인 업적을 내는 사진작가와 사진저널리스트들에게 상을 주고 있다. 2015년에는 매트 블랙(Matt Black)이 상을 받았다. 스미스는 생전에 이런 말을 남겼다.

> 사진은 작은 목소리다. 그것은 내 인생에서 유일한 것은 아니지만 매우 중요한 목소리다. 나는 사진을 믿는다. 마음에 잘 품기만 하면 사진은 잘 작동한다.

스미스의 일대기와 그가 찍어 세상에 알린 미나마타병 환자 사진을 보면서, 우리나라 가습기살균제 환자들의 삶과 고통을 스미스처럼 세상에 알릴 사진작가나 저널리스트는 언제 나올 수 있을까 하는 생각을 떠올렸다. 또 미치코처럼 피해자와 함께하는 작가들도 많이 나왔으면 하는 기대를 해본다.

가습기살균제 참사, 보통사람들도 동참할 수 있어

가습기살균제 참사는 분명 자신의 모든 것을 걸고 사진이나 소설을 쓸 만한 가치가 있는 일대 사건임을 나는 믿는다. 이 사건은 단순한 바이오사이드, 즉 살생물제 피해 사건이 아니라는 생각에서다. 돈에 눈먼 기업, 언제 다시 고장 날지 모르는 남의 폐로 살아가야만 하는 불안한 인생, 자신이 가습기살균제를 사주어 가족을 죽였다는, 정말 말도 안 되는 자책을 하며 살아가야 하는 사람들, 피해자이면서도 가해자의 심정을 느끼는 사람들, 가습기살균제로 가정이 풍비박산 나고, 이혼하고, 친정 또는 시댁 식구와 멀어져버린 사람들, 평생을 장애인으로 살아가야 하는 사람들, 정상적 배움은 포기해야 하고 취직이나 결혼 등도 엄두를 낼 수 없는 사람들. 이 사람들이 가습기살균제 피해자의 가정에서 볼 수 있는 사람들이다. 미치코가 『슬픈 미나마타』에서 담았던 미나마타 시 해안가 마을 사람들의 삶과 모습과 흡사하다. 휴대용 산소통을 들고 다니는 환자, 콧줄에 생명을 의탁하는 환자, 뼈에 가죽만 살짝 붙어 있는 몸, 온몸의 혈관이 줄어들 대로 줄어들어 노련한 간호사도 주사를 찌를 혈관을 찾느라 한참을 허비해야 하는 기막힌 진료실 풍경은 스미스가 품었던 인본주의 마음과 만나면 분명 훌륭한 사진작품을 탄생시킬 수 있다. 사진뿐만 아니라 시와 소설, 영화 등의 소재로도 손색이 없을 것이다.

가습기살균제 피해자와 함께할 사람, 함께할 수 있는 사람, 함께해야 하는 사람은 너무나 많다. 학자, 언론인, 환경·시민·소비자운동 활동가는 말할 필요도 없을 것이다. 재능이나 돈이 없어도 각종 시위나 집회 때 이들과 함께할 수 있다. 옥시를 비롯해 가습기살균제를 제조하거나 판매한 기업들의 제품을 사지 않는 것 또한 매우 적극적인 참여 행동이다. 이는 보통 시민들도 할 수 있는 일이다. 인터넷에서 댓글을 달고 SNS에서 관련 글을 퍼 나르는 것도 함께하는 방법이다. 페이스북에서 가습기살균제와 관련된 글 가운데 마음에 드는 것에 '좋아요'를 누르고 간단한 댓글을 다는 것도 매우 훌륭한 참여 행동이다. 여유가 있다면 피해자들과 함께하는 NGO에 기부를 하거나 피해자단체에 후원금을 보내는 것도 적극적인 참여 방식이다. 피해자들과 함께하는 일은 멀리서만 찾을 수 있는 것이 결코 아니다. 지금 이 순간 자신들이 할 수 있는 방식을 찾는 것이 가장 바람직하다.

이 아이들을 어떻게 할 것인가?

세월호 참사에서 우리는 참 많은 청소년을 잃었다. 그것은 우리의 미래를 잃는 것이었다. 인도 보팔에서도 수많은 어린이가 목숨을 잃는 비극이 발생했다. 감염병 창궐이나 전쟁, 재앙과 재난의 현장에서 항상 어린이들이 가장 먼저, 가장 많이 희생당한다. 탈리도마이드 재앙과 미나마타병 참사에서도 어린이들은 항상 악마의 화학물질이 가장 좋아하는 희생양이 되었다.

미나마타병과 탈리도마이드 참사에서도 잘 드러났듯이 아이들은 운 좋게 목숨을 건져도 대부분이 비극적인 삶을 살아가야 한다. 때로는 격려와 지지를 받기도 하지만, 그들은 대부분 사회로부터 버림이나 냉대를 받는다. 심지어 낙인이 찍히기도 한다. 인간으로서 성공적인 삶, 정상적인 삶을 사는 경우가 매우 드물다. 절반가량이 장애 때문에 자연이 준 수명을 다 채우지 못하고 일찍 죽는다. 미나마타병으로 장애인이 된 아이들, 탈리도마이드 약화로 손발이 거의 없는 상태로 태어난 중증 어린이들, 메틸이소시안산에 노출돼 심각한 손상을 입은 아이들 모두 그러했다. 가습기살균제 재앙

이전에 세계 곳곳에서 벌어진 화학물질 테러가 일으킨 현실의 모습들이다. 가습기살균제 피해 어린이들도 비슷한 길을 걸을 가능성이 현재로서는 매우 높다. 우리 사회가 풀어내야 할 또 하나의 숙제다. 그들은 남이 아니라 또 하나의 가족이기 때문이다. 이들이 정상적인 삶을 살아갈 수 있도록 지금부터 우리 사회가 깊이 성찰해야 한다. 해법을 내놓아야 한다.

2013년 12월 24일 크리스마스 이브였다. 기독교인이 아니라도 이날이 되면 모두가 들뜬다. 가습기살균제 피해 어린이들은 어떨까? 외롭고 쓸쓸하게 보내진 않을까? 환경보건시민센터는 우리 사회가 당시 별로 관심을 보이지 않던 가습기살균제 피해 어린이와 가정들에게 조금이라도 위안을 주려고 '가습기 피해자 어린이 가정 그린산타 방문'을 기획했다. 센터 상근 활동가인 최예용 씨, 임흥규 씨와 내가 참여했다. 세 사람은 2013년 7월과 8월 피해 신고자 가정을 찾아 전국을 다닌 적이 있기 때문에 직접 조사한 가정을 중심으로 첫해는 수도권 지역, 이듬해는 대전 지역까지 행사 범위를 넓혔다. 2015년에도 그린 산타 방문 행사가 이루어졌다.

내가 찾은 첫 번째 집은, 가습기살균제의 공격으로부터 간신히 목숨을 건진 어린아이 가운데 일반인에게 가장 널리 알려진 피해자가 살고 있던 경기도 용인의 한 아파트였다. 초인종을 누르고 현관에 들어섰을 때, 지금은 열세 살이 된 당시 열 살의 성준 군과 두 살 아래인 여동생이 나를 올려다보았다. 미리 이야기를 해서인지 아이들은 내가 올 줄 알고 있었다. 아이들은 흰 수염을 한 빨간 복장의 산타를 머릿속에 그리고 있던 모양이다. 초록색 복장을 한 그린 산타의 모습을 보고 아이들은 "산타 아니다"라고 말했다. 산타 노릇을 처음 해본 나는 순간 어떻게 대처해야 좋을지 약간 당황했다.

초록 산타의 등장에 아이들은 그림 선물을 나에게 줘

성준이 엄마와 아빠 모두 산타를 기다리고 있었다. 선물 꾸러미를 주니 아이들은 좋아하며 그 자리에서 뜯어보았다. 선물꾸러미에 들어 있는 루돌프 머리 장식과 빨간 코를 본 아이들은 머리에 이를 쓰고 사진을 찍으며 좋아했다. 그리고 마구 질문을 해댔다.

"루돌프는 어디에 있어요?"
"산타는 빨간색 옷을 입는데 왜 아저씨는 빨간색 옷을 입지 않았어요. 산타가 아니죠? 수염도 없잖아요."

아이들에게 거짓말 아닌 거짓말을 해야 했다.

"루돌프는 서울에서 오느라 지하주차장에서 쉬고 있어."
"원래 산타는 핀란드가 원조인데 소나무 색깔인 녹색이란다. 미국에 와서 빨간색으로 변한 것이야. 원조 산타는 녹색 옷을 입고 다녀. 아저씨는 서울에서 가장 유명한 산타야. 서울에서 15분 만에 루돌프를 타고 순식간에 왔어."

성준이 엄마 권미애 씨도 거들었다.

"산타 아저씨는 오늘 너희를 만나느라 일부러 수염을 모두 깎고 왔어."

선물을 받은 성준이가 두 번 접은 하얀 종이를 준다. 가장자리에 구멍이 주르륵 나 있는 것으로 보아 스케치북을 한 장 뜯은 모양이다. 펼쳐보니 산타와 루돌프가 나란히 서 있는, 크레용으로 그린 그림이었다. 산타는 빨간색 복장에 빨간 모자를 쓰고 있었다. 콧수염과 턱수염은 회색으로 큼지막하게 그려놓았다. 루돌프 사슴은 하얀 눈과 빨간 코만 빼곤 모두 갈색으로 그려져 있었다. 여동생도 이에 질세라 리본으로 예쁘게 맨, 둘둘 만 종이를 건넨다. 리본을 풀어 펼쳐보니 역시 빨간 모자, 빨간 옷을 입고 흰 수염이 달린 산타 할아버지의 모습을 그렸다. 보라색 루돌프를 데리고 와서는 인형을 주는 모습을 앙증맞게 그려놓았다. 아이들은 빨간색 옷을 입은 흰 수염의 산타가 올 것으로 생각하고 그림까지 그려놓고 기다렸던 것이다. 그런데 초록색 복장을 한, 수염도 나지 않은 아저씨가 왔으니 처음 만났을 때 "산타가 아니야!"라고 말했던 모양이다. 그리고 여동생은 인형을 받고 싶어 그림에까지 그려놓았는데 준비해간 선물 꾸러미에 인형이 없었으니 아이들의 마음을 헤아리지 못한 불찰을 뒤늦게 후회해도 소용없는 일이었다. 흰 티셔츠와 수면 양말, 그리고 돌고래가 예쁘게 그려진 어린이 우산 등이 내가 가지고 간 선물이었다. 흰 티셔츠에는, 그린 디자이너로 유명한 국민대학교 윤호섭 명예교수가 무독성 페인트로 직접 그린 돌고래 그림이 새겨져 있었다.

즐거워하는 아이들을 보고 "루돌프 사슴 코는 매우 반짝이는 코⋯⋯" 하며 잘 부르지 못하는 노래도 몇 소절 불렀다. 그리고 아이들과 함께 기념 촬영을 했다. 루돌프 뿔 모양 머리띠 장식을 머리에 꽂게 한 뒤 사진도 찍어주었다. 성준이가 "아저씨는 많이 본 아저씬데요. 텔레비전 촬영할 때도 본 것 같아요"라며 친근감을 나타낸다. 성준이와는 2013년 7월 가습기살균제 피해자 환경조사 때를 비롯해 그동안 대여섯 번쯤 만나 얼굴을 기억할 정도가 된 것 같다. 성준이는 그 뒤에도 엄마가 여러 현장에 데리고 다녀 2016년에도 몇 차례 만났다. 그때마다 나는 이렇게 말하곤 한다. "아직도 김치볶음밥 잘 먹니!" 2013년 가정환경조사 때 성준이는 김치볶음밥을 먹고 있었고 엄

마는 나에게 함께 먹을 것을 권유했지만 다른 일정 때문에 사양했다. 그걸 성준이는 기억하고 있다. 그리고 이렇게 말한다. "아, 그 아저씨구나. 아저씨 우리 집에 또 언제와요!"

두 번째 방문 피해자 집에 가기 위해 현관을 나서려 하자 여동생은 다시 말을 건넨다.

"산타 할아버지는 아이들이 잠든 뒤에 와서 선물을 주는데 아저씨는 우리가 자기도 전에 와서 선물을 주는 걸 보니 산타가 아닌 게 맞죠?"
"산타 맞아. 오늘 아저씨는 가장 바쁜 날이야. 다른 아이들에게도 선물 주러 가야 해. 이 집 어린이가 정말 착하다고 아저씨가 오늘 가장 먼저 이 집에 온 거야."

아이들은 가습기살균제 공격을 받아 몸이 말할 수 없이 망가졌음에도 이처럼 티 없이 맑았다. 그런 어린이들에게 우리 어른들이 엄청난 상처를 준 것이다. 성준이는 생사의 갈림길까지 갔었다. 10년 동안 단 한 번도 뛰어놀지 못했다. 그 긴 투병 생활을 하면서 엄청난 고통을 겪었다. 그래도 늘 표정은 밝은 것 같아 좋았다. 비록 짧은 시간이었지만 한껏 들뜬 성준이와 여동생을 보면서 바쁘다는 핑계를 대지 않고 산타를 자청한 보람을 느꼈다.

씩씩한 기우를 보며…… 가장 보람찬 크리스마스이브

용인 기흥에서 수원 권선동으로 가는 길은 10킬로미터도 채 되지 않았지만 크리스마스이브여서 그런지 차가 막혔다. 20~30분이면 되겠거니 생각했지만 40분 넘게 걸렸다. 2014년에 초등학교에 들어갈 기우네로 향했다. 기우는 엄마의 얼굴을 기억하지 못한다. 엄마는 기우가 어렸을 때 이미 가습기살균제 피해로 세상을 떴기 때문이다. 20평도 채 되지 않는 자그마한 아파트에 사는 기우는 주로 할아버지와 지낸다. 아버지는 아침에 출근해 저녁때가 되어야 집으로 온다. 때론 밤늦게 오기도 한다.

기우는 내가 진짜 산타냐고 따지지는 않았지만 역시 동심으로 가득한 어린이여서 "루돌프는 어디에 있어요?"라고 묻는다. 다른 여러 곳을 다니다 도착해 루돌프가 힘들어서 밖에서 쉬고 있다고 대답했다. 기우 아빠가 소반에 미리 차려 놓은 딸기와 귤, 드링크제를 내놓는다. 기우 할아버지도 반가운 인사를 건넨다. 선물 꾸러미의 루돌프 뿔 장식을 꺼내어 기우 머리에 꽂고 할아버지와 기우, 그리고 산타 복장을 한 나는 기우 아빠의 카메라에 열

심히 포즈를 취했다. 기우는 한창 말을 배울 나이에 엄마가 곁에 없어서 아직도 의사 표현이 서툴다. 하지만 이날만큼은 기분이 좋아서 그런지 열심히 이런저런 말과 질문을 나에게 해댔다. 그리고 선물로 가져간 우산도 몇 번씩이나 폈다 접었다 했다. 호루라기를 불어보기도 했다. 잘 불어지지 않자 할아버지가 부는 법을 가르쳐준다. 아이(기우도 가습기살균제 피해자다)의 건강 상태를 물어보았다. 키도 본격적으로 크기 시작하고 몸무게도 이전보다 많이 늘어났다며 많이 건강해졌다고 한다. 정말 다행이다. 이 말을 듣는 순간 '이 천진난만한 아이의 몸과 마음이 무탈하기를' 하고 마음속으로 기도를 올렸다.

작별을 하려고 하자 기우가 현관까지 따라나왔다. 그리고 정확히는 알아들을 수 없었지만 뭐라고 한다. 아마 나와 함께 더 재미있게 시간을 보내려 하는 것 같았다. 하지만 시곗바늘은 이미 밤 8시 30분을 가리키고 있었다. 기우 아빠가 아파트 1층 주차장까지 내려와 이렇게 찾아줘서 고맙다는 인사와 함께 배웅을 해준다. 차를 몰고 집으로 오는 내내 태어나서 가장 보람 있는 크리스마스이브를 보냈다는 기쁨이 내 몸 구석구석의 모든 세포 속으로 밀려들어 왔다.

크리스마스 전야에 있었던 이야기는 밝게 쓰려고 노력했지만, 실제 가습기살균제 피해 어린이들에 대해서는 그렇게 말할 수 없다. 아이들의 건강 걱정이 물론 가장 앞서지만 열심히 배우고 뛰어놀 나이에 그렇게 할 수 없는 어린이가 많기 때문이다. 거의 모든 가습기살균제 피해자 가정, 특히 한두 살 또는 서너 살 때 폐에 심각한 피해를 입었다가 겨우 생명을 건진 자녀를 둔 부모들은 아이들의 건강 걱정과 교육 걱정에 한숨짓고 있다. 또 엄마라는 존재가 꼭 필요한 시기인 유아기에, 엄마가 살균제 때문에 사망한 가정의 아이들은 정상적인 보살핌을 받지 못해 제때 말을 배우지 못하는 등 언어 문제로도 힘든 나날을 보내고 있다. 그들이 겪는 문제는 이뿐만이 아니다. 어머니나 아버지가 가습기살균제 피해 때문에 직장을 다니지 못하거나 일자리를 포기한 뒤 경제적으로 곤궁해진 가정은, 초등학교나 중고등학교에 다니는 자녀들에게 다른 부모들이 대부분 시켜주는 사교육은 엄두도 내지 못하고 있다. 이 때문에 부모들은 자녀들이 대학교에 제대로 진학할 수 있을지 걱정이 태산이다. 가습기살균제 재앙이 대한민국 사람들이 가장 신경 쓰는 자녀 교육 문제에까지 엄청난 악영향을 끼치고 있는 것이다.

성준이처럼 학년이 늦은 아이들도 있다. 성준이는 유치원을 한 번도 다녀보지 못했다. 초등학교도 3학년부터 일반학교를 다니고 있다. 1~2학년 때는 무지개학교를 통해 집에서 공부했다. 이 학교는 암 투병 어린이나 중증 질환자 또는 이동을 거의 할 수 없는 아이들이 공부하는 인터넷학교다. 성준이는 이 학교에 다니다가 2013년부터 일반 초등학교에 3학년으로 전입

했다. 이것도 산소 호흡기를 달고 살아야 하는 어려운 여건이어서 일주일에 이틀밖에 나가지 못했다.

태어난 지 1년 만에 가습기살균제 때문에 늘 인공호흡기 달고 살아

성준이는 태어난 지 1년 만인 2004년, 돌잔치가 끝난 후 감기 증상으로 고생하다 동네 병원에서 단순 감기라는 진단을 받고 치료하던 중 갑자기 이유식을 토하고 입술이 파래지는 증상이 일어나면서 호흡곤란이 와 한 대학병원에 입원했다. 중환자실에 있으면서 심폐 소생술을 받는 등 한때 생명이 위급한 위기도 겪었다. 그 뒤 기도가 좁아져 목에 구멍을 뚫었다. 목숨은 겨우 건졌지만 성준이와 부모의 고통은 끝나지 않았다. 1년이라는 짧고도 긴 투병 끝에 성준이는 몸이 정상적으로 돌아오지는 않았지만 병원에서 더 치료받을 일이 없어서 퇴원했다. 그 뒤 언어치료, 재활 물리치료도 받았다. 아이가 무슨 이유에서인지 머리를 벽에 마구 부딪히는 등 이상 행동을 보여서, 한 대학병원의 유명 소아정신과 의사에게 상담과 치료를 받은 끝에 좋아졌다. 성준이 엄마는 정말 억척스럽다. 가습기살균제 비극을 알리는 곳이라면 국회든, 방송이든, 거리든 마다하지 않고 한걸음에 성준이를 데리고 달려간다. 공중파 방송의 〈강연 100℃〉 프로그램에 나가서도 청중들의 마음을 요즘 유행하는 말로 들었다 놓았다 한 끝에 97점이라는 높은 공감 점수를 받았다. 2013년 6월에는 JTBC의 〈당신의 이야기〉 55회 "달려라 내 아들 성준이" 편에 출연하기도 했다. 2016년 가습기살균제가 전 국민의 관심사로 떠올랐을 때도 아이를 데리고 옥시 사장 사과 현장에 가서 항의를 하는 등 꾸준히 활동하고 있다. 이런 억척스러운 성격과 행동은 자녀 교육에도 그대로 나타나고 있다. 물론 또래에 견줘 학습 능력은 조금 떨어진다. 구구단을 확실하게 빨리 외우지는 못한다고 한다. 하지만 성준이는 국어, 산

수 등 학습과목들의 기본을 배워 익히고 있다. 엄마는 성준이가 유치원에도 갈 수 없는 몸 상태여서 늘 자녀 교육 때문에 고민했다. 앞으로 그가 커서 20대, 30대가 되었을 때 직장을 가지거나 일을 할 수 있어야 한다고 생각했다. 어른이 되어서 엄마, 아빠 곁을 떠나서 홀로서기 위해서는 교육이 무엇보다 중요하다고 보았다. 그래서 여섯 살 때부터 방문학습지 교사를 통해 성준이를 교육했다. 지금도 한 달에 20만 원을 들여 일주일에 한 번 방문 교사에게 교육을 받고 있다.

그러나 성준이는 아직도 활달하게 걷거나 뛰지 못하는 상태여서 체육 수업은 엄두도 내지 않는다. 수두나 독감과 같은 전염성 질환이 돌면 아예 학교 보내기를 포기해야 한다. 2013년 12월에는 한 차례도 성준이를 학교에 보내지 못했다. 일부 학교에서 유행한 수두 걱정 때문이었다. 2015년 메르스 창궐 때도 마찬가지였다. 혹시 아이가 학교에서 다른 아이들한테서 따돌림을 당하지나 않을까 걱정을 한 적도 있다. 다행히 친구들이 옆에서 잘 도와주고 선생님도 관심을 많이 기울여줘 그것은 괜한 걱정이 됐다. 권 씨는 성준이의 학습에 목을 매달지는 않는다. 다른 부모처럼 공부하라고 소리 치지도 않는다. 건강이 우선이며 공부는 그다음이라고 생각한다. 다른 아이들과의 경쟁에서 이기기보다는 사회인으로서 필요한 기본적인 것만 배우면 된다고 여기고 있다. 엄마는 성준이의 몸이 날이 갈수록 좋아지고 있는 것에 감사하고 있다. 2014년 초에는 구멍을 냈던 목 부위를 메우는 수술을 받았다. 어린 나이에 폐가 가습기살균제의 공격을 받은 성준이와 같은 어린이들은 또래에 견줘 한결같이 키가 작고 몸무게도 확연하게 차이가 날 정도로 적게 나가는 등 허약하다. 보는 순간 단박에 차이를 알 수 있을 정도다. 두세 살 차이 나는 동생과 엇비슷하거나 오히려 더 왜소해 보이는 경우도 있다. 성준이처럼 운 좋게도 학교에서 다른 아이들과 아무런 문제없이 지내는 경우도 있지만, 따돌림을 당할 가능성도 충분히 있을 것이다. 이런 어린이들에게 학교와 사회가 더욱 관심을 기울어야 한다.

말 배울 나이에 엄마 떠나 아이는 언어장애

엄마 곁에서 함께 생활하며 공부하는 성준이는 그래도 다행이다. 기우처럼 엄마가 없는 아이들은 어떻게 키울지 아버지로서 정말 막막하기만 하다. 어떤 사람도 가정에서 너무나 큰 비중을 차지하는 어머니의 역할을 대신할 수는 없기 때문이다. 기우 아빠도 낮에는 일을 나가야 하고, 때로는 그 일이 밤늦게까지 이어진다. 가습기살균제는 아이뿐 아니라 많은 임산부를 공격했다. 엄마 없는 가정은 가습기살균제 피해자 가족들에게서 드물지 않은 풍경이다. 기우 아버지도 큰아들이 너무 안쓰럽다. 2011년 5월 가습기살균제를 사용한 뒤, 급성 간질성 폐렴으로 발병 두 달 만에 기우 엄마는 안타깝게 눈을 감고 말았다. 세 살배기 큰아들과 갓 태어난 아들 둘만 남긴 채였다. 둘째 아이는 사촌 누나 집에 맡겼다. 큰 아이는 데리고 살지만 목구멍이 포도청이라 어쩔 수 없이 어린 아들을 집에 두고 직장에 가야만 했다. 할 수 없이 나이 드신 아버지를 집으로 모셔다 아이와 함께 지내게 하고 있다.

세상과 교감하며 한창 말을 배울 바로 그 나이 때 엄마는 곁에 없었다. 세 살 때 엄마가 곁에 없는 것이 아이에게도 큰 충격이었던 모양이다. 실은 아이도 가습기살균제를 사용한 가습기 때문에 호흡기에 이상이 생겨 한동안 고생했다. 이런 아픔을 겪은 탓인지 아이는 유사자폐 증상을 보였다. 어린이집에 다니지만 또래 아이들과 잘 어울리지도 못하고 의사소통도 제대로 하지 못했다. 그래서 이 씨는 일주일에 한 차례 병원으로 데려가 언어치료 등을 받게 했다. 그는 일을 하면서도 아이들에 대한 걱정이 늘 앞선다. 아내에 대한 그리움도 그리움이지만, 아내는 이제 돌아올 수 없는 길을 가버렸기 때문에 아이들이라도 제대로 키워야 할 텐데 현재로써는 뾰족한 수가 보이지 않아 답답하다. 아이에게 엄마라는 자리가 정말 소중하다는 사실을 새삼 깨닫는다. 이는 기우네 뿐 아니라 어린 아이를 두고 부모가 사망한 모든 가습기살균제 가정이 예외 없이 겪는 일상사다. 가습기살균제 피해 환경조사를 위해 2013년 여름 전국을 다니면서 기우네와 비슷한 처지에 놓여 자녀 교육 문제로 고민하고 고통을 겪고 있는 가정을 많이 보았다.

어린 아이들의 교육 문제뿐 아니라 초등학교를 다니거나 중고등학교를 다니는 자녀를 둔 부모 가운데는 중증 피해를 입어 일터에 나가지 못해 생계가 어려워져서 자녀들을 제대로 교육하지 못하는 경우도 제법 있었다. 대개 30대와 40대 피해자들 가정에서 벌어지는 문제다. 안은주 씨가 바로 그런 피해자다. 그녀는 일자리를 잃은 것은 물론, 가정에서 어머니로서의 역할도 거의 하지 못하고 있다. 안 씨는 한창 공부에 열중해야 할 아이들이 엄마를 걱정하느라 학습에 집중하지 못할까 염려하고 있다. 특히 감수성이 예민해지는 사춘기에 아이들이 접어들었기 때문에 더욱 그런 생각을 한다. 그래도 큰 아이는 공부를 잘하는 편이라 그나마 안심을 하고 있다. 투병생활을 시작하기 이전에도 안 씨네 살림은 결코 넉넉지 못했다. 2015년 폐 이식을 받은 뒤 지금은 빚더미 위에 앉아 하루하루를 겨우 버텨내고 있다. 다른 가정처럼 자녀들을 학원을 보내거나 다른 특기 교육을 시킬 생각을 하는 것은 안 씨에게는 사치다. 가습기살균제가 몰고 온 가정파탄 사례는 글로 옮기기 어려울 만큼 많다. 자녀들이 비뚤어진 길로 가는 경우도 있다. 그렇게 시간은 하루 이틀, 한 달 두 달, 일 년 이 년 흘러갔다. 물론 가습기살균제로 단 하나뿐인 생명을 잃은 아픔이 가장 클 것이다. 그다음은 목숨은 건졌지만 중증 장애로 여전히 고통을 겪는 일이다. 여기에 보태 미래 우리 사회를 짊어질, 그리고 그 가정에서도 나중에 기둥이 될 아이들이 정상적인 교육을 받지 못하는 것 또한 결코 예사로 넘길 일은 아니다. 가습기살균제 재앙이 가져온 또 다른 후유증인 자녀들의 교육 문제를 어떻게 해결할 것인지도 우리 사회가 함께 고민해야 하지 않을까?

김진호의 「가족사진」과 피해자들의 '가족사진'

그 노래는 내 마음을 울렸다. 굵직한 가수의 목소리였다.

바쁘게 살아온 당신의 젊음에/의미를 더해줄 아이가 생기고/그날에 찍었던 가족사진 속에

설레는 웃음은 빛바래 가지만/어른이 되어서 현실에 던져진/나는 철이 없는 아들이 되어서/……

꽃피던 시절은 나에게 다시 돌아와서/나를 꽃피우기 위해 거름이 되어버렸던/그을린 그 시간들을 내가 깨끗이 모아서/당신의 웃음 꽃 피우길/피우길/피우길/피우길/피우길

그는 아버지를 향한 그리움을 이렇게 노래했다. 노랫말에는 아버지에 대한 그리움이 가득 묻어났다. 아버지를 애타게 찾는, 이보다 더한 갈망의 노래가 있을까? 청중들은 숨죽여 들었다. 그리고 감동에 겨워 눈물을 흘리고 또 흘리고, 눈시울을 적시고 또 적셨다. 그리고 마침내 너도나도 일어나 뜨거운 박수를 보냈다. KBS의 〈불후의 명곡 2〉에서 그는 그렇게 노래했다.

그 노래를 부른 가수는 김진호였다. SG워너비로 활동하던 그가 제대 후 이 프로그램에 출연해 청중들에게 감동을 선물했다. 노래의 제목은 「가족사진」이었다. 그가 노래를 부르는 동안 무대 뒤 배경화면에는 김진호의 가족사진이 비춰졌다. 가족사진에는 아버지의 영정사진을 안고 있는 어머니를 김진호가 뒤에서 껴안고 있는 모습이 보였다. 누구나가 단박에 그의 아버지는 이 세상에 없다는 것을 알 수 있었다. 김진호는 아버지가 어렸을 때 세상을 떠나서 함께 찍은 가족사진이 없었다. 그래서 그는 아버지의 명함판 사진을 어머니와 자신이 있는 사진의 액자에 끼워 두었다고 한다.

그가 불렀던 「가족사진」의 가사와 곡 모두 그가 직접 쓰고 지었다. 그래서 감동은 몇 배 더 진하게 다가왔다. 지금도 가끔 유튜브에서 이 노래를 찾아 듣곤 한다. 그럴 때마다 다시 감동을 받는다. 이 글을 쓰기 위해 또 한 번 들었다. 나의 귀에는 "피우길, 피우길, 피우길……"이라는 마지막 노랫말들이 조용한 연못에 돌을 던지면 파문이 연못가를 향해 달려가듯이 퍼져나간다. 그리고 아직까지도 가족사진을 부여안은 채 힘든 나날을 보내고 있는 가습기살균제 피해자들을 떠올린다.

죽은 지 오래된 가족들을 아직도 떠나보내지 못하는 이들이 간직한 사진

가습기살균제 피해자 가족들은 이미 세상을 떠난 아내를, 아이를, 딸을 마음속에서 떠나보내지 못하고 있다. 해마다 8월 31일이면 그들은 또 한 번 마음이 무너진다. 그날이면 어김없이 국회에서 가습기살균제 피해자 추모 대회가 열렸다. 그곳에는 마치 살아 돌아올 것처럼 아이들이 방긋 웃으며 엄마와 아빠와 남편을, 딸과 아들을 쳐다본다. 아장아장 걷는 모습, 엉금엉금 기는 모습, 엄마와 입 맞추는 모습 등. 살아 있었다면 지금은 벌써 초등학생들이 되어 친구도 사귀고 가끔 엄마 속도 태우는 말썽꾸러기가 되었을 텐데……. 아이를 잃지 않은 피해자와 그 가족들도 아기들의 사진 앞에 눈물을 훔치는 엄마, 아빠의 모습을 보고 함께 울거나 입술을 깨물었다. 19대 국회에서 이들과 하나가 된 장하나 의원도 울먹였다.

2013년 7월과 8월은 무더위가 기승을 부리는 날이 많았다. 가습기살균제 피해 신고를 한 피해자들을 만나 환경노출 조사를 위해 서울, 수원, 용인, 성남, 대전, 울산, 부산, 경남 등 전국을 누비고 다녔다. 어떤 피해자들은 눈물부터 흘렸다. 어떤 피해자들은 분노를 참지 못하고 "○○장관 ××"라며 큰 소리를 질렀다. 다독이고 달래며 이것저것 물어보았다. 시원한 음료수를 내어주면 마다않고 마셨다. 어떤 피해자는 왜 이제야 왔냐며 원망하기도 했다. 나에게 하는 원망은 물론 아니었다. 정부를 향해 하는 말이었다. 그럴 때면 맞장구를 쳐주지 않을 수 없었다.

경기도 수원에 있는 어느 피해자 가족 집을 들렀다. 시집 보낸 딸이 가습기에 살균제를 넣어 사용하다 죽었다고 한다. 사위가 있는데도 친정아버지가 신고를 한 것이다. 아파트에는 사방에 딸의 결혼사진, 시집 보내기 전에 함께 찍었던, 크고 작은 사진들이 셀 수 없이 벽을 차지하고 있었다. 누가 봐도 정말 예쁜 딸이었다. 미국에서 공부를 한 재원이었다는 자랑도 했다. 그만큼 숨진 딸에 대한 애틋한 마음이 깊고 크기 때문에 처음 본 나에게 그런 말을 한 것이리라. 군인 출신인 그 아버지는 나이가 환갑 전후로 보였다. 딸과의 추억을 말하는 그의 눈가는 이미 촉촉이 젖어 있었다. 그의 부인의 눈에도 눈물이 그렁그렁 거렸다. 집을 나오면서 그에게 말했다.

"이렇게 사진을 잔뜩 붙여놓고 있으면 선생님이나 사모님 모두 건강에 안 좋습니다. 따님에 대한 그리움은 잘 알겠지만 살아 있는 사람이라도 건강하게 할 일을 하면서 사셔야죠."

"그럴 라고 하는데도 잘 안 되네요. 아직은 그냥 둘랍니다."

그 뒤 이 피해자 가족들이 어떻게 하고 지내는지는 다시 찾아가보지 못해 알 길이 없다.

떠나간 가족들을 마음에서는 떠나보내기 싫어 사진을 부둥켜안고 사는 피해자 가족들은 어렵지 않게 찾아볼 수 있다. 이미 딸이며, 아들이며, 아내를 다시 못 올 곳으로 보낸 지 짧게는 5년, 길게는 10년이 넘었지만 방송이나 신문에서 가습기살균제 문제를 다룰 때면 수만 개의 송곳이 심장을 찔러서 그들의 마음은 또 아려온다. 밥은 물론 물도 목으로 넘기기 힘들다.

세월호 참사로 한창 나이의 자녀와 가족을 잃은 이들도 가습기살균제 피해자들이 겪은 것과 똑같은 일을 그대로 겪고 있다. 자녀들이 사용했던 책상을 그대로 두고 그 책상 위에 단정한 모습을 한 아이들의 사진을 놓아두고 있다. 그리고 잔인한 4월이 되면 어김없이 모두가 몸살과 '마음살'을 앓는다.

사진은 분명 과거지만 피해자들에겐 현재요 미래다

국문학자인 정희모 교수는 사진이라는 단어에서 죽음을 떠올린다고 했다. 그가 이렇게 연상하는 것은 프랑스의 철학자이자 비평가인 롤랑 바르트(Roland Gérard Barthes)가 한 말 때문이다. 정 교수는 자신의 책 『글쓰기의 전략』에서 다음과 같은 롤랑 바르트의 말을 소개한다.

사진을 보는 것은 과거의 죽은 나를 불러내는 것과 동일하다. 사진은 과거 어느 순간의 누군가를 고정화하고 물질화해야만 얻을 수 있는 것이기 때문이다.

우리가 보는 모든 것은 실은 현재의 모습이 아니라 과거의 모습이다. 태양이든, 달이든, 별이든 모두 과거의 모습이다. 예쁜 아이와 애인의 모습도 실시간의 모습은 아니다. 매우 짧은 찰나든, 몇백 분의 1초든 과거의 모습이다. 하물며 우리가 간직하고 있는 사진에 등장하는 모습은 이보다 훨씬 오래된 과거다.

가습기살균제 피해자들이 고이 간직하고 있는 사진에서 아이들은 영원히 늙지 않는다. 그럴수록 피해자 가족들은 더욱 슬퍼진다. 자신들은 늙어가면서 아이들은 가족사진 속에서 시간이 멈춘 모습을 하고 있으니 가족사진 속 아이들은 과거라는 사실을 잘 알고 있다. 하지만 그들에게 가족사진 속 아이들의 모습은 과거가 아니라 현재요 미래로 느껴진다. 피해자 가족들이 사진을 버리지 못하는 것은 결국 아직 과거를 버리지 못하겠다는 뜻이다. 너무나 억울하게 죽은 그들을 마음속에서 떠나보내지 못하기 때문이다. 가족들을 죽인 가해자들이 충분히 죗값을 치를 때, 그들은 가족사진 속 아이들과 아내를 지울 수 있을 것이다.

김진호는 가족사진에 결코 채울 수 없는 아버지의 모습을 노래로 채웠다. 가습기살균제 피해자들은 결코 지울 수 없는 가족들의 모습을 어떻게 지울 수 있을까? 우리 사회가 어떻게 이들을 어루만지고 위로하며 참다운 소통을 하느냐에 성패가 달려 있다고 믿는다.

3 부

당신의 폐는 안녕하십니까?

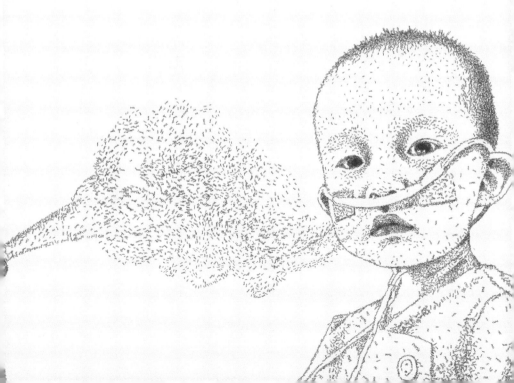

가습기도 위험하다?

　가습기살균제가 위험하다는 것은 이제 상식이 됐지만 불과 5년 전만 해도 그렇지 않았다. 가습기살균제는 우리 몸에는 아무런 악영향을 끼치지 않고, 가습기 물에서 서식할 수 있는 각종 세균 따위를 없애주고 공기 중 유해 세균도 없애주는 것으로만 알았다.

　그러면 가습기살균제가 아니라 가습기도 위험할 수 있다는 사실은 알고 있는가? 가습기 제품 자체가 위험하다는 뜻이 아니라 가습기 청소를 제대로 하지 않으면 치명적인 질환에 걸릴 수 있다는 사실 말이다. 물론 가습기 물통 안을 제대로 청소하지 않으면 세균이 번식하거나 중금속 또는 무기질 성분이 쌓여 폐 건강을 해친다는 이야기는 많이 알려졌다. 가습기살균제를 과거에 사용했던 소비자들은 이런 이야기를 주위에서, 의사에게서, 언론을 통해서 반복적으로 들었을 것이다. 우리나라에서는 가습기 청소를 제대로 하지 않고 사용하다가 폐질환에 걸렸다는 공식적인 보고는 아직 없다. 미국 등 서양에서는 그런 보고가 1970~1980년대에 여러 차례 나왔다. 학계에서는 이를 가습기 폐증(humidifier lung)이라고 불렀다.

가습기도 사용하는 조건에 따라 살인을 저지를 수도 있고 우리의 건강을 해칠 수 있다. 물론 그런 일이 일어나서는 안 되고 그럴 가능성도 낮기는 하지만, 사전에 충분한 지식을 지니고 대처하는 것이 위험사회를 살아가는 현대인의 현명한 자세다. 가습기를 안전하게 적절히 잘 사용하면 분명 건강에 도움이 된다. 하지만 청소를 게을리 하거나 과도하게 사용하면 오히려 건강의 적으로 돌변할 수 있다.

가습기살균제로 인한 사망과 질환은 대한민국에서 처음 일어났지만 가습기의 오용으로 인한 질환 발생은 오랜 역사를 지니고 있다. 1970년 난방 및 공기 조절 시스템(HVAC)을 사용하는 사무실에서 일하던 근무자들이 가습기 오염이 원인으로 추정되는 외인성 알레르기 폐포염에 걸린 사례가 미국에서 처음으로 보고됐다.

근무자 27명 가운데 네 명이 흉부방사선촬영에서 비정상 소견으로 나타났다. 이들 환자에게서 혈액을 채취해 검사한 결과 고온에서도 잘 자라는 호열성(好熱性) 세균(Thermophilic bacteria) 양성 반응이 확인되었다. HVAC에서 가습기 장치를 냉각 방식에서 스팀 방식으로 바꾼 뒤에는 미생물을 다량으로 번식시키는 점액이 없어졌고 호흡기 증상을 호소하는 근로자도 나오지 않았다.

이와 비슷한 시기인 1971년, 가정에서 가습기를 사용한 사람들에게서도 폐렴이 발생했다. 문제가 된 것은 가열식 가습기였다. 연구자들은 방선균의 일종을 가습기 물에서 분리해냈다. 미생물이 에어로졸 상태로 사람의 폐 속까지 들어가 그 사람에게 과민 반응을 초래한 것으로 추정됐다.

미국에서는 2000년대까지 가습기 오염 때문에 일어난 질환이 종종 보고됨

그 후 미국 등에서는 2000년대까지 심심찮게 가습기 오염에 따른 질환 발생이 보고됐다. 호열성 세균과 비결핵성 마이코박테리아, 기타 일반 세균과 함께 곰팡이 등이 원인으로 지목됐다. 이밖에도 그람음성세균의 외세포벽인 내독소(엔도톡신)가 원인일 것으로 추정한 사례도 있었다.

가습기 폐질환의 원인을 미생물이나 미생물 독소가 아니라 물속에 녹아 있는 광물질로 본 연구도 있다. 가습기를 잘 청소하지 않고 오래 사용하다 보면 표면에 하얀 먼지(white dust)가 생긴 것을 볼 수 있다. 이는 물속에 녹아있던 무기광물질(미네랄)이 쌓여 형성된 것이다. 이것이 에어로졸 형태로 사람의 폐 속에 들어가면 폐렴을 일으킨다는 것이다. 외국에서는 2011년 신생아에게서 발생한 독성 폐렴의 원인으로 이 하얀 먼지를 지목했다.

의학자들은 가습기를 사용할 때 나타나는 미생물이나 미생물독소, 무기광물질이 발생시키는 폐질환을 과민성 폐렴(Hypersensitivity pneumonitis)의 일종으로 분류했다. 독성 폐렴, 간질성 폐렴 등도 가습기 오염 때문에 일어나는 질환을 가리키는 용어로 사용됐다. 이밖에도 증상이 비교적 가벼워 감기 증상과 비슷한 가습기 열, 가습기 질환을 보고한 사례도 있다.

가습기 폐질환의 주요 증상은 고열, 호흡곤란, 가슴 압박감, 기침, 몸무게 감소, 오한, 관절통, 근육통, 권태감, 백혈구 증가 등이다. 이런 증상은 독한 몸살감기 또는 독감과 매우 유사하다. 가습기살균제 피해자들 가운데도 초기에 이런 증상 때문에 치료에 도움이 될까봐 가습기살균제가 들어간 가습기의 습도 조절을 '강'으로 놓고 세게 틀고 지내다가 오히려 피해를 더 키운 사례가 제법 된다. 따라서 감기나 독감이 오래 가거나 잘 낫지 않을 경우 이제는 가습기 폐질환을 한번쯤은 의심해볼 만하다.

우리나라에서 가습기 폐질환 사례가 공식적으로 보고된 바는 없다. 이는 정말 환자가 단 한 명도 없어서인지, 아니면 다른 질환으로 오인하고 지나쳤기 때문인지는 아무도 알 수 없다. 엄청난 희생자를 낸 가습기살균제 재앙 사건이 이를 방증한다. 이런 사건도 10년 넘게 그냥 지나쳤는데 이보다 악영향이 적을 것으로 보이는 가습기 오용으로 발생한 폐질환 환자를 우리나라 의료진이 찾아내 보고했을 가능성은 매우 낮다고 본다.

1년 내내 건조하지 않은 지역, 즉 습도가 높은 지역에서는 굳이 가습기를 사용할 필요가 없다. 숲이나 산 속에 집이 있거나 계곡 또는 호숫가 옆에 위치한 집에서 거주하는 사람들은 가습기가 왜 필요한지 잘 이해하지 못할 수도 있다. 하지만 건조한 곳에서 사는 사람에게 적절한 습도 유지는 필수다.

우리는 일상생활을 하면서 80~90%의 시간은 실내에서 머문다. 인간이 쾌적하고 건강하게 지내려면, 특히 방안 공기는 깨끗해야 하고 온도와 습도가 적정하게 유지돼야 하는 까닭이 이것이다. 사계절이 뚜렷한 곳에서 사는 사람들은 계절마다 적정 실내 온도·습도가 약간 다르다는 것을 늘 염두에 두어야 한다. 적정 습도는 온도에 따라 달라진다. 15°C에서는 70%, 18~20°C에서는 60%, 21~23°C에서는 50%, 24°C 이상일 때는 40%가 알맞다. 흔히들 겨울철 실내온도를 섭씨 18°C 정도, 여름철에는 26°C 이상으로 유지할 것을 권장한다. 실제로 겨울에 실내온도가 18도라면 방안에서도 내복을 포함해 세 겹은 입어야 생활할 수 있다. 여름에 26도면 밤에는 잠을 쉽게 이루기 어렵다. 속옷 차림으로 선풍기를 틀며 지내야 한다. 여름철 권장 적정 실내온도가 다소 덥게 느껴질 수 있다. 하지만 같은 온도라도 습도를 낮추면 체감온도가 낮아져 훨씬 쾌적하게 느껴진다. 여름, 특히 비가 잦은 장마철에 제습기를 가동하든지 해서라도 습도를 낮추라고 하는 까닭이 여기에 있다. 그리고 여름엔 옷을 얇게 입기 때문에 체감온도가 냉방기에 표시되는 온도보다 낮다는 사실도 고려해야 한다.

우리나라에서는 주로 무더운 여름철에 불쾌지수가 높아진다. 날씨는 덥고 습도 또한 높아 후텁지근한 날씨가 연일 계속되면 대부분의 사람이 짜증을 내고 심한 불쾌감을 느끼게 된다. 불쾌지수는 날씨에 따라서 사람이 불쾌감을 느끼는 정도를 기온과 습도를 이용하여 나타내는 수치다. 불쾌지수가 70~75인 경우에는 약 10%, 75~80인 경우에는 약 50%, 80 이상인 경우에는 대부분의 사람이 불쾌감을 느낀다고 한다. 하지만 사람마다 날씨에 따른 불쾌감을 느끼는 정도는 크게 차이가 나기 때문에 이를 모든 사람에게 일률적으로 적용하는 것은 무리다. 사계절이 뚜렷하고 여름철에 비가 집중해서 많이 내리는 우리나라에서는 여름철은 습도가 높아서 탈이고 추운 겨울철에는 문을 꼭 닫고 세게 온돌난방을 하기 때문에 실내가 건조해서 탈이다.

실내 건조 막기 위한 가습기, 한국에서 필수품 되다

실내 건조를 막기 위해 가정의 필수품처럼 써 왔던 것이 바로 가습기다. 가습기는 주로 코와 목안 입술, 피부가 건조해져 생기는 신체적 불편함을 덜어주기 위해 쓴다. 또 가습기를 사용해서 실내 습도가 높아지면 겨울 난방 때문에 생기는 일상의 불편함, 즉 정전기, 벽지가 떨어지는 현상, 페인트와 가구의 금 등을 해소하는 데 도움이 된다. 하지만 과도한 습도는 실내에서 곰팡이 등 각종 미생물을 포함해 집먼지진드기 등 유해생물이 자라기 좋은 환경을 만든다. 집먼지진드기는 맨눈으로는 볼 수 없고 현미경으로만 관찰할 수 있는 동물이며 알레르기를 일으키는 원인인자다.

이처럼 인체에 유해할 가능성이 높은 미생물 가운데 공기 중으로 방출되는 것들을 전문용어로는 바이오에어로졸(bioaerosol)이라고 부른다. 여기에는 공기 중에 떠돌아다니는 부유 세균, 부유 진균(곰팡이), 부유 바이러스와 같은 미생물군과 미생물 독소, 곰팡이 독소 따위가 포함된다. 이들은 미세먼지 등 입자상 물질에 달라붙거나 그 자체로 숨을 들이쉴 때 기관지와 폐포까지 도달해 천식, 기관지염, 비염, 폐렴 등을 일으킬 수 있다. 따라서 이런 바이오에어로졸이 실내 공기 중 발생하지 않도록 원천봉쇄하거나 최소한으로 막는 것이 매우 중요하다.

우리나라에서도 사용자가 가습기를 사용하는 방식에 따른 공기 중 부유 세균의 농도를 조사해서 발표한 연구가 있다. 서울과학기술대학교 김대근 교수팀은 수돗물과 끓인 수돗물, 가습기살균제를 각각 사용해 가습기를 가동한 뒤 실내 바이오에어로졸이 어느 정도 생기는지 조사해 그 결과를 2012년 ≪한국환경보건학회지≫에 발표했다. 결과를 보면 수돗물을 가습기 물로 사용한 경우에는 시간이 지남에 따라 부유 세균의 농도가 눈에 띄게 증가했다. 끓인 물을 사용한 경우는 72시간, 즉 사흘까지는 부유 세균이 많이 발생하지는 않았으며, 120시간, 즉 5일 후에는 다소 증가했다. 반면 수돗물에 가습기살균제를 넣은 경우에는 5일이 지났음에도 부유 세균이 거의 발생하지 않았다. 살균제는 폴리헥사메틸렌구아니딘(PHMG)염산염과 천연물질인 편백나무 정유 피톤치드를 각각 사용했다. 화학물질뿐 아니라 천연물질도 살균 효과가 있음이 드러난 셈이다. 이런 실험결과에 오류가 없다면, 옥시가 피해자와의 소송에서 피해자에게서 나타난 폐 손상이 공기 중 부유 세균 노출에 따른 결과일 수 있다는 주장은 귀담아들을 가치가 없다는 것이 증명된 셈이다. 또 이 연구에서는 수돗물을 가습기 물로 사용한 경우에는 다른 실험군에 견줘 다소 진균이 많이 발생하는 것으로 나타났다. 끓인 물과 살균제를 사용한 경우에는 가습기 가동 후 진균이 오히려 줄어드는 경향을 보였다. 가습기를 사용하는 가정에서 곰팡이 또는 곰팡이 독소 때문에 중증 폐질환이 발생했을 가능성이 있다는 옥시 측 주장은 이 부분에서도 설득력이 없다. 이 연구에서 드러났듯이 가습기에 그냥 수돗물을 쓰는 것보다 끓여서 사용하는 것이 실내 바이오에어로졸 발생을 막는 효과를 나타낸다. 가습기살균제는 바이오에어로졸 발생을 막는 데 가장 효과적이라고 해도 이제 사용할 수 없다. 천연성분이라 해도 이것을 흡입해도 인체에 안전하다는 확실한 연구 결과가 나오지 않는 한 사용하지 않는 것이 현명하다.

가정에서 주로 쓰는 가습기는 물통의 물을 초음파 진동 또는 초고속 회전판으로 미세한 수증기를 만들어내 뿜어내는 방식으로 실내 습도를 높인다. 또 증발식 가습기는 물기에 젖은 필터와 벨트를 통해 공기를 팬으로 불어넣어 공기 중으로 습도를 전달하는 방식을 취하고 있다. 증기 증발기는 전기가열장치나 전극으로 물을 가열해 스팀을 만들어내는 방식을 택하고 있다. 따뜻한 미세증기 가습기는 가습기에서 뜨거운 증기가 냉각된 뒤 공기 중으로 나간다.

수돗물이나 일반 정수기를 사용해 거른 물에는 미량의 미네랄과 미생물이 있을 수 있다. 가습기 물탱크를 적절히 청소하지 않으면 물통 안에서 미생물이 가득 자라면서 미생물막(필름)을 만들고 미네랄이 쌓여 하얀 먼지(white dust), 즉 스케일을 만들어낼 수 있다. 이런 앙금이 많을수록 이를 먹이로 삼는 미생물이 더 잘 자라게 된다. 이런 물로 가습기를 가동하면 가습기 속 세균과 미네랄이 실내 공기로 퍼져나가 실내에서 활동하거나 잠자는 사람의 폐 속으로 들어가게 되고 마침내 최악의 경우는 과민성 폐렴인 가습기 폐증을 유발하게 되는 것이다. 특히 폐질환이나 호흡기 알레르기를 지닌 사람들과 어린이, 노인 등 건강 취약자들은 이런 공기 중 오염물질에 매우 민감해서 가습기 관리를 잘해야 한다.

바로 이런 문제 때문에 미국 환경청(EPA)은 가정용 가습기 사용과 관리에 대한 지침을 소비자들에게 홈페이지를 통해 전달하고 있다. 가장 적절한 것은 적어도 사흘에 한 번은 가습기 내부를 깨끗하게 청소하는 것이다. 그리고 EPA에서는 물통을 청소한 뒤 깨끗이 햇볕에 말려서 사용할 것을 권고하고 있다. 물은 반드시 매일 갈아주어야 한다.

가습기에 사용할 물은 물속에 미생물이나 미네랄이 사실상 들어 있지 않은 증류수를 사용하는 것이 가장 좋다. '증류수'라는 표시를 한 병입수는 수돗물에 비해 미네랄 함량이 극히 낮다. 물을 증류하는 것이 물 속 미네랄을 제거하는 가장 좋은 방법이긴 하지만, 차선책으로 역삼투압 방식 또는 이온 흡착방식으로 물 속 대부분의 미네랄을 제거한 물을 가습기용 물로 사용하기도 한다. 우리나라에서 제조·판매되는 대부분의 정수기는 역삼투압 방식이어서 가습기 사용 때 나타날 수 있는 미네랄 앙금(스케일)을 줄이려면 역삼투압 정수기 물을 가습기 물로 사용하는 것도 한 방법이다. 또 일부 정수기는 이온물질흡착 카트리지가 들어 있어 유해 중금속이나 미네랄을 어느 정도 줄일 수 있다. 정수기의 이온물질흡착 능력은 정수기마다 많이 차이가 나기 때문에 무조건 안심하고 사용하는 것은 금물이다. 만약에 수돗물에 미네랄 함량이 매우 높다면 이온흡착 필터나 카트리지를 사용하는 것보다 증류수를 사용하는 편이 비용이 덜 들 수도 있다.

가습기 잘 쓰면 약, 잘못 쓰면 독

가습기는 잘 쓰면 약이 되고 잘못 쓰면 독이 된다. 이는 많은 문명의 이기가 유용성과 위험성을 함께 지닌 것의 연장선상에 있다고 보면 된다. 자동차는 현대인의 필수품인 이동수단이지만 교통사고와 자동차에서 내뿜는 오염물질 때문에 발생하는 건강피해는 필요악이다. 휴대폰도 이제 한시라도 떨어지면 마치 내 몸 한쪽이 떨어져 나간 느낌이 들 정도로 우리 몸의 일부처럼 되었지만, 휴대폰의 전자파는 암을 일으킬 위험성을 지니고 있고 휴대폰 중독은 그 악영향이 현대 사회에서 어느 정도까지 전개될지 가늠하기도 어렵다.

가습기는 미네랄과 세균, 곰팡이에 오염되지 않은 깨끗한 미세 수증기를 건조한 실내에 적절하게 공급할 경우 피부건조 및 목과 입안, 입술 마름을 막아 감기 예방 등에 분명히 도움을 준다. 하지만 실내 습도 유지에 대한 강박감으로 가습기를 공간 크기에 비해 너무 오래 세게 틀면 미세 수증기가 깨끗하다 하더라도 외려 건강을 해칠 수도 있다. 미국 환경청은 실내 상대 습도를 50%가 넘지 않도록 권고하고 있다. 활동하고 있는 실내의 습도가 궁금하다면 습도계를 구입해 비치해두면 된다. 만약 과도한 습기로 벽지나 창문, 방바닥에 물기가 생길 정도라면 가습기를 끄거나 약하게 작동해야 한다. 특히 집안에 있는 카펫이나 식탁보, 탁자 천 등이 젖은 상태가 되지 않도록 해야 한다. 실내 습도가 너무 높으면 집먼지진드기와 곰팡이가 잘 서식하는 환경을 만들어주기 때문이다. 감기를 예방하려다가 더 큰 질병을 만나게 된다. 가습기살균제를 사용했던 사람들도 어떤 치명적 질병을 예방하기 위해 가습기를 사용한 것이 아니었다. 빈대를 잡으려다 초가삼간을 태운 사람들이다. 초가삼간을 절대로 태우지 않는 안전한 물질이라는 기업의 사탕발림에 속은 것이다.

과민성 폐렴을 아시나요?

40년 전의 이야기다. 당시 내가 다니던 서울대학교 미생물학과에서는 4학년 때 졸업논문을 냈다. 실험논문 또는 리뷰논문을 4학년 2학기 때 제출해야 했다. 내가 2학년일 때 있었던 일이다. 2년 선배 가운데 한 명이 졸업논문을 작성하기 위해 학교 연구실에서 밤낮없이 곰팡이를 길러 현미경으로 관찰하는 연구를 했다. 그러다가 어느 날부터 갑자기 기침이 잦아졌고 나중에는 호흡곤란까지 느꼈다. 병원에 입원해 진찰과 검사를 받은 결과 아스페르길루스(Aspergillus)증이라는 생소한 진단이 나왔다. 다행히 나중에 입원 치료 끝에 건강이 회복돼 다시 학교에 나와 학문의 길을 걸어 학자가 됐다. 이 질병은 아스페르길루스속(누룩곰팡이속)에 속하는 곰팡이에 폐가 감염되어 발생한다. 건강한 사람의 경우에는 대부분 괜찮으나 면역력이 떨어진 경우 또는 다량의 곰팡이 포자가 계속해서 폐 깊숙이 들어가는 경우에는 이 병에 걸릴 수 있다. 그는 20대의 건장한 대학생이었지만 졸업논문을 쓰기 위해 학교 실험실에서 잠을 자며 무리를 했던 것이다. 또 대학교 4학년 학생이어서 곰팡이 포자를 많이 들이마시면 폐 손상이 올 수 있다는 사실을 모르고 페트리접시('Petri dish' 또는 샬레라고 불림. 뚜껑이 있는 얇은 유리나 플라스틱으로 만든 원형의 얇은 접시형 용기로 주로 세균이나 곰팡이 등을 배양할 때 쓰임) 위에서 자란 곰팡이를 관찰하느라 페트리 접시 뚜껑을 연 채 호흡기 가까이에 대고 하루 종일, 몇 주 동안 실험을 계속하다 사건이 벌어진 것이다. 당시 학교에서 처음 있는 일이어서 미생물학과 학부생과 대학원생 사이에서 큰 화제가 됐다. 그래서 40년이 지났음에도 생생하게 기억하고 있다.

가습기살균제 사건이 터진 뒤 피해자들은 옥시를 상대로 즉각 피해배상을 요구하는 민사소송을 냈다. 그런데 회사 측은 가습기살균제 때문에 폐 손상이 일어났다는 것을 인정하지 않고, 의사와 대학교수 등 일부 전문가의 도움을 받아 피해자들이 주장하는 폐 손상은 가습기에서 서식하는 세균이나 집안의 곰팡이, 황사 등 다른 요인으로도 생길 수 있다는 주장을 했다.

2012년 피해자와 피해자 쪽 변호사에게서 이런 이야기를 전해 듣는 순간 앞서 소개한 일화가 떠올랐다.

폐질환 하면 폐렴과 폐암, 진폐증, 만성폐쇄성폐질환(COPD) 등 주변에서 흔히 볼 수 있거나 매스미디어에서 자주 다루는 질환만을 떠올린다. 과민성 폐렴이나, 간질성 폐렴 등은 이들 질환에 비해 자주 접하기 어렵거나 덜 유명해서 잘 모르는 사람들이 많다.

과민성 폐렴(HP, Hypersensitivity Pneumonitis) 또는 과민성 간질성 폐렴은 알레르기성 폐포염 또는 외인성 알레르기성 폐포염(extrinsic allergic alveolitis)으로도 불린다. 이 질병은 한마디로 곰팡이 포자나 세균, 새의 배설물, 동식물의 유기물질, 화학물질, 유독 가스 등 유기성 먼지(분진, 입자)나 성분을 흡입하면 기관지 끝 부위인 세기관지와 폐에서 과민성 반응을 일으켜 폐포, 즉 산소와 이산화탄소 교환이 일어나는 폐의 허파꽈리에서 염증이나 육아종(肉芽腫)이 생기는 것이다.

　과민성 간질성 폐렴은 다양한 직업에 종사하는 사람들에게서 나타날 수 있다. 앵무새나 비둘기 등 새를 실내에서 취미로 기르는 사람들도 이 질환에 걸리는 대표적 집단으로 보고됐다. 현재 전 세계에서 보고된 과민성 폐렴 사례를 살펴보면 무려 40가지 형태가 있음을 알 수 있다. 생각보다 많은 유형의 사람이 과민성 폐렴에 걸리는 것이다. 가장 대표적인 것은 농부 폐증(Farmer's lung)과 새 사육자 폐증(bird fancier's lung)이다. 물론 이는 외국의 통계를 인용한 것이지만 우리나라에서도 이와 유사한 사례가 얼마든지 나올 수 있다. 농부 폐증은 농부 또는 축산농부가 건초더미로 퇴비를 만들거나 소 등 가축에게 건초 사료를 줄 때 곰팡이 포자에 다량으로 노출되면 걸리게 될 위험성이 있다. 물론 그런 일이 벌어지려면 퇴비나 사료가 곰팡이에 다량 오염돼 있어야 한다. 이를 예방하기 위해서는 퇴비나 건초더미에서 곰팡이가 자라지 않도록 잘 관리해야 하며, 혹시나 그럴 것에 대비해 작업 시 특수방진마스크를 쓰는 것이 바람직하다. 우리나라의 경우 새를 애완동물로 다수 키우는 사람이 많지 않지만 외국에는 그러한 사람들이 있다. 앵무새, 카나리아, 비둘기 등 다양한 새를 애완조류로 집 안에서 키운다. 새 키우기를 취미로 둔 사람이 많다는 것은 그만큼 사육 새 공급자들이 많다는 것을 뜻한다. 새들은 똥과 오줌을 정말 자주 싼다. 여기에는 다양한 유독성 성분과 단백질이 포함돼 있다. 취미로 새를 사육하는 사람보다 새 사육 노동자들이 훨씬 새 사육사 폐증에 걸릴 위험성이 높다고 할 수 있다. 새 사육사 폐증은 새 애호가 폐증, 비둘기 사육사 폐증, 가금류 노동자 폐증 등 다양한 이름으로 불린다.

　이밖에도 우리가 생각하기 쉽지 않은 곳에서 일하는 사람들에게서 과민성 폐렴이 나타나고 있다. 습기가 많은 사우나에서 세균이나 곰팡이에 노출되어 발생할 수 있는 사우나 이용자 또는 사우나 청소부 폐증, 곰팡이가 있는 퇴비에 노출되어 발생하는 버섯 재배자 폐증, 사탕수수줄기에서 잔뜩 자란 곰팡이에 노출되어 발생하는 사탕수수착곡 흡인성 폐증, 진균류에 오염된 담배 잎을 다루는 노동자에게서 나타나는 담배 노동자 폐증, 곰팡이에 오염된 곡류를 탈곡하는 제분업자 폐증, 곰팡이가 슨 나무를 잘게 부수는 목가공 노동자 폐증 등 여러 가지가 있다. 페인트, 수지, 폴리우레탄폼과 같은 화학제품의 성분으로 쓰이는 톨루엔디이소시안산염(TDI)과 트리메틸릭 안하이드라이드(TMA)와 같은 화학물질에 노출된 노동자도 과민성 폐렴에 걸릴 수 있다. 우리나라에서는 1991년 TDI를 생산하는 동양화학 군산 TDI 공장에서 TDI 제조 원료물질인 유독성의 TDA(톨루엔디아민)가 공장 밖으로 유출돼 사회문제가 된 적이 있다.

2008년 53세의 한 여성이 경북대병원 내과를 찾았다. 예전과 달리 한 달 전부터 운동을 할 때마다 호흡곤란 증세를 느끼고 끈끈한 가래가 조금씩 나오면서 기침을 했다. 가슴통증을 느끼거나 기침 때 피가 나오지는 않았다. 하지만 증상이 잘 낫지 않고 피로가 가시지 않고 온몸에 무력감이 느껴졌다. 혹 폐에 큰 병이 생긴 게 아닌가하고 겁이 나 대학병원을 찾은 것이다. 이 여성은 담배를 피우지도 않았다. 흥미로운 것은 1년 전부터 대중목욕탕에 근무하면서 목욕탕 청소를 해왔다는 사실이다.

병원에서 진료를 맡은 의사는 체온을 재고 청진기를 등 뒤 폐 쪽에 대고 숨을 들이쉬고 멈추고 내쉬고를 반복하도록 시켰다. 숨을 들이쉴 때 폐 쪽에서 거품소리 같은 수포음이 들렸다. 흉부엑스선촬영(단순흉부방사선촬영) 사진에는 양쪽 폐 아래쪽에 반점 모양의 침윤, 즉 조직 내에서 자유롭게 떠돌아다녀야 할 림프구 세포 등이 그렇지 못하고 조직 내에 침입해서, 경계가 고정되어 있지 않은 병소(病巢, 질병의 진행이나 상처에 의해 기관이나 조직에 생긴 구조적·생화학적 변화)를 나타내는 병리적 현상을 보였다. 이 환자에게 흉부 컴퓨터단층촬영을 한 영상에서는 흉막(늑막) 아래, 특히 양쪽 폐 아래쪽에 간유리 음영이 많이 보였고 폐가 딱딱하게 굳어진 것이 보였다. 의료진은 당연히 이 여성의 폐 기능 상태도 검사했다. 폐활량과 내쉬는 날숨양 등은 정상치의 90%를 약간 웃돌아 뚜렷한 환기장애는 나타나지 않았다. 하지만 산소와 이산화탄소를 얼마나 잘 서로 교환하는지를 보는 폐 확산능력 검사를 한 결과 정상의 70% 수준으로 상당히 낮았다.

결국 의료진은 이 여성이 목욕탕에서 오랫동안 청소를 해왔다는 사실에 주목해 과민성 폐렴의 일종인 온수욕조 폐증을 의심했다. 이를 확인하기 위해 기관지내시경 검사와 흉강경으로 폐 생검(lung biopsy)을 실시했다. 과민성 폐렴 환자에게는 확진을 위해 거의 필수적으로 이런 검사를 한다. 먼저 혈액검사를 하고 깨끗한 식염수를 폐포에 집어넣은 뒤 다시 이를 뽑아내 폐포 안에 있는 염증세포를 직접 현미경으로 관찰하는 기관지폐포 세척액검사(bronchoalveolar lavage, BAL; 이 시술을 받아본 사람은 다시 시술받는 것을 매우 꺼린다)를 했다. 그 결과 이 여성은 림프구가 크게 증가한 상태였다.

이어 흉강경을 몸 속에 집어넣은 뒤 미세한 침으로 폐 조직 일부를 떼어내어 현미경으로 이를 검사하는 폐 생검(biopsy)으로 폐 조직의 병리 상태를 검사했다. 폐 간질을 따라서 염증세포가 전반적으로 조직 안에 침투해 있었으며 특히 기관지 주위로 많이 보였다. 일부 조직에서는 세기관지를 막는 폐쇄성 세기관지염도 관찰됐다. 이와 함께 기관지 주위에 치즈 모양이 아닌 비건락성(또는 비치즈형) 육아종(noncaseating granuloma)도 있었다. 결핵균은 음성반응이었다.

의료진은 이 여성에게 목욕탕 때문에 문제가 생겼을 가능성이 높다고 이야기하고 목욕탕 근무를 그만하도록 권고했다. 2개월 뒤 흉부엑스선을 촬영한 결과 정상으로 돌아왔고 옛날에 느꼈던 호흡곤란과 기침 등도 사라졌다. 환자에게서 얻었던 기관지폐포 세척액과 환자가 근무했던 목욕탕 물을 떠다가 미생물 배양검사를 했다. 두 샘플 모두에서 '마이코박테리움 아비움(Mycobacterium avium)'이 나왔다. 의료진은 이 목욕탕에서 이 여성과 함께 일하는 다른 청소부 가운데도 비슷한 환자가 있을 것으로 보고 조사를 한 결과, 60세 여성 한 명도 같은 증상을 지닌 것으로 확인해 진찰과 검사를 해서 같은 결과를 얻었다. 한 목욕탕에서 두 명의 온수욕조 폐증 환자가 발생한 것이다. 우리나라에서는 이례적인 사례여서 의료진은 2010년 ≪대한 결핵 및 호흡기 학회지≫에 이들 사례를 증례(사례)보고(case report)로 기고했다.

경북대병원 의료진이 국내 온수욕조 폐증을 밝혀낸 것은 외국에서 수십 명의 온수욕조 폐증의 임상증상을 체계화해 보고한 덕분이다. 온수욕조 폐(hot tub lung)은 온수욕조의 물을 오염시키는 세균인 마이코박테리움 아비움 복합체(Mycobacterium avium complex, MAC)를 목욕탕 청소 노동자나 이용객이 호흡기로 다량 들이마실 때 생기는 과민성 폐렴이다. 이 질환은 1997년 처음 국제학계에 보고됐다. 처음에는 이 질병이 MAC에 의한 감염 질환인지, 아니면 과민성 폐렴인지 논란이 있었으나 최근에는 흔하게 발생할 수 있는 과민성 폐렴의 일종으로 받아들이고 있다.

2015년 10월 한동안 많은 사람들과 언론의 관심의 초점이 되었던 건국대학교 실험실 집단 폐렴 사건도 실은 과민성 폐렴일 가능성이 상당하다고 방역 당국이 발표했다. 2015년 12월 8일 질병관리본부와 민간역학조사자 문단은 "건국대 동물생명과학대학의 사료와 실험실 환경, 환자의 검체에서 방선균으로 추정되는 미생물이 관찰됐다"라며 "질환의 임상적 소견과 병원체 검사 결과에 따라 방선균을 의심 병원체로 추정하고 있다"라고 발표했다. 방선균(放線菌, Actinomycetes)은 토양, 식물체 등에서 주로 발견할 수 있

표. 주요 과민성 폐렴(HP) 형태

형태	특이 항원(인자)	노출
새 사육사 폐증	조류 단백질들	깃털과 새 배설물
치즈 세척자 폐증	곰팡이(Penicillum casei)	치즈 포장
화학노동자 폐증-이소시안산 과민성 폐렴	톨루엔디이소시안산(TDI), 헥사메틸렌디이소시안산(HDI)	페인트, 수지, 폴리우레탄폼
화학노동자 폐증-트리메틸릭안하이드라이드 HP	트리메틸릭안하이드라이드(TMA)	플라스틱, 페인트, 수지,
커피노동자 폐증	커피콩 단백질	커피콩 먼지
퇴비 폐증	아스페르길루스(Aspergillus) 곰팡이	퇴비
세제 노동자 폐증	고초균(Bacillus subtilis) 효소	세제
가족성 과민성 폐렴	고초균, 말불버섯 포자	오염된 벽
농부 폐증	진균류(Aspergillus), 호열성 액티노마이세테스 등	진균류 오염 건초
온수욕조 폐증	마이코박테리아 복합체	온수욕조 미세증기
가습기 폐증	세균(Bacillus subtilis, Thermophilic actinomycetes 등) 곰팡이, 아메바	가습기 미스트
일본 여름 집 과민성 폐렴	Trichosporon cutaneum	습한 목재와 매트
실험실 노동자 폐증	수컷 쥐 요(오줌) 단백질	실험 쥐
보리 노동자 폐증	Aspergillus clavatus	곰팡이 핀 보리
제분업자 폐증	밀 등 곡류	먼지 오염 곡류
버섯 재배노동자 폐증	Thermophilic actinomycetes	버섯 퇴비
피트 모스 노동자 폐증	Penicillum citreonigrum	피트 모스
사우나 노동자 폐증	Aureobasidium, Graphium 종들	오염된 사우나 물
세쿼이시스증(sequoiosis)	Aureobasidium, Graphium 종들	미국 적삼나무 껍질, 톱밥 먼지
스트렙토마이세스 HP	Streptomyces albus	곰팡이 핀 코르크 먼지
담배 잎 취급 노동자	Aspergillus 종들	곰팡이오염 담배잎
트롬본(관악기)연주자 폐증	Mycobacterium chelonae	악기 내 다양한 마이코박테리아
포도주 재배업자 폐증	Botrytis cinerea 균류	곰팡이 오염 포도
목공노동자 폐증	Alternaria, Penicillum 종들(spp)	목재 펄프, 먼지

자료: https://en.wikipedia.org/wiki/Hypersensitivity_pneumonitis

는 세균으로 겉보기에는 곰팡이와 유사하게 가느다란 실 모양으로 균사(菌絲)가 사방으로 퍼지거나 막대기 모양을 하고 있다. 방선균이라는 이름도 그래서 붙여졌다. 이런 균에 다량으로 노출되거나 자주 노출되면 과민성 폐장염에 걸릴 위험이 커진다. 그동안 국내에서는 방선균이 인체에 감염되었다는 보고가 없었다. 호흡기 질환은 알레르기 면역 반응이지만 이번 사례는 감염에 의한 염증이어서 그동안 학계에 알려진 일반적인 감염 양상과도 전혀 달랐다. 질병관리본부는 역학조사 결과 사료와 실험실 환경에서 다양한 곰팡이와 특정 방선균이 검출됐다고 밝혔다. 세균은 세포에 핵이 없는 원핵생물(原核生物, procaryote)이고 곰팡이는 세포에 핵이 있는 진핵생물(真核生物, eucaryote)로 같은 미생물이지만 계통이 전혀 다르다. 방선균은 건초, 사탕수수 등에 잘 서식하고 섭씨 50~60℃ 온도에서 잘 성장한다. 질병관리본부는 건국대학교 집단 폐렴의 범인은 확정하지 못하고 용의자 정도를 밝혀낸 셈이다. 건국대학교 집단 괴질 사건은 어느 한 실험실에서 생긴 것이 아니라 여러 실험실에서 거의 동시다발적으로 발생했다. 이는 병원체가 환기 시스템을 통해 이곳저곳으로 퍼졌기 때문이라고 유추할 수 있다. 1985년 한때 큰 관심을 끌었던 고려병원(지금의 강북삼성병원)의 중환자실 환자와 간호사 등을 집단 감염시켰던 레지오넬라증도 이 세균이 환기 시스템을 타고 병원에 퍼졌던 것으로 드러난 바 있다. 문명의 이기는 때로는 감염병을 확산시키는 훌륭한 도구 구실을 하는 것이다.

이러한 과민성 폐렴은 어느 날 갑자기 발열, 오한, 기침, 호흡곤란, 근육통 따위의 심각한 증상이 나타나는 급성의 형태로 주로 발견된다. 물론 급성이 아닌 아급성, 만성의 형태로도 나타날 수도 있다. 급성은 앞의 표에서 소개한 다양한 유기성 요인의 항원에 노출된 뒤 4~8시간이 지나면 열과 호흡곤란, 마른기침, 근육통이 함께 나타난다. 항원에 계속 노출될수록, 노출되는 항원의 양이 많을수록 증상은 점점 심해진다. 흉부 엑스선과 컴퓨터단층촬영에서는 널리 퍼져 있는(미만성) 작은 결절(micronodular) 형태가 보일 수 있다. 반복 노출이 없을 경우 보통 노출 후 수 시간에서 수일이 지나면 증상이 사라지고, 엑스선 사진의 이상 소견도 사라진다.

아급성 과민성 폐렴은 급성 과민성 폐렴에 비해 적은 양의 항원에 지속적으로 노출됐을 때 나타난다. 운동할 때 호흡곤란이 생기며 피로감과 함께 미열이 나타난다. 아급성 과민성 폐렴 역시 항원에 노출되지 않는다면 치료하지 않아도 24시간 이내에 증상이 사라진다. 만성 과민성 폐렴은 항원에 장기간 노출되는 경우 수개월에서 수년이 지난 뒤에 발생하는 것으로 폐 섬유화를 보이는 것이 특징이다. 아급성 과민성 폐렴이 반복해 발생하면 만성 과민성 폐렴이 되기도 한다. 적은 양의 입자에 오랫동안 지속적으로 노출된 후 발생하는 만성 과민성 폐렴의 경우, 가래가 생기고 기침을 하며 호흡곤란이 오게 된다. 또 식욕이 떨어지고 체중이 감소하게 된다.

전문가들은 우리 주변에서 생각보다 많은 수의 과민성 간질성 폐렴 환자가 발생하는 것으로 보지만 대부분 병이 발견되지 않고 그냥 지나간다. 사우나와 목욕, 찜질방 문화가 널리 퍼져 있는 우리 사회에서 온수욕조 폐증 환자는 실제 보고된 것보다 훨씬 많을 수 있다. 가습기살균제 피해자만 해도 처음에는 그 수가 그리 많지 않은 것으로 보였다. 하지만 검찰 수사로 오랫동안 언론이 떠들썩하게 이 사건을 보도하자 엄청나게 많은 사람이 자신들도 피해자라며 나서고 있지 않은가? 우리 몸에서는 이뿐만 아니라 많은 감염병이나 질병이 스쳐지나가듯이 머물렀다가 가는 경우가 종종 있다. 자신이 B형간염에 걸려 병원에서 치료를 받은 적이 없는데도 건강검진 때 혈액검사를 받은 결과 항체 양성이 나오는 것은 바로 이 때문이다. 과민성 폐렴 진단과 원인 판정은 동네 의원이나 자그마한 병원에서 하기는 쉽지 않다. 가습기살균제 폐증의 경우도 동네 의원이나 병원에서 진단을 내린 경우는 없었다. 과민성 간질성 폐렴 환자를 많이 본 경험이 있는 숙달된 의사가 아니면 정확하게 진단하기 쉽지 않다. 가장 중요한 것은 원인 입자에 반복적으로 노출되는 것을 피하는 것인데, 일반 시민들은 대개 감기·몸살이나 세균성 폐렴, 심지어는 결핵으로 오인하기도 한다. 하지만 제때 치료를 받지 못하고 지속적·반복적 노출이 이루어질 경우 영구적인 폐 손상과 폐 섬유화 등의 심각한 장애를 초래할 수 있어, 이런 증상이 지속될 경우에는 감기나 독감이 오래간다고 생각하지 말고 큰 병원을 찾는 것이 좋다.

우리 곁의 폐 섬유화 질병들: 간질성 폐질환

2011년 4월 25일 서울아산병원 내과계중환자실 진료팀으로부터 이례적으로 긴급 역학조사 요청 전화를 받고 현장 조사를 벌인 질병관리본부 역학조사팀이 5월 12일까지 확인한 여덟 명의 원인 미상 중증 폐질환 환자는 임상 양상이 급성 간질성 폐렴(Acute Interstitial Pneumonia, AIP)과 매우 흡사했다. 하지만 이들 환자에게서 확보한 폐 조직의 병리를 현미경으로 관찰하고 폐를 컴퓨터단층촬영 한 결과는 기존의 간질성 폐렴과는 확연히 다른 것이었다.

폐 생검으로 얻은 폐 조직의 병리 현미경 관찰과 CT 판독 사진이 서로 달랐지만 임상 양상은 비슷했다는 것은, 다시 말해 의원이나 작은 병원에서는 감별 진단이 어려웠을 것이라는 뜻이다. 여기서 간질성 폐렴은 어떤 것이기에 가습기살균제 피해자의 폐 손상 임상과 유사했는지를 살펴볼 필요가 있다.

우리는 폐를 통해 공기 중의 산소를 흡입한다. 코와 입으로 들이마신 산소는 폐포(허파꽈리)라고 하는, 기관지의 가장 끝에 있는 아주 작은 공기주머니까지 도달한다. 산소는 그 후 그곳에서 주위에 있는 실핏줄, 즉 작은 모세혈관 안으로 녹아든다. 실핏줄은 온몸의 조직에 그물 모양으로 퍼져 있으며 혈액과 각종 물질의 교환이 이루어지는 매우 가는 실 모양의 혈관이다. 이렇게 산소가 녹아들어간 혈액은 심장을 통해 우리 몸의 여러 조직에 공급된다. 반대로 이산화탄소는 모세혈관으로부터 폐포로 나와 다시 호흡을 통해 공기 중으로 배출된다. 간질(間質, interstitium)은 이 폐포라고 하는 공기 주머니의 벽에서부터 주위 모세혈관의 벽까지의 사이 공간을 말한다. 다시 말해 폐와 우리 몸 사이에 '산소와 이산화탄소의 교환이 일어나는 벽'이라고 생각할 수 있다. 방과 방 사이의 복도인 셈이다. 만약 서로 마주보는 방에서 이 방 손님과 반대편 방 손님이 서로의 사생활 공간을 존중하면서 서로 물건을 주고받으려면 복도에서 물건을 교환할 수밖에 없고, 이 벽은 생명의 벽이라고 할 수 있다. 이 벽에 가습기살균제가 치명적인 테러를 가해 벽으로서의 구실을 못하게 만들었다. 더 이상 그 벽(복도)에서는 아무것도 교환할 수 없다. 그 벽은 소리 소문 없이 죽음의 벽, 통곡의 벽으로 변했다.

폐포에서 모세혈관까지 산소가 녹아 들어가는 공간인 간질에 염증이 생기고 섬유화가 일어나면 코와 입을 통해 기관지를 거쳐 들어온 산소가 혈액속으로 잘 녹아 들어가지 못하는 것은 당연하다. 그러니까 쉬고 있을 때는 괜찮다가 계단을 오르거나 운동을 해서 우리 몸이 산소를 많이 필요로 하게 되면 그 산소 요구량을 충족시켜 주지 못하기 때문에 숨이 차게 되는 것이다. 가습기살균제로 폐 손상을 입은 사람들 가운데는 과거에는 거의 매일 수영장에서 상당한 거리를 수영해도 아무런 건강상 이상이 없었는데 어느 날 갑자기 계단을 오르내리는 데도 숨이 차는 등 호흡곤란을 느꼈다고 증언한 경우도 있었다. 폐 섬유화로 폐가 굳어져 산소와 이산화탄소의 교환이 제대로 이루어지지 않아 생긴 증상이다.

간질성 폐렴은 급성 또는 만성적인 염증이 이 폐 간질에서 계속되어 일어나 생기는 질환이다. 간질성 폐렴은 그 원인이 대부분 명확하게 밝혀지지 않은 특발성(特發性) 질환이라는 특징을 보인다. 간질성 폐렴은 어떠한 이유에서든 폐의 (지속·반복되는) 염증에서 시작되는 질병이다. 따라서 염증 치료를 얼마나 일찍 잘해주느냐에 따라서 병이 진행되는 것을 저지할 수 있고 폐 전체로 염증이 퍼져나가는 것을 막을 수도 있다.

의사들이 골머리를 앓게 하는 간질성 폐렴

간질성 폐렴은 비특이적이라는 특징이 환자는 물론 의사들을 골치 아프게 만든다. 특이성(特異性, specificity)이란 보통의 다른 것들과 달라서 확실한 차이를 드러내는 성질을 말한다. 특이성은 항원항체반응을 예로 들어 설명하면 이해하기 쉽다. 항체는 아무 항원과 결합하는 것이 아니다. 자신과 딱 들어맞는 특정 항원과만 결합하는 성질을 지니고 있다. 우리는 이것을 항원항체반응의 특이성이라고 한다. 비특이적(non-specific) 또는 비특이성은 이와는 반대로 확실한 대상을 특정할 수 없을 때 사용하는 용어다.

비특이성 간질성 폐렴(Nonspecific Interstitial Pneumonia, NSIP)은 특발성 간질성 폐렴(Idiopathic Interstitial Pneumonia, IIP) 환자 중 일부에서 병리학적으로 범발성 간질성 폐렴(Usual Interstitial Pneumonia, UIP), 박리성 간질성 폐렴(Desquamative Interstitial Pneumonia, DIP), 특발성 기질화(경결성) 폐렴(Cryptogenic Organizing Pneumonia, COP), 급성 간질성 폐렴(Acute Interstitial Pneumonia, AIP) 중 어느 유형으로도 분류할 수 없는 특징적인 소견을 가진 폐렴을 말한다. 비특이성 간질성 폐렴이 별도로 구분되는 독립된 질환인지에 대해서는 논란이 있었다. 여러 연구 결과 비특이성 간질성 폐렴은 다양한 질환과 연관되어 나타날 수 있는 것으로 나타났다. 특발성 폐 섬유화증(Idiopathic Pulmonary Fibrosis, IPF), 과민성 폐렴(Hypersensitivity Pneumonia, HP)이나 경결성 폐렴과는 다른 독립된 질환인 것으로 확인됐다.

비특이성 간질성 폐렴은 범발성 간질성 폐렴과는 달리 동일한 시기의 병변이 비교적 균일하게 나타나는 특징을 가진다. 범발성(汎發性)은 어떤 병의 증상이 특정 부위에만 일어나는 것이 아니라 온몸에 일어나는 성질을 말한다. 예를 들어 '늑대인간증후군'으로도 불리는 범발성 다모증은, 털이 얼굴 등 온몸에 나는 질환을 일컫는다. 박리성 간질성 폐렴은 질병의 이름에 박리, 즉 무엇이 떨어져나간다는 뜻의 이름이 있어 자칫 실제로 조직 가운데 일부가 떨어져나가는 것이 아니냐고 오해할 수 있는데, 실제로 이와는 아무런 관련이 없는, 잘못 붙여진 이름인 셈이다. 30~40대 흡연자 가운데 환자가 많고 전체 간질성 폐렴 가운데 3%만 차지할 정도로 비율이 매우 낮아 일반인들에게는 낯설다. 그래도 치료는 잘되는 편이다.

특발성 기질화 폐렴은 특발성(特發性)이 질병이 나타나는 원인이 명확히 확인되지 않는 성질을 뜻하므로 원인을 알기 어려운 기질화 폐렴을 말한다. 여기서 기질화(器質化, organization)는 염증이나 파괴 등에 의해서 생긴 조직 내의 이물(異物)을 융해, 흡수 등에 의해서 처리하는 것을 뜻한다. 기질화 폐렴은 섬유 모세포와 근섬유 세포를 포함한 육아(肉芽)조직이 폐포(허파꽈리)와 세기관지 내에 증식하는 폐질환이다. 따라서 특발성 기질화 폐렴은 원인을 알 수 없으며 육아조직이 폐포와 세기관지에서 증식하는 폐질환이라고 할 수 있다. 이 질환은 흡연과는 무관하며 중장년층에서 주로 일어난다. 발열과 기침, 근육통과 함께 가벼운 독감 증상이 먼저 나타난다. 질병이 진행되면 호흡곤란이 점점 더 심해지고 식욕이 줄어들며 체중이 감소하기도 한다. 가끔 호흡곤란이 급작스럽게 진행되는 경우 매우 위중할 수 있다. 스테로이드 치료가 효과적이다.

비특이성 간질성 폐렴은 대개 원인 분명치 않아

비특이성 간질성 폐렴은 대개가 원인이 분명하지 않다. 결합조직 질환 (connective disease), 바이러스 감염, 약물, 유전적 돌연변이 등과 관련이 있다고 알려져 있다. 상당수의 환자들이 이런 여러 발병 인자들과 관련이 있다. 뚜렷한 직접적인 발병 인자가 없는 경우에만 특발성 비특이성 간질성 폐렴(NSIP)이라고 한다. 비특이성 간질성 폐렴의 원인으로 의심하고 있는 결합조직 질환 가운데는 다발성 근염-피부염(dermatomyositis), 류마티즘성 관절염, 전신성 경화증(systemic sclerosis) 등이 알려졌다. 두 번째로 약물 가운데는 니트로퓨란계 화합물의 하나로 요로감염 치료에 쓰이는 항균제인 니트로푸란토인(Nitrofurantoin), 고지혈증 치료제인 스타틴(Statin) 등 여러 가지가 있다. 세 번째로 에이즈 환자 중 38%에서 비특이성 간질성 폐렴 (NSIP)이 발견되어 에이즈와의 관련성이 제기되었다.

비특이성 간질성 폐렴은 기침, 호흡곤란 등의 호흡기 증상이 수개월에서 수년의 기간에 걸쳐 진행한다. 임상적으로, 방사선 촬영에서도 폐렴과 유사한 경우가 많다. 처음에는 일반 폐렴으로 오인되어 치료받다가 뒤늦게 진단되는 경우가 드물지 않다. 가습기살균제 폐질환의 경우도 많은 환자가 처음에는 동네 병원, 심지어는 3차 병원에서도 일반 폐렴으로 진단받기도 했다. 환자들은 40~50세 정도에 주로 발생하며 남자보다는 여자가 많다.

비특이성 간질성 폐렴 환자의 폐를 방사선 촬영하면 다양한 특징들이 발견된다. 엑스선촬영과 같은 단순 흉부 방사선 검사에서는 주로 양쪽 폐 아랫부분에 그물 모양으로 미세한 것이 뭉쳐져 마디를 이루고 있는 것과 같은 모양을 보이는 망상-미세결절 음영(reticulonodular pattern)을 산발적으로 볼 수 있다. 고해상도 컴퓨터 단층촬영(High Resolution Computed Tomography, HRCT)에서도 역시 다양한 양상을 관찰할 수 있다. 늑막 아래

(subpleural) 양쪽 폐 하부에 광택과 투명성을 없앤 간유리처럼 희뿌연 음영이 나타나는 간유리 음영(Ground Glass Opacity, GGO)과 그물 모양의 망상(網狀) 음영이 가장 많다. 기관지 확장증(traction bronchiectasis)이나 폐 부피가 줄어들어 있는 것도 함께 볼 수 있다.

비특이성 간질성 폐렴 환자의 폐 조직을 검사하면 여러 시기의 병변이 나타나는 특발성 폐 섬유화증(IPF)과는 달리 동일한 시기의 병변이 비교적 균일하게 발견되는 특징을 보인다. 병변은 주로 늑막(흉막 또는 가슴막) 아래에 산발적으로 분포한다. 간질에 호산구(好酸球) 또는 호산성 백혈구(好酸性白血球, acidophil leukocyte), 항원과 T세포의 자극에 의해 대량의 항체를 분비하도록 분화된 B 세포, 즉 형질세포(形質細胞, plasma cell), 임파구(lymphocyte) 등이 침입해서 경계가 고정되어 있지 않은 병소(病巢)를 나타내는 병리적 현상인 침윤으로 나타나는 염증과 섬유화가 보인다. 이런 병리 소견에 따라 비특이성 간질성 폐렴은 염증세포의 침윤이 주로 보이는 세포성 비특이성 간질성 폐렴(cellular NSIP)과 섬유화성 비특이성 간질성 폐렴(fibrotic NSIP)으로 나뉜다. 섬유화성 비특이성 간질성 폐렴이 상대적으로 예후가 좋지 않다. 비특이성 간질성 폐렴은 대부분의 환자에서 면역억제 치료가 필요하며 이에 대한 반응도 좋다. 하지만 가습기살균제 폐질환은 이런 치료제조차 잘 듣지 않았다. 섬유화성 비특이성 간질성 폐렴의 예후는 비교적 좋아서 스테로이드에 대체로 잘 반응한다. 3년 생존율은 82.3%, 10년 생존율은 73.2%로 특발성 폐 섬유화증(IPF)보다 월등히 높다. 하지만 가습기살균제에 의한 폐 손상도 섬유화를 동반하지만 예후는 이보다 훨씬 나빠 대한민국 최고 수준의 의사들을 당황케 했다.

가습기살균제 폐질환은 간질성 폐렴의 일종이다. 이것이 위험했던 것은 가습기살균제 성분이 매일 반복적으로, 즉 주로 취침 시간에 폐 깊숙이 들어가 폐포 간질에서 염증이 반복적으로 생김으로써 폐포 조직이 섬유화 되며 이것이 전체로 확산되기 때문이었다. 간질성 폐렴은 아직 폐 섬유화가 진행되지 않은 부위는 염증 배출 치료를 통해 충분히 활동성을 살려 줄 수 있다. 초기에 치료를 받을수록 폐포 사이의 벽이 굳는 것을 막아주기 때문에 폐의 기능이 살아나게 되는 것이다. 가습기살균제에 노출돼 폐질환에 걸렸지만 살아남은 사람이나 비교적 가벼운 증상에 그친 피해자들은 대부분 초기 치료를 잘 받은 사람들이다.

폐는 우리 몸에서 재생 능력이 없는 조직 가운데 하나다. 폐에 생긴 염증이 오랜 기간 지속되거나 반복되면 폐포가 딱딱하게 굳는다. 더 이상은 폐 조직으로서 제구실을 하지 못하게 된다. 이미 섬유화가 진행된 폐 조직은 되살리기 힘들기 때문에 포기해야 한다. 하지만 앞으로 더욱 섬유화가 진행되는 것은 막을 수 있다. 섬유화된 폐의 특징은 이미 섬유화된 폐를 정상 상태로 되돌리기는 불가능하고 폐의 섬유화는 점차 계속 진행될 가능성이 높다는 것이다. 결국 아직 폐 섬유화가 진행되지 않은 나머지 건강한 폐 부위의 활동으로만 호흡을 해야 하며, 나머지 폐 부위도 시간이 갈수록 염증 수치가 높아질 위험이 크다.

간질성 폐렴은 크론병, 궤양성대장염, 담즙경화증, 만성간염과 같은 소화기나 간장 질환으로도 생길 수 있다. 과민성 폐렴, 폐출혈증후군, 폐포단백증 등도 간질성 폐렴의 원인이 된다. 간질성 폐질환은 흔한 질병은 아니다. 염증 배출을 제때 할 수 없는 약해진 폐 때문에 일어난 염증이 원인이기 때문에 성인뿐 아니라 어린이에게서도 나타날 수가 있다. 특히 직업적으로 위험한 환경에 반복해서 노출되는 경우에도 생길 수 있어 40대 이후 마른기침이 지속되고 호흡곤란이 조금씩 진행된다면 간질성 폐질환을 의심해 볼 필요가 있다.

요즘 뜨는 나노물질은 안전할까요?

2013년 7월 수도권에 위치한 가습기살균제 피해자 가정을 방문하고 있었다. 가습기살균제 피해 신고를 받고 신고자가 실제로 가습기살균제를 사용했는지, 어떤 환경에서 얼마만큼 사용했는지, 어느 제품을 언제부터 사용해서 어느 시점에 피해 증상이 나타났는지 등 가습기살균제 사용 현황을 조사하기 위해서였다. 한 피해 신고자 집에서 조사가 다 끝날 무렵 사건 이후에도 가습기를 사용하느냐고 물었다. 신고자는 실내 습도조절을 위해 겨울철에는 사용한다고 답했다. 가습기 내부 청소가 쉽지 않아 화학물질이 아닌 다른 것들을 사용한다고 했다. 한 가정에서는 20~30cc 용액이 들어갈 만한 자그마한 병에 들어 있는 은나노(銀nano) 용액을 사용한다며 실물을 보여주었다. 당시에는 어느 회사 제품인지도 확인하지 못했고 사진도 찍어두지 않았다. 그는 그 제품을 시중에서 구입할 수 있다고 말했다. 그 집을 나오면서 은나노 용액의 안전성도 보장할 수 없으므로 사용하지 말라고 조언하고 나왔다. 또 다른 가정에서는 자그마한 용기에 천연살균제라고 해서 유칼립투스 추출액이 들어 있었다. 일본에서도 팔리는 가습기살균제에 들어 있던 성분이었다. 나노물질의 위험 가능성을 알고 있었던 나는 그 어떤 물질도 가습기 물에 타서 공기 중으로 뿌리는 것은 위험할 수 있으므로 이것들 역시 사용하지 말라고 했다. 천연살균제라고 하는 유칼립투스 액도 마찬가지 였다. 끓인 물이나 역삼투압 정수기(우리나라 대부분의 정수기가 여기에 해당 한다)로 정수한 물을 가습기에 사용하기보다는 어떻게 해서라도 세균을 죽여야겠다는 일념에 사로잡힌 시민들의 마음을 바꾸기가 쉽지 않겠다는 생각이 이들의 집을 나서면서 떠올랐다.

사람들은 나노란 말에서 최첨단 과학기술이기 때문에 인간에게 안전하면서도 매우 유용한 제품이 나온 것으로 알고 있는 경우가 많다. 은나노 용액에 대해서도 그런 생각을 하고 있는 것 같았다. 사람들이 이런 생각을 하는 것은 자연계에는 나노물질이 없으며, 요 근래 첨단과학기술 덕분에 인류 역사상 처음 등장한 기적의 물질처럼 여기는 탓이 아닐까 생각해본다. 나노물질이 요즘 뜨는 것임에는 틀림없다. 기업들은 나노물질을 이용한 신제품 개발과 선전에 열을 올리고 있다. 대중은 이런 제품과 제품의 광고 선전에서 나노물질의 존재와 그 유용성을 접한다. 그리고 그 놀라운 기능에 감탄한다.

당신 곁의 나노 현상, 연잎에 떨어진 빗방울이 구르는 이유

혹시 비가 내리는 날에 연못에 핀 연꽃의 커다란 잎에 떨어지는 빗방울을 본 적이 있나? 잎에 떨어진 빗물은 잎에 달라붙지 않고 유리판 위의 구슬처럼 흘러내린다. 이런 현상을 '연잎 효과(Lotus Effect)'라고 한다. 눈으로 봤을 때는 매끄러워 보이는 연잎의 표면에는 티끌보다 작은 솜털, 즉 나노돌기가 있다. 이 돌기는 물을 멀리 밀어내려는 친소수성(親疎水性)을 띠고 있다. 연잎에 떨어진 빗방울이 또르르 구르는 것은 이 때문이다. 이를 이용하면 편리한 발명품이나 생활용품들을 다양하게 개발할 수 있다. 나노물질이 든 페인트를 사용하면 흙탕물이 자동차에 묻더라도 이를 팅겨낼 수 있어 차가 더러워지지 않는다. 이 기술을 섬유에 적용해 나노섬유로 만든 셔츠나 옷을 입으면 찌개나 김치 국물, 커피나 콜라 등 음료를 쏟아도 전혀 묻지 않아 낭패감을 맛보지 않아도 된다. 일부 식당에서 나눠주는 앞치마를 두르고 식사를 하는 번거로움도 없다.

오랜 진화 과정을 거치면서 연잎 돌기와 같이 기능성 나노물질로 이루어진 몸을 지닌 생물들이 제법 있다. 바이러스의 껍질, 도마뱀의 일종으로 유리창 위도 잘 붙어 다니는 게코(gekko)의 발바닥 주걱돌기, 나비의 날개 비늘, 공작의 날개, 거미와 깡충거미의 실 등이 대표적인 사례다. 종이, 목화솜, 진주층, 산호, 그리고 우리의 뼈를 이루는 기질 등도 모두 천연 유기 나노물질이다. 게코 또는 도마뱀붙이는 털의 가장 작은 가지가 주걱처럼 생겼고 한 마리가 이런 나노 크기의 갈라진 끝을 10억 개나 가지고 있기 때문에, 벽에 달라붙는다. 인간의 과학기술보다 진화의 과학기술이 훨씬 더 먼저 나노기술을 발전시켰다.

자연보다 뒤늦게 나노기술의 중요성을 깨달은 인간은 다양한 분야에서 나노기술을 이용한 신제품을 선보이고 있다. 나노기술은 나노센서를 이용해 우주왕복선을 모니터링 하는 시스템에도 응용되고 있다. 나노입자를 이용한 분사 시스템, 나노물질을 이용한 특수 환경적응 물질 등이 개발 그 응용 분야가 다양하다. 과학, 재료, 의학, 생명과학, 전자공학, 정보통신기술, 환경, 에너지 기술뿐 아니라 광학, 정밀공학 등 다양한 분야에서 광범위한 적용 가능성을 보여주고 있다. 과학기술자와 기업들이 나노물질에 열광하는 것은 기존의 물질에서 찾을 수 없는 새로운 특성을 나노물질이 보여주고 있기 때문이다. 나노물질에 매료된 사람들은 생명공학, 인공지능, 3D 프린

유리창에 착 달라붙어 있는 도마뱀붙이. 발바닥에 있는 미세한 나노 크기의 주걱 돌기 덕분에 떨어지지 않고 곤충을 잡아내는 묘기를 부린다. 자연에서 볼 수 있는 대표적인 나노 현상 가운데 하나다. 출처: 위키미디어

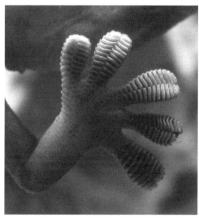

ⓒ Bjørn Christian Tørrissen, 출처: 위키피디아

트 등과 더불어 나노기술을 제4의 물결을 이끌 핵심 주자로 꼽는다. 2016년 6월 30일 87세로 세상을 떠난 미국의 미래학자 앨빈 토플러는 『제3의 물결 (The Third Wave)』이라는 책을 통해 인류는 농경 혁명인 제1의 물결, 산업 혁명인 제2의 물결, 컴퓨터와 통신의 결합으로 대변되는 정보화 사회로 향하는 제3의 물결을 맞이하고 있다고 주장해 주목받았다. 미래의 먹거리와 미래 산업, 미래 생활을 좌지우지한다고 하니 나노기술의 앞길을 감히 막을 엄두를 내는 사람은 그리 많지 않다. 그 도도한 제4의 물결에 한국도 올라

타고 싶은 것은 당연지사다.

우리나라에서도 기업은 물론이고 대학에서도 산학협력을 위해 나노기술연구센터를 세우고 있으며, 국가 차원에서도 나노기술을 전략적으로 키우기 위해 나노기술개발 촉진법을 제정하고 나노기술 종합발전계획을 세웠다.

나노기술은 빛과 어둠을 모두 지닌 기술

하지만 나노기술에 이런 '빛'만 있는 것은 아니다. 일찍이 기적의 물질, 마법의 섬유로 불렸던 석면섬유에도 처음에는 오직 빛만 쏟아졌다. 하지만 얼마 가지 않아 어둠이 찾아왔다. 그 어둠은 돈에 눈먼 기업과 이들과 한 팀을 이룬 국가가 방심한 틈을 타 사람들의 폐를 공격했다. 그리고 수많은 생명을 앗아갔다. 지금까지 적어도 수백만 명이 석면에 노출돼 숨졌다. 석면을 다루는 노동자뿐만 아니라 석면 광산과 공장의 인근 주민들, 그리고 이런 부류에는 들어가지 않지만 석면이 우리 생활 3000여 곳에 쓰인 탓에 수많은 사람이 자신이 어떻게, 언제 석면에 노출됐는지 모르고, 아니 아예 석면에 노출된 사실조차 모르고 숨져갔다.

나노기술을 어머니로 해 지구상 곳곳에 태어나고 있고 태어날 나노물질도 석면과 같은 길을 걸을지 아무도 모른다. 석면은 20세기 최악의 환경 및 산업보건 위해물질로 꼽혔다. 석면은 21세기 들어서도 여전히 수많은 사람들을 죽음으로 이끄는 위험한 물질로 자리매김하고 있다. 나노물질은 이런 석면섬유와 형태 면에서 너무나 닮았다. 나노물질 가운데 가장 각광받는 대표적 물질인 탄소나노튜브는 믿을 수 없을 만큼 인장력이 크고 현미경으로 보아야만 관찰할 수 있을 정도로 미세한 크기다. 석면의 특징 가운데 하나는 바늘과 같은 얇고 뾰족한 형태를 하고 있다는 것인데, 탄소나노튜브도 그런 모습을 하고 있다. 독성학자들에게 나노튜브는 제4의 물결을 이끌 마법의 물질이 아니다. 석면이 마법의 물질이 아니라 조용한 시한폭탄 또는 침묵의 살인자였듯이, 이들은 나노물질도 치명적 위해성을 지닌 물질일 가능성에 무게를 두고 독성 연구를 벌이고 있다. 재료과학자나 나노과학기술자, 기업들이 새로운 나노물질 개발과 나노물질 특성 연구에 쏟아붓는 연구비나 개발비에 견주면, 그야말로 새 발의 피에도 미치지 못하는 연구비로 힘겹게 독성 연구를 하고 있다. 최근 몇몇 연구 성과가 나타나고 있다. 탄소나노튜브를 실험용 생쥐(mouse)의 복강(腹腔)에 투여한 결과 길고 가느다란 나노튜브는 역시 길고 가느다란 석면섬유와 똑같은 결과를 보였다. 석면섬유는 가느다랗고 길쭉한 것이 특징이다. 석면 전문가들은 석면의 형태를 가로와 세로의 비율, 즉 종횡비(縱橫比) 또는 가느다랗고 긴 세장비(細長比)로 나타낸다. 이를 전문용어로는 'aspect ratio'라고 한다. 마그네슘·규산화합물을 가진 광물 가운데 대개 이 비가 1 대 5 이상 되면 석면이라고 부른다. 특히 이런 세장비가 1 대 20 이상 되면 석면의 유해성은 더욱 크게 증가한다. 가느다랗고 길수록 인간에게 더욱 치명적인 질환을 일으킬 위험성이 크다는 뜻이다. 독성학자들이 나노물질, 특히 탄소나노튜브의 독성을 연구한 결과 석면이 악성중피종(惡性中皮腫)을 유발하듯이 이 물질이 흉막(늑막) 이상을 일으킬지도 모른다는 우려를 갖게 만들었다. 만약 이런 위험을 고려한다면 어떤 조건에서 탄소나노튜브가 제조되고 있는지뿐 아니라, 나노튜브를 안전하게 다루고 폐기할 수 있도록 하기 위해 엄격하고도 효과적인 규제가 필요하다.

영국왕립학회, 노동자 나노입자 다량 흡입 위험성 경고하다

영국왕립학회는 지난 2004년 이미 작업장 노동자들이 나노물질에 노출될 잠재적 위험성을 전제로, 작업장에서 나노튜브와 나노물질에 노출되는 것을 평가하고 관리하기 위해 기존 규제를 재검토해야 한다는 보고서를 내놓았다. 이 보고서는 또 나노물질 제조 과정에 관여하는 노동자들이 다량의 나노입자를 들이마실 위험성이 있다는 점에 특히 깊은 우려를 드러냈다. 왕립학회는 나노물질이 피부를 침투해 몸속으로 흡수될 수 있음도 지적하며 화장품에서 나노물질을 사용하는 것은 유럽 안전자문위원회의 적절한 평가를 거치는 조건부로 이루어져야 한다고 권고했다. 또 어떤 나노입자는 흡입할 경우 인체 장기 가운데 매우 민감한 조직인 폐 조직으로 쉽게 들어가 만성 호흡기 질환을 유발할지도 모른다는 연구 보고도 이루어졌다.

나노입자와 나노튜브의 방출과 관련한 위험을 평가하고 관리할 규제 틀이 없는 것을 우려하는 사람들은 이를 소해면상뇌증(광우병)과 탈리도마이드, 유전자변형식품, 핵에너지, 생식기술, 생명공학, 그리고 석면질환 등과 같은 반열에 올려놓았다. 이러한 우려의 하나로 캐나다에 기반을 둔 ETC 그룹은 나노 관련 연구를 작업장 안전을 확실히 확보할 수 있는 종합적 규제 틀을 만들 때까지 중단하도록 요구했다. ETC 그룹은 문화 및 생태적 다양성과 인권의 지속가능한 발전에 헌신하는 것을 목표로 하는 국제기관으로 'Action Group on Erosion, Technology and Concentration'의 약어다.

우리가 말하는 나노(nano)란 '아주 작은' 또는 '난쟁이'를 뜻하는 그리스어 'nanos'에서 유래한 것으로 입자의 크기가 1~100나노미터(nm, 1나노미터는 10억분의 1미터)에 속하는 물질을 말한다. 1000nm는 1마이크로미터(μm)다. 우리는 미세먼지를 10μm 이하의 입자라고 말하고 있으므로 나노물질은 미세먼지의 크기의 100분의 1 내지 1만분의 1에 지나지 않는다. 크기를 이런 단위로 말하면 대부분의 사람은 잘 이해하지 못한다. 그래서 대중이 좀 더 쉽게 이해할 수 있도록 두뇌 회전이 빠른 사람들은 1m를 지구, 1nm

를 구슬에 비유하기도 한다. 어떤 사람은 우리가 면도기로 수염을 깎는 순간 그 찰나에 자라는 수염 길이를 1nm에 비유하기도 한다. 이런 비유가 나노미터의 크기를 짐작하는 데 도움이 되었기를 바란다.

나노물질의 독성을 연구하는 학문인 나노독성학(nanotoxicology)은 입자독성학(particle toxicology)의 하위 전문분야다. 나노입자는 디젤 검댕과 같은 연소에서 유래한 나노입자, 탄소나노튜브처럼 지구상에 없던 물질을 인간이 만들어낸 제조 나노입자, 화산폭발·분출과 대기화학 등에서 나오는 자연발생 나노입자로 나눌 수 있다. 이 가운데 최근 독성과 관련해 연구가 활발하게 이루어지고 있는 것들은 이산화티타늄, 알루미나, 산화아연, 카본블랙, 탄소나노튜브, 탄소 60개로 이루어진 축구공 모양의 풀러렌 등이다.

나노입자, 폐에서 염증을 더욱 심하게 유발할 위험성 있어

나노입자는 단위용적당 표면적이 크다. 이런 특성은 어떤 경우에 이 물질이 폐와 같은 조직에서 염증을 더 크게 유발할 위험성이 있다는 것을 뜻한다. 가습기살균제 피해를 일으킨 PHMG, PGH, CMIT/MIT의 가습기살균제 성분 사총사는 모두 30~50nm 크기라는 것이 2011년 동물독성 시험 연구 과정에서 드러났다. 사총사는 사람을 향해 마구 총을 쏘는 사신(死神)이었다. 그리고 어떤 나노입자는 한군데 가만히 있지 않고 혈액이나 뇌와 같이 먼 곳까지 이동할 수 있다. 이런 아주 딴판인 변화는 나노입자 독성학자들이 연구를 폐에 국한하지 않고 뇌, 혈액, 간, 피부, 소화기관 등까지 연구영역을 잡는 이유이기도 한다.

우리 언론과 연구자, 그리고 정부, 정치인들은 나노물질의 유해성보다는 유용성에 매달리고 있다. 이제 은나노입자의 위험성을 좀 알게 됐다고 보고 다시 언론이 소개하는 글을 찬찬히 살펴보자. 아래는 어느 매체가 은

나노물질와 나노물질이 농업 분야에서 농약 대체제로 쓰이거나 농산물 생산량을 늘리는 데 획기적인 역할을 할 수 있다며 나노물질을 '기적의 물질'처럼 소개하고 있다.

농업에서도 나노기술이 접목되고 있다. 국내 농업 관련 벤처기업들이 은이나 이산화티탄 같은 성분을 나노로 쪼갠 후 물과 섞어 농산물에 뿌려주는 제품을 판매하고 있다.

세탁기 등 가전제품에도 사용되고 있는 은나노는 650여 종의 병원균체를 죽이는 강한 살균력과 인체에 무해하다는 특징 때문에 농약 대신 사용하면 병·해충을 예방하고 직접 죽이기도 한다는 게 업계 측 주장이다.

나노플러스, 나노바이오, 아하코리아 등 국내 중소벤처 기업들은 은나노를 물에 섞어 농약처럼 뿌려주는 제품을 개발해 시판에 들어갔다. 이들 업체는 은나노를 이용해 제조한 농산물에서 농약 성분이 없음을 국립농산물품질연구원으로 인정받았다.

(주)나노지오다임은 나노 이산화티탄 농축액을 개발·판매하고 있다. 업체는 빛을 차단하는 선크림 등에 사용하는 이산화티탄을 10~12나노미터 크기로 쪼개 잎에 뿌려주면 오히려 광합성을 촉진시키고 자외선을 차단해 저항력을 상승시켜준다고 말한다. 즉, 희석된 이산화티탄액을 잎에 뿌리면 잎이 두꺼워지면서 농산물의 생장발육이 촉진되고 잔병에 잘 견디며, 과실은 당도가 높아진다고 한다.

독일의 시장조사·컨설팅 기관인 '헬무트카이저 컨설턴시'는 최근 보고서에서 세계 나노식품 시장이 2005년 26억 달러에서 2006년 70억 달러, 2010년 204억 달러, 그리고 2015년 535억 달러로 지속적인 성장세를 유지할 것으로 전망했다.

우리나라 언론에서 발표한 이와 유사한 나노물질 찬양 보도는 일일이 열거하기가 어려울 정도로 많다. 최근으로 올수록 그 보도 빈도와 찬양의 정도는 커지고 있다. 경제부 기자는 새로운 부의 창출 수단이나 경제 동력의 하나로, 소비자 담당 기자와 과학 기자는 새로운 기술이 가져올 생활의 변화와 편리함 등을 확대보도한다.

나노물질의 위험성보다는 찬양에 몰두하는 한국 언론

앞서 소개했던 나노기술 찬양 기사를 살펴보자. 농부들이 은나노 농약이나 나노이산화티탄을 뿌리면서 마스크를 쓰지 않을 경우는 물론이고, 보통 마스크를 쓰고 뿌릴 경우에도 이들 나노물질을 들이마실 위험성이 크다. 또 위험 물질이 들어 있지 않은 농약이라는 말을 믿어 전혀 위험성을 느끼지 않고 안면부나 팔, 다리를 드러내고 이를 뿌리면 피부로도 이들 미세입자가 흡수된다. 인체에는 아무런 해가 없을까? 이들 제품을 대상으로 흡입·경구·피부 독성과 생식·유전·기형유발 독성을 세포실험과 동물실험 등을 통해 충분히 확인했다면 모르겠으나 이를 그냥 쓸 경우 심각한 문제를 일으킬 위험성이 있다. 그런데 이러한 지적과 우려는 기사에서 찾아볼 수 없다.

나노물질은 사람에게 직접 사용하는 제품이든, 농업용, 공업용, 환경정화용이든 반드시 독성 시험을 사전에 거쳐야 한다. 지금까지 보고된 나노입자 독성 연구 결과와 관련해 특이한 사항은 호흡기(코나 입)를 통해 몸 안으로 들어온 나노입자는 그 크기가 매우 작기 때문에 걸러지지 않고 바로 폐로 들어가거나, 흡입된 입자들이 혈관 속으로 침투할 수 있으며 다른 장기로도 전이될 가능성이 있다는 것이다. 어디서 많이 들어본 이야기다. 그렇다. 가습기살균제의 특성이 그랬다. 가습기살균제 성분과 독성을 연구할 때 실내 공기 중 가습기살균제의 성분을 분석하니 그 크기가 나노물질에 속했다.

　나노물질은 인체에 바로 들어올 경우 치명적 영향을 끼칠 수 있으며, 동시에 인체에 바로 들어오지 않은 것들은 대기와 물, 토양 중으로 방출돼 두고두고 사람을 비롯한 생물에 영향을 끼칠 위험성이 있다. 나노입자는 우리가 살고 있는 환경에서 어떻게 방출될 수 있을까? 먼저 은나노입자로 항균 처리된 의류를 세탁할 때 나노입자가 하수로 방출될 수 있다. 이 은나노물질을 함유한 하수는 식물이 사는 땅속으로 유입될 가능성이 있다. 또한, 작업장 또는 나노제품을 생산하는 공장에서 발생한 나노입자는 작업장 내부와 작업장 밖 공기 중으로 방출될 수 있다. 또 만약 우리가 나노물질이 들어간 제품을 사용한다면 이 제품 속에 포함된 나노입자가 사용, 폐기 그리고 재활용될 때까지 우리 생활환경에 나오고 사람들은 이때 노출될 수 있다. 특히 화장품, 의류 등 소비자 제품의 경우는 사용 과정에서 나노입자들이 우리 피부에 직접적으로 접촉할 수도 있고 때로는 호흡기 안으로도 들어갈 수도 있다. 이러한 제품들의 상당수는 소비자가 사용하는 아주 짧은 기간에 대량으로 나노물질을 방출해 사람에게 급성 독성을 끼칠 확률은 낮지만, 생산·사용·폐기·재활용이라는 라이프 사이클을 고려할 때 장기적으로 노출될 가능성이 커 만성 독성이 어떠할지에 대한 주의와 연구가 필요하다.

　석면 재앙을 비롯한 많은 유해물질 건강피해 사건이 그랬듯이 나노물질이 일으키는 건강피해는 나노물질을 다루는 노동자에게서 가장 먼저 나타날 가능성이 크다. 노동자들은 일반 시민이나 소비자들보다 나노입자에 노출되는 빈도나 노출되는 양이 훨씬 많다고 보아야 하기 때문이다. 우리나라에서도 직업의학이나 산업보건을 하는 전문가들이 다른 분야에 견줘 상대적으로 일찍 나노물질의 독성에 관심을 가져온 것도 바로 이 때문이다.

나노물질, 환경으로 나오는 것을 최소화해야

나노물질이 본격적으로 우리 사회에서 사용된 시점은 그리 오래 되지 않는다. 그래서 다양한 나노입자에 대한 유해성이 충분히 밝혀질 때까지, 대기환경과 작업장에서 나노입자의 방출과 노출을 가능한 한 최소화하는 쪽으로 정책 방향을 잡아 안전관리를 해야 한다. 정부와 학계 등도 일반 국민들에게 교육하고 홍보해서 나노입자에 대한 노출 경로와 대처 방안을 지속적으로 제공하는 것이, 환경과 국민의 건강을 보호하는 차원에서 중요하다고 지적하는 나노독성 전문가들도 있다. 하지만 현재 정부와 과학자들의 주류는 이보다는 나노기술이 가져올 장밋빛 미래에 빠져 이런 지적과 우려를 귀담아듣는 것 같지는 않다.

인간은 새로운 기술, 새로운 제품이 나오면 그것에 열광해왔다. 그 기술과 제품에 붙일 수 있는 온갖 찬사와 수식어를 만들어내 찬양한다. 찬양만 하다보면 설령 그 기술과 제품에 문제가 있더라도, 때로는 치명적 문제가 있더라도 이를 애써 외면하거나 잘못된 평가 결과로 치부해버리고 만다. 위해 평가를 그대로 받아들일 경우 그 기술로 먹고 살던 기업이나 과학기술자는 설 땅을 잃어버리기 때문이다. 그들은 온갖 핑계를 댄다. 유해 연구에 오류가 있다, 적은 양만 사용하면 괜찮다, 안전하게 사용하면 괜찮다, 충분하게 안전 관리가 가능하다 등등. 그런 식으로 계속 기존의 기술과 제품을 유지하려 한다. 아니면 적당히 변형해 유지하려 한다. 미나마타에서도 신일본질소는 그런 식으로 10년 넘게 공장을 가동했다. 그렇게 해서 살릴 수 있는 사람마저 죽음으로 몰았다. 석면도 마찬가지다. 지금도 중국, 인도 등 많은 국가에서는 선진국들이 10~30년 전에 금지한 물질을 많은 제품에 사용하면서 노동자와 인민을 죽음의 시소 위에 올려놓고 있다.

아직도 스프레이 제품을 쓰세요?

생활에 편리함을 주는 제품들이 하루가 멀다 하고 쏟아져 나오고 있다. 하지만 사람들은 그 편리함에 취해 새로운 제품들 속에 숨겨져 있는 위해성을 깨닫지 못하는 경우가 많다. 가습기살균제 재앙도 바로 그런 경우다. 문제는 거기에서 그치지 않는다는 데 있다. 각종 살균제와 항균제, 소독제, 표백제, 화장품이나 헤어 제품, 방향제, 탈취제 등도 제품에 따라 우리 건강을 해칠 수 있다는 점을 명심할 필요가 있다. 방수제도 잘못 사용할 경우 치명적인 살인제가 될 수 있다.

2012년 1월 서울 강북에 있는 한 종합병원 응급실에 30대 중반의 한 남성이 반 혼수상태로 새벽에 실려 왔다. 가족의 말로는 이 남성이 한밤중에 다음날 겨울 등산을 준비하기 위해 등산복 등 등산용품에 방수 스프레이를 뿌린 뒤 잠자리에 들었는데, 서너 시간 뒤 갑자기 호흡곤란 증세를 보였다는 것이다. 이 남성이 중환자실에 입원할 당시 산소 호흡기를 떼면 맥박수가 1분당 50~60회에 불과할 정도로 심각한 상태였다. 몇 시간 더 지체됐더라면 목숨을 잃을 수도 있는 위급 상황이었다. 이후 환자는 한 대학병원으

로 옮겨져 10여 일간 병원 치료를 받고 퇴원했다. 환자는 실내 거실에서 등
산복, 등산화, 등산모 등에 360㎖ 스프레이식 섬유 방수 제품을 한 통의 절
반 정도 사용했다고 한다. 많이 뿌릴수록 방수 효과가 높아진다고 생각했을
것이다. 그래서 듬뿍 뿌린 것이다. 그런데 위험은 그만큼 배가(倍加) 됐다.

　방수 제품을 사용할 당시는 추운 겨울이라 거실을 환기하지 않았다. 방
수 제품에 깨알 같은 글씨로 밀폐된 공간에서는 사용할 때 조심할 것을 말
하는 주의사항이 있었지만 그런 것까지 꼼꼼하게 읽는 사람이 우리 사회에
서 몇 명이나 되는가. 그도 주의사항을 읽지 않았다. 사고 발생 당시 집안에
30대 후반의 여성과 70대의 남성도 있었다. 이들도 호흡곤란 증상을 보였
다. 이 가운데 여성은 호흡곤란 등 증상이 심해 의료진에게서 입원해서 치
료를 받으라고 권고받았다. 할아버지도 다리에 힘이 없고 숨이 차는 증세를
보였지만 병원 치료를 받지는 않았다. 넉넉지 못한 살림이어서 의료비가 많

이 들까 걱정이 앞섰던 것이다.

방수제에 의한 간질성 폐렴 환자 국내 첫 발생

이 사례는 일반인들에게 알려지지 않고 그냥 묻힐 뻔했다. 당시 가습기 살균제 공포가 사회를 강타한 직후여서 피해자는 인터넷을 뒤져봤는지 환경보건시민센터에 이 사실을 알려왔다. 센터의 상근활동가인 최예용 소장이 환자와 가족을 만났다. 서울대학교 보건대학원 백도명 교수(직업환경의학)가 병원 입원 기록과 검사 결과 등을 살펴본 뒤 가습기살균제 피해와 증상이 비슷한 급성 간질성 폐렴으로 결론 내렸다. 한국방송통신대 환경보건학과 박동욱 교수는 이 사례를 ≪한국환경보건학회지≫에 방수제에 의한 국내 최초의 급성 간질성 폐렴으로 보고했다. 환경보건시민센터와 박동욱 교수 팀이 문제의 방수 스프레이를 조사한 결과 스프레이에는 불소공중합체(flourinated copolymer), 유기용제 그리고 스프레이 추진체 구실을 하는 액화석유가스(LPG)가 함유된 것으로 나타났다. 불소공중합체의 함량과 CAS(Chemical Abstract Service) 등록 번호는 기재되어 있지 않았다.

스프레이 캔에는 건강 위험을 경고하는 그 어떤 문구도 없었다. 일반적으로 방수 스프레이는 신발, 텐트와 유사한 섬유 제품, 가구, 실외 활동용 섬유 옷 등에 광범위하게 사용된다. 또 산업용으로는 응축, 냉각 등을 방지하기 위해 건물 벽, 타일 등에 주로 쓰인다.

불소공중합체 스프레이나 불소공중합체 연소 때 나오는 흄(미세 증기)을 들이마셔 급성 호흡기 질환이 발생한 사례는 그동안 유럽, 미국, 일본 등 외국에서는 1980년대부터 많이 보고되어왔다. 독일에서는 1980년대 초반 가죽에 물이 침투하는 것을 방지하기 위해 가죽 침투 방수스프레이를 사용하다 급성 호흡기 중독이 발생한 사례가 여러 차례 보고됐다. 평소 건강했던 성인이 밀폐된 공간에서 방수 스프레이 에어로졸에 노출된 후 기침, 호흡곤란 등을 호소한 사례들이었다. 이들은 간질성 폐기종, 폐포염, 폐 독성 기종 등으로 진단되었다. 독일의 한 연구 결과에 따르면 독일 내에서 방수 스프레이를 사용해 발생된 급성 호흡기 중독 사례가 매년 100~200여 건 된다. 이들 가운데 18%는 생명이 위독할 정도로 심각한 상태였다. 이런 사고의 대부분은 환기를 잘하지 않은 방에서 방수 스프레이를 사용하다가 발생했다. 스위스에서도 섬유용·가죽용 방수 스프레이를 사용하다가 호흡기 중독 증상이 나타난 사례가 2002년 총 45건, 2003년 1분기에만 108건이나 발생했다고 보고됐다. 주요 증상은 기침, 호흡곤란, 흡연 곤란 그리고 빠른 맥박 등이었다.

생활환경뿐만 아니라 작업 환경에서도 방수 스프레이 사용에 따른 중독 사례가 자주 보고되어 왔다. 스위스에서는 지난 2004년 근로자 세 명이 건물 바닥에 방수 스프레이를 뿌린 후 이 증기를 흡입해서 심각한 호흡기 증상이 나타났다. 이들이 사용한 방수제 구성 주성분은 아크릴레이트 불소공중합체(acrylate fluoropolymer)였다. 이들은 방수 스프레이를 사용한 후 한두 시간 이내에 급성으로 호흡곤란을 호소했다. 증상을 일으킨 원인 인자로는 불소공중합체가 지목됐다.

방수 스프레이로 인한 호흡기 중독, 주로 집에서 발생

영국은 중독감시체계(National Poisons Information Service, NPIS)를 운영하고 있다. 이 감시체계는 2003년 방수 스프레이 호흡기 중독 사례를 33건 보고했다. 이 중 두 명은 어린이였다. 주로 집에서 사고가 발생했지만(27건, 82%), 사업장(4건, 12%)과 자동차 안(2건, 6%)에서 사고가 난 경우도 있었다. 건강 영향은 가벼운 증상이 많았다(22건, 67%). 하지만 중증도 10건(30%)이나 되었으며 한 명은 목숨을 잃었다. 영국에서는 날이 갈수록 방수 스프레이에 의한 급성 호흡기 질환 발생 사례가 늘어나 문제가 되고 있다.

덴마크 환경부는 2008년 방수 스프레이의 사용에 따른 건강 위험 고찰 보고서를 펴냈다. 이를 보면 1991~2007년 섬유 방수제의 사용으로 인한 호흡기 중독 사례가 84건 발생한 것으로 나타났다. 프랑스에서도 1998년 가죽 옷에 방수 스프레이를 사용한 후 급성 폐포염이 발생한 환자 두 명이 보고됐다. 당시 새로운 제품에 들어 있었던 불소공중합체가 원인인 것으로 추정됐다.

미국에서는 2005년 미시간 주, 유타 주 등 여섯 개 주 중독관리센터에 보고된 방수 스프레이 폐 독성 사례를 분석한 결과 80%가 가정에서 방수 스프레이를 사용한 것으로 나타났다. 환자의 절반 이상이 노출 세 시간 후에 급성 폐 독성을 나타냈다. 우리나라 첫 사례와 거의 같은 양상이다. 가장 일반적인 증상은 호흡곤란(63%), 기침(60%), 가슴 통증(44%), 천명(33%) 등이었다.

일본에서는 1998년부터 방수 스프레이 흡입 노출로 발생한 급성 호흡기 독성 사례가 지속적으로 보고되었다. 1998년에는 스키복에 방수 스프레이를 뿌리고 동시에 담배를 피운 후 바로 급성 폐 손상을 호소한 사례가 발생했다. 일본에서는 그때까지 방수제 성분이 폐 독성을 초래했다는 보고 사례가 없어 불소수지의 열분해 산물이 원인일 수 있다고 의심했을 뿐 정확한 원인을 밝혀내지 않고 그냥 지나쳤다.

우리나라 방수제 중독 사고, 보고되지 않았을 가능성 높아

이런 외국의 사례들에 비추어볼 때 2012년 우리나라에서 발생한 방수제에 의한 급성 호흡기 질환은 빙산의 일각에 지나지 않을 가능성이 크다. 다시 말해 그동안 방수제 스프레이에 의한 피해가 다수 발생했을 수 있으며, 다만 학계나 외부에 잘 보고되지 않았을 가능성이 상당한 것이다. 또 우리나라는 생활환경이나 작업환경이 선진국을 뒤따라가고 있기 때문에 지금부터 방수제에 의한 건강피해가 지속적으로 나타날 가능성이 매우 높다. 따라서 주로 생활 속에서 일어나는 중독 사례를 막기 위해서는 현명한 사용과 대처가 필수적이다.

최근 우리나라에서도 여러 종류의 방수 제품이 생활용품과 산업용품으로 판매되고 있다. 유선방송 광고나 홈쇼핑 채널, 인터넷 등에서도 이들 제품을 자주 광고하고 있다. 또 눈 내리거나 눈이 온 뒤 겨울 등산을 즐기는 인구와 스키, 스케이트를 타는 인구도 급속히 늘고 있다. 이에 따라 방수제를 사용하는 사람도 더욱 많아지는 추세다. 따라서 방수제의 위험성을 제대로 숙지하고 안전하게 사용하는 것이 매우 중요하다.

우리나라에서 사용되고 있는 방수 제품의 종류, 사용량, 성분 등은 보고된 적이 없다. 방수 스프레이에 들어 있는 화학물질 성분은 제품마다 다르지만 크게 불소공중합체, 몇몇 종류의 유기용제, LPG 등 세 그룹으로 구분할 수 있다. 방수제는 유기용제에 녹아 있는 중합체를 LPG 등 액화된 가스 압력 분무에 의해서 스프레이로 옷, 가죽 등에 뿌려 사용한다. 실제 방수 역할을 하는 것은 불소공중합체이다. 공중합체는 서로 다른 성분의 단량체 (monomer)끼리 결합한 고분자 고체물질이고, 불소공중합체는 불소 원소가 단량체로 결합된 중합체를 말한다.

방수제가 호흡기 독성을 일으키는 것은 방수제 안에 들어 있는 화학 성분의 유독성 탓도 있지만 입자 크기도 문제가 된다. 가습기살균제가 심각한 문제를 일으킨 것도 초음파가 가습기 물을 미세한 에어로졸로 만들어 공기 중에 흩뿌림으로써 이 에어로졸에 포함돼 있던 유독성 고분자 물질이 폐포

깊숙한 곳까지 들어갔기 때문이다.

덴마크 환경부도 방수 스프레이 종합 건강 영향 평가보고서에서 이 점을 지적했다. 펌프 스프레이 원리의 방수제는 대략 100μm, 추진제 스프레이는 10μm 이하 크기의 에어로졸을 발생시킨다. 특히 100nm 이하의 초미세 입자는 극단적으로 작은 크기 때문에 건강상의 장해를 초래할 수 있다.

LPG는 유기용제에 녹아 있는 불소 중합체를 공기 중으로 분출시키는 기능을 하는데 1μm 또는 0.1μm의 초미세 입자를 상당량 만들어낸다고 한다. 작은 입자는 호흡기 최말단에 있는 산소-이산화탄소 교환 장소인 폐포(허파꽈리) 깊숙이 들어가 침착하기 때문에 인체에 큰 악영향을 끼친다는 것이다.

중독관리센터 설치해 감시 시스템 마련해야

최근에는 나노 기술로 만든 방수제가 시장에 나왔다고 한다. 제품의 화학적 성분이나 나노 특성은 구체적으로 알려져 있지 않다. 나노 제품 또한 최근 그 독성에 대한 연구가 시작되고 있으므로 첨단기술 제품이라고 무조건 안심할 것이 아니라 주의해서 사용하는 것이 좋다.

방수제는 주로 실내에서 환기를 제대로 하지 않은 상태에서 사용할 경우 건강 악영향을 일으키지만 실외에서 사용할 때도 문제가 될 수 있다. 그리고 얼마나 많은 양의 방수제 유독 성분에 노출되면 증상이나 질병이 나타나는지에 대해서는 아직 밝혀진 바가 없다. 따라서 가능한 한 사용을 하지 않거나 사용을 자제해 노출을 삼가는 길밖에 없다. 방수제뿐만 아니라 다른 생활용품들도 무턱대고 사용할 것이 아니라 주의 사항이나 성분 등을 꼼꼼하게 살피고 따져본 뒤 사용하는 지혜를 길러야 한다.

기존 문헌을 보면 가습기살균제와 비슷한 물질에 노출되어 호흡기 질환이 발생한 사람도 상당히 많다. 말단기관지 및 폐포 부위의 호흡기 질환을

표. 독성물질들에 의하여 발생한 말단기관지 및 폐포 독성 사례

	녹는점	용해도	과정	입자 크기	독성 표적
디아세틸 (diacetyl)	2.4℃	20%	용액 섞기	가스	폐쇄성 세기관지염
기모-나일론, 폴리프로필렌	250℃		작두로 자르기		문제 없음
			회전칼로 자르기	0.8*5.6μm	림프성 세기관지염과 폐렴
아크라민 페인트 스프레이- 폴리아미드아민			에어 스프레이		문제 없음
			유기용제 에어 스프레이		세기관지염과 기질화 폐렴
폴리에틸렌 폴리프로필렌			Laskin 분무기	1.1μm	호흡기 출혈성 부종
폴리아크릴산			유체화 평면(Fluidized-bed) 에어로졸 발생기	3.6μm	정상에서부터 가벼운 가역적 염증
폴리아크릴 에스테르 나노입자			나노크기 풀(paste) 에어 스프레이	30 nm	폐렴 흉막 확산
방수 스프레이- 불화탄소 중합체			스프레이		폐렴
가습기살균제- PHMG	79~136℃	41% w/w	초음파식 에어로졸화	75~ 118 nm	세기관지염과 폐렴

자료 : 『가습기살균제 건강피해 사건 백서』(2014)

야기한 물질들로서 비교적 그 질량이 큰 나일론 중합체부터 매우 간단한 구조의 디아세틸(diacetyl) 화합물에 이르기까지 여러 종류의 물질이 문헌에서 보고되고 있다. 특히 가습기살균제로 나타난 호흡기 질환의 병리 소견이 말단기관지와 주변 폐포 조직의 염증이라는 점에서, 이와 비슷한 소견의 질병으로 0.2~5mm 정도의 짧은 섬유가 표면에 도포되어 벨벳 느낌을 주는 기

모(flock) 제조공정에서 일하는 작업자들에게서 말단기관지 부위의 염증 (lymphatic bronchiolitis and pneumonitis)이 보고되었으며, 또한 페인트를 분무해 색을 입히는 염색공정에 일하는 작업자들에게서 말단기관지 부위의 염증(bronchiolitis and organizing pneumonia, BOOP)이 보고되었다. 두 가지 사례 모두에서, 기존에 사용하던 제조방식이 변경되면서 환자가 급증했기 때문에 그 인과관계를 확인할 수 있었다. 즉, 두 가지 사례 모두 공정에서 사용된 물질들이 나일론, 폴리프로필렌, 폴리아미드아민 등의 중합체로서, 변경된 제조방식하에서 발생한 입자가 흡입이 가능한 크기거나 기존보다 더 작은 것으로 나타났다. 이외에도 방수스프레이를 사용한 소비자들에게서 발생한 폐장염의 경우에도 중합체로 인한 말단기관지 및 폐장 조직의 염증이라는 점에서 가습기살균제와 매우 흡사한 양상을 보인다.

방수 스프레이가 때로는 치명적 살인무기가 될 수 있다는 사실을 외국에서 일어난 사고는 물론이고 국내에서 일어난 중독 사고를 통해 깊이 인식하게 됐다. 방수 스프레이만 문제가 되는 것이 아니라는 것도 외국의 문헌조사를 통해 알 수 있다. 편리함과 간편함을 추구하는 인간 욕구의 끝이 어디일지 모를 정도로 우리 주변에서는 손가락만 누르면 모든 것이 해결되는 제품들이 크게 늘고 있다. 바르는 진통소염제도 요즘은 뿌리는 소염제로 많이 바뀌었다. 자외선 차단제, 일명 선크림도 최근에는 손에 묻혀 얼굴, 팔, 목에 바르는 것이 아니라 칙칙 뿌려주는 형태의 제품이 잘 팔리고 있다. 헤어제품도 마찬가지다. 미장원에 가면 각종 염모제를 비롯해 머리카락에 뿌리는 헤어제품이 많다. 손님들도 미용실에서 모발관리를 할 때 건강에 악영향을 받을 가능성이 있지만, 특히 하루종일 실내공간에서 정확한 성분과 유해성을 알 수 없는 헤어제품을 사용하는 미용실 직원들은 건강에 해를 주는 화학성분을 매일 상당량 들이마실 위험성이 있다.

환경부 가습기살균제 유사성분 항균필터 늑장 조사 뒤 수거

뿌리는 탈취제, 항균제, 곰팡이제거제 등도 사용하지 않는 쪽으로 노력해야 한다. 항균이 모두 좋은 것은 아니기 때문이다. 특히 한 집에 자동차가 두 대 이상인 집이 많은 자동차 시대를 맞아 김 서림 방지제, 방수제, 미끄럼방지제, 탈취제, 방향제, 차량코팅제, 차량왁스제 등 엄청나게 많이 쏟아져 나오는 자동차용품을 고르거나 사용할 때도 제품에 들어 있는 성분을 꼼꼼히 체크하고 조금이라도 의심스러우면 피하는 편이 좋다. 특히 자동차 실내는 좁기 때문에 적은 양이라도 유해물질이 있으면 인체에 악영향을 줄 수 있다. 특히 한여름과 한겨울에는 자동차 창문을 잘 열지 않기 때문에 더욱 그렇다.

환경부는 2016년 7월 20일, 시중에 판매중인 공기청정기 3종, 차량용 에어컨 2종에 설치된 항균필터에 대해 위해성을 실험한 결과, 제품을 사용하는 과정에서 가습기살균제에 들어간 성분 가운데 하나인 클로로메틸이소티아졸리논(CMIT) 계열의 성분인 옥틸이소티아졸론(OIT)이 공기 중으로 나오는 것을 확인하고 해당 제품을 회수할 것을 권고했다. 가습기살균제 참사가 일어나고 항균에어컨이나 공기청정기 등에 대해 경고하는 목소리가 일부 전문가 사이에서 나왔으나 그동안 정부는 소극적 자세를 취했다. 가습기살균제 성분이나 그 유사 성분에 대한 것뿐 아니라 다른 성분의 제품도 조사해 조치를 취해야 한다.

일단 모든 스프레이 제품과 공기 중으로 물질이 나와 호흡할 가능성이 있는 제품은 죄다 유해성을 재평가해야 한다. 업체들이 2016년 연말까지 자체적으로 안전성 여부를 조사해 그 결과를 관련 부처에 신고하도록 해야 한다. 만약 분석기관이나 인증기관이 부실하게 검증하거나 시험한 것으로 드러나면 엄한 벌을 내려 기업과의 유착을 막아야 한다. 시중에 나오고 있는 생활용품이나 스프레이 제품을 소비자단체나 환경시민단체가 일일이 검사하기는 쉽지 않다. 이는 일차적으로는 기업, 이차적으로는 정부 또는 정부 기관이 할 일이다.

〈방수제 위험에서 벗어나기 위한 수칙〉

* 방수제 사용을 최대한 삼간다.
* 방수 기능이 있는 의류 제품 등을 고른다.
* 실내에서 방수제를 사용하지 않는다.
* 밀폐되지 않은 탁 트인 공간에서 환기를 철저히 하면서 방수제를 사용한다.
* 실외에서 방수제를 사용할 경우에도 바람을 등지고 작업한다.
* 방수제 작업을 하면서 또는 작업이 끝난 후 흡연하지 않는다.
* 방수제 작업을 하는 동안 다른 사람의 접근을 막는다.
* 방수제 제품에 쓰인 주의 사항을 꼼꼼히 읽는다.
* 방수제 사용 후 호흡곤란 등 이상증상이 있으면 즉시 큰 병원을 찾아 진료를 받는다.

4 부

세계적 환경 재난으로 본
가습기살균제 참사

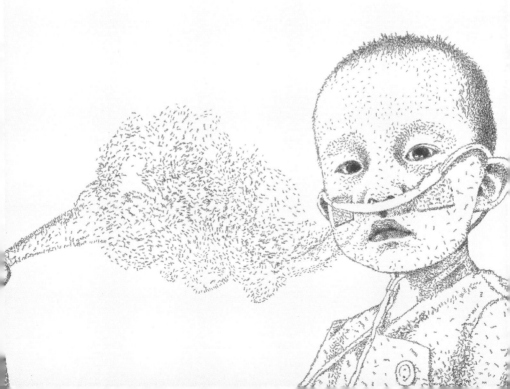

탈리도마이드와 가습기살균제,
그리고 서울 장애인올림픽

1988년은 우리들에게 특별한 해였다. 우리 역사상 처음으로 대한민국 수도 서울에서 올림픽이 열렸다. 그때 그룹 코리아나의 "핸 인 핸드……"를 외치며 「손에 손잡고」를 참 많이도 듣고 따라 불렀다. 올림픽 주경기장을 가로질러가던 굴렁쇠 소년을 기억하는 분들이 아직도 많다. 하지만 올림픽 직후 같은 장소에서 장애인올림픽(패럴림픽)이 열렸다는 사실과 장애인올림픽의 감동적인 장면을 떠올리는 분들은 많지 않다. 30년 가까운 세월이 지나는 동안 많은 지인과 사람을 만났지만 서울장애인올림픽을 화제로 떠올리는 사람은 거의 보지 못했다.

나는 감동에 젖은 것까지는 아니지만, 적어도 이분들 덕분에 당시를 생생하게 기억하고 있다. 탈리도마이드 베이비들이 어른이 되어 장애인올림픽 개막식이 열린 잠실 올림픽 주경기장에 모습을 드러냈기 때문이다. 이들은 영국, 독일 등 유럽에서 온 장애인이었다. 이들은 자국의 선수로, 임원으로 개회식이 열리던 날 주경기장에 왔다. 당시 나는 창간 직후였던 《한겨레신문≫의 보건사회부(지금의 보건복지부) 출입 기자였다. 언론사 체육부에서도 장애인올림픽에는 별로 관심을 두지 않았다. 장애인올림픽은 스포츠 행사라기보다는 장애인 행사 같은 성격을 더 많이 띠었다. 보사부 출입 기자단은 개회 행사 때 초청을 받았다. 개회식 후 스타디움 이곳저곳을 다니면서 각국 선수단과 임원단을 살펴보았다. 우리를 안내한 보사부 직원은 이번 장애인올림픽에 탈리도마이드 피해 장애인들이 다수 참가했다고 귀띔했다. 그의 말이 아니었다면 그들을 못보고 지나칠 수도 있었다. 그 말을 듣고 눈과 귀가 번쩍 트였다. 교과서에서만 보던 그 탈리도마이드 피해자를 직접 볼 수 있다니!

탈리도마이드 아기들은 1959에서 1961년 사이에 집중적으로 태어났다. 이들이 한국에 왔을 때는 나이가 27~29세쯤 되었다. 탈리도마이드 베이비든 어른이든 이들을 직접 만난 한국인은 그리 많지 않을 것이다. 그 수가 1만 명가량밖에 되지 않는데다 일찍 숨진 이가 많고 남은 이들도 대부분 중증 장애인이어서 이들을 특별취재하거나 장애인 관련 행사에서 만나지 않는 이상 볼 기회가 별로 없었기 때문이다.

가습기살균제도, 탈리도마이드도 모두 회사가 안전하다고 선전

가습기살균제 피해자들 가운데 중증 폐질환을 앓다 살아난 사람들은 대부분 장애를 지니고 있다. 목구멍을 뚫어 호흡줄을 연결한 채 겨우 생명을 유지하며 힘겹게 지내거나 산소통을 가지고 다니면서 코에 연결한 호흡줄(콧줄)에서 나오는 공기를 들이마시며 장애인의 삶을 살고 있다. 가습기살균제 피해를 탈리도마이드 사건에 빗대 한국판 탈리도마이드 사건이라고도 한다. 탈리도마이드 사건은 약화(藥禍) 스캔들이고 가습기살균제 사건은 생활용품 화학물질 또는 바이오사이드(살생물제)가 일으킨 참사지만, 둘 다

모두 안전하다고 믿었던, 그리고 제조·판매업체가 안전하다고 선전했던, 국가가 안전성을 보장해주었던 화학물질에 의한 참화라는 공통점이 있다. 더 자세한 내용은 탈리도마이드 비극을 재조명하면서 살펴보자.

탈리도마이드는 1957년 시장에 정신안정제로 처음 선을 보였다. 특히 잠을 오게 하는 약으로 처방됐다. 그리고 곧 입덧 완화를 위해 임신부들에게 팔렸다. 이 약을 임신 초기에 먹은 여성들은 심각한 신체장애를 지닌 아기를 낳거나 출산한 아기들이 얼마 뒤 죽는 비극을 겪었다. 엄마 자궁에서 탈리도마이드에 노출된 태아들은 팔다리가 아예 생기지 않거나 매우 짧게 자라난 기형으로 태어났다. 어떤 아기들은 시각장애 또는 청각장애, 그리고 다른 여러 신체적 장애를 안고 세상에 나왔다.

탈리도마이드는 1957년부터 1961년까지 전 세계 50여 개국에서 40개가 넘는 이름으로 팔렸다. 독일에서 처음으로 팔린 탈리도마이드에는 콘테르간(Contergan)이라는 이름이 붙었다. 다른 몇몇 이름을 보면 디스타발(Distaval), 탈리몰(Talimol), 니브롤(Nibrol), 세디마이드(Sedimide), 퀴에토플렉스(Quietoplex), 뉴로세딘(Neurosedyn), 소프테논(Softenon) 등이다. 시판된 탈리도마이드는 가격이 매우 저렴했다. 임신부들의 입덧을 없애주는 항구토제로, 불면을 해결해주는 약으로 1950년대 말, 1960년대 초에 큰 인기를 끌었다. 그런데 시장에 나오기 전에 약의 안전성을 충분히 검사하지 않았다. 이 때문에 임신했을 때 탈리도마이드를 복용한 여성이 낳은 많은 아기가 치명적 신체 기형을 가지고 태어나는 비극적인 일이 일어났다. 가습기살균제도 남녀노소 모두에게 감기 예방 등을 위해 쓰였다. 가습기살균제 피해는 임산부와 아기, 특히 태아에게 치명적인 영향을 끼쳤다. 탈리도마이드 참사와 닮은꼴이다. 또 가습기살균제도 충분한 안전검사를 거치지 않고 시판됨으로써 비극적 재앙을 만들었다. 이 역시 탈리도마이드 사건의

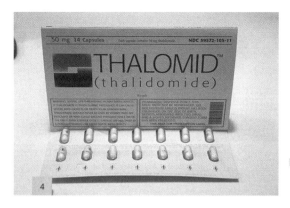

데자뷔를 보는 듯하다.

탈리도마이드는 독일에, 가습기살균제는 한국에 오명 씌워

탈리도마이드는 독일 스톨베르크(Stolberg)에 있는 제약회사 케미 그뤼넨탈(Chemie Grünenthall)이, 두 개 이상의 α-아미노산이 펩티드 결합으로 연결된 화합물인 펩티드에서 항생제를 값싸게 제조하는 기술을 찾던 중 처음으로 합성에 성공한 인공물질이다. 이 회사의 수석연구원은 프탈로일이소글루타민(phthaloylisoglutamine)을 가열해 프탈리미도글루타마라이드(phthalimidoglutamaride)라는 새로운 물질을 만들어내 곧바로 탈리도마이드라고 이름을 지었다. 케미 그뤼넨탈은 이 물질을 특허 신청했고 탈리도마이드를 적용해 치료할 수 있는 질병을 찾기 시작했다.

케미 그뤼넨탈은 탈리도마이드 개발의 역사에 대해 이렇게 말해왔지만 나치 독일 때 이미 개발된 물질이란 주장이 나와 관심을 끌고 있다. 영국 글래스고 대학에서 기업사를 가르치면서 화학회사 및 제약회사에 특별한 관심을 가지고 있는 레이 스토크스(Ray Stokes) 교수는 탈리도마이드 오리지

널 특허에 이름을 올린 핵심 과학자인 하인리히 뮈크터(Heinrich Mückter)와 집단수용소 수감자 인체실험에 관여한 다른 나치 과학자들이 연관되어 있다고 말했다. 또 영국에서 탈리도마이드 기형아 관련 단체인 '탈리도마이드 트러스트'의 이사인 마틴 존슨(Martin W. Johnson) 박사는 영국 신문인 ≪데일리 메일(Daily Mail)≫과 가진 인터뷰에서, 탈리도마이드는 대표적인 나치 과학자로서 히틀러와 직접 연락을 주고받은 오토 암브로스(Otto Ambros)가 1944년 무렵 화학무기로 개발하던 사린(Sarin) 가스와 타분(Tabun) 가스를 포함한 신경독성가스에 대한 해독제로 개발했다는 것을 보여주는 믿을 만한 문서를 가지고 있다고 말했다. 아르헨티나 작가인 카를로스 데 나폴리(Carlos De Napoli)는 자신의 책 『히틀러의 실험실(Hitler's Laboratories)』에서, 2차 대전 때 암브로스가 관리 이사를 지냈던 'IG Farben AG'에서 1944년 11월 작성한 문서를 보면 탈리도마이드와 같은 화학식을 가진 화학물질을 언급하고 있다고 밝혔다. 이 회사는 독일의 화학 및 제약 복합대기업으로, 홀로코스트 때 역할을 한 것으로 악명이 나 있다. 암브로스는 히틀러의 수석 화학무기 엔지니어였고 제3제국에 신경가스 생산 시설을 짓고 가동하는 데 필요한 장비, 도구와 함께 과학자와 공학자를 공급했다. 그는 1948년 뉘른베르크 법정에서 반인류 범죄를 저지른 전범으로 기소돼 8년형을 선고받았다. 그는 석방된 뒤 케미 그뤼넨탈의 자문위원회 의장이 되었다. 이런 폭로에 대해 케미 그뤼넨탈 측은 이런 주장은 사실과 다르며 독자적으로 탈리도마이드를 개발했다고 주장했다.

(주)유공은 1993년 원유를 장기 저장할 때 종종 골칫거리로 작용하는 곰팡이 등 미생물을 없애기 위한 살균제 연구에 착수했으며, 이 과정에서 미국이 개발한 살균제 성분인 CMIT/MIT란 물질을 발굴했다. 회사에서는 그 물질을 사용할 용도를 찾던 중 가습기살균제라는 아이디어를 떠올렸다. 그

리고 가습기살균제 제조에 관한 특허를 받았다. 이어 세계 최초를 강조하며 가습기용으로 물에 집어넣는 가습기살균제를 1994년 시장에 내놓았다. 그 결과 대한민국을 바이오사이드에 의한 엄청난 인명 피해가 발생한 비극적인 나라로 만들었다. 탈리도마이드가 독일에 오명을 씌웠다면 가습기살균제는 한국에 부끄러운 역사를 만든 것이다.

케미 그뤼넨탈 과학자들은 실험쥐와 실험생쥐에 이 물질을 투여한 결과 그 어떤 항생 효과나 약으로서의 고무적인 효과도 발견할 수 없었다. 새로운 화학물질은 아무짝에도 쓸모가 없이 보였다. 고용량을 투여해도 설치류, 토끼, 고양이 또는 개가 죽지 않았다. 다른 부작용도 나타나지 않았다. 연구팀은 탈리도마이드를 무독성물질로 보았다. 그뤼넨탈은 자신들이 새로 만들어낸 화합물로 돈벌이를 할 궁리를 했다. 우리나라 가습기살균제 회사들이 살균제를 가습기 물에 넣는 용도로 개발해 돈을 벌 궁리를 했듯이. 탈리도마이드는 실험동물에서는 아무런 진정 효과나 정신안정 효과가 보이지는 않았지만 케미 그뤼넨탈 경영진은 치명적이지 않은 진정제가 엄청난 시장 잠재력이 있을 것으로 여겼다.

임신동물을 대상으로 한 기형 유발(최기형성) 테스트와 임상시험 계획, 과학적 근거도 없이 케미 그뤼넨탈은 1955년 탈리도마이드 무료 샘플을 스위스와 서독 의사들에게 나누어주었다. 처음에는 뇌전증 환자의 발작을 예방하는 데 이 약이 추천됐다. 뇌전증은 뇌에서 생기는 질환으로 뇌 신경세포가 일시적 이상을 일으켜 과도한 흥분 상태에 빠짐으로써 의식을 잃거나 발작이 일어나며, 행동이 변화하는 등 뇌 기능이 일시적으로 마비되는 상태다. 이러한 경련이 만성적·반복적으로 나타날 때 이를 간질이라고 한다. 항경련 효과도 없었지만 환자들은 이 약을 복용한 뒤 숙면을 경험했다고 말했다. 다른 환자들은 평온감과 진정 효과를 느꼈다고 말했다. 일부는 부작용을 보고했다. 어떤 작가는 나중에 "탈리도마이드가 러시안룰렛과 같은 방식으로 도입됐다. 이 약이 시장에 등장했을 때 실질적으로 이 약에 대해서는 아무것도 알려지지 않았다"라고 표현했다.

그뤼넨탈 과학자들은 새 화합물이 진정 효과가 있는지를 알아보기 위해 이 약물을 투여한 실험쥐와 투여하지 않은 실험쥐 두 집단을 각각 우리 (cage) 안에 집어넣고 행동을 관찰했다. 약물이 투여된 쥐들은 그렇지 않은 실험쥐에 견줘 얌전해 우리를 덜 흔들었다. 이를 근거로 그뤼넨탈은 자신들이 개발한 화합물은 강력한 최면제로서 완전히 안전하다고 강조했다.

최초의 탈리도마이드 아기, 개발 제약회사 직원이 1956년에 낳아

그뤼넨탈의 직원 한 명이 신약을 집으로 가져가 임신한 아내에게 복용케 했다. 독일에서 약이 시판되기 10개월 전이었다. 1956년 크리스마스에 이 직원 부부의 자녀는 귀가 없는 채로 태어났다. 그리고 수년이 지나서야 그 직원은 자신의 딸이 탈리도마이드가 유발한 기형과 죽음의 유행병의 첫 생존 피해자임을 알아차렸다. 자신이 만든 가습기살균제(PGH)를 집에서 사용하다가 딸을 죽인 세퓨 대표 얼굴이 오버랩 되는 대목이다.

회사는 1957년 10월부터 이 약에다 콘테르간이란 상품명을 붙여 일반의 약품으로 의사의 처방 없이 약국에서 시민들이 마음대로 구입할 수 있도록 했다. 회사는 "자살을 결심한 사람이 이 약을 한꺼번에 아무리 많이 먹어도 죽지 않는다", "어린이들이 모르고 과량을 먹어도 문제가 없다"라고 주장했다. 옥시 등 우리나라 가습기살균제 회사들이 텔레비전 광고나 제품 포장에 "어린이도 안심"이라고 선전했던 것과 궤를 같이 한다. 물론 이런 주장이나 광고 문구는 비극적 재앙이 벌어지면서 모두 거짓임이 만천하에 드러났다. 독일 시판을 신호탄으로 46개국에서 37개의 상품명으로 이 약이 팔렸지만 어느 나라에서도 유해성 또는 부작용 테스트가 독립적으로 이루어지지 않았다. 그 나라들의 임신부는 치명적인 입덧 약에 무방비로 노출됐다.

하지만 예외가 있었다. 바로 미국이었다. 미국에서 신약의 시판 허가를 결정하는 식품의약품청(FDA)은 대부분의 유럽 국가와는 달리 탈리도마이드의 미국 시판을 허가하지 않았다. 여기에는 FDA에서 일하던 한 여성 과학자의 영웅담 같은 이야기가 있다. 이 이야기는 지금도 인구에 회자되고 칭송된다.

당시 미국에서는 새로운 의약품 시판을 하려면 1938년에 제정된 연방 식품, 의약품, 화장품 법(Federal Food, Drug, Cosmetic Act)의 적용을 받아 FDA에 관련 자료를 보내 안전성을 입증받아야 했다. 이 법은 약물 승인을 받기 위한 효능성 기술(記述)을 요구하지 않았다. 이 법은 또 판매 승인을 기다리는 동안 조사 또는 실험용 사용을 허가하고 있었다. 이는 판매 승인을 받기 전에 널리 의약품이 사용될 수도 있다는 것을 뜻한다. 이 법은 의약품 신청에 대해 60일간 검토 기간을 정해 놓았다. 만약 FDA 심사관이 제약 회사에 특정 의약품의 제출 서류가 불완전하다고 말하면 신청이 철회된다. 회사는 재승인 신청을 하려면 추가 자료를 제출해야만 했다. 재신청 후 심사는 다시 60일이라는 기간이 걸린다.

FDA 초짜 심사관 켈시, 탈리도마이드 미국 상륙을 막은 영웅 되다

탈리도마이드 사건은 FDA의 명성을 드높이는 계기가 됐다. 유럽 대부분의 나라를 포함해 전 세계 40여 개국이 탈리도마이드 시판을 허가할 때 미국은 이를 허용하지 않았다. 미국은 탈리도마이드의 안전성 자료가 미흡하다는 이유로 판매를 허가하지 않았다. 이 과정에서 미국 FDA의 새내기 심사관이었던 의사 출신의 약리학자 프랜시스 올덤 켈시(Frances Oldham

Kelsey)가 결정적인 역할을 했다. 유럽에서 콘테르간이 인기를 끌자, 리처드슨-메렐(Richardson-Merrell)사가 세계 최대 시장인 미국에 진출하기 위해 1960년 9월 미국 내 약품 판매를 허가해달라고 FDA에 신청했다. 이때 이를 담당한 심사관이 켈시였다. 탈리도마이드 건은 그녀가 FDA 심사관이 되어 처음 맡은 일이었다. 켈시는 제출된 탈리도마이드의 안전성 자료가 미흡하다며 계속 자료 보완을 요구했다. 돈 벌 시간이 자꾸만 늦춰지자 리처드슨-메렐사는 여러 경로를 통해 압력을 가했다. 켈시는 1년 이상 안전성 자료를 보완하라고 완강하게 요구하며 허가를 내주지 않았다. 그러는 사이 다행히도 유럽에서 탈리도마이드의 기형 유발이 사회문제가 됐다. 만약 유럽에서 탈리도마이드 스캔들이 몇 년 뒤 일어났더라면 켈시로서도 이 약의 미국 상륙을 막지 못할 뻔했다. 케바돈(Kevadon)이라는 상품명으로 탈리도마이드 미국 상륙작전을 펼쳤던 리처드슨-메렐사도 1962년 3월 어쩔 수 없이 포기하고 말았다. 켈시는 미국에서 영웅이 되었다. 지금은 미국뿐 아니라 세계 보건의학사에 그 이름이 자랑스럽게 남아 있다. 그녀 덕분에 탈리도마이드에 의한 미국의 피해는 최소화될 수 있었다. 켈시는 이 공로로 당시 존 F. 케네디(John F. Kennedy) 대통령으로부터 '뛰어난 연방시민서비스를 한 사람에게 주는 대통령상(the Presidents's Award for Distinguished Federal Civilian Service)'을 받았다. 미국 역사상 여자로서는 두 번째 수상자였다. 무료 인터넷백과사전인 위키피디아(wikipedia)에서 탈리도마이드를 치면, 그녀가 1962년 케네디 대통령한테서 상을 받는 장면 사진을 볼 수 있다. 켈시는 2005년 90세의 나이로 FDA에서 은퇴했다. 2010년에는 그녀의 공로를 기리기 위해 그해의 가장 우수한 FDA직원에게 수여하는 켈시상(Kelsey Award)이 제정되었다. 켈시는 2015년 8월 7일 101세의 나이로 영면했다.

미국을 탈리도마이드 약화 사고로부터 막아낸 FDA의 풋내기 심사관 프랜시스 올덤 켈시 박사가 1962년 존 F. 케네디 대통령이 주는 '뛰어난 연방시민서비스를 한 사람에게 주는 대통령상'을 받은 뒤 대화를 나누고 있다. 출처: 위키미디어

왜 1990년대 한국에는 켈시 같은 공무원이 없었을까?

켈시와 탈리도마이드를 떠올리면 늘 이런 생각을 하게 된다. 우리 한국에는 왜 켈시 같은 전문가나 공무원이 없었을까? 가습기살균제에 쓰인 유독물질을 알아차린 전문가와 공무원, 의사는 단 한 명도 존재하지 않았다. 켈시는 가습기살균제를 시판하도록 내버려둔 산업통상자원부나 기술표준원 담당자, 그리고 살균제 성분이 가습기에 쓰이도록 길을 터준 환경부 유독물질 담당자가 꼼꼼하게 체크만 했더라도 비극을 막을 수 있다는 것을 보여주었다. 미국에서 켈시가 탈리도마이드 비극을 막은 시점으로부터 50년이라는 긴 세월이 지났음에도, 그만한 역량을 갖춘 사람이 우리 사회에 단 한 명도 없었다는 사실이 우리를 서글프게 만든다. 켈시가 당시 탈리도마이드 미국 상륙을 막았던 것은 미국의 법과 제도 때문이 아니었다. 그녀가 이 약에 대해 뛰어난 지식을 가졌기 때문도 아니었다. 그녀가 원칙으로 삼았던 시민의 안전과 생명을 우선으로 생각하는 꼼꼼함이 위대한 승리를 낳은 것이다.

탈리도마이드는 임신부에게 처방전 없이 자유롭게 팔렸다. 그러나 이 약이 발매된 다음해부터 팔과 다리가 짧거나 없는 기형아들이 태어나기 시작했다. 약이 공식적으로 시판된 뒤 약을 복용한 사람 가운데 첫 번째 피해자는 1958년에 나왔다. 자신이 낳은 아기라고 믿기지 않을 정도의 기형아가 태어나자 부모들은 콘테르간 약을 의심했다. 케미 그뤼넨탈에 약이 안전한지, 기형아가 이 약 때문에 태어난 것은 아닌지 물었다. 물론 케미 그뤼넨탈은 펄쩍 뛰었다. 기형아가 자신들과는 아무런 관련이 없으며 자신들의 약은 확실히 안전하다고 대응했다.

가습기살균제도 마찬가지였다. '옥시싹싹 뉴 가습기당번'을 사용한 사람들은 가습기살균제를 사용하고 난 다음날이면 가슴이 답답하고 숨이 차며 기침이 나와 살균제 부작용을 의심하고선 옥시에 전화를 하거나 홈페이지에 불만을 제기하는 글을 올렸다. 옥시는 펄쩍 뛰었다. 자기 회사 제품은 매우 안전한 것이라고 응대했다.

독일 주간지, 탈리도마이드 기형아를 세상에 알려

케미 그뤼넨탈은 임신부들이 기형아를 계속 출산하는 동안 아무런 조치를 취하지 않았다. 그러는 사이 태어난 기형아는 구르는 눈덩이처럼 불어났다. 1961년 11월 독일의 한 언론이 탈리도마이드를 복용한 임산부들이 기형아를 출산한다는 글을 실었다. 판도라의 상자를 열어젖힌 것이다. 1961년 11월 18일 독일 주간지 ≪벨트 암 존타크(Welt am Sonntag)≫에는 독일 소아과 의사 비둔킨트 렌츠(Widunkind Lenz)의 편지가 실렸다. 렌츠는 이 편지에서 팔다리가 전부 또는 일부가 없거나 짧은 기형인 해표지증 또는 바다표범발증(phocomelia) 등을 보인 150명 이상의 기형 아기가 태어났으며, 이는 엄마들이 임신 때 탈리도마이드를 복용했기 때문이라고 밝혔다. 그는 놀라운 통계를 제시했다. 임신 첫 3개월 안에 탈리도마이드를 복용한 임신부 가운데 절반이 기형아를 낳았다는 것이다. 더욱 놀라운 것은 임신 20일과 36일 사이에 탈리도마이드를 단 한 알 복용했는데도 기형아가 나온 경우가 있다는 사실이다. 그 시기가 지나 약을 복용한 임신부는 전혀 기형아를 낳지 않았다. 렌츠는 케미 그뤼넨탈의 주력 제품이 지닌 위험을 경고했다. 렌츠는 탈리도마이드 기형아를 처음으로 세계에 알린 영웅이었다. 그 영웅 뒤에는 또 다른 영웅이 있었다. 카를 슐테-힐렌(Karl Schulte-Hillen)이라는 젊은 독일 변호사였다. 그의 아내와 여동생은 모두 기형아를 낳았다. 그는 환경 요인을 의심해 아내와 여동생 사이의 공통분모를 찾기 시작했다. 그는 함부르크의 소아과 의사였던 렌츠를 찾아갔다. 렌츠와 힐렌은 콘테르간을 의심했지만 증거가 더 필요했다. 두 사람은 낡은 폴크스바겐 자동차를 몰고 독일 전역을 누볐다. 힐렌은 사람들에게 기형인 자신의 아들과 조카의 사진을 보여주며 이와 비슷한 기형아를 낳은 사람이 없는지 물었다. 사람들에게 부끄러워할 필요가 없다고 말했다. 많은 사람은 자신이 기형아를 낳았다는 사실을 숨겼다. 두 영웅이 없었더라면 탈리도마이드는 계속 팔렸을 것이다. 힐렌이 낳은 탈리도마이드 베이비는 커서 의사가 되었다. 이 약을 시장에서 철수하지 않으려는 케미 그뤼넨탈의 반대가 있었지만, 독일 당국은 열흘 뒤 시장에서 이 약의 판매를 금지했다. 하지만 독일에서만 2500명의 탈

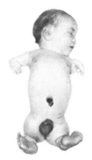
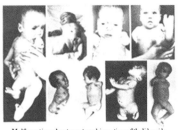

Malformations due to maternal ingestion of thalidomide
(Schardein 1982 and Moore 1993).

┃임신부들이 입덧방지제 탈리
도마이드를 임신초기 복용하
고 낳은 기형아들. 대부분 사
지가 짧아 '해표지증'이라고
부르기도 한다. 출처: 위키미
디어

리도마이드 기형아가 태어났다. 영국은 그로부터 한 달 뒤 시장에서 탈리도
마이드 판매를 금지했다.

　세계를 뒤흔든 환경·산업 보건 사건에서 언론이 판도라의 상자를 열어
젖히는 경우가 종종 있다. 세계적 사건인 삼성반도체 백혈병 집단 발병 스
캔들의 경우도 경기도에 있는 한 자그마한 신문이 그 역할을 했다. 미국 최
대의 석면 스캔들 가운데 하나인 몬태나 리비(Libby) 질석광산 석면 피해도
지역의 한 자그마한 신문이 숨겨진 비밀의 문을 열었다. 1988년 터져 나온
우리나라 최대의 직업병 사건인 원진레이온 이황화탄소 직업병도 당시 신
생 언론사였던 《한겨레신문》이 처음으로 고발했다.

　그해 12월에 세계적으로 저명한 의학학술지인 《랜싯(The Lancet)》이
호주 의사 윌리엄 맥브라이드(William McBride)가 보낸, 탈리도마이드를 복
용한 여성들이 엄청나게 기형아를 많이 출산했다는 내용의 편지를 실었다.
독일에 이어 다른 나라도 재빨리 상점이나 약국에서 탈리도마이드를 철수
시켰다. 하지만 케미 그뤼넨탈은 "각국의 탈리도마이드 시장 철수는 선정
주의에 대한 반응에 불과하다"라며 탈리도마이드가 기형을 유발한다는 주
장에 대해 논쟁을 계속했다.

탈리도마이드 기형아가 시간이 갈수록 기하급수적으로 늘어난 것은 이 약이 입소문과 회사의 광고·선전 때문에 사용자가 크게 증가했기 때문이다. 독일에서 1958년 첫 피해자가 발생한 것으로 기록된 뒤, 1960년에 의사가 두 건의 기형 사례를 보고한 데 이어 1961년에는 13건의 사례가 무더기로 보고됐다. 이때는 이미 광범위한 피해가 수면 위로 떠올랐다고 볼 수 있다. 기형은 대개 주변에 알리지 않는 경향이 강하며, 이 때문에 병원을 찾는 경우도 많지 않다. 1961년 탈리도마이드 약화 사건이 독일에서 사회문제가 되자 영국 등 다른 유럽국가와 일본 등 세계 각국에서도 피해자들이 수면 위로 올라오면서 피해자 수는 기하급수적으로 늘어나기 시작했다. 브라질과 이탈리아, 일본 등에서는 독일 의약품 시장에서 탈리도마이드가 자취를 감추고도 9개월이 지나도록 계속 팔렸다. 이들 국가에서는 탈리도마이드의 늑장 시장 퇴출로 피해가 더 커졌다. 일본 탈리도마이드 베이비 부모 63명도 1963년 일본 정부와 이 약을 판 다이니폰 제약회사를 상대로 1974년 소송 제기 11년 만에 23억 엔의 보상을 받아냈다.

탈리도마이드 약화 사고와 탈리도마이드 기형아만 보면 이 성분은 악마의 물질처럼 보인다. 그런데 임신부가 임신 초기 매우 짧은 기간에 이 약을 복용하면 치명적인 기형을 유발하지만 그 외에는 별다른 독성을 보이지 않는다. 탈리도마이드 악몽이 많이 퇴색하자 제약업계는 이 약이 지닌 다른 효능에 관심을 보이기 시작했다. 그 결과 1960년대 초반 탈리도마이드의 상륙을 저지했던 미국은 1998년 이 약을 다발성 경화증에 사용하도록 허가했다. 이어 한센병(나병)에도 이 약을 치료제로 사용할 수 있도록 했다. 이 뿐만 아니라 가습기살균제와도 관련이 있는 증상인 간질성 폐 섬유화증 때문에 나타나는 만성기침을 치료하는 데도 이 약이 쓰이고 있다.

한국이 탈리도마이드의 무풍지대가 된 것은 못살았기 때문?

다행히 우리나라에서 탈리도마이드 기형아가 태어났다는 보고는 없다. 임신부가 입덧 등이 있다고 해서 약까지 복용할 경제적 수준이 되지 않았던 것도 이유 가운데 하나로 보인다. 당시만 해도 제약회사다운 제약회사가 거의 없었다. 탈리도마이드가 유럽을 중심으로 팔려나갔을 당시 우리는 경제적으로도 궁핍했고 정치적으로도 이승만 독재와 4·19 민주혁명, 5·16 군사쿠데타가 숨 가쁘게 이어지며 나라 전체가 시끄러웠다. 그런 정치적·사회적 상황에서 입덧 완화제를 수입해 판다는 것을 상상조차 할 수 없었을지도 모른다. 불행 중 다행이 아닐 수 없다.

이런 현상은 탈리도마이드 사건뿐 아니라 거의 모든 직업병과 환경병 사건에서 벌어지는 공식과 같은 것이다. 1988년 원진레이온 사건 때도 1987년 4명의 이황화탄소 중독 직업병 환자가 발생한 뒤 1988년 7월 언론에 의해 사건이 보도되자 원진레이온 전·현직 노동자들이 무더기로 피해 신고를 했다. 그 결과 1990년대 중반에는 피해자 수가 무려 1000여 명 가까이로 늘어났다. 삼성반도체를 비롯한 SK하이닉스 반도체 등 국내 반도체 공장과 LCD 공장에서도 2007년 삼성반도체 황유미 씨의 백혈병 발병·사망을 신호탄으로 피해자들이 마구 쏟아져 나오기 시작했다. 현재 삼성전자에서만 무려 76명의 사망자가 나왔다.

가습기살균제 피해자들도 이와 똑같은 길을 걷고 있다. 2006년부터 피해자들이 어린이를 중심으로 물 위로 떠올랐으나 누구도 그것이 살균제 흡입 때문이라는 사실을 알아차리지 못했다. 그러는 사이 피해자들은 늘어만 갔다. 2008년과 2009년, 2010년에도 집단 피해가 발생했으나 괴이한 질병으로만 알았다. 2011년이 되어서야 원인을 겨우 밝혀냈으니 가정필수품처럼 여겨졌던 가습기와 가습기살균제 사용을 고려하면 그 피해자 수가 엄청날 것은 명약관화한 사실이다. 피해 신고 수는 수천 명이 될 것으로 보이며 사망자도 수백 명 수준을 넘어 1000명 가까이 될 가능성도 있다.

감염병이든 직업병이든 환경병이든 예방과 조기 탐지가 매우 중요하다. 그리고 이들 질병은 거의 예외 없이 경고 신호를 내보낸다. 원진레이온의 경우도 1980년대 초중반 이미 중독 증상을 보인 노동자가 있었다. 삼성 반도체 사태도 환자가 나왔을 초기에 삼성전자가 이를 심각하게 받아들이고 새로운 피해자가 나오지 않도록 적극적으로 대처했더라면 많은 생명을 구할 수 있었을 터다. 가습기살균제 사건도 2006년 아이들에게서 집단 발병했을 때 전문가든, 정부든 그 원인을 확실하게 파헤쳤더라면 적어도 환경재앙이 되는 것을 충분히 막을 수 있었을 것이다. 탈리도마이드 참사도 1958년 첫 환자가 발생했을 때 회사나 사회가 깊은 관심을 가졌더라면 오늘날 우리가 탈리도마이드라는 말도 모르고 지냈을 것이 분명하다. 이처럼 실패한 환경·보건 재앙을 들여다보면 모두 판박이와 같은 경과를 거친다.

이제 탈리도마이드 기형아들은 환갑을 바라보는 나이가 됐다. 50여 년의 세월 동안 그들이 사회에서 얼마나 많은 차별과 냉대를 받았을까? 우리나라의 가습기살균제 중증 피해자들이 탈리도마이드 베이비가 겪었던 것과 비슷한 고통을 앞으로 길게는 80년 이상 겪게 될 것을 생각하면 정말 또 한 번 억장이 무너진다.

〈탈리도마이드 사건 일지〉

* 1957년 − 독일 제약회사 그뤼넨탈 진정제 콘테르간 판매 시작 (두통, 감기, 불면증에 사용, 임산부들에게는 입덧 완화제로 처방, 그 외 천식 고혈압 약으로 탈리도마이드 성분이 든 여러 이름의 약제 판매), 세계 50여개 국가에서 판매.
* 1958년 − 첫 공식 피해자 발생(실제로는 시판 전 케미 그뤼넨탈 직원의 아내가 복용해 1956년 기형아 발생)
* 1960년 − 독일 소아과 의사 부작용 사례 두 건 보고.
* 1961년 − 독일 피해 사례 13건 보고, 유사 피해 보고 이어져 유행병으로 판단, 독일 의사 11월 임신부 입덧 완화제 복용과의 관련성 제기(거의 동시에 호주에서도 제기되었고, 영국, 케냐, 일본, 스웨덴, 덴마크, 스위스, 레바논, 이스라엘, 페루, 캐나다, 브라질, 네델란드, 미국에서도 확인됨. 미국에서는 유럽의 피해 보고로 시험 약제로만 판매되어 피해 적음). 피해자단체 결성.
* 1962년 − 케미 그뤼넨탈 책임 확인(독일법원)
* 1972년 − 케미 그뤼넨탈 8600만 마르크 보상금 지급
* 1974년 − 일본 정부와 다이니폰 제약회사는 탈리도마이드 기형아를 가진 부모 63명이 제기한 소송에서 소송 제기 11년 만에 23억엔의 보상금을 지급하기로 합의.
* 1997년까지 − 케미 그뤼넨탈 보상금 지급, 이후부터는 독일 정부 보상금 지급
* 2008년 - 독일의회(하원) 탈리도마이드 실질적 피해 현황 조사 프로젝트 시작(하이델베르크대학교 노인병연구소 등에서 진행 중).
* 2010년까지 케미 그뤼넨탈 5억 유로 보상금 지급(회사 측 주장).
* 2012년 8월 − 탈리도마이드 피해자 동상 '팔다리가 없는 아이' 제막식.

* 2012년 10월 현재 — 탈리도마이드 피해 생존자 2801명(케미 그뤼넨탈 콘
  테르간 제품 피해자 독일 2451명, 독일 외 210명/스웨덴 제약회사의 아스
  트라 피해자 100명/영국 제약회사 티스틸러스 디아게오 피해자 40명/그
  외 일본 서너 명, 미국 등 여러 나라에 소수의 피해자 생존 중.

푸른 미나마타병, 하얀 가습기살균제병

까마귀들이 어느 날부터 한두 마리씩, 나중에는 떼를 지어 하늘에서 땅으로 곤두박질치며 떨어져 죽었다. 한국인들이 까마귀를 싫어하는 것과 달리 일본에서는 까마귀를 길조(吉鳥)라고 여기며, 까마귀가 일본의 국조(国鳥)일 정도다. 마을 사람들은 길조이자 국조인 까마귀들이 집단으로 죽는 것을 목격하고 불길한 예감을 느꼈다. 까마귀가 죽고 난 얼마 후, 이번에는 마을의 고양이들이 한 마리씩 차례대로 마당과 길거리에서 죽어갔다. 마을 사람들은 모두 죽은 고양에 대해서 이야기를 나누었다. 누구네 집 고양이가 어제 죽었대. 누구네 집 고양이는 한 달 전에 죽었대. 마을 사람들은 이 괴이한 소식에 불안을 느끼기 시작했다. 이 이야기는 괴기소설에 나오는 장면이 아니라 실화다.

고양이는 일본인들이 가장 아끼는 애완동물이다. 일본인들의 고양이 사랑은 유별나다. 만화책에도 동물 가운데 고양이가 가장 많이 등장한다. 고양이 인형, 고양이 신 등, 일본을 여행해본 사람은 한번쯤은 경험하는 일이지만 가게 앞에 고양이 인형이 있다. 고양이가 복, 재물을 가져다준다는 믿음 때문이다. 일본인들은 이 고양이를 '마네키네코(招福猫)', 즉 복을 불러오는 고양이라고 한다. '마네키네코'는 일본을 대표하는 기념품이 됐다. 일본에서 고양이가 복덩이가 된 것과 관련한 설화가 있다.

옛날 일본의 한 절에서 고양이를 키웠다. 그곳을 지나던 성주가 더위를 피해 나무 밑에 잠시 쉬고 있었다. 절 앞에 있는 고양이가 자신에게 손짓하면서 부르는 듯한 동작을 했다. 실은 고양이가 털 관리를 위해 앞다리로 얼굴 쪽을 긁는 행위였다. 성주는 고양이가 자신을 오라고 하는 것으로 착각해 나무 밑을 벗어나 고양이 쪽으로 가는 도중 벼락이 쳤다. 그 벼락은 나무에 떨어졌다. 고양이 때문에 자신이 살았다고 믿은 성주는 절에 시주를 풍족하게 했다. 가난한 절은 살림이 풍성해졌고 성주의 조상을 모시는 절이 되었다고 한다.

일본인에게 복 주는 고양이가 미쳐 죽자 사람이 따라 죽기 시작해

복을 주는 고양이가 죽은 뒤 얼마 지나지 않아 사람에게도 괴이한 증상들이 생기기 시작했다. 어린이에게서 가장 먼저 증상이 나타났다. 잘 걷지 못하고 의사 표현을 제대로 할 나이인데도 말을 조리 있게 하지 못하는 아이들이 이곳저곳에서 자꾸 생기기 시작했다. 마을의 민심이 흉흉해졌다. 부모들은 서로 자식들의 상태를 물었다. 불길한 기운이 온 마을을 감싸기 시작했다. 2016년 큰 지진이 나 우리에게도 친숙한 구마모토(熊本) 현 최남단에 위치한, 야츠시로 해안가 자그마한 도시마을인 미나마타(水俣) 시에서 일어난 이야기다. 일본이 태평양전쟁에서 미국에 패해 항복 선언한 뒤 10년 여 흐른 뒤인 1956년에 벌어진 실화다.

1956년 4월 21일 다섯 살짜리 어린 소녀가 마을 인근에 있는 신일본질소 미나마타 공장 내 병원을 찾았다. 마을 사람들은 이 공장을 질소(窒素)의 일본 발음인 칫소를 따서 '칫소공장'이라고 불렀다. 이 여자아이가 잘 걷지도 못하고 말하는 것도 힘들어 하며 경련을 일으키자, 의사들은 처음 보는 증상에 당혹감을 감추지 못했다. 그런데 이틀 후 두 살 아래 여동생도 같은 증상으로 병원을 찾았다. 의료진은 일단 이들을 입원시켰다. 아이 부모에게 이것저것 묻는 과정에서 마을에 비슷한 증상을 보이는 아이들이 여럿 있다는 놀라운 사실을 알았다. 의사들은 직접 마을의 가정을 가가호호 방문해 비슷한 괴질을 앓고 있는 어린이가 무려 여덟 명이라는 사실을 밝혀냈다. 집단 발병에 놀란 병원장은 혹 신경 식중독(보툴리눔 식중독은 미생물 독소가 경련 등 말단운동신경 마비를 일으키는 치사율이 높은 식중독이다)이거나 전염병일 가능성이 있다고 보고 즉각 지역보건소에 원인을 알 수 없는 중추신경계 괴질이 집단 발생했다고 5월 1일 보고했다. 보건소는 이 사실을 다시 상부 기관에 보고했다. 5월 말에 지방정부와 역학전문가, 의사들로 이루어진 괴질대책위원회가 만들어졌다. 전문가들은 이 괴질이 다른 지역에서는 전혀 발생하지 않고 있다는 점으로 미루어 이 지역에서는 유행하는 풍토병(endemic)이 아닌가 여겼다. 일단 원인을 알 수 없는 감염병으로 보고 환자들을 격리했다. 환자가 발생한 집에는 방역소독을 했다. 역학조사 도중 보건 당국은 많은 주민들에게서 1950년께부터 고양이들이 비틀거리며 마치 미친 듯이 춤을 추는 동작들을 하다가 죽어갔다는 사실을 들었다. 주민들은 동네 고양이들이 다들 이상한 춤을 추는 듯해서 자기들끼리 고양이 춤병이라 불렀다고 증언했다. 대책위원회는 기초 역학조사를 한 뒤 정밀 역학조사를 위해 구마모토 의대 교수 등 연구자들을 초빙해 원인 규명에 나섰다. 구마모토대학교 역학조사연구팀은 1956년 8월 24일 꾸려졌다. 여기에 우리나라 환경운동 활동가들과도 친숙한 하라다 마사즈미 교수도 포함됐다.

미나마타에서 가장 먼저 까마귀가 피해를 입고, 이어 고양이, 어린이 순으로 피해가 생긴 것은 이들 순으로 몸집이 크기 때문이다. 중금속에 얼마나 잘 견디느냐는 생물 종에 따라 차이가 날 수도 있겠지만 상식적으로 생각하면 덩치가 작은 동물일수록 일찍 피해가 생길 가능성이 높다. 물론 같은 몸집일 경우 중금속이 들어 있는 먹이나 음식을 얼마나 많이 먹느냐와 몸에 들어온 중금속을 얼마나 잘 배출하느냐와 같은 신체적 능력에 따라 피해 정도와 발병 시기가 다소 차이가 날 수 있다. 자연 생태계는 동물의 죽음을 통해 경고를 했는데도 미련한 인간들이 이를 제때 알아차리지 못한 것이다. 그 결과는 대규모 죽음이라는 역사적 재앙으로 돌아왔다.

이미 1942년경부터 미나마타병 같은 증상을 보인 사례가 있었다고 한다. 1946년 신일본질소가 아세트알데히드와 초산 공장의 폐수를 정화처리하지 않고 마구 미나마타 만으로 배출했다. 1949년경에는 미나마타 만에서 도미, 새우, 정어리, 문어 등이 잡히지 않게 된다. 1952년 구마모토 현 미나마타에서 가장 먼저 태아성 미나마타병 환자가 태어났다. 하지만 그가 이를 인정받은 것은 그로부터 20년이 지나서였다. 1952년경에는 미나마타 만 주변 어촌 지역을 중심으로 고양이, 까마귀 등 동물들의 수상한 죽음이 다수 발견되면서 동시에 특이한 신경 증상을 보이며 사망하는 주민을 볼 수 있게 되었다. 이때는 고양이들이 춤을 추는 듯한 동작을 하다가 죽어갔다. 이미 언론은 '고양이 무도병' 또는 '고양이 춤 병'이라고 보도하고 있었다. 1953년에는 미나마타 만에서 물고기가 떠오르고, 고양이 광사가 잇따랐다. 이후 그 숫자가 크게 증가했고 빈도도 잦았다. 1954년 8월 1일 자 ≪구마모토 니치니치 신문(熊本日日新聞)≫이 고양이 광사를 처음으로 보도했다. 미나마타병 환자로서 가장 오래된 증례는 1953년 당시 5세 11개월이었던 여자아이였다. 이 재앙이 물 위로 떠올라 일본 보건당국과 의사들이 이를 알아차린 때는 1956년이다. 미나마타병을 공식적으로 발견한 날은, 신일본질소 미나마타공장 부속병원장 호소카와 하지메가 괴이한 질환이 다발하는 것을 깨닫고 1956년 5월 1일 '원인불명의 중추 신경 질환'으로 다섯 사례 환자를 미나마타 보건소에 보고한 날로 정했다. 하지만 나중에 거꾸로 거슬러 올라가 연구조사를 벌인 결과, 1954년 미나마타에서 발생한 환자 가운데 나중에 미나마타병으로 인정된 사람이 12명이며 5명은 사망한 것으로 나타났다.

일본 의사 미나마타병 즉시 신고, 한국 의사 가습기살균제병 5년간 신고 안 해

잠시 이야기를 우리의 가습기살균제 사건으로 돌려 미나마타 사건 초기 상황과 비교해보자. 우리나라는 2000년대 초반부터 가습기살균제 피해자들이 병원을 찾았지만 미나마타처럼 같은 지역에서 집단으로 질병이 발생한 것이 아니었다. 2000년대라고 해서 괴이한 폐 손상의 원인이 가습기살균제라는 것을 알아차리기는 쉽지 않았을 것이라고 충분히 이해할 수 있다. 하지만 2006년에는 서울아산병원에 과거 간질성 폐렴과는 양상이 전혀 다른 중증 폐 손상 어린이가 비슷한 시기에 한꺼번에 중환자실로 몰려들었기 때문에 비록 같은 지역에서 발생하지 않았다 해도 새로운 유행 감염병 또는 화학물질 흡입을 의심하고 이를 보건당국에 즉각 신고했어야 했다. 하지만 서울아산병원 의료진은 웬일인지 치료가 잘되지 않고 원인을 알 수 없는 이상한 폐렴이 어린이 사이에서 집단적으로 발생하고 있다며 동료 의사들의 주의를 환기하는 논문만 쓰고 있었다. 같은 증상의 어린이 환자가 다른 병원들도 찾았지만 이들 또한 보건 당국에 신고하는 것은 전혀 고려하지 않았다. 서울아산병원은 비슷한 어린이 환자들이 있는지를 다른 대학병원에 사발통문을 보내기도 하고 질병의 원인을 알기 위해 노력을 기울였으나 다른 병원들은 이마저도 하지 않았다. 2008년에도 여러 부모가 폐 손상으로 숨을 제대로 쉬지 못하는 자녀를 살려보려고 3~5월에 서울아산병원 등을 찾았으나 이때도 병원들은 보건 당국에 역학조사 요청 등 신고를 하지 않았다. 다만 자신들의 힘으로 병원체를 찾고야 말겠다는 생각에 소아과의사 회의 때 국립보건연구원의 인플루엔자 바이러스 과장을 초청해 검체를 건네주며 호흡기바이러스 진단을 의뢰하는 데 그쳤다. 괴질이 유행하고 있다면 당연히 질병관리본부 역학조사과나 보건소에 감염병 예방 관리법에 따라 신고해야 하는데 왜 그렇게 하지 않았는지 안타깝기만 하다.

일본은 우리보다 무려 50년 전에 일어난 사건에서도 의사들이 즉각 역학조사를 해달라고 보건 당국에 신고했다. 공공 기관은 일단 신고를 받으면 이를 무시하기가 쉽지 않다. 이는 우리나라든 일본이든 마찬가지일 것이다. 만약 묵살하거나 무시했다가 나중에 문제가 드러나면 모든 책임을 몽땅 뒤집어 쓸 수 있기 때문이다. 공무원들이 가장 두려워하는 말은 "옷 벗어라"다. 아무리 더워도 공무원에게 "옷 벗어라"라는 말을 하면 안 된다는 우스갯소리가 괜히 나온 게 아니다. 이런 사실을 안다면 당시 한국 의사들이 일단 역학조사 신고를 하고 보는 것이 상책이었으며 올바른 행동이었다. 두 사건을 비교해보면 분명 일본 의사와 한국 의사 사이에는 다른 무언가가 있음에 틀림없다. 아니면 미나마타 사건 때 보건소에 즉각 환자를 신고한 칫소공장 병원장이 특출했을지도 모른다. 혹시 그 원인이 오로지 치료 일변도로 의학 교육을 해온 우리의 의사 양성 제도에 있는 것은 아닐까?

구마모토대학교 역학조사팀은 본격적인 연구에 들어갔다. 정밀 조사를 위해 환자들을 대학병원에 입원시켰다. 이 이상한 질병은 갑자기 환자들에게서 나타나 감각을 마비시켰다. 감각 상실이 가장 주된 증상이었다. 감각이 없으니 물건을 잘 잡을 수 없었고 단추도 잠글 수 없으니 일상생활을 혼자서 한다는 것이 불가능했다. 이런 환자를 둔 가족들은 아무것도 할 수 없었다. 이들을 두고 마음 놓고 직장에 나갈 수도 없었고, 고기를 잡기 위해 배를 탈 수도 없었다. 농사를 짓기도 힘들었다. 뜀박질을 할 수 없는 것은 물론이거니와 걸을 때도 비틀거려야 했다. 심지어는 목소리 톤도 크게 바뀌었다. 많은 환자가 보고 듣는 것과 음식을 삼키는 것조차 힘들어 했다. 살아도 산 게 아닌 것 같은 삶을 꾸려야 하는 그들의 고통은 이루 말할 수 없었다. 이러한 증상들은 날이 갈수록 악화했다. 원인을 알 수 없으니 달리 마땅한 치료제도 없었다. 그러다 환자들은 심각한 경련을 보였다. 이어 혼수상태에 빠졌다가 마침내 더는 숨을 쉬지 못했다. 고통 속에 비통한 최후를 맞이해야만 했다. 사건 발생 5개월이 지난 후인 1956년 10월 40여 명의 환자들이 발견됐다. 그들 가운데 14명이 죽어 사망률은 35%였다. 이는 재앙의 서곡에 지나지 않았다. 엄청나게 많은 환자와 놀라운 비극이 일본 사회를 향해 달려가고 있었다.

칫소공장 진실 규명에 은폐로 일관

당시 가장 먼저 칫소공장의 공정을 살펴보았더라면 범인을 바로 체포할 수 있었을 것이다. 역학조사팀이 이를 모를 리 없다. 하지만 칫소공장은 처음부터 철저하게 비협조와 은폐로 일관했다. 유독 화학물질을 가습기살균제로 팔아 수많은 희생자를 낸 옥시 등 가해 기업들이 진실을 가리려는 온갖 악행을 서슴지 않았듯이, 유독성의 수은 폐수를 엄청나게 바다로 쏟아부은 칫소공장이 일찍부터 자신의 잘못을 뉘우치고 역학조사에 적극적으로 협조해줄 것이라고 믿는 것이 순진한 생각이라고 할 수 있다. 칫소공장이 미나마타병 역학조사 과정과 조사 결과 발표 이후 한 행동을 보면 우리 가습기살균제 기업들이 이를 벤치마킹한 것이 아닐까 싶을 정도로 추악하고 저질스러웠다.

구마모토대학교 연구팀이 '역학의 정석'을 펼쳐나간 것은 불가피한 수순이었다. 이상 증상을 보인 환자들을 중심으로 그들의 생활상과 그들이 섭취하는 음식 등을 조사하기 시작했다. 어촌이었으므로 곡류를 제외한 반찬으로 당연히 어패류가 주로 식탁 위에 올랐다. 한 가지 이상한 점은 그들이 먹다 남긴 반찬을 고양이에게 주었는데, 고양이 대부분이 주민들이 겪었던 것과 비슷한 증상을 겪다가 죽어갔다는 것이다. 연구팀은 그때까지만 해도 오염된 물고기와 갑각류에 의한 식중독을 우선 용의선상에 올렸다. 홍합 등 일부 패류에는 특정 시기에 독소가 발견되지 않는가? 우리나라에서도 여름철에는 비브리오 패혈증과 같은 세균에 의한 감염병이 유행한다. 연구팀은 공장이니 당연히 폐수에 중금속이 나올 것이고 이들 중금속이 어패류와 갑각류를 오염시켰으며 이를 다시 섭취한 고양이와 사람들이 괴질에 걸렸다고 생각했다. 물론 그들의 추론은 맞았다. 하지만 거기에서 한 발짝도 나아가지 못했다. 1957~1958년 여러 연구자가 질병 원인에 대해 이런저런 가설과 주장을 내놓았다. 죽은 생물과 물고기에서 중금속 망간 농도가 특히 높았다. 어떤 학자는 탈륨과 셀레늄을 용의자로 지목했다. 중구난방식의 주장과 가설은 사건의 실체를 밝히는 데 오히려 걸림돌이 됐다.

미나마타병의 원인을 밝혀내는 데 결정적인 역할을 한 사람은 구마모토대학의 연구자도, 일본의 다른 연구자도 아니었다. 그 사람은 더글러스 매컬파인(Douglas McAlpine)이라는 영국의 신경학자였다. 그는 다발성 경화증 연구의 개척자였다. 미나마타 주민들이 겪고 있는 괴이한 신경질환의 원인을 찾지 못하고 있던 일본 학자들은 초조했다. 한 일본 학자가 그를 일본으로 초청했고 매컬파인은 다발성 경화증의 권위자로서 색다른 다발성 경화증 환자를 찾아다녔다. 다발성 경화증은 당시 일본에서는 생소한 질병이었다. 당시에는 미나마타에서 발생한 잘 모르는 뇌증(encephalopathy)이 이 질병의 색다른 형태가 아닌가 생각한 것이다. 하지만 현지에서 실제로 미나마타병 환자들을 살펴본 그는 몇 년 전 세 건의 유기수은 중독 사례들을 보고한 도널드 헌터(Donald Hunter) 연구팀의 연구 결과를 곧바로 떠올렸다. 임상 결과가 병리학적으로 너무나 유사했기 때문이다.

매컬파인은 헌터에게 전보를 보내 이 지역에서 환경 중으로 수은을 내보내는 배출원에 대해 아는 바가 있는지를 물었다. 그는 즉각 회신해왔다. 미나마타에는 아세트알데히드(acetaldehyde) 제조에 수은을 촉매로 사용하는 비닐 제조공장이 있다고 이야기했다. 미나마타병의 범인을 잡는 결정적 단서는 영국 학자가 제공했지만 그를 일본으로 불러들인 것은 일본 학자였으므로, 미나마타의 원인을 캐낸 것은 결국 일본 학자들의 공이라고 해도 크게 틀리지는 않다.

미나마타 만은 수은 등 각종 중금속의 집합소였다

이때부터 수은에 초점이 맞춰졌다. 수은이 저지를 수 있는 온갖 악행뿐만 아니라 환경 중 수은이 얼마나 있는지 대대적인 조사를 벌였다. 아니나 다를까 수은은 곳곳에 똬리를 틀고 있었다. 1959년 미나마타 만의 수은 분포는 정부 당국과 학자들을 놀라게 했다. 상당한 양의 수은이 물고기와 갑각류에서 검출됐다. 미나마타 만의 바닥 진흙에서도 높은 농도의 수은이 나왔다. 칫소공장 폐수관 안에서 농도가 가장 높았다. 폐수관 입구의 침전물을 조사한 결과 침전물 1톤 당 수은이 무려 2킬로그램이나 나왔다. 그리고 바다 가까이로 갈수록 농도가 줄어들었다. 1956년 회사가 자신들이 사용하는 유해물질을 낱낱이 공개하고 이 유해물질을 용의선상에 올려 환자들의 증상 등과 대조를 했더라면 의외로 범인을 빨리 체포할 수 있었는데 그런

협조가 이루어지지 않았던 것이다. 유력한 용의자는 잡았지만 실제로 이들이 사람의 몸에서 어떤 악행을 저지르는지와 피해 증상과 연관을 찾아내는 것이 급선무였다. 중금속은 사람의 혈액과 오줌 등에도 남아 있지만 이것을 확인하는 가장 손쉬운 방법은 머리카락 모근에 남아있는 중금속의 양을 분석하는 것이었다. 연구팀은 증상이 있는 사람, 미나마타 시에 거주하지만 아직 증상이 없는 사람, 미나마타 시 외곽에 사는 사람 등 세 집단으로 나눠 이들 머리카락의 유기수은 농도를 분석했다. 그 결과 환자들은 평균 705ppm(ppm은 100만 분의 1 단위), 무증상 미나마타 시 거주자는 191ppm, 시 외곽 거주자는 4ppm으로 나타났다. 환자들과 시 외곽 거주자와 유기수은 농도가 무려 176배나 차이가 난 것이다.

이런 결과를 토대로 미나마타 시는 1959년 11월 12일 사건 발생 3년 반 만에 범인을 발표했다. 미나마타병은 주로 중추신경계에 영향을 주는 중금속 중독증이고 미나마타 만과 그 주변에 사는 어패류를 다량 섭취한 것이 원인이며 가장 주된 원인물질은 유기수은이라고 밝혔다.

사실 이 사건이 불거진 뒤 칫소공장은 자신들이 마구 쏟아낸 유독 폐수가 원인이라는 것을 즉각적으로 직감했다. 점차 수사망이 자신들에게로 좁혀오자 공장가동 중단 등 더 이상의 피해를 막기 위한 조치를 취하기보다는 돈벌이를 계속 유지하기 위해 폐수 방출구를 다른 곳으로 변경했다. 역학조사가 진행되는 도중인 1958년 9월부터는 폐수를 미나마타 만에 직접 배출한 것이다. 그 때문에 다른 지역에서도 미나마타병 환자들이 나타나기 시작했다. 오염과 죽음의 확산이 이루어진 것이다. 회사는 작업공정이나 취급하는 물질, 생산물, 부산물, 폐수의 성상 등에 대해 일체의 정보를 역학조사팀에게 주지 않았다.

이 회사가 얼마나 악독했는지는 병의 원인을 캐려던 공장부속 병원장

(그는 괴질 환자가 집단발생하자 지체하지 않고 바로 보건당국에 신고한 미나마타병의 진정한 의인 가운데 한 명이다)인 호소카와 하지메에게 저지른 짓을 보면 실감하게 된다. 그는 하루빨리 병의 원인을 캐어내 더 이상의 피해를 막아야겠다는 일념으로 연구실을 차렸다. 공장 폐수가 범인이라고 여긴 그는 공장 폐수가 첨가된 음식을 건강한 고양이들에게 주었다. 78일간 실험하는 동안 고양이들이 미나마타병 증상을 보였다. 동물을 대상으로 한 그의 이런 병리독성학적 연구는 원인이 유기수은 중독임을 보여주는 증거였다. 병원장의 이런 연구 결과가 알려지면 회사로서는 낭패가 아닐 수 없었다. 회사는 이런 중요한 연구 결과를 숨겼다. 그리고 호소카와에게 연구를 멈출 것을 지시했다. 회사는 질병의 원인을 아는 것이 중요한 것이 아니라 계속 공장을 가동하는 것이 더 중요했던 것이다. 한마디로 신일본질소는 악마의 기업이라는 표현이 딱 어울리는 행태를 보였다.

일본 칫소공장의 악행은 가습기살균제 사건에서 옥시가 저질렀던 일을 연상케 하기에 충분하다. 옥시도 2011년 사건이 물 위로 솟구치자 자신들이 가습기살균제에 집어넣었던 폴리헥사메틸렌구아니딘(PHMG)이 원인임을 직감했을 것이다. 하지만 이를 인정하는 순간 자신들을 향해 거대한 쓰나미가 몰려들 것이라고 생각했다. 사회적 비난과 엄청난 손해배상, 그리고 자신들이 제조·판매하는 다른 제품들의 매출에까지 심각한 영향을 끼칠 것임을 알아차렸다. 신일본질소처럼 옥시도 비협조와 방해 공작에 들어갔다. 그 결과 지금은 많은 국민이 다 아는 바대로 김앤장과 서울대학교 교수 등을 동원해 정부의 역학조사 결과에 딴죽을 거는 것이었다. 하지만 그들의 음모와 전략은 완전한 실패로 돌아갔다. 신일본질소의 방해 공작이 결국 아무런 소용이 없었던 것과 마찬가지다. 옥시레킷벤키저는 일본 미나마타병의 역사에서 전혀 교훈을 얻지 못했다. 만약 교훈을 얻었다면 지금까지 이루어진 행태들은 보이지 않았을 것이다.

칫소 직원, 미나마타병 알려온 미국 사진가 집단테러하다

일본 칫소가 천인공노할 기업이라는 것을 보여준 사건은 또 있다. 미나마타병의 참상을 세계에 널리 알린 것은 일본인 아내를 둔 미국인 사진 에세이 작가 유진 스미스였다. 인터넷에서 미나마타병을 치면 이미지 사진에 가장 많이 등장하는 것이 그가 찍은 작품이다. 욕조에서 딸을 목욕시키는 이 장면은 미나마타에서 임신 중 유기수은에 노출돼 딸을 기형으로 낳은 비극을 상징적으로 보여준다. 태아성 미나마타병의 참상을 단 하나의 사진으로 보여준 이 작품은 세계인의 심금을 울렸다. 스미스 부부는 피해자들의 피해보상을 위해 온몸을 바쳤다. 그들은 1971년부터 1973년까지 미나마타에 살기도 했다. 칫소는 그런 그를 눈엣가시로 여겼다. 1972년 1월 7일 도쿄 인근에서 열린 미나마타 피해자와 그 가족들의 집회 도중 이를 방해하던 칫소 직원들은 스미스에게 마구잡이로 집단 폭행을 가했다. 그는 겨우 목숨을 건졌지만 큰 부상을 당했고 한쪽 눈의 시력을 잃어 장애인이 됐다. 당시 그는 54세였다. 그 후 그는 건강을 회복하지 못하고 1978년 60세에 숨지고 말았다. 의롭게 살다가 간 그의 죽음을 보면, 악마 같은 이들은 질긴 생명을 이어가는데 아름다운 영혼의 소유자들은 왜 이리 허망하게 일찍 세상을 뜨는지 마음이 아려온다.

칫소의 부도덕성과 가면은 피해자 배상 과정에서도 그대로 드러났다. 1959년 미나마타병의 원인이 사실상 유기수은임이 드러난 뒤, 회사는 미나마타 만이 오염되어 더 이상 어업 활동을 할 수 없는 어민이자 피해자들인 주민들에게 피해 배상을 하지 않았다. 회사는 주민을 상대로 앞으로 더 이상 책임을 묻지 않는다는 조건을 달고 '위로금'을 지급했다. 질병에 대한 책임은 없다는 것이었다. 가습기살균제 사건에서 옥시가 보인 태도도 똑같았다. 사건이 터진 뒤 2년이 지난 2013년 말 옥시 대표는 국회 환경노동위원회에 증인으로 출석해 피해 신고자들에게 위로금으로 50억 원을 내놓겠다고 밝혔다. 이에 대해 당시 피해자 대표들은 "피해자들이 회사를 방문해 대표 면담을 요청했을 때는 철저하게 외면하다 국회까지 불려오게 되자 마지못해 위로금을 내놓겠다는 것은 매우 위선적인 태도"라고 비판했다.

칫소의 부도덕한 행각은 여기서 그치지 않았다. 공장 폐수가 사건 주범으로 떠오르자 폐수를 정화하는 장치인 사이클레이터(Cyclator)를 설치해 1959년 말 가동식까지 열었다. 하지만 이 장치가 폐수에서 수은을 제거하지 못한다는 발표는 하지 않았다. 칫소 회장은 사이클레이트에서 나온 물을 언론이 보는 앞에서 공개적으로 마시는 장면을 연출했다. 사실 수은이 들어있는 폐수는 이 장치를 통과하지 않았다. 마치 이제는 폐수에 아무런 문제가 없다는 식으로 사기를 친 것이다. 이런 섬뜩한 보여주기 행위는 2011년 3월 11일 후쿠시마 핵발전소 대사고가 터진 뒤 이를 무마하기 위해, 도쿄 시장이 이러한 행위를 따라 하는 식으로 이어졌다. 이시하라 신타로(石原慎太郎) 당시 도쿄 시장은 3월 24일 전국에 중계되는 방송에서 수돗물 한 컵을 마시는 장면을 연출하며 방사능 오염으로부터 안전하다는 쇼를 벌였다.

미나마타병은 미나마타에서만 생긴 것은 아니었다. 1965년 니가타 현 아가노 강 유역에서도 유기수은 중독 환자들이 집단적으로 쏟아졌다. 사건을 일으킨 기업은 아가노 강 상류에 위치했던, 현재 일본 비철금속 부문 5위 대기업인 쇼와전공(昭和電工)이었다. 미나마타병은 유기수은 중독임이 역학조사로 과학적 인과관계가 1959년 밝혀졌지만 일본 정부는 이를 공식적으로 인정하는 것을 미적거렸다. 이 때문에 제2의 미나마타병 발생을 막기 위한 정부의 조치와 공해 공장에 대한 감시, 감독을 게을리 했다. 제2의

미나마타병이 생기고 나서 3년이 지난 1968년이 되어서야 일본 정부는 미나마타병은 화학공장에서 버린 유기수은 화합물에 오염된 어패류를 섭취해 일어난 질병이라고 공식 견해를 발표했다. 칫소 공장도 그때서야 미나마타병을 일으킨 원인이 된 아세트알데히드의 제조를 중단했다. 늑장도 이런 늑장이 있을 수 없었다. 이 또한 가습기살균제 피해배상 문제와 생활용품 중 화학물질에 의한 제2의 가습기살균제 피해 예방 등에 대해 늑장 조치를 하고 있는 우리 정부의 대응과 매우 흡사하다.

미나마타병을 계기로 오염 관련 특별법과 일반법이 제정되다

2001년 3월 말 현재 일본 정부가 공식적으로 인정한 미나마타병 환자는 2955명이다. 이 가운데 미나마타 시 야츠시로 해안가에서만 2265명이 집계됐고, 나머지 690명은 9년 뒤 미나마타병이 발생한 아가노 강 유역 주민들이었다. 정부는 오염 관련 건강피해보상법에 따라 피해자들을 조사해 2001년 기준으로 1인당 평균 2200만 엔, 모두 합쳐 1440억 엔을 이들에게 보상했다. 칫소는 증거 부족 등 이러저러한 이유로 미나마타병을 공식적으로 인정받지 못한 약 1만 명에게도 금전적인 보상을 해주었다. 우리는 현재 옥시 피해자의 대다수가 옥시를 상대로 한 소송 중 화해를 해 합의금을 받았다. 하지만 2016년 초 검찰의 가습기살균제 제조·판매 기업에 대한 본격적인 수사 이후 형식적 화해 합의금에 대한 비판이 거세게 일자 2016년 8월 추가 위로금 지급 계획을 발표했다. 다른 가해 기업들에 의한 피해자들과 일부 옥시 피해자들은 현재 개별 또는 집단으로 소송중이다.

일본은 미나마타병 사건을 계기로 1969년 오염 관련 질병 피해자를 구제하기 위한 특별조치법을 제정했다. 1970년에는 수질오염관리법을 제정했다. 1971년 미나마타병을 일으킨 쇼와전공을 상대로 한 1심 재판에서 회

▎앞쪽에는 국립 미나마타병연구소가, 저 멀리로는 미나마타 시 전경이 보인다. ⓒ일본국립미나마타병 연구소

사 책임을 묻는 판결이 나왔다. 1973~1974년에는 칫소와 쇼와전공, 미나마타병 피해자 간 피해 보상에 대한 합의가 이루어졌다. 1976년부터는 미나마타 만과 아가노 강 유역의 밑바닥 침전물을 걷어내는 작업을 벌여 1980년까지 계속했다. 1978년에는 국립 미나마타연구소를 설립했다. 이 미나마타연구소는 1996년부터 인도네시아, 태국, 필리핀, 중국, 베트남 등 동남아와 동아시아 국가를 대상으로 해마다 미나마타병에 관한 경험을 전수하고 수은 중독을 일으킬 수 있는 산업을 다루는 국제 교류 세미나를 열고 있다. 1987년 법원은 구마모토 미나마타병 소송과 관련해 중앙정부의 배상 책임을 인정하는 판결을 내렸다. 그 뒤 여러 소송에서 엎치락뒤치락하다가, 2004년 10월 대법원이 미나마타병에 대해 정부가 책임을 져야 한다는 판결

을 내림으로써 사건은 일단락됐다. 이는 우리도 가습기살균제 문제를 법정에서 모두 해결하려면 오랜 시간이 걸릴 것이라는 점을 미리 보여준다.

전후(戰後) 일본사 전공인 미국의 저명 역사학자인 티모시 조지(Timothy S. George)는 자신의 저서『미나마타, 전후 일본의 공해와 민주주의를 위한 투쟁(Minamata: Pollution and the Struggle for Democracy in Postwar Japan, Harvard University Asia Center)』에서 칫소와 일본 정부를 상대로 한 미나마타 피해자와 그 가족들의 끈질긴 권리 쟁취 투쟁과 시위는 일본의 민주화에 큰 도움을 주었다고 평가했다. 이뿐만 아니라 미나마타병은 일본 공해병의 대명사로 전 세계인에게 많은 교훈을 주는 불멸의 환경병으로 자리매김했다. 우리나라에서 터져 나온 가습기살균제 피해는 미나마타병과는 좀 다른 각도에서 조명을 하는 세계적 사건이 될 가능성이 크다. 그리고 적어도 대한민국에서는 불멸의 환경병이 될 것임에 틀림없다.

20세기 최악의 환경 재앙 보팔 참사와 가습기살균제

아셰이 치트레(Ashay Chitre)는 인도 보팔에서 유명한 바라트 바완 (Bharat Bhawan)에 사는 영화 제작자였다. 바라트 바완은 주 정부가 예술인들을 끌어들이기 위해 도시 중심에 지은 문화 예술 및 박물관 복합 주거단지다. 야외 원형 공연장, 민속 정통 박물관, 예술 갤러리, 스튜디오 영화관, 강당, 인도 시(詩) 도서관, 클래식 음악과 포크음악 도서관, 순수예술 작업장 등을 다양하게 갖추고 있었다. 그는 1982년에 이곳에 왔다. 전경에는 아주 큰 호수가 펼쳐져 있는 그림 같은 집이었다.

운명의 그날, 그는 새벽 3시 창문 너머로 시끄러운 소동이 일어난 것을 깨달았다. 12월 초였기에 바깥 공기는 차가워서 그의 집 창문은 굳게 닫힌 상태였다. 시끄러운 소리에 놀란 그는 임신 7개월의 아내를 깨워 창문을 열어보았다. 이상한 가스 냄새가 났다. 그 순간 바로 숨을 쉬기 어려웠다. 눈과 코에서는 누런 액이 흘러내리기 시작했다. 위험을 직감한 부부는 침대 시트 천으로 얼굴을 감싸고 집 밖으로 내달렸다. 그들 부부는 몰랐지만 이웃 방갈로에 사는 사람들은 전화를 받고 이미 도피했다. 옆집에 사는 주 노동부장관도 이미 도피한 후였다. 300미터 떨어진 곳에 사는 주 수상도 제때 연락을 받았을 것이다.

집을 뛰쳐나간 그가 목격한 것은 아비규환이었다. 생지옥 그 자체였다. 가스는 이미 사방에 깔려 있었다. 사람들은 목숨을 부지하려고 온 사방으로 내달리고 있었다. 그 누구도 어느 쪽으로 가야 안전한지 가르쳐주지 않았다. 달리다가 구토를 하는 사람, 쓰러져 숨을 거두는 사람들이 있었다. 너무나 엄청난 공포 때문에 아이들도 두고 도망가는 어른도 있었다. 자기 한 몸도 살기 바쁜 사람들이 가스를 많이 마시거나 지쳐서 쓰러진 사람들을 데리고 갈 수도 없었다. 그들은 달리다 말고 주저앉아 있는 한 가족을 발견했다. 그들은 "우리는 함께 죽을 거예요"라고 말했다. 어떤 사람은 탈출할 수 있게 해달라는 필사적 기도를 하면서 무려 15킬로미터를 내달렸다. 지나가는 경찰차도 어느 방향이 안전한지 몰랐다. 치트레는 집에서 500미터 떨어진 지역 공과대학까지 가서 더 이상 가지 않기로 했다. 만삭에 가까운 아내를 데리고 움직이기에는 무리였다.

두 시간 뒤, 새벽 5시 경찰차가 와서 이제 안전하니 집으로 돌아가라고 방송했다. 경찰을 믿는 사람은 아무도 없었다. 치트레는 공과대학에서 나와 도시 다른 편에 있는 친구에게 도움을 청하러 갔다가 사흘 뒤 집으로 돌아왔다. 집 주위에 있던 석류나무는 누렇게 변했다. 인도 보리수나무는 검게 변해 알아보지 못할 뻔했다. 그 두려움의 밤이 지나고 사흘 뒤 아내는 운동을 할 때마다 통증을 느꼈다. 그도 다리가 조이는 느낌을 받았다. 그들은 자신들의 몸이 앞으로 어떻게 될지, 태어날 아기는 이상이 없을지 불안해 신경과 의사를 만나기 위해 봄베이로 떠났다.

그날 치트레는 그래도 운이 좋았다. 그날 밤 보팔에 살고 있던 수천 명의 다른 이웃은 그보다 더 일찍 소름끼치는 참사를 겪었다. 그들 가운데 대부분은 도시의 빈민이었고 유니언 카바이드 공장 주변과 그 맞은편에 불규칙하게 지어진 집에서 살고 있었다. 람나라얀 제이다브(Ramnarayan Jadav)는 그들 가운데 한 명이다. 시가 운영하는 도시공사 택시 운전기사였던 그는 밤 11시 30분께부터 가스 냄새가 나기 시작했다고 증언했다. 하지만 그는 그냥 45분가량 더 집에 머물렀다. 8일마다 한 번씩 가스가 새서 눈과 가슴에 통증을 느끼곤 했기 때문이다. 그러다가 시간이 지나면 다시 정상으로 돌아왔다. 만약 그때라도 회사 쪽이 경보사이렌을 울렸더라면 많은 사람이 도피할 수 있었을 것이다.

산 사람과 죽은 사람의 차이는 단 하나, 운이 좋은 사람과 나쁜 사람

하지만 그런 일은 일어나지 않았다. 수만 명의 사람은 자정이 지난 밤 0시 30분부터 1시까지 사이에 깊은 잠에서 깼다. 이 시각에는 공장에서 고농도 가스가 퍼져나가고 있었다. 사람들은 잠을 자다 격렬하게 기침을 하면서 깨어났다. 마치 고춧가루를 눈 안에 마구 퍼 넣은 것처럼 눈이 타는 느낌이었다. 통증은 점점 더 심해졌고 숨을 쉴 수 없었다. 사람들은 정신없이 달아났다. 몇몇 사람은 가족을 챙겨 함께 도망갔지만 대다수는 그럴 경황도 없이 그냥 반사적으로 내달렸다. 자신들이 쓸 수 있는 이동수단은 가리지 않고 동원했다. 자전거, 황소수레, 버스, 자동차, 동력 삼륜차, 모터 달린 자전거, 트럭, 스쿠터, 오토바이 등등. 자그마한 스쿠터에 온 가족을 태운 사람도 있었다. 트럭은 사람들로 가득 찼다. 어떤 이들은 트럭 안에 있는 사람의 바짓가랑이와 팔다리를 붙잡고 운명의 여신에 자신을 맡기는 죽음의 질주를 했다. 남정네들은 어린이와 노인, 아낙네들을 손수레에 실고 달렸다.

새벽 3시. 주요 도로는 끝이 보이지 않는, 통제할 수 없는 사람의 물결로 꽉 막혔다. 거리는 가스를 들이 마신 사람들이 구토해놓은 오물로 가득 차 고약한 냄새가 났다. 달리다 넘어진 사람들은 뒤따라오는 군중의 발에 밟혀

죽기도 했다. 어린이들이 가장 심각한 피해를 입었다. 이는 모든 재난과 환
경 피해에서 일어나는 현상이다. 가습기살균제 참사에서도 그러했다. 어린
이는 빨리 도망갈 수도 없다. 유독 가스나 유독 화학물질이 어린이의 몸에
들어오면 적은 양이라도 어른보다 훨씬 더 심각한 피해를 준다. 어린이들이
가장 먼저 죽기 마련이다. 보팔의 어린이들은 더 이상 걸을 수 없게 됐고,
숨을 쉬기 어렵게 됐다. 단지 숨을 헐떡이다 죽어가는 운명을 받아들여야
했다. 수만 명의 사람들이 수백 킬로미터 떨어진 다른 지역으로 피난했다.
새벽 2~4시 인근 도시에 도착한 이들은 치료를 받기 위해 지역병원으로 몰
려갔다.

　　미국에 본사를 둔 다국적 기업 유니언 카바이드의 보팔 살충제 공장에

서 누출된 농약 원료 메틸이소시안산염(Methyl Isocyanate, MIC)은 인근 40 평방킬로미터로 퍼져나갔다. 이 독가스는 바람이 부는 방향에 있던 5~8킬로미터 떨어진 곳에 거주하던 사람들에게 매우 심각한 피해를 입혔다. 그 수는 보팔 시 전체 인구의 4분의 1인 20만 명에 달한다. 보팔 시는 거대한 가스실이 돼버렸다. 보팔 시에는 큰 호수가 두 곳 있었다. 만약 이 호수의 물이 독가스 구름을 중화하지 않았더라면 비극은 훨씬 더 커졌을 것이다.

공장에는 두 종류의 경고 사이렌이 있었다. 하나는 주민들에게 알리는 경보 사이렌으로 매우 소리가 크고 연속해서 계속 울리는 것이었다. 약한 경보음을 울리는 사이렌은 공장 노동자용이었다. 주민 사이렌은 밤 1시께 울렸다. 가스가 새기 시작한 지 한 시간 뒤에 울린 늑장 경보였다. 이마저도 공장 경보 사이렌이 울리다가 멈추고 난 직후 몇 분만 울리고 말았다. 이는 공장에서 사소한 가스 누출이 있을 때 주민들이 놀라는 것을 막기 위해 회사가 마련해둔 절차를 따른 것이었다. 대규모 누출이 있었음에도 소규모 누출 때 실행하는 매뉴얼에 따라 경보음을 울린 것이었다.

공장 주변 주민들은 대부분 사이렌 소리에 깬 것이 아니라 가스에 의한 자극통증 때문에 일어났다. 공장은 주민들에게 바람 부는 방향으로 도피하게끔 유도했다. 수많은 주민들은 하나둘 씩 시간 차이만 있을 뿐 죽음의 방향으로 달렸다. 하지만 공장 노동자들은 바람 방향과 반대로 도피했다. 이 때문에 거의 모든 공장 노동자는 목숨을 건졌다.

유니언 카바이드, 보팔 경찰서장에게도 거짓말로 일관

이 무시무시한 밤에 벌어졌던 일에 대해 유니언 카바이드는 거짓말로 일관했다. 피해자들이 하미디아병원에 떼를 지어 몰려들었을 때 회사 의료 책임자는 정신없이 이리 저리 뛰어 다니는 의료진에게 "가스는 무독성이에

요. 환자에게 물에 젖은 수건을 눈 위에 덮으라고 하는 것 외엔 아무것도 할 필요가 없어요"라고 말했다. 우리나라에서 '옥시싹싹 뉴 가습기당번'을 사용한 사람들이 유독 기침이 잦고 호흡곤란을 느껴서 회사에 전화를 걸거나 인터넷에 게시 글을 올려 부작용을 호소하면, 옥시 쪽은 "우리 회사 제품은 안전하기 때문에 전혀 문제가 없어요"라고 거짓말을 했던 것과 유사하다. 이것이 유니언 카바이드의 유일한 거짓말은 아니다. 이 회사는 거짓말이 달인의 경지에 오른 기업이었다. 이런 기업이니 이런 세기의 대재앙을 불러온 것일 테다. 밤 1시 경찰서장 스와라지 푸리(Swaraj Puri)는 마을 순찰경관이 공장에서 2킬로미터 떨어진 주거지인 촐라 마을 주민들이 피난 중이라며 전화를 해와 잠을 깼다. 그는 즉각 경찰 통제실로 갔다. 1시 25분께였다. 당직 경찰이 격렬하게 기침을 하며 눈을 마구 비비고 있었다. 1시 25분부터 2시 10분 사이에 그는 공장에 세 차례 전화를 걸었다. 처음 두 차례는 "아무 문제도 없어요(Everything is OK)"라는 대답만 했다. 세 번째 전화를 걸었을 때 "우리도 무슨 일이 일어났는지 모릅니다. 서장님"이라고 답했다. 서장은 그 소리를 듣자마자 전화기를 내동댕이쳤다.

밤 1시 45분(가스 누출이 확실한 때로부터 45분이 지난), 지역 행정장관이 집에 있던 공장 작업매니저와 연락이 닿았다. 그는 가스가 누출된 줄도 모르고 있었다. "가스 누출은 결코 제 공장에서 있을 수 없습니다. 공장은 문을 닫았습니다. 우리 기술은 절대로 잘못될 리가 없어요. 우리는 그런 누출이 있을 수 없습니다."

그날 밤 유니언 카바이드는 인도 당국에 누출과 관련한 그 어떤 정보도 주지 않았다. 당국이 어떤 조치를 해야 하는지 알려주려고 노력하지도 않았다. 새벽 3시께 회사는 사설보안복 차림으로 일하는 퇴역 소령 출신의 보안원을 주 정부 당국에 보내 누출을 틀어막았다는 메시지를 전달했다. 실제로는 전혀 틀어막지 않았으면서도 뻔뻔하게도 틀어막았다고 거짓말을 했다. 실제로는 가스가 넘쳐흐르는 것이 멈추었을 뿐이었다. 하지만 공장 매니저 무쿤드(J. Mukund)는 어느 기자에게 다음날 아침 자신이 연락을 받은 뒤 몇 분 안에 누출을 틀어막았다고 말했다.

재앙이 일어나 수천 명이 죽고 나서 보름이 지났는데도 무쿤드는 여전히 자신의 말을 방어하고 있었다. MIC는 단순한 자극제에 지나지 않는다, 전혀 치명적이지 않다는 궤변을 쏟아내면서 다음과 같이 말했다. "그것은 우리가 어떻게 보느냐에 달려 있습니다. 그것은 최루가스 같은 것이에요. 당신의 눈에서 눈물이 흐른다면 물로 씻어내면 도움을 받을 겁니다."

보팔 참사는 어떻게 일어났는가? 어떻게 그렇게 많은 독가스가 누출될 수 있었는가? 왜 초기에 파국을 막지 못했는가? 사고가 나면 독가스를 중화하거나 피해가 확산하지 않도록 하는 장치들은 없었는가? 이런 물음에 대답하기 위해서는 사고의 직접적인 원인을 파헤쳐야 한다. 하지만 이와 함께 왜 유니언 카바이드가 인도에 진출했는가를 먼저 살펴볼 필요가 있다. 시작이 없으면 끝도 없다. 유니언 카바이드가 인도에 진출하지 않았더라면 보팔 참사도 일어나지 않았을 것이기 때문이다. 이는 (주)유공이 1994년 자랑스레 떠벌린 세계 최초의 가습기살균제 개발이 없었더라면 가습기살균제 참사도 일어나지 않았을 것이라는 것과 일맥상통한다. 또한 레킷벤키저라는 다국적 기업이 한국에 진출하지 않았더라면 엄청난 비극으로 치닫지는 않았을 수도 있다.

1970년대 인도 정부는 외국 기업들이 인도 산업에 투자를 하도록 장려하는 정책을 펴기 시작했다. 유니언 카바이드는 아시아 전역에 많이 쓰이는 카르밤산 계통의 살충제인 세빈(Sevin, 상품명)의 제조 공장을 짓겠다는 뜻을 전해왔다. 협상의 한 부분으로 인도 정부는 의미 있는 국내 지분이 투자돼야 한다고 주장했다. 그렇게 해서 인도 정부는 인도 유니언 카바이드라는 유한회사 성격의 유니언 카바이드 자회사 지분 22%를 확보했다. 위치는 운송 인프라 접근성이 좋고 인도 중심부에 있는 보팔로 결정했다. 보팔에 지을 공장의 위치는 원래 경공업과 산업 용도로 결정된 곳이었다. 위험한 화학산업 시설은 들어설 수 없었다. 공장은 처음에는 원료 화학물질을 들여와 살충제를 배합하는, 그것도 매우 작은 규모만 처리하는 조건으로 승인을 받았다. 하지만 국제 화학산업 분야에서 벌어지고 있던 치열한 경쟁 압력 때문에 인도 유니언 카바이드는 한 시설에서 최종 제품의 배합을 위한 원료 물질과 중간 제품을 만들게 했다. 이것은 필연적으로 매우 정교하고 위험한 과정을 거쳐야 했다.

미국과 인도, 이중기준이 가져온 둠스데이

1984년 공장은 살충제 수요가 줄어들어 그들이 생산할 수 있는 용량의 4분의 1밖에 제조하지 못했다. 1980년대 인도아대륙에서 벌어진 광범위한 작황 실패와 이에 따른 기근으로 많은 농민이 빚을 졌고, 이들은 살충제를 구매할 여유가 없었기 때문이다. 인도 공장 책임자는 공장 문을 닫고 너무나 저조한 수익성 때문에 1984년 6월 공장을 매각하기로 했다. 하지만 이를 살 구매자가 없었다. 인도 유니언 카바이드는 핵심 생산 장치들을 해체해 다른 개발도상국으로 매각할 계획을 세웠다. 우리나라에서도 1994년 원진 레이온이 직업병 참사로 더 이상 공장을 가동하기 어렵게 되자 핵심 생산 장치를 해체해 중국에 매각한 바 있다. 한편 인도 공장은 같은 생산 시설을 갖추고 가동되고 있던 미국 서부 버지니아 인스티튜트(Institute)에 위치한 자매 공장에서 채택하고 있는 안전 장비와 과정 기준에 훨씬 못 미치는 기준하에서 가동되고 있었다. 유니언 카바이드는 인도에서 이른바 이중기준

(double standard)을 적용하고 있었다. 인도 정부는 안전 문제를 알고 있었다. 하지만 기업 경영이 힘든 상황에 이들을 엄격하게 관리하면 거대 고용주를 잃을 수도 있어서 그 결과로 오게 될 경제적 영향을 두려워했다. 결국 산업 안전과 오염 관리를 강력하게 하라고 말했어야 함에도 입도 뻥긋하지 않았다. 그리고 운명의 날, 보팔의 '심판의 날'을 맞았다.

그날 밤 보팔공장에서 무슨 일이 어떻게 벌어졌는지 아직 완전히 복기하지는 않았다. 당시, 그리고 그 뒤 이루어진 언론 보도를 바탕으로 그런대로 온전한 형체를 갖춘 그날의 경과는 다음과 같다.

인도인들에게 악마의 물질이 돼버린 메틸이소시안산염(MIC)은 이중벽으로 이루어진 세 개의 스테인리스 강철 재질 탱크에 담겨 있었다. 탱크 일부는 땅에 묻혀 있었다. 회사는 이를 610, 611, 619라는 암호명으로 불렀다. 1984년 12월 2일 밤 10시 45분경, 120명의 당번 근무조는 저녁 교대를 마쳤다. 그들은 다음날 오전 11시까지 근무하게 돼 있었다. 이른바 2교대 근무가 이 공장에서 이루어지고 있었던 것이다. 새로 교대한 노동자 가운데 한 명이 610번 탱크(운명의 날에 문제를 일으킨 주범)를 살폈다. 기록계는 탱크 압력이 정상보다 무려 다섯 배나 높다고 가리키고 있었다. 하지만 이러한 사실을 무시해버렸다. 탱크 압력기록장치가 오작동했다고 생각한 것이다. 사건 후 책임 감독자인 샤킬 쿠레시(Shakil Qureshi)는 "기록장치가 종종 제대로 작동하지 않았다. 그것들은 부식됐다. 기록계 안에 수분 결정이 생기곤 했다"라고 증언했다.

11시 30분경 노동자들은 어디선가 MIC가 새고 있다는 것을 깨달았다. 눈에서는 눈물이 나기 시작했고, 몇몇 노동자가 MIC 탱크 주변 구조물을 돌면서 물을 지상 15미터 위에서 아래로 한 방울씩 떨어트려 가스가 새는지 살폈다. 희고 누런 가스가 떨어트린 물 주변으로 몰려들었다. 11시 45분경 그들은 감독책임자인 쿠레시에게 이런 사실을 보고했다. 그는 차를 마시고 난 뒤 12시 15분쯤 점검해보자고 했다. 나중에 그는 물이 샌다는 이야기를 들었을 뿐이라고 둘러댔다. 그가 차를 마시며 휴식을 끝낸 시각은 자정을 넘긴 12시 40분이었다. 이미 재앙이 빠른 속도로 질주하던 시각이었다.

공장 노동자 수만 데이(Suman Dey)는 610번 탱크의 온도 눈금이 이 온도계 기록 최고 한도인 섭씨 25도에 이른 것을 알아차렸다. 압력은 40프사이(psi), 즉 2.72기압을 향해 빠르게 상승하고 있었다. 40프사이가 되면 폭발을 막기 위해 긴급구난밸브가 열려 가스를 탱크 밖으로 빼낼 수 있도록 돼 있었다. 그는 상황을 파악하기 위해 저장탱크로 내달렸다. 그리고 전율했다. 그는 저장탱크 위 콘크리트 슬라브 구조물 위에 서 있었는데 슬라브가 갑자기 흔들리기 시작했다. 탱크 안에서 나는 굉음을 들었다. 다량의 액체가 슬라브 아래 가마솥에서 부글부글 끓는 소리 같았다. 곧바로 쉿쉿하는 엄청나게 큰 소리와 함께 탱크와 연결된 높은 굴뚝에서 분출된 가스가 하얀 구름을 형성해 공장 위로 떠오른 뒤 곤히 잠자고 있던 주민들이 거주하던 마을 쪽으로 가는 것을 보았다. 보팔을 지옥의 도시로 만든 대재앙은 그렇게 시작됐다.

보팔 재앙의 과정과 원인을 살펴보면 머피의 법칙이 떠오른다. 일이 잘못된 방향으로 진행되거나 자신에게 불리한 상황이 반복되는 현상을 가리키는, 노래 가사에도 나오는 그 유명한 법칙 말이다. 매우 위험한 물질을 다루는 공장이었던 만큼 유니언 카바이드 보팔 공장도 여러 안전장치와 설비를 갖추고 있었다. 운명의 날에는 이런 장치들이 모두 고장 나거나 제대로 작동하지 않았다. 주요 장비와 설비만 보아도 대략 여섯 개 정도 된다.

보팔 참사, 재난에 대비하지 않은 인간이 만들어낸 필연

먼저 MIC 저장탱크의 압력이 탱크 내부 화학물질의 격렬한 반응으로 엄청나게 올라가면 안전밸브가 열려 MIC 가스를 분출하도록 돼 있다. 이때 분출가스 제거 시스템이 작동된다. 이 시스템은 분출되는 MIC 가스에 가성소다(수산화나트륨, NaOH, sodium hydroxide)를 분사해서 이를 중화한다. 산(MIC)을 알칼리(NaOH)로 중화하는 것이다. 하필이면 그 당시 분출가스 제거 장치는 고장이 나서 수리 중이었다. 유독성의 MIC 증기는 33미터 높이의 굴뚝 배출구를 통해 빠져나가게끔 설계돼 있었다. 굴뚝을 통해 대규모의 MIC 유독가스가 빠져나가는 것을 막기 위해 감독관은 물을 뿌릴 것을 지시했다. 하지만 그들이 가진 워터제트는 안타깝게도 그 높이까지 다다르지 못했다. 워터제트가 올라갈 수 있는 높이는 그 절반에도 미치지 못하는 12~15미터 정도였다. 공장에는 탱크의 내부 온도가 올라가 가열되는 것을 막기 위한 냉각장치가 있었다. 하지만 610번 탱크 냉각 시스템은 사용할 수 없는 상황이고 결국 MIC의 화학반응을 멈출 수 없었다. 높이 설치된 조명탑을 활용하려 했지만 이 또한 무용지물이었다. 부식된 관을 교체하지 않아 사람이 조명탑 위로 올라갈 수 없었다. 머피의 법칙이 완벽하게 작동되고 있었던 것이다. 머피의 법칙이 보팔 참사에서 작동한 것은 결코 우연이 아니다. 이는 재난에 대비하지 않은 인간이 만들어낸 필연이었다.

보팔 참사로 정확하게 몇 명이 숨졌는지, 부상자가 몇 명인지, 가스에 노출된 사람이 몇 명인지는 아무도 모른다. 현재 진행 중인 가습기살균제 참사와 꼭 닮았다. 인도 정부는 어떻게 해서든 피해자 수를 줄이려고 안간힘을 썼다. 사건 첫날 정부는 400명이 숨졌다고 했다. 비공식 통계는 500명이었다. 둘째 날은 그 틈이 더 벌어졌다. 정부는 550명으로 늘어났다고 밝힌 반면 비공식 통계는 1200명으로 껑충 뛰었다. 이런 심각한 사망통계 차이는 셋째 날과 넷째 날에도 이어졌다. 1985년 1월 말 정부는 1430명이 숨졌다고 발표했지만 비공식 통계에 따르면 숨진 사람은 2500명가량이었다. 인도 언론과 전 세계 외신은 비공식 통계를 근거로 보도했다. 가습기살균제 사망자 통계에서도 비슷한 상황이 벌어지고 있다. 정부는 피해 신고를 받아 1단계와 2단계 판정을 받은 사망자만을 피해 사망자로 분류한다. 하지만 환경시민단체는 여기에다 3단계와 4단계 피해 사망자를 보태고 있다. 언론은 때로는 정부 통계를, 때로는 환경시민단체 통계를 근거로 피해 사망자 수를 보도하고 있다. 현재는 보팔 사건 발생 수일 안에 숨진 사망자 수를 1만 명, 그 뒤 20년간 후유증 등으로 조기사망한 사람을 1만 5000~2만 명으로 잡고 있다. 그리고 인도 정부는 가스에 조금이라도 노출된 사람을 약 50만 명가량으로 보고 있다.

유독성의 증기는 12월 7일에 겨우 제거됐다. 그리고 피해자와 유족들 앞에는 피해 배상이라는 문제가 남아 있었다. 인도 정부는 유니언 카바이드 측과 4억 7000만 달러(약 5000억 원)를 받고 완전하고 최종적인 합의를 했다. 이런 합의는 사망자 3000명과 10만 2000명의 영구 장애인을 전제로 한 것이었다. 이 합의가 발표되던 날, 유니언 카바이드의 주가는 주당 2달러, 주가가치로는 7%가 뛰었다. 이 사실은 피해자 쪽에서 보면 얼마나 형편없는 합의였는가를 단적으로 보여준다. 1963년에서 1985년 사이 미국 몬태나주 리비 질석광산 마을에서 벌어진 주민 석면 피해에 대한 보상과 같은 조건으로 보팔 피해자들에 대한 배상이 이루어졌더라면, 적어도 100억 달러(약 10조 원)의 배상금을 받아낼 수 있었다. 약 20배가 넘게 차이가 나는 것이다. 인도인과 미국인의 목숨 값이 이렇게 차이가 났다. 2003년 인도 보팔 가스 비극 구제 및 재활과에 따르면, 55만 4895명의 부상자와 사망자 유족 1만 5310명이 배상을 받았다. 이를 근거로 사망자 한 가구당 평균 배상액을

∥보팔 참사를 일으킨 메틸이소시안산(MIC) 가스가
누출된 저장탱크의 모습. 출처: 위키미디어

재산정하면 2200달러, 즉 220만 원이 된다. 보팔 재앙에 목숨을 빼앗긴 원혼들이 죽어서도 눈을 감지 못할 액수였다.

유니언 카바이드는 이 참사로 존폐 위기에 놓였다. 적대적 합병을 피하기 위해 보팔 참사 이후 회사 규모를 6분의 1 수준으로 줄였다. 그렇게 함으로써 희생자들에게 줘야 할 법적 재산을 확 줄였다. 그리고 주주들과 최고 경영진들에게 엄청난 이익을 안겨주었다. 나중에 유니언 카바이드는 세계적인 화학기업 다우케미컬로 경영권이 넘어 갔다. 다우케미컬은 자신들의 홈페이지에서 보팔 재앙에 대해 이렇게 말하고 있다. "(인도 노동자들의) 고의적인 태업(사보타지) 때문에 사건이 일어났다." 세계적인 기업이라고 해서 반드시 제대로 된 참회를 하는 것은 아니라는 사실을 너무나도 확실히 보여주었다.

레킷벤키저 과연 10년 뒤에도 가습기살균제 참사를 언급할까?

역시 세계적인 건강·생활용품 기업인 레킷벤키저는 이 사건에 대해 어떻게 말할까? 레킷벤키저는 2016년 4월까지 단 한마디의 언급도 하지 않았다. 2015년 항의방문단이 영국 본사를 직접 찾아갔고 그 앞에서 1주일 가까이 시위를 벌였지만 한국에서 벌어진 가습기살균제 사건에 대한 어떤 내용도 홈페이지에 올리지 않았다. 2016년 5월 가습기살균제로 아들을 잃은 119구급대원 김덕종 씨와 환경보건시민센터 최예용 소장이 주주총회 시기에 맞추어 2차 항의시위를 갔을 때 비로소 최고경영자를 만날 수 있었다. 이때 레킷벤키저 홈페이지의 미디어 글로벌뉴스란에 단 두 건의 뉴스를 올렸다. 하나는 한국에서 옥시레킷벤키저가 출시한 가습기살균제 제품으로 한국에서 사상자가 나왔고 이를 계기로 피해자 배상에 힘을 쏟아 옥시레킷벤키저의 신뢰를 회복하겠다는 내용이고, 다른 하나는 영국에 온 김덕종 씨를 만나 깊이 사죄하고 모든 문제가 원만하게 해결될 수 있도록 최선을 다하겠다는 내용이었다. 한국의 옥시레킷벤키저는 가습기살균제 참사에 대해 어떻게 말하고 있을까? 지금은 사죄한다고 말한다. 초기 화면을 배상안과 사죄의 글로 꽉 채웠다. 존중·공정·신속·투명의 4가지 핵심 원칙을 바탕으로 가습기살균제 피해자 및 가족을 위한 포괄적인 배상 계획을 수립하고 있다고 밝힌다. 하지만 이 사건이 잠잠해지고 5년, 10년이 지나고 나면 홈페이지에도 가습기살균제와 관련한 내용은 완전히 사라질지 모른다.

인도 보팔 참사는 가습기살균제 재앙과는 성격이 좀 다르다. 보팔 참사는 2012년 경상북도 구미 휴브글로벌에서 일어난 불산 누출 사고, 그 후 삼성전자 등 국내 여러 대기업과 중소기업에서 잇달아 발생한 염소 및 불화수소 누출 사건과 매우 흡사하다. 보팔 참사 이후 30년이라는 세월이 흘렀음에도 대한민국에서 이와 유사한 일들, 즉 '미니 보팔 사고'가 터진다는 사실

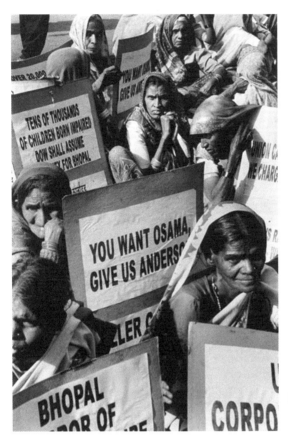

▋보팔 참사가 벌어진 뒤 항의
시위를 하는 보팔 시 여성들
의 모습. 출처: 위키피디아

은 우리나라의 화학물질 안전 수준이 그만큼 형편없다는 뜻이다. 가습기살
균제도 화학물질이므로, 다른 나라에서 생긴 적 없는 재난이 일어났다는 것
은 보팔 참사와는 또 다른 측면에서 안전 후진성을 잘 보여준다고 할 수 있
다. 가습기살균제로 수많은 사람이 죽어가고 있는데도 우리 사회에서는 어
느 누구도 이를 예방하거나 탐지해내지 못했다. 이는 달리 말하면, 한국에
서도 보팔 참사와 같은 대재앙이 벌어질 가능성이 있다는 뜻이다.

〈한눈에 읽는 보팔 참사 손바닥 글〉

1984년 12월 3일 40톤이 넘는 메틸이소시안산염 가스가 인도 보팔 시에 있는 살충제 공장에서 누출돼 며칠 만에 3800명 이상의 목숨을 앗아가고 수천 명 이상이 조기 사망하게 만든 20세기 최악의 화학물질 재앙이다. 유니언 카바이드는 인류 역사상 최악의 산업 사고를 일으켰음에도 법적 책임을 지지 않으려고 안간힘을 썼다. 결국 인도 대법원의 중재로 법적 책임이 아니라 도덕적 책임을 받아들이는 형식으로 인도 정부와 4억 7000만 달러(약 5000억 원)의 보상을 해주기로 합의했다. 이는 사망자와 부상자 수, 장애자 수와 이들의 장기간 건강 영향 등을 고려할 때 터무니없이 적은 액수였다. 이 재앙은 유사한 사건을 피하고 산업 재난에 대비하기 위한 예방적 전략, 국제 환경안전 기준이 필요하다는 교훈을 남겼다.

대한민국 최악의 직업병 원진레이온에서 배우다

가습기살균제병이 대한민국 최악의 환경병 재앙이라면 원진레이온 이황화탄소 중독은 최악의 직업병이다. 환경병은 직업병의 또 다른 모습으로 흔히들 동전의 양면에 비교한다. 어느 공장의 노동자들이 직업병에 걸릴 위험이 있다는 것은 그 공장 주변 주민들도 직업병과 똑같은 증상을 보이는 환경병에 걸릴 수 있다는 뜻이다. '침묵의 살인자'로 불리는 석면을 다루던 공장 노동자들이 집단으로 직업병에 걸리고 나서 얼마 후, 공장 인근 주민들에게도 그 병이 나타났다. 그 대표적 사례인 것이 부산 제일화학 석면방직공장 사례와 일본 효고 현 아마가사키 시에 있는 구보타 석면시멘트 공장 사례다. 이곳에서는 공장 노동자들에게서 먼저 석면 질환이 발생했다. 그리고 얼마 뒤 이들 지역의 많은 주민이 석면폐증과 폐암, 악성중피종에 걸려 고통을 겪었고, 지금도 겪고 있다.

원진레이온이 직업병 노동자를 양산한 것은 인건사, 즉 레이온을 만드는 데 필수적인 유기용제인 이황화탄소가 치명적인 신경독성물질인 탓도 있지만, 회사 측이 노동자들에게 안전교육을 하지도 않았고 너무나 오랫동안 열악한 작업환경을 방치했기 때문이다. 물론 원진레이온은 한때 노동자 수만 3000명에 이를 정도로 대기업이었다는 점도 빼놓을 수 없다.

원진레이온 비극은 옛날 종로2가에 있던 화신백화점의 박흥식 회장이 1959년 흥한화섬이란 이름으로 회사를 설립하면서부터 잉태되었다. 그는 이듬해 경기도 미금시 도농동 15만평 터에 공장을 건설하기 시작했고, 일본 동양레이온(도레이) 사로부터 인견사를 만들어낼 수 있는 중고 방사(紡糸) 기계를 들여와 1966년부터 인견사를 생산했다. 이 회사는 얼마 뒤 세진레이온으로 이름이 바뀌고 1976년 원진레이온이라는 이름을 달게 된다. 경영난으로 회사가 1981년 산업은행 법정관리에 들어가면서 이른바 정부 관리 기업이 된다. 1980년대는 군사독재정권 시절이어서 1984년 공군 소장 출신이, 1988년에는 노태우 대통령 육사 1기 후배인 육군 소장 출신이 낙하산을 타고 내려와 사장에 취임했다. 그리고 1988년에 마침내 노동자들의 몸 안에서 부글부글 끓던 이황화탄소가 노동자들의 몸 밖으로 뛰쳐나오며 세상을 놀라게 했다. 대한민국 노동사에 길이 남을 원진레이온 노동자 대투쟁은 내가 1988년 7월 22일 ≪한겨레신문≫에 사회면 머리기사로 "유해환경 놔두고 산재환자 강제 퇴사: 원진레이온 이황화탄소 중독자 12명 발생, 언어장애, 팔다리 마비…… 노동부는 팔짱만"이라는 특종 탐사보도를 내보내면서 비로소 불길이 타오르기 시작했다.

원진레이온 1988년 이전에도 이미 환경 문제로 시끌

아직도 많은 사람은 서울에서 가평이나 마석, 청평 등으로 갈 때 버스 차창을 통해 고약한 냄새를 맡았던 기억을 떠올리곤 한다. 그 냄새는 이황화탄소와 황화수소에서 나오는 악취다. 원진레이온 직업병이 사회문제가 된 것은 1988년이지만 그 이전에 여러 차례 문제를 해결할 기회가 있었다.

1970년대 후반과 1980년대 초반 일부 언론은 원진레이온에서 나오는 달걀 썩는 냄새와 비슷한 악취(황화수소)를 뿜는 가스 때문에 철로가 부식되고 소나무도 시들며 사람도 고통을 받고 있다고 큼지막하게 보도했다. 1982년에는 서울통합변호사회가 인권옹호 사업의 하나로 공해 피해구제 사업을 벌이기로 하고 그 첫 사업으로 원진레이온 공해 피해에 대한 법적 방안 마련에 나섰다. 주민이 고통을 호소할 정도면 이보다 몇 배, 몇십 배 더 많은 유독가스에 노출되는 노동자는 더 말할 것도 없다. 서울변호사회는 원진레이온 노동자 가운데 마흔 살에 오른손 마비와 언어장해 등 전신마비가 생긴 노동자를 찾아내 손해배상 소송을 벌였다. 당시 이를 알리는 한 신문의 기사에는 이황화탄소가 아니라 아황산가스(SO2) 중독증 환자라고 돼 있었다. 국립의료원이 내린 진단이었다. 아황산가스와 이황화탄소(CS2)는 전혀 다른 물질이고 유독성과 성질도 완전히 달랐음에도 의사 등의 무지 때문에 최초의 이황화탄소 중독증 환자로 기록돼야 할 노동자가 엉뚱한 원인 진단을 받은 것이다. 이는 우리 사회와 의료계가 얼마나 노동자들의 질병, 즉 직업병에 무관심했는가를 보여주는 대목이다. 그는 1989년 8월 고려대병원에서 다시 검진을 받고 이황화탄소 중독증 환자라는 본래의 병명을 찾았다. 이 병에 최초로 걸린 홍원표 씨는 1997년 14년 투병 끝에 숨을 거뒀다.

가습기살균제병을 치료하기가 힘들 듯이 이황화탄소 중독증에 걸린 노동자들도 거의 치료가 되지 않는다. 당시 원진레이온에서는 노동자들이 팔다리가 마비되는 증세로 하나둘 쓰러져 갔다. 그때마다 노동자 사이에서는 40대밖에 되지 않았는데 벌써 중풍이 왔다며 수근거렸다고 한다. 가습기살균제를 제조·판매하던 회사들이 가습기살균제 성분을 보물찾기 놀이 하듯 꽁꽁 숨겼듯이, 원진레이온은 노동자들이 다루는 물질이 무엇인지, 그 물질이 어떤 독성이 있는지를 20년 동안 단 한 차례도 노동자들에게 알리지 않았다. 물질보건안전자료(MSDS)는 회사 입장에서는 '귀신 씨 나락 까먹는 소리'와 같은 것이었다. 산업안전보건법과 근로기준법 등이 허술하게나마 있었지만 이마저도 회사는 지키지 않았다. 유독성물질을 다루는 노동자는 하루 8시간 이상 근무하지 못하도록 돼 있음에도 원진 노동자들은 하루 12 시간씩 노동하며 몸을 망쳐갔다. 법에 따라 주어야 할 유해부서 근무 수당 도 떼먹었다. 산업안전보건 교육을 1년에 일정 시간 이상 하도록 돼 있는데 도 이를 지키지 않았다. 교육은 단 한번 있었다. 불조심하라는 것이었다.

노동자 몸은 망신창이, 노동부는 회사에 무재해 기록증 수여

이런 지옥 같은 상황이 계속되고 직업병 환자가 발생하고 있음에도 노동부는 1986년 6월 원진레이온에 "귀 회사가 산업재해 예방에 진력한 결과 1984년 3월 1일부터 1986년 5월 11일까지 무재해 기록을 달성했다"라며 1 만9248시간 무재해 기록증을 주었다. 마치 국가기술표준원이 안전하지도 않은 가습기살균제에 안전마크를 달아주었듯 말이다. 정부라는 조직이 정말 어처구니없는 일들을 저질러온 것이다. 그리고 ≪한겨레신문≫ 보도 뒤 특별근로감독을 벌여 강제퇴사를 시키고 연장근로수당 등을 주지 않은 회사에 대해 근로기준법, 산업안전보건법 위반 등의 혐의로 전·현직 대표이사와 전·현직 상무이사, 전·현직 공장장 등 여섯 명을 불구속 입건했다. 구속도 검토한다는 요란한 발표와는 달리 이들은 나중에 모두 얼마 되지 않는 벌금형을 받았다. 병 주고 약 주는 격이었다.

노동자의 몸은 점점 엉망이 되었다. 낫지 않는 두통이 일주일 내내 지속됐다. 아프다고 얘기도 하지 못했다. 그나마 얻은 일자리고 큰 기업인데 쫓겨나는 것이 두려웠다. 실제로 몸이 많이 좋지 않은 노동자들은 강제 퇴사를 당했다. 아파도 아프다는 소리조차 낼 수 없는 원진레이온은 그럴듯한 직장이 아니라 고통으로 가득 찬, 죽음을 향해 달리는 직장이었다.

가습기살균제병 때문에 가족이 숨지거나 중증 질환에 걸린 가정 가운데는, 서로를 다독이며 잘 헤쳐 나가는 경우도 있지만 이혼하거나 자주 심하게 다투며 아슬아슬하게 가정을 꾸려가는 경우도 제법 있다. 원진레이온 직업병 노동자들의 가정도 마찬가지였다. 1988년 원진레이온 피해자 가정으로 직접 취재를 갔을 때 나를 안내한, 최초의 직업병 환자 가운데 한 분인 강희수 씨는 직업병 때문에 가정이 풍비박산 났다. 강 씨 덕분에 나는 일생일대의 대특종 보도를 할 수 있었다. 처음 만났을 때 유심히 보니 그는 다리를 약간 절고 있었다. 가벼운 증상이라고 생각했는데 그의 건강은 날이 갈수록 급속히 나빠졌다. 병 간호에 지친 아내는 이혼을 선언했다. 1990년 12월이었다. 그 뒤 그는 서울기독병원과 사당의원에서 치료를 받다가 1992년 2월 세상을 떠났다. 당시 강 씨의 딸이 쓴 편지 "노동부 장관 아저씨와 회사 사장 아저씨께 드리는 글"은 지금 가습기살균제로 고통을 겪고 있는 가정의 사연이 절절한 것처럼 눈물 없이는 읽어 내려갈 수 없는 내용으로 가득하다. 강 씨의 장례는 원진레이온 직업병 피해자 및 가족협의회, 원진 직업병 피해 노동자 협의회 등 직업병 피해자단체 동료들의 도움 덕에 치러졌다. 강 씨의 자녀인 삼남매는 강 씨 동료들의 도움으로 친척들이 얻어준 셋방에서 생활했다. 나중에 들은 이야기는 나를 무척 슬프게 만들었다. 노동부장관을 향해 한 맺힌 절규를 쏟아냈던 큰 딸은 그 뒤 가출해 여기서 차마 말할 수 없는 길로 들어섰다는 것이다.

≪한겨레신문≫ 보도 후 본격적인 투쟁 나선 피해자와 가족들

≪한겨레신문≫에서 보도가 나온 다음날, 원진레이온 직업병이 사회문제가 되기 전부터 관여해왔던 구리노동상담소의 제안으로 첫 대책회의가

꾸려졌다. 7월 28일에는 인도주의실천의사협의회가 구리에서 피해자들을 면담했다. 7월 29일에는 직업병 피해자와 가족이 노동운동가, 인의협 의사들과 함께 1차 대책회의를 열어 본격적인 투쟁을 결의했다.

7월 27일 강희수 씨 등 피해 가족들이 회사로 찾아가 사장을 만났다. 하지만 문전박대를 당했다. '술 많이 먹고 여자를 밝혀 생긴 병'이라는 모욕을 당했다. 격분한 피해자와 가족들은 사장실을 점거했다. 당시 사장은 뒷문으로 도망쳤다. 옥시 피해자들도 2012~2015년 여러 차례 회사를 찾아갔지만 역시 문전박대를 당했다. 법정에서 '당신들의 피해는 꽃가루와 황사 때문'이라는 황당무계한 이야기를 듣고 치를 떨었다. 하지만 사장실은 점령하지 못했다. 2016년 5월 옥시레킷벤키저 외국인 대표가 기자회견을 열어 사과를 하려 할 때 큰 소리로 외치고, 한 피해자 가족이 그의 목 뒷덜미에 손찌검하는 정도에 그쳤다. 원진레이온 노동자들에 견주면 가습기살균제 피해자와 가족들은 순한 양 같은 투쟁을 해온 셈이다.

원진레이온 대투쟁에는 늘 피해자들이 앞장섰다. 그 뒤에는 인의협과 같은 보건의료 운동단체, 노동단체, 인권단체, 종교단체, 환경단체 등이 버티고서 든든한 뒷배가 되어주었다. 그리고 당시 여소야대 상황에서 제1야당인 평민당이 이 사건에 깊숙이 개입했다. 1988년 8월 16일에는 당시 평민당 이해찬(국회 노동위원회 소속, 전 국무총리) 의원과 이상수 의원의 주선으로 피해자들이 김대중 총재와 면담했다. 그 결과 박영숙 부총재(작고), 노무현 민주당(노동위원회) 의원, 인의협 소속 의사 두 명, 산업보건 전문가 등을 포함한 '원진레이온 직업병 은폐 진상조사단'을 꾸려 현장조사를 벌였다. 가습기살균제 국정조사 특별위원회 위원장인 우원식 더불어민주당 의원은 그때 평민당 인권위원회 부위원장이었다고 한다. 그는 2016년 7월 나와 개인적으로 만난 자리에서 이렇게 증언하며 원진레이온 사건을 잘 안다고 밝힌 바 있다.

한국노동운동사에 길이 남을 원진레이온 대투쟁과 승리는 온몸을 던진 피해 노동자들과 그 가족, 노동·보건의료단체, 평민당 등 야당이 환상의 삼 총사가 되어 끝까지 분열하지 않고 이루어낸 쾌거다. 성공한 기업이든, 성 공한 정치인이든 그 내면을 들여다보면 다 그럴 만한 이유가 있다.

원진레이온 직업병 참사는 1991년 또 한 번 파란을 겪는다. 가습기살균 제 참사가 2011년 원인이 드러나면서 1차 폭발을 했고 2016년 검찰 수사를 계기로 2차 폭발을 한 것과 흡사하다. 원진레이온 2차 폭발은 김봉환이라 는 한 노동자의 직업병 인정 투쟁과 죽음이 계기가 돼 터져 나왔다. 당시 노 동부는 원진레이온 직업병의 규모가 커지는 데 알레르기 반응을 보이며 어 떻게 해서라도 이를 축소하려 들었다. 정부 관리 기업이기 때문에 피해자가 늘어날수록 사실상 정부가 지급해야 할 구제금 내지 배상금도 늘어날 수밖 에 없기 때문이다. 국민의 세금을 허투루 쓰면 안 된다는 논리가 가습기살 균제 참사에서처럼 작용했는지도 모른다. 25년 전이나 지금이나 관료들의 태도, 즉 책임지지 않으려 하고, 일을 만들지 않으려 하고, 좋지 않은 일이 생기면 이를 축소하려 애쓰는 모습은 한결같다.

피해 노동자 인정 기준 완화하려 모든 수단 동원해 저항

당시 이황화탄소 직업병 피해 인정 기준은 매우 까다로웠다. 이 때문에 공식 피해자로 인정받지 못한 피해자가 많았다. 이들은 직업병 유소견자라 는 이름으로 양산됐다. 가습기살균제 피해자 가운데 3등급과 4등급 판정을 받은 경우와 매우 유사하다. 피해 노동자와 가족들은 피해 인정을 받지 못 한 김봉환 씨의 장례를 치르지 않고 137일간 장례 투쟁을 펼쳤다. 노동부의 직업병 인정 기준을 개정하라는 국회 청원과 함께 거리서명, 단체방문, 집회 등 할 수 있는 모든 일을 했다. 이황화탄소의 특징적 두 가지 증상이 동시에 나타나야만 직업병으로 인정하던 것을 한 가지만 나타나더라도 인정할 수 있도록 기준이 완화됐다. 유소견자 68명 가운데 60여 명이 직업병 환자로 인정됐다. 원진레이온 사건은 가습기살균제 피해자들, 특히 3단계와 4단계 피해자들도 힘을 모아 정부가 피해구제 대상과 등급 기준을 완화하도록 국회청원을 하고 거리서명을 하며 집회를 여는 등 할 수 있는 모든 수단을 동원해야 한다는 교훈을 주고 있다.

1988년부터 5년간 한국 사회를 떠들썩하게 만들었던 원진레이온 직업병 참사는 1993년 정부가 원진레이온 공장의 문을 닫고 그 기계를 중국에 팔기로 결정하면서 서서히 막을 내리기 시작했다. 1993년 11월 9일 원진레이온 폐업 관련 노사정 3자 합의에 따라 법인(원진직업병관리재단)을 세워 그 법인에 현금 50억 원, 파산채권 50억 원, 토지 매각에 따른 잉여자금 50억 원 등 총 150억 원을 출연하기로 했다. 지금의 화폐 가치로 따지면 1000억 원 가까이 되는 돈이다. 그 결과 재단 설립과 함께 구리와 서울 면목동에 녹색병원이 50병상, 400병상 규모로 각각 들어섰다. 이 병원에서는 원진레이온 이황화탄소 중독 노동자를 비롯해 직업병 환자, 동네 주민 진료를 맡고 있다. 또 원진노동환경건강연구소를 세워 10여 년째 작업장 환경 개선과 직업병 연구, 화학물질 안전 등 다양한 연구와 교육 활동을 벌이고 있다. 노동자들이 직업병 투쟁을 전개해서 이런 대규모 병원과 상당한 규모의 연구소가 만들어진 것은 세계에서도 그 유례를 찾기 어려운 일이다. 이는 노동자들이 자신의 주머니만 채우려 하지 않고 다른 노동자들과 고통을 함께 지려는 마음이 있었기 때문이다. 옛 원진레이온 노동자들은 먼저 세상을 떠난 동지들을 추모하는 행사를 열고 있으며, 지금도 다른 직업병 현장이나 세월호 등 재난 현장에 가서 피해자와 그 가족들을 위로하며 사회문제에 관심을 가지고 활동하고 있다.

　원진레이온 직업병 투쟁의 과정과 그 과정에서 얻은 경험과 열매는 앞으로 가습기살균제 재난과 관련해 싸우고 있는 피해자와 그 가족은 물론이고 시민환경단체, 정치권 등 모두가 깊이 새겨 이번 가습기살균제 참사를 슬기롭게 해결해 나가는 데 디딤돌로 삼아야 한다. 원진레이온 노동자들과 가습기살균제 피해자 간에 깊은 유대와 연대를 맺을 수 있기를 기대해본다.

5 부

이제 무엇을 할 것인가?

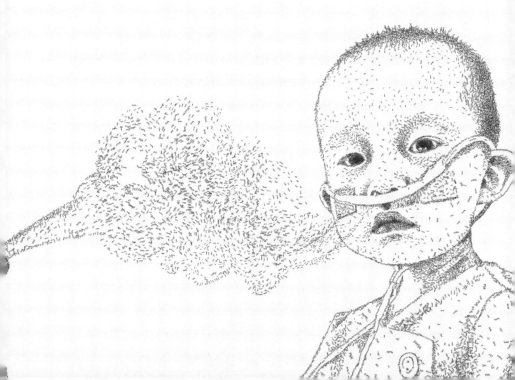

드러내지 않은 피해자는 훨씬 많다

가습기살균제 참사의 전체적인 모습은 어떨까? 아직까지는 눈 감고 코끼리 만지기 식이다. 가습기살균제에 노출된 사람의 수는 적게는 800만 명에서 많게는 1200만 명까지로 추정해볼 수 있다. 이 가운데 얼마나 많은 사람이 질병 또는 증상이 생길 정도로 노출이 되었는지, 실제 중증 피해자와 사망자가 얼마나 될지를 따져보면 정말 눈 감고 코끼리 만지기가 된다. 노출자와 피해자뿐 아니다. 가습기살균제라는 놈이 우리 몸에 어디까지 침투해 어떤 식으로 공격하는지, 공격을 받은 우리 몸은 어떤 반응을 보이며 증상을 나타내는지에 대해서도 아는 것이 많지 않다. 모르는 부분이 더 많다. 눈 감고 코끼리 만지기는 가습기살균제가 일으키는 증상과 질병을 규정하는 일에서도 일어나고 있다. 가습기살균제 성분이 실내 공기 중에서 나노입자를 형성한다는 사실은 이미 2011년 동물독성 실험연구 때 밝혀진 바 있다. 하지만 이 나노입자가 우리 몸에 어떤 영향을 끼칠지에 대해서는 어느 독성전문가와 의사도 확신하지 못하고 있다. 그러면서도 우리는 눈 감고 코끼리 만지기 식으로 가습기살균제가 일으킨 살인 행위를 판별해 피해자 수와 피해 정도를 결정해왔다. 적어도 지금까지 정부와 전문가들이 판정한 가습기 피해 등급과 이를 근거로 정부가 시행하고 있는 피해구제 방식은 눈 감고 코끼리를 만진 뒤 내린 결정에 지나지 않는다. 하루 빨리 감은 두 눈을 뜨고 코끼리를 바라보아야 한다.

전혀 예상하지 못한 재앙이 닥치면 인간은 그 순간은 물론이거니와 그 뒤로도 한동안 재앙의 실체를 잘 가늠하지 못한다. 역사 속에서 인간은 늘 그래왔다. 거의 모든 재앙, 특히 환경재앙이 발생한 초기에는 재앙이 인간에게 끼친 악영향을 완전하게 알지 못했다. 과거에 보아온 방식이 아니라 보는 방식을 바꾸고 나서야 재앙이 가져온 진면목을 보게 된 경우도 많다. 재앙의 결과를 결정하는 판정자를 누구로, 어떻게 구성하느냐에 따라 결과가 달라지기도 한다. 의사를 비롯한 특정 전문가 집단에 맡겨 놓았을 때와 정치적·사회적 합의에 맡겨놓았을 때 완전히 달라지기도 한다. 어떤 경우는 사법부의 판단과 전문가의 판단이 서로 엇갈리기도 한다.

재앙 성공적 해결에는 늘 피해자와 시민사회의 연대가 있었다

앞서 역사 속에서 인간은 재앙의 실체를 늘 잘 가늠하지 못해왔다고 말했다. 이는 앞으로도 그러할 것이라는 뜻은 결코 아니다. 그런 역사를 되풀이하지 말아야 한다는 것을 강조하기 위한 표현이다. 우리에게 가습기살균제 재앙은 가습기살균제 피해자와 그 가족만의 사건이 아니다. 가습기살균제 피해자 가운데 일부는 가습기 피해자가 아닌 사람은 결코 가습기살균제 피해자의 심정이 될 수 없고, 따라서 그들을 결코 대변할 수 없다고 강조한 바 있다. 이는 그동안 다른 현안을 거의 내팽개치다시피 하며 피해자들을 대변해온 환경보건시민센터 등 다른 사람들을 가습기 피해자들의 도우미가 아니라 앞길을 가로막는 걸림돌처럼 여긴 시각으로 볼 수 있다. 이는 지금까지 동서고금의 역사(물론 그 역사에는 한국도 포함된다) 속에서 일어난 수많은 환경재앙이나 산재·직업병 참사에서 이루어진, 또 그것을 승리로 이끈 피해자·노동자와 환경·시민단체 간 연대를 알지 못하거나 이해하지 못한 데서 나온 단견(短見)이다. 어찌 보면 가해 기업과 책임을 회피하려는 정부, 진상을 축소하려는 쪽에서는 두 손을 벌리고 환영할 만한 일이다. 지금까지 가습기살균제 재앙과 관련해 벌어진 많은 일은 가습기살균제 피해자들의 노력이 없었더라면 물론 국민의 관심을 끌지 못했을 수도 있다. 하지만 지난 5년간 쉼 없이, 아무런 조건 없이 피해자의 참상을 국내는 물론이고 해외에 알리고, 영국에 가서 원정 시위를 벌이고, 항의 시위를 하고, 언론에 기고를 하고, 언론이 보도를 하도록 만드는 데는 환경보건시민센터의 역할 또한 피해자들의 노력 못지않게 컸다고 볼 수 있다. 이는 마치 삼성백혈병 참사를 세상에 알리는 데 피해 노동자인 황유미 씨와 그녀의 아버지 황상기 씨를 비롯한 피해자와 가족들의 노력과 역할이 분명 컸지만, 그에 못지않게 일찍부터 삼성백혈병의 진실을 세상에 알리고 피해자들과 함께 해온 '반도체 노동자의 건강과 인권지킴이', 즉 '반올림'과 이들과 연대한 사회시민단체의 노력과 역할 또한 컸다고 할 수 있는 것과 같다. 삼성반도체 백혈병 사건에서 반올림이 차지하는 비중은 가습기살균제 재앙에서 환경보건시민센터가 차지하는 무게와 별반 다르지 않다. 두 단체는 그 어떤 정부 프로젝트나 지원을 받은 적이 없다. 상근활동가도 2~3명밖에 되지 않는 그야말로 독립적인 미니 NGO다.

　우리가 가습기살균제 재앙의 실체를 똑바로 보기 위해서 눈 감고 코끼리 만지기 식의 접근을 경계해야 하듯이, 가습기살균제 재앙을 슬기롭게 풀어나가는 데 반드시 이루어져야 할 피해자와 환경시민단체의 연대에 대해서도 눈 감고 코끼리 만지기 식의 접근을 해서는 안 된다. 이처럼 국가재난이나 사회재난과 다를 바 없는 참사를 돈 몇 푼 더 받아내는 것으로 끝맺을 수는 결코 없는 것이다. 그렇게 끝맺는다면 역사 속에서 실패한 재앙으로 기록될 것이다. 제2의 가습기살균제 사건이 또 다른 모습으로 등장해 선량한 시민들의 목숨과 건강을 또 빼앗게 될 것이다. 피해자의 목소리나 고통과 동떨어진 사회시민 활동도 분명 경계해야 하지만 이런 재난이나 재앙과 관련해 많은 경험과 지식, 그리고 양식을 지닌 시민사회를 배제한 채 자신들이 모든 것을 결정하겠다는 것은 정말 위험한 발상이다.

2015년과 2016년 초 있었던 대다수 옥시 피해자들의 소송 과정에서 옥시 쪽과 본 합의는 정말 돌이킬 수 없는 결과를 낳을 뻔했다. 두고두고 생각해보아도 정말 아찔한 순간이었다. 그 억울한 죽임을 당하고도 교통사고 수준의 합의금을 주고 이 참사를 없었던 일로 하려던 옥시와 김앤장의 농간에 피해자와 가족들이 그렇게 쉽게 넘어갔다는 것은 정말 이해할 수 없었다. 내가 2012년과 2013년 몇 차례 쓴 칼럼에서 소송 중 옥시와 김앤장 쪽이 주장하던 것을 과학적 사실을 근거로 조목조목 반박했던 내용을 살펴보았다면 그런 일은 벌어지지 않았을 수 있다. 내가 교류를 하고 있는 여러 양식 있는 전문가들과 변호사들도 비슷한 생각이었다. 물론 그동안 담배 피해 소송이나 시멘트 공장 주변 주민 진폐증 등 건강피해 소송에서 우리 사법부가 보여준 판결 결과를 보면, 한편으로는 옥시를 판결대 위에 끝까지 올리지 않고 그들의 손을 잡을 수밖에 없겠다는 생각이 들 때도 있다. 하지만 이들이 환경보건시민센터와 계속해서 깊은 유대를 가지면서 활동하고 교감을 가졌더라면 적어도 그런 화해는 이루어지지는 않았을 것이라고 확신한다. 물론 이들에게 '울며 겨자 먹기 식' 합의를 하도록 몰아간 옥시와 김앤장이 피해자 쪽에서 보자면 가장 나쁜 집단이지만, 이들에게 휘둘린 원고 측 변호인과 재판부가 보기에 따라서는 더 미울 수도 있다. 이와 관련한 자세한 내용을 관련자들이 숨김없이 털어놓아야 이와 유사한 일이 재발하는 것을 막을 수 있다. 재판부와 변호인들의 고백을 기대한다.

피해자나 피해자단체에 대한 조언이나 비판 가감 없이 해야

그 어떤 사건과 관련한 것이든 피해자나 가족이라도, 모든 일에 책임을 묻지 못하거나 비판을 하지 않는 것은 있을 수 없는 일이다. 피해자와 그 가족, 특히 이들을 대표하거나 이들의 목소리를 대변하는 이들은 적어도 눈 감고 코끼리 만지기 식의 행동이나 말을 해서는 안 된다. 3단계와 4단계 피해 신고자 가운데서도 조금이라도 가습기살균제 피해 관련성이 나오면 하루빨리 피해구제를 받을 수 있도록 피해자 단체가 총력을 기울여야 한다. 만약 1단계와 2단계 피해자들, 특히 옥시 피해자들 가운데 우리는 가습기살균제 피해자 성골이라고 생각하는 이들이 있다면(결코 있어서는 안 될 일이지만), 숨겼거나 피해를 입은 자녀나 가족에게 엄청난 죄를 짓는 일이라는 것을 알아야 한다. 3단계와 4단계 피해자들은 별도의 모임을 꾸리고 있다. 이들 가운데는 1단계와 2단계 피해자들이 자신들을 같은 피해자로 보지 않고 함께하는 것을 꺼려한다고 생각하는 사람도 있다.

피해자 간의 이런 갈등과 노선 차이는 미나마타병, 원진레이온 등의 사례에서도 전혀 없었던 것은 아니다. 별도의 단체나 모임이 각각 활동하기도 했지만 그래도 심한 반목은 없었다. 결국에는 하나가 됐다. 가습기살균제 피해자와 그 가족들도 멀리서 해법을 찾을 필요도 없이 원진레이온 투쟁 승리의 역사에서 배워야 한다. 원진레이온에서도 전직 노동자와 현직 노동자, 일찍부터 직업병 피해를 인정받은 사람, 몇 년이 지나도록 인정을 받지 못한 사람 등 환경병과 직업병이란 차이만 있을 뿐 지금의 가습기살균제 피해자들의 상황과 흡사하다. 원진레이온 전·현직 노동자는 서로 힘을 합쳤고,

또 사건 발생 처음부터 함께했던 노동보건 의료시민단체와 끝까지 굳건하게 연대했기 때문에 원진레이온 이황화탄소 직업병 참사는 세계 직업병사에 우뚝 남는 승리의 역사로 기록됐다. 원진레이온 사건이 30년 가까운 세월이 흘렀음에도 역사 속에 살아 있는 이유가 여기에 있다.

인간은 이기적인 동물이어서 늘 자신의 피해와 자신의 피해 배상에 온 신경을 쏟는다. 그 피해가 자동차 사고 때문에 일어난 것이든, 의료사고 때문에 일어난 것이든, 가습기살균제 때문에 일어난 것이든 마찬가지다. 이는 보통 사람들의 사고와 행동이고, 어느 집단을(그 집단이 크든, 작든) 이끄는 진정한 지도자라면 우리와 같은 피해자인데도 신고하지 않은 사람은 없는가, 함께 동병상련해야 마땅한데 인정기준이 너무 까다로워 그 기회가 박탈된 이들은 없는가, 유사 피해를 막기 위해 어떤 제도적 장치를 새로 마련해야 하나 등등 나무가 아닌 숲을 내다보아야 한다. 그리고 피해자들이 눈앞에 보이는 나무 앞에만 서 있으면 숲을 충분히 조망할 수 있는 곳으로 이끌어야 한다. 우리의 가습기 피해자들은 과연 이런 원칙에 얼마나 충실해왔는지, 앞으로 충실할 수 있는지 스스로에게 묻고 또 물어야 한다.

눈 감고 코끼리 만지기 식의 접근은 환경시민단체, 피해자뿐만 아니라 전문가 집단, 정부 등도 가장 경계해야 할 부분이다. 미나마타병이 발생했을 때 일본에서도 일부 전문가와 정부가 눈 감고 코끼리 만지기 식 접근을 하는 바람에 많은 피해자가 20~30년 뒤에 가서야 피해 인정을 받을 수 있었고 태아성 미나마타 피해자들도 한참 늦게 피해를 인정을 받았다. 또 이 공해병을 일으킨 신일본질소 공장은 10년 가까이 죽음의 폐수를 방류해 미나마타병 피해 지역을 확산시켰다. 이뿐 아니라 미나마타병이 전혀 다른 지역인 니가타에서도 대규모로 일어나게 만들었다. 눈 감고 코끼리 만지기 식의 질병이나 재난 접근이 가져올 폐해가 얼마나 심각한가를 잘 보여준 사건이 미나마타병이다.

가습기살균제 해결에 눈 감고 코끼리 만지기 식 접근 금물

우리는 가습기살균제병 참사를 해결하면서 더는 미나마타와 같은, 그리고 많은 환경재앙이나 직업병 참사에서 보아온 눈 감고 코끼리 만지기 식의 실수를 저질러서는 안 된다. 가습기살균제병 인정 기준을 확대하는 사안은 환경부가 전문가학회에 맡겨 2017년 2월까지 마무리 해 2017년 상반기에 이 기준에 따른 피해 판정을 한다고 하니 일단 지켜볼 일이다. 하지만 이 과정에서 전문가뿐 아니라 언론, 국회, 피해자단체, 환경시민단체 등도 계속해서 그 내용을 점검하고, 문제가 있다고 판단하면 목소리를 확실하게 내야한다.

가습기살균제 피해 신고는 2016년 들어 급증하고 있다. 이렇게 전국적이고도 엄청난 사회문제가 됐다면 피해를 입었다고 판단한 사람은 99% 이상 신고하지 않았겠느냐고 생각할 수 있다. 하지만 이는 잘못된 생각이다. 2013년 1차 피해 신고를 해온 사람 가운데 상당수가 가정환경조사를 포기하거나 관련 서류를 내지 않아 판정 대상에 오르지 못했다. 내가 전화를 건 서울의 한 가정은 남편이 피해를 입었다고 신고했는데 그 여성은 의사였다. 의사 집안에서 이런 피해를 당했다는 수치감도 있었겠지만 아이가 아직 어리고 해서 외부인이 자신의 아파트에 들어오는 것이 싫다고 했다. 자신들이 사는 모습을 타인에게 보여주고 싶지 않은, 사생활에 지나치게 신경을 쓰는 부류였다. 물론 중증이 아닌 탓도 있을 것이다. 그리고 이 사건이 오랜 시간이 흐르면서 이혼한 경우도 있었다. 또 특이한 사례는 목사 사택에서 피해를 입은 목사 가정이었는데, 그는 하나님의 종으로서 자신의 사례가 널리 알려지는 것을 원치 않았다. 그가 다시 2차나 3차 조사에 응했는지는 알 수

▌가습기살균제 피해자가 끊임없이 나오고 있는 상황에서 정부가 2015년 12월을 끝으로 공식적인 가습기피해
접수조사를 끝내기로 한 데 항의해 만든, 피해자 조사 접수를 알리기 위해 2016년 1월 제작한 플래카드 디자
인. ⓒ이성진

없다. 전화를 수 차례 해도 받지 않는 사람도 있었다. 이들이 장난삼아 신고
한 것은 아닐 터이기에 실제로는 피해자로 집계되어야 할 사람이 통계에 들
어가지 않은 경우가 상당수에 이른다고 판단하고 있다.

특히 장관이나 교수 등 이름만 대면 대중이 알 만한 사람 가운데에도 피
해자가 꽤 있다. 나는 직간접적으로 이들의 이야기를 들었다. JTBC의 방송
프로그램인 〈썰전〉에서 유시민 전 보건복지부 장관이 언급한, 자신의 아이
가 옛날 가습기살균제를 썼고 지금은 괜찮지만 한동안 고생했다는 이야기
는 널리 알려진 사실이다. 내가 아는 서울대학교 교수 한 분은 방송 특강도
하고 대중서적도 많이 내서 과학계에서는 유명인사인데 둘째 부인과 뒤늦
게 낳은 아이가 가습기살균제에 노출돼 자칫 큰일이 생길 뻔했다고 지인에
게 말했다고 한다. 이름이 널리 알려진 분들은 지금이라도 주저하지 말고
신고를 해주면 이미 피해자 신고를 한 사람들에게도 큰 힘이 될 것이다. 또
바쁘다는 핑계로, 신고해봤자 나에게 돌아올 실익이 크지 않다는 이유로,
귀찮다는 이유로, 남에게 사실이 알려질까 두려워서 신고를 하지 않고 있는
사람들을 물 위로 끌어올릴 수 있는 본보기가 될 것이다.

나도 한 방송의 가습기살균제 관련 토론 프로그램에 출연했을 때 집에
서 사용하다가 남은 옥시의 뉴 가습기당번을 들고 나가 큰 아들에게 사용한

적이 있다고 털어놓은 바 있다. 부엌 한 귀퉁이에 사용하다 3분의 1쯤 남은 가습기살균제가 있었다. 아내에게 물어보니 8~9년 전쯤 아파트 생활을 할 때 호흡기가 좋지 않은 큰 아들 방에 있던 가습기에 그 제품을 사용했다고 한다. 천식으로 고통을 겪고 있는 아들을 조만간 피해자로 한국환경산업기술원에 신고할 계획이다.

우리가 가습기살균제 재앙과 관련해 눈 감고 코끼리 만지기 식이 되지 않으려면 가습기살균제 사용으로 조금이라도 이상을 느낀 사람들이 이를 간편하게 신고할 수 있게 하고 증빙 자료 제출을 직접 하지 않아도 되도록 절차를 간소화할 필요가 있다. 1차 피해자 신고 때 겪었던 일이지만 피해 신고자들은 자신들이 이 병원 저 병원에서 진료 받은 기록을 복사하느라 몇 날 며칠을 허비하고, 심지어는 수십만 원의 비용이 들어가는 의무기록 복사비와 각종 증명서 발급 때문에 고통을 겪었다. 이런 문제는 정부가 비용을 들여 병원으로부터 자료를 얻거나 본인의 동의서를 받아 건강보험심사평가원이나 국민건강보험공단에서 관련 서류와 증빙 자료를 받으면 해결될 터인데 과거 왜 그렇게 하지 않았는지 이해하기 어렵다.

KBS, 이산가족찾기처럼 가습기살균제 피해자 찾기 생방송해야

정부가 진행하는 새로운 피해자 찾기와 조사판정과 관련해 이해할 수 없는 부분은 한두 가지가 아니다. 환자 찾기는 실제로 피해를 입었는데도 이 사건을 잘 알지 못해, 절차가 너무 번거로워 신고하지 못하거나 않는 사람이 단 한 명도 나오지 않도록 하는 것이 중요하다. 서울 국립중앙의료원이나 서울아산병원까지 오지 않고 해당 지역의 가까운 대형병원에서 검진을 받도록 해도 될 터인데 지난 3년간 정부는 아무런 조치를 취하지 않았다. 병원을 오가는 데 들어가는 비용 등은 즉각 실비로 또는 나중에라도 지급하면 좋을 텐데 이 또한 모든 것이 환자 부담이었다. 심지어는 폐 이식이나 중증 치료를 받아도 피해자(현재는 1단계와 2단계 피해 판정자에 국한)가 먼저 비용을 지불하고 나중에 돈을 되돌려 받는 방식을 취한다. 병원에서 제반 비용을 바로 국민건강보험공단에 청구하고 국민건강보험공단은 정부한테서 이를 청구하거나 병원 쪽이 비보험 부분에 한해 정부에게 청구해 받아도 될 터인데 말이다.

정부는 피해자 찾기에 열성을 다하지 않고 있다. 열과 성을 다한다면 수십억 내지 수백억 원의 홍보비를 책정해 TV광고와 모든 중앙일간지, 지방 인간지, 주요 인터넷신문 등을 통해 피해자 찾기를 위한 대대적 광고를 하면 될 터인데 그렇게 하지 않는다. 일을 크게 벌이지 않으려 하기 때문인가, 일이 많이 생기는 것을 꺼려하기 때문인가, 피해자 수가 엄청나게 늘어나는 것이 두렵기 때문인가?

정부는 지금 당장 피해자 찾기 문구를 넣은 포스터와 플래카드를 수십만 장 만들어 전국 각 도시와 지역 주민센터에 붙여야 한다.

1980년대 중반 에이즈가 전 세계로 퍼져나가자 영국에서는 자국에서 에이즈가 유행하는 것을 막기 위해 에이즈의 정체와 전파 경로, 주의 사항 등을 담은 보건부장관 이름의 편지를 전 가정에 보낸 바 있다. 이것은 영국에서 에이즈가 창궐하는 것을 막은, 매우 훌륭한 전략으로 평가받는다. 우리는 왜 이와 비슷한 전략을 구사하지 않는가? 환경부장관의 이름으로 전국 각 가정에 가습기살균제의 사진과 폐질환, 그 외의 예상 증상, 피해 판정 절차를 담은 편지를 보내면 안 되는가?

또 KBS와 같은 공영방송은 가습기살균제 피해자 찾기 생방송 프로그램을 사흘 또는 일주일 연속 편성해 대대적인 피해자 찾기와 함께 전문가, 피해자들을 출연시켜 이 문제를 부각하는 것이 제대로 된 공영방송 역할을 하는 것이 아닐까? 한국방송은 법적으로도 재난 주관 방송사다. 홍수와 지진 등 자연재해뿐만 아니라 가습기살균제 참사는 단군 이래 최대의 환경병 재난이므로 이를 알리는 데 주저하지 말아야 한다. 1983년 남북이산가족찾기 생방송의 전통과 경험을 자랑스러운 자산으로 지니고 있는 KBS는 어떤 식으로든지 가습기살균제 피해자 찾기 방송을 해야 한다.

가습기살균제 희생자를 위한 진혼가

　이 글을 쓰기 위해 수많은 진혼곡과 진혼가를 듣고 또 들었다. 이 글을 쓰는 이 순간에도 모차르트(Wolfgang Amadeus Mozart)의 「레퀴엠」과 러시아 가요 「백학(白鶴, Cranes)」, 임형주가 부르는 「천개의 바람이 되어」 광주항쟁 때 숨져간 이들을 위해 부르는 「임을 위한 행진곡」 등을 들으며 악마의 가습기살균제에 희생된 아기와 태아, 어머니와 어르신을 생각한다.

　이 세상에는 진혼가가 필요한 사람들이 너무나 많다. 전쟁에서 스러져간 수많은 병사와 민간인, 총기 난사, 테러, 감염병의 공격 대상이 된 사람들, 화재와 교통사고, 정치보복과 고문으로 숨진 이들, 세월호 희생자들, 사회로부터, 가족으로부터, 국가로부터 버림받아 생명을 끊은 자살자들을 위한 진혼곡은 너무나 절실하다. 죽은 사람은 진혼곡과 진혼가를 듣지 못한다. 어찌 보면 진혼곡은 죽은 이의 넋을 달래기 위한 음악, 노래가 아니라 살아도 산 게 아닌 수많은 유가족이 그들에 대해 느끼는 그리움과 죄송함을 투사한 노래일 것이다. 진혼곡은 죽은 자의 넋뿐만 아니라 산 자의 영혼을 어루만지기 위해 부르고 듣는 곡이다. 산 자들이 진혼곡과 진혼가를 듣고 눈물 흘리며 죽은 자를 추모하는 것도 이런 이유에서다.

진혼가(鎭魂歌)의 사전적 의미는 죽은 이의 넋을 달래기 위한 노래라고 한다. 진혼곡(鎭魂曲, requiem)의 사전적 의미는 로마 가톨릭 미사 가운데 하나인 진혼미사에서 쓰이는, 죽은 자의 영혼을 위한 음악이라고 한다. 인생에서 가장 극적인 두 장면은 생명의 탄생과 죽음이다. 진혼가는 두 장면 가운데 마지막 장면에 쓰인다.

진혼곡은 라틴어 가사로 되어 있다. 가톨릭교회에서 죽은 자를 위한 미사에 쓰이는 예배기도문에 붙인다. 가톨릭 교인이 아닌 사람에게는 낯설 수 있다. 하지만 교양인이라면 많은 진혼곡들 가운데 모차르트의 「진혼곡 D 단조」와 루이 엑토르 베를리오즈(Louis Hector Berlioz)의 「죽은 자를 위한 대미사」 정도는 들어보았거나 알고 있을 것이다. 모차르트의 진혼곡, 즉 레퀴엠은 모차르트가 죽기 바로 전에 쓴 미완성곡이인데 제자 쥐스마이어가 완성해 내놓았다. 베를리오즈의 「죽은 자를 위한 대미사」는 관현악 200명 이상, 합창 200명 이상이 어우러진 대편성곡이다. 1835년 프랑스 대혁명 기념일에 일어난 국왕 암살 사건의 희생자를 추도하기 위해 만들어졌다. 외국의 진혼곡을 먼저 간단하게 소개한 것은 우리 진혼가를 좀 더 길게 본격적으로 다루기 위해서다.

일본 미나마타병 희생자를 위한 조곡 다수 발표돼

일본인들을 충격으로 몰아넣은 공해병인 미나마타병 희생자들을 추모하는 노래도 많이 만들어졌다. 오기쿠보 쿠즈아키(荻久保和明)는 「슈리리엔엔: 미나마타 바다의 목소리」라는 합창 조곡(弔曲)을 작곡해 발표했다. 가이엔타이(海援隊)는 이시무레 미치코가 펴낸 기록소설 『슬픈 미나마타』의 제3장에 나오는 유키 여사의 구술 기록에서 발췌한 시에 곡을 붙여, 희생자 추모곡 「미나마타의 푸른 하늘」을 발표했다. 가미조 쓰네히코(上条恒彦)도 이시무레 미치코의 『슬픈 미나마타』에서 시를 발췌해 곡을 붙여 「벚꽃이 만발하는 밤」이라는 추모곡을 발표했다. 이 노래는 애니메이션 감독이자 제작자인 미야자키 하야오(宮崎駿)가 기획한 CD 〈어머니의 사진〉에 수록되어 있다. 아키요시 도시코(秋吉敏子)가 작곡한 「미나마타」라는 노래가 '루 타바킨 빅 밴드'가 노래한 앨범 〈인사이츠〉에 수록됐고 밴드 '부시'는 〈사물의 과학〉이라는 앨범에 「고양이 춤병」을 실었다.

진혼가는 죽어서도 고이 눈을 감을 수 없는 이들에게 꼭 필요한 노래다. 광주항쟁 때 자신을 지켜주어야 할 군인, 자신들이 낸 세금으로 옷을 입고 무기를 지니고, 잠을 자고, 밥을 먹던 군인이 쏜 총에 맞아 숨진 청년들에겐 더욱 그랬다. 1982년 2월 광주의 겨울도 추웠다. 차가운 바람만 부는 광주 망월동 묘지, 전두환 군부독재정권의 압제로 얼어붙은 대한민국 남도의 한 귀퉁이에서 주변을 흘끔거리며 진혼가가 울려 퍼졌다. 모두 처음 듣는 노래였다.

사랑도 명예도 이름도 남김없이
한평생 나가자던 뜨거운 맹세
동지는 간 데 없고 깃발만 나부껴
새날이 올 때까지 흔들리지 말자.
세월은 흘러가도 산천은 안다.
깨어나서 외치는 뜨거운 함성
앞서서 나가니 산 자여 따르라.
앞서서 나가니 산 자여 따르라.

죽어서 영원한 산 자가 된 광주항쟁 영웅들의 넋이 담긴 노래 「임을 위한 행진곡」

앞에서 소개한 노래는 지금은 대한민국뿐만 아니라 아시아 여러 국가에서 노동자들이 노동투쟁가요로 부르고 있는 그 유명한 「임을 위한 행진곡」이다. 그날 그곳에서는 전남도청을 끝까지 사수하다 장렬하게 숨진 윤상원 열사와 노동운동을 하다 뜻하지 않게 연탄가스 중독 사고로 숨진 꽃다운 처녀 박기순의 영혼결혼식이 열리고 있었다. 윤상원은 1980년 5·18민주화운동 당시 공수부대에게 맞서 싸웠던 시민군의 대변인이었는데 5월 27일 끝내 공수부대 총에 맞아 세상을 떠났다. 그 당시 그의 나이는 31세였다. 박기순은 1978년 박정희 유신독재 때 민주화운동을 하다가 무기정학을 당했다. 그 뒤 공장에 취업해서 들불야학을 만들었다. 박기순은 윤상원보다는 8살 아래였다. 박기순은 은행원 생활을 청산하고 뒤늦게 공장에 들어온 윤상원을 야학으로 이끌었다. 그리고 함께 노동 야학을 이끌었다. 하지만 21세 꽃다운 나이의 박기순은 1978년 겨울, 연탄가스 때문에 숨지고 말았다. 박기순이 안타깝게 세상을 떠나자 윤상원은 일기장에 "불꽃처럼 살다간 누이야 왜 말없이 눈을 감았는가? 훨훨 타는 그 불꽃 속에 기순의 넋은 한 송이 꽃이 되어 우리의 가슴 속에서 피어난다……"라고 적었다. 그리고 얼마 뒤 그도 이 땅의 민주화를 위해 훨훨 타는 불꽃이 되었다. 민주주의라는 진한 향기를 영원히 내뿜는 한 송이 꽃이 되었다. 이날 '넋풀이: 빛의 결혼식'이라는 이름을 내건 영혼결혼식에서는 모두 열 곡이 이들 영혼부부에게 헌정됐다. 「임을 위한 행진곡」은 영혼결혼식의 대미를 장식했던 노래다.

홍콩 광장에서 열린 세계 산재 희생자 추모대회에서도 우리말로 울려 퍼져

이 노래가 온 사회를 옥죄던 독재의 수갑을 풀고 훨훨 날아 민중의 마음에 한 켜 한 켜 쌓이기 시작했다. 광주민주항쟁 기념식뿐만 아니라 민주화의 현장에서, 노동운동 현장에서 우리는 이 노래를 부르고 있다. 이 노래는 영혼 결혼식장에서 불렸지만 분명 진혼가의 성격도 있다. 이 노래는 이제 국민가요가 됐다. 국민가요를 넘어 세계적인 노래로까지 발돋움했다. 2009년 4월 말 홍콩에서 열린 세계 산재 희생자 추모대회에서 홍콩 노동자들은 이 노래를 중국말로 부르고 있었다. 이 대회에 참가한 우리 일행 가운데 노조 대표 몇 사람은 「임을 위한 행진곡」 원조 국가에서 온 덕분에 연단으로 초청받아 노래를 우리말로 부르는 영광을 안았다. 그리고 노래가 끝나자마자 우레와 같은 박수가 터져 나왔다. 윤상원·박기순 영혼부부는 세계 곳곳에서 자신들을 기리는 노동자들을 찾아가기 바쁘다.

「임을 위한 행진곡」의 가사는 소설가 황석영이 썼지만, 가사 상당 부분은 통일일꾼이며 민주화운동의 산 증인인 백기완의 미발표 장시 「묏비나리」(1980)의 한 부분을 빌려왔다. 여기에 곡은 전남대학교 출신으로 대학가요제에서 상을 받은 김종률이 붙였다. 「임을 위한 행진곡」은 우리가, 우리 후손들이 광주민주항쟁을 기리는 그날까지 살아있을 것이다. 윤상원·박기순이 남긴 이야기와 함께.

온 국민을 울리고 또 울린 세월호 추모곡 「천 개의 바람이 되어」

「임을 위한 행진곡」이 이 땅에 태어나 광주영령들의 넋을 위로하기 시작한 지 32년이 지난 뒤, 이 땅에는 다시 새로운 진혼가가 필요한 일이 생겼다. 세월호 참사다. 세월호 참사는 온 국민을 슬픔에 잠기게 했다. 유족들

가습기살균제 = 안방의 세월호

세월호 침몰 사고처럼 국가의 잘못된 안전관리로 가습기살균제 참사가 일어났고 그 이후 국가 대응 또한 더 많은 문제가 있다는 의미를 담아 2016년 7월 만든 디자인. ⓒ이성진

의 피눈물 나는 참담함과 고통은 그 어떤 단어와 말로써도 표현될 수 없다. 그 어떤 위로의 말도 그들의 귀에는 들릴 리 없다. 세계가 경악했다. 전 세계인들이 추도의 뜻을 드러냈다. 때론 말이나 글보다 노래가 이들을 위로할 수 있다. 김형석 등 유명 작곡가들도 추모곡을 지어 세월호 희생자들에게 바쳤다. 가수들도 잇따라 진혼가를 불렀다. 세월호의 비통을 이기지 못한 많은 시민이 추모시와 추모곡을 바쳤다. 이 가운데 가장 많이 불리고 심금을 울린 노래는 팝페라 가수 임형주가 부른 「천 개의 바람이 되어」였다. 거리에서, 인터넷에서, 방송에서 애절한 그의 노래가 물결처럼 퍼져나갔다. 그리고 사람들의 마음에 추모의 파도를 일으켰다.

나의 사진 앞에서 울지 마요.

나는 그곳에 없어요.

나는 잠들어 있지 않아요.

제발 날 위해 울지 말아요.

나는 천개의 바람 천개의 바람이 되었죠.

저 넓은 하늘 위를 자유롭게 날고 있죠.

가을엔 곡식들을 비추는 따사로운 빛이 될게요.

겨울엔 다이아몬드처럼 반짝이는 눈이 될게요.

아침엔 종달새 되어 잠든 당신을 깨워줄게요.

밤에는 어둠속에 별 되어 당신을 지켜줄게요.

나의 사진 앞에 서 있는 그대. 제발 눈물을 멈춰요.

나는 그곳에 있지 않아요.

죽었다고 생각 말아요. ……

노래는 사진 앞에서 울지 말라고 하지만 국민은 마냥 울었다. 진도 팽목항에서, 서울시청 앞 광장에서, 광화문 광장에서, 안산에서, 그리고 전국 곳곳에서 눈물이 마를 때까지, 흐느끼고 목 놓아 울었다. 그래도 분통과 분노는 사라지지 않았다. 국가는 무얼 하고 있었는지, 배를 책임져야 할 선장과 선원들은 무엇을 하고 있었는지, 해경은 무얼 하고 있었는지, 장관과 대통령은 무얼 하고 있었는지, 분노의 물결이 쓰나미처럼 전국을 강타했다. 거기에 「천개의 바람이 되어」가 있었다.

이 노래가 지닌 힘은 매우 컸다. 곡도 곡이지만 특히 가사가 사람들의 마음을 움직였다. 이 노래의 곡은 일본 작곡가 아라이 만(新井 滿)이 지은 것이다. 2003년 11월 일본에서 싱글 앨범 〈천의 바람이 되어〉로 처음 발매되었다. 그 뒤 2009년 2월 팝페라 테너 임형주가 우리말로 번안하고 글을 고쳐 자신의 미니앨범 〈My Hero〉에 실어 발표했다. 이 추모곡은 세월호 이전에 미국과 일본에서 이미 널리 불리고 알려진 노래다. 가사는 아메리카 인디언 원주민 사이에서 전승되던 작자 미상의 시를 기원으로 본다. 우리나라에도 작자 미상의 유명 시조가 여럿 있다. 미국의 유명그룹 사이먼앤가펑클이 불러 전 세계인들이 지금도 좋아하는 「철새는 날아가고」도 페루에서 전래되어온 작자미상의 민요다. 1932년 미국 볼티모어에 살던 가정주부 메리 프라이(Mary Elizabeth Frye)가 어머니를 잃고 상심해 있던 이웃을 위로하기 위해 죽은 사람이 산 사람을 위로하는 내용의 이 시를 영작해 이웃에게 전해준 것이 이 노래의 탄생 기원이다. 이 시가 유명해지게 된 계기는 이 1989년 IRA(아일랜드 공화국군) 테러로 목숨을 잃은 24살의 영국군 병사 스티븐 커밍스(Stephen Cummings)의 일화가 방송을 탄 것이다. 스티븐은 자신에게 무슨 일이 생기면 열어보라며 부모에게 편지 한 통을 남겨두었다. 그가 테러의 희생자가 된 뒤 개봉된 편지에는 이 시가 적혀 있었다. 스티븐의 장례식 날, 아들이 남긴 편지와 편지 속 이 시를 아버지가 낭독했다. 그 장면을 영국 BBC가 방송하여 전 세계에 널리 알려졌다. 그 뒤 이 시는 영화감독 하워드 혹스(Howard Winchester Hawks)의 장례식에서 유명배우 존 웨인(John Wayne)이 낭독했다. 이 시는 세기의 섹스심벌이었던 여배우 마릴린 먼로(Marilyn Monroe)의 25주기와 미국 9·11테러 1주기에 추도식에서도 이 시가 낭독되면서 더욱더 유명해졌다. 이 노래는 미국과 일본, 영국 등 많은 나라를 거치는 오랜 여행 끝에 한국에서 꽃을 피운 것이 아닐까? 그것은 세월호라는 너무나 비극적인 참사와 임형주의 애절한 목소리가 어우러져 만들어 낸 결과일 것이다.

시인 임동확이 미국 들소 떼죽음 신화에서 세월호 아이를 떠올린 사연

세월호 비극은 2016년 들어 2년째를 맞고 있지만, 여전히 우리 국민의 가슴에 깊은 회한으로 남아 있다. 시인이라면 꽃다운 나이에 스러져간 많은 학생들과 시민들의 넋을 달래려 할 것이다. 한국작가회의 소속 임동확 시인도 그런 시인 중 한 분이다. 그는 인터넷 진보 언론매체인 《프레시안》에 세월호 희생자의 넋을 달래는 진혼가 한 편을 보냈다. 그는 세월호 참사를 '4·16 대재난'이라고 불렀다. 그는 이 재난이 일어난 순간, 더 이상 시가 불가능하다고 생각했다. 그러다 문득 들소 떼의 죽음에 관련된 아메리카 인디언의 신화를 떠올렸다. 부당하게 죽음을 맞이한 세월호 아이들의 문제를 이해하고 해결할 유일한 수단이 신화적 사유라는 생각에서였다. 그래야만이 참담한 살육의 시대를 살아가는 시인으로서 최소한의 정체성이나마 유지할 수 있으며, 무엇보다도 그 아이들이 불멸의 존재로 부활해 우리와 함께 살아있으리라는 생각 때문이었다. 그렇다 세월호 아이들은 불멸의 존재다. 그리고 그들이 진정 불멸의 존재로 남게 될지 여부는 오롯이 우리에게 달려있다. 임 시인의 「진혼의 노래, 초혼의 노래」를 나지막하게 소리 내어 읽어보자.

차고 빠른 물살의 4월 바다 속으로 다시는 돌아올 수 없는 먼 길을 떠난 내 아이들아.

검고 무서운 파도가 오래 굶주린 배를 채우는 악귀(惡鬼)들처럼 날뛰며 모든 것들을 집어삼키는 심연 속에서 무기력하기만 한 우리들의 분노는 너희들의 슬픔을 대신하는 노란 리본.
그저 부끄러운 우리들의 피눈물은 너희들의 목마름을 적셔줄 한 방울의 물.
그리고 어찌해볼 도리 없어 그저 발만 동동 구르던 우리들이 켜는 촛불은 너희들의 앞길을 인도해줄 작은 등불.……

끝끝내 구명정도, 구조 헬기도, 구조 밧줄도 다가오지 않은 캄캄한 선실 속에서 믿어 의심치 않았던 구원의 손길.

어린아이들도 두려워하지 않은 구원의 노랫소리에 귀 기울여라.

그 어느 순간에도 결코 찢기거나 더럽혀질 수 없는 몸과 맘 그대로 마지막 수학여행을 떠난 내 아이들아.

죄 많은 망각의 역사.

생면부지의 공포가 기다리는 순장(殉葬)의 바다에서 이제 스스로 선장이 되고, 조타수가 되어 너희들만의 안전한 배, 너희들만의 아름다운 꿈, 너희들만의 영원한 조국을 향해 항해하라.

가습기살균제 비극 희생자들에게도 추모곡이 필요하다, 빼앗긴 숨에도 생명은 오는가?

세월호 비극이 일어나기 전에 이미 잉태된 가습기살균제 비극이 2016년 2차 폭발을 일으키면서 다시 국민들이 비통에 빠졌다. 뱃속의 아이를 살려보려고 발버둥 치다 자신도 목숨을 잃은 임신부, 갓 꾸린 가정의 행복도 채 맛보지 못하고 태아와 함께 숨진 어머니, 눈에 넣어도 아프지 않을 아기를 떠나보낸 아버지와 어머니, 한꺼번에 쌍둥이를 모두 떠나보내고 방황하는 부모, 자신이 곱게 길러 시집 보낸 딸아이가 세상을 떠났음에도 아직도 이를 받아들일지 못하는 부모, 자신을 낳아준 부모가 가습기살균제의 제물이 돼 매일 사부곡을 부르는 딸들에게 지금 이 순간 필요한 것은 돈이 아니다. 가습기살균제가 마구 할퀴어 그들의 몸과 마음에 난 상처를 어루만지고 핥아주는 것이다. 여기에는 그들만을 위한 진혼가 또는 진혼곡만큼 좋은 것이 없다. 우리 사회 그 누가 이들을 위한 진혼가를 불러줄 것인가? 누가 이들을 위한 진혼곡을 만들어줄 것인가? 이 땅에는 과연 그런 인물이 있는가. 아라이 만처럼 훌륭한 추모곡을 작곡해줄, 임형주처럼 국민의 심금을 울려줄 가수가 가습기살균제로 희생된 가족들에게 필요하다. 이 글이 그런 가습기살균제 희생자를 위한 진혼가와 그 작곡가, 가수가 나오게 만드는 계기가 됐으면 하는 바람을 간절하게 가져본다. 그리고 그들에게서 눈물 나는 이야기를 많이 들은 입장에서, 가습기살균제 희생자 가족들을 생각하며 내가 지은 시를 여기에 바친다.

이 시는 그가 스물다섯 되던 해인 1926년 《개벽》 6월호에 발표한, 「빼앗긴 들에도 봄은 오는가」라는 이상화 시인의 대표 시를 모티브로 한 것이다. 비록 나라는 빼앗겨 얼어붙어 있을망정, 봄이 되면 민족혼이 담긴 국토, 즉 조국의 대자연은 우리를 일깨워준다는 것을 그는 피를 토하는 심정으로 이 시에서 노래했다. 국토는 일시적으로 빼앗겼다고 할지라도 우리에게 민족혼을 불러일으킬 봄은 빼앗길 수 없다는 것을 보여준 것이다. 안타깝게 그는 조국의 광복을 보지 못하고 1943년 위암으로 세상을 떠났다.

그가 남긴 「빼앗긴 들에도 봄은 오는가」는 교과서에 실리기도 한 명시다. 나는 고등학교 시절 이 시에 빠져 줄줄 외우고 다닐 정도로 수십 번씩 읽었고 지금도 가끔 읽는다. 가습기살균제 피해자와 그 가족들과 자주 만나며 그들과 관련한 많은 글을 언론에 써왔지만 그래도 여전히 마음 한구석에는 그들에게 해준 것이 없다는 허전함이 남았다.

그러다 어느 날 문득 이 시가 떠올랐다. 그리고 이 시를 모티브로 해 이들의 아픔과 영혼을 달래는 시를 지어야겠다고 생각했다. 단숨에 쓴 것이어서 얼마나 이들의 마음에 와 닿는 것이 될지 자신은 없지만 상처로 가득한 그들의 마음에 조금이라도 위안이 되었으면 하는 바람이다. 이들의 아픔이 온 국민의 아픔이 되었으면 한다. 숨마저 빼앗긴 이들에게 가득 찬 것은 분노뿐이다. 하지만 그 분노가 강하면 강할수록 자신들의 폐부를 찌를 것이다. 하루 빨리 이들의 분노가 용서로, 그 용서가 다시 희망이 되기를 빈다. 세월호 아이들과 희생자를 불멸의 존재로 만들어야 하듯이 가습기살균제 아이들과 어머니, 그리고 많은 희생자도 불멸의 존재로 만들어야 한다. 그것이 우리가 이 땅에서 계속 살아갈 수 있게 하는 원동력이며 돈의 노예가 되지 않는 길이다. 부당한 권력에 맞서는 길이다.

빼앗긴 숨에도 생명은 오는가

안종주

지금은 남의 폐-빼앗긴 숨에도 생명은 오는가?
나는 코에 인공호흡기를 달고
가쁜 숨 몰아쉬며 기관지 끝으로
허파꽈리 곳곳을 따라 새 공기를 불어 넣는다.

입술을 다문 아들아 딸아.
내 맘에는 너 혼자 가쁜 숨을 쉬는 것 같구나.
네가 죽었느냐, 누가 가습기살균제 안전하다 했나 말을 해다오.
광고는 내 귀에 속삭이며
청소도 필요 없다, 내 마음을 싹싹 흔들고

고맙게 잘 자라던 아이야.
간밤 자정이 넘어 가쁜 숨을 몰아쉬더니
너는 방안 가득 라벤더 향기로 새파란 입술에 입맞춤했지.

혼자라도 살기는 해야지.

제 혼자 방긋 웃음만 주고 가네.

기업아! 정부야! 깝죽거리지 마라, 죽은 아이와 엄마에게는 사죄를 해
야지.

때때옷 입고 백일잔치, 돌잔치 하던 너의 모습 다시 보고 싶다.

내 손에 비수를 쥐어다오.

가습기살균제 좋다고 한 놈들을

피가 낭자하도록 찔러도 보고 가쁜 숨을 내뱉고 싶다.

도솔천을 떠도는 영혼같이

기약 없이 끝도 없이 내 착한 아이야.

무엇을 찾느냐 엄마가 보고프냐, 말을 하려무나, 답을 하려무나.

나는 온 몸에 상처를 안고

하얀 허파 검은 설움이 딱딱해진 사이로

가슴을 치며 하루를 보낸다. 아마도

그러나 지금은 폐를 빼앗겨 숨조차 빼앗기겠네.

가습기살균제 참사로 본 재난과 문학, 영화, 그리고 예술

〈또 하나의 약속〉은 삼성반도체 공장에서 일하다 백혈병으로 숨진 황유미 씨의 이야기를 다룬 영화이다. 비록 흥행에서 큰 성공을 거두진 못했지만 사회적으로 끼친 영향과 파장은 컸다. 삼성은 이 영화에 민감한 반응을 보였다. 재벌가끼리의 이심전심인지, 깊은 커넥션이 있었는지 알 길이 없지만 국내 상영관을 쥐고 있는 롯데시네마 등 대형 극장들은 한결같이 이 영화를 홀대했다. 〈또 하나의 약속〉의 흥행이 국민에게 심어줄 재벌과 삼성에 대한 부정적 영향을 최소화하기 위해 비밀스런 뒷거래가 있었는지는 알 수 없다. 실화를 바탕으로 한 이런 영화는 관객에게 깊은 울림을 준다. 그 울림은 대중이 오래도록 그 사건을 기억하게 만든다.

실화를 바탕으로 한 영화 가운데는 흥행과 작품성이라는 두 마리의 토끼를 모두 잡은 작품이 많다. 스티븐 스필버그(Steven Spielberg)가 감독한 〈쉰들러 리스트〉도 2차 대전 때 학살 위기에 놓인 유태인을 자유의 품으로 빼돌린 오스카 쉰들러(Oskar Schindler)의 이야기를 영화로 만든 작품이다.

우리나라에서 이 영화가 개봉된 지 16년이 지났지만 아직도 그 영화를 다시 보고 싶어 하는 사람이 많다. 이 영화는 호주의 소설가 토머스 케닐리(Thomas Keneally)가 『쉰들러의 방주(Schindler's Ark)』라는 소설로 재탄생시킨, 독일 출신 사업가 오스카 쉰들러가 나치 점령기 폴란드에서 유태인들을 구하는 영웅적 이야기를 바탕으로 했다. 전쟁이나 재난 등에서 피어난 인간애와 영웅담, 참상, 사랑 등은 소설이나 시, 영화 등 문학과 예술의 좋은 모티브가 된다.

환경재난이나 세계적 환경 사건을 소재로 한 영화나 소설 등 예술작품은 많다. 환경병 또는 환경병과 관련한 소송을 소재로 한 영화도 있다. 〈에린 브로코비치〉는 그 가운데 재미와 흥행, 작품성 등 세 마리의 토끼를 모두 잡은 환경병 소재 영화의 백미로 꼽힌다. 〈에린 브로코비치〉를 빼놓고 환경 영화 이야기를 하는 것은 팥소 없는 찐빵을 먹는 것이나 다를 바 없다. 줄리아 로버츠(Julia Roberts)라는 주연 배우가 너무도 유명하고, 이 작품이 2001년 아카데미와 골든 글로브 시상식에서 줄리아 로버츠에게 여우주연상을 안겨주었으며 남우주연상 후보, 감독상 후보에까지 올랐기 때문이다. 특히 이 영화는 1992년에서 1996년까지 4년에 걸쳐 미국의 거대기업인 PG&E(Pacific Gas and Energy)를 상대로 무려 3억 3300만 달러라는, 단일 환경 소송으로는 유례를 찾기 어려운 거액의 보상을 받아낸 실화를 바탕으로 했기 때문에 미국뿐만 아니라 전 세계인들에게 더 큰 감동을 주었다. 또한 2000년 3월 미국에서 개봉돼 6개월 만에 1억 2500만 달러의 흥행 수입을 올리는 기염을 토했다. 우리나라에서도 이 영화는 상당한 관객을 동원했으며 그동안 교육방송, KBS 등 공중파방송에서 일요시네마, 주말영화 등의 프로그램을 통해 여러 차례 방영되어서 우리에게 매우 친숙하다.

〈에린 브로코비치〉, 환경 영화도 성공할 수 있다는 걸 보여주다

에린 브로코비치는 이 소송 사건의 주인공이라고 할 수 있다. 그녀는 변호사가 아니라 법률사무소에 고용된 조사관이었다. 일개 조사관일 뿐이었지만, 그녀가 끈질기게 노력한 끝에 주민들은 회사의 진상 은폐 기도를 뚫고 재판에서 승소할 수 있었다. 브로코비치는 이 소송으로 미국에서 일약 유명인으로 떠올랐으며 영화가 흥행에 성공함으로써 다시 한 번 유명세를 전 세계에 떨쳐 환경 소송의 대모로 자리매김한다.

브로코비치는 환경보건 전문가도, 환경보건 전공자도 아니었다. 그녀는 이 소송을 조사하면서, 현장조사를 통해 1992년 캘리포니아 주의 작은 사막 도시 힝클리에 사는 주민들이 원인 모를 병에 고통을 겪고 있는 것이 인근 퍼시픽 가스·전기 회사의 천연가스 압축공장에서 나오는 물질 때문임을 직감했다. 그로부터 4년 뒤 법정에서 이 회사가 부식을 막기 위해 수년간 냉각탑 물 안에 발암성을 지닌 6가 크롬을 첨가했으며, 이 때문에 주민들에게 건강피해가 발생했다는 사실을 밝혀냈다. 진실을 은폐하려던 회사는 모든 것이 물거품이 되어 패소할 것으로 예상되자 3억 3300만 달러라는 기록적인 액수를 지불하기로 합의하면서 사건은 마무리됐다. 미국에서 담배와 석면 피해 소송은 이보다 훨씬 더 큰 액수의 재판이었지만 이는 단일 사건이 아니라 두 유해물질과 관련한 전체 보상 액수였다. 브로코비치는 승소 보너스로 250만 달러(25억 원)를 받았다.

브로코비치는 이 영화가 흥행한 덕분에 미디어에 자주 등장하는 명사가 됐다. 미국 케이블 및 위성채널인 '라이프타임(Lifetime)'의 TV 시리즈 〈에린 브로코비치와 함께하는 최후의 정의(Final Justice With Erin Brockovich)〉라는 프로그램에서 엄청난 역경을 딛고 승리한 여성들을 초청해 이야기를 나누는 사회자를 맡기도 했다. 2001년에는 미국 3대 방송의 하나인 ABC의 특집방송 〈에린 브로코비치와 함께 미국에 도전하라(Challenge America with Erin Brockobich)〉에 출연해 맨해튼 번화가에 있는 황폐한 공원을 다시 새롭게 단장하는 프로젝트에 동기를 부여하고 조직화하기도 했다. 그녀는 2001년 ≪뉴욕타임스(The New York Times)≫ 비즈니스 베스트셀러인 『에린 브로코비치 그녀가 승리한 이유(Take It From Me: Life's A Struggle, But You Can Win)』라는 책을 펴냈다.

〈에린 브로코비치〉가 흥행에 성공한 이유에는 브로코비치의 삶이 주는 감동도 있었지만 줄리아 로버츠라는 미녀 배우의 존재감도 컸다. 실제 브로코비치도 대단한 미인이다. 그녀는 1981년 미인 선발대회에서 미스 퍼시픽 코스트(Pacific Coast)로 뽑히기도 했다. 그녀는 이제 50대 중반이지만 마흔 살에 〈에린 브로코비치〉에 카메오로 출연하기도 했다. 레스토랑에서 식당 종업원 '줄리아 R'이라는 이름으로 나온다. '줄리아 R'은 줄리아 로버츠를 연상케 하므로 아마 감독이 영화를 재미있게 만들기 위해 실제 에린 브로코비치는 줄리아 로버츠로, 실제 줄리아 로버츠는 에린 브로코비치로 설정한 것 같다.

영화는 힝클리 지역 주민들의 소송 이야기만 다루고 있다. 하지만 실제 브로코비치는 여기서 한 걸음 더 나아가 1994년 캘리포니아 주 케틀먼에 있는 또 다른 PG&E 시설에도 유사한 문제가 있다는 것을 밝혀냈다. 그녀는 변호사와 함께 샌와킨밸리에 있는 공장의 대형 냉각탑과 그 근처의 직원 숙소를 조사했다. 변호사는 오염의 징후를 전혀 알아차리지 못했지만 이미 힝클리 지역 조사에서 경험을 쌓은 브로코비치는 그곳의 침엽수 잎이 힝클리에서처럼 흰색 분말로 덮여 있다는 것을 알아챘다. 그녀는 수자원관리부를 찾아 1964년 내무부에서 PG&E로 보낸 공문에 케틀먼의 우물에 크롬이 과도하게 들어있다고 통지하는 내용이 들어 있음을 알아냈다. 6가 크롬은 폐암의 원인이 될 수 있으며, 과도하게 노출되면 코의 양 구멍 사이에 있는 물렁뼈에 출혈을 일으키고 심하면 구멍도 낸다. 비중격천공 또는 콧물렁뼈뚫림증이라고 하는 이 질환은 크롬도금 공장 등에서 6가 크롬에 과도하게 노출되는 노동자에게 생기는 직업병의 일종으로 널리 알려졌지만 힝클리나 케틀먼에서처럼 6가 크롬에 오염된 공기와 물을 오랫동안 마실 경우 생길 수도 있다.

케틀먼의 주민과 이 공장에서 일한 적이 있던 노동자 등 900명도 소송을 제기했다. 그들은 6가 크롬에 오염된 물·땅·공기가 자신들이 앓고 있는 질병의 원인이며 공장 냉각탑에서 뿜어져 나온 미세중기(미스트)에 크롬 성분이 함유돼 있었다고 주장했다. 주민들과 노동자들은 오염된 우물물을 식수와 목욕물로 사용됐다. 케틀먼 주민들은 그동안 코피가 자주 나는 등 몸이 불편함을 느꼈지만 이를 건조한 기후 탓으로 여겼고 다른 불편한 증상들도 꽃가루 알레르기 때문이라고 생각했다. 이 회사의 내부 문서에서 우물의 크롬 함유량이 식수 허용 기준치 0.1ppm의 175배에 육박한 것으로 드러났다. 그녀는 케틀먼 소송에서도 2006년 3억 3500만 달러의 합의금을 받아냈다. 그 뒤 브로코비치는 미국에서뿐만 아니라 국제적인 환경운동가로 거듭나게 된다.

오염 일으키는 기업들은 언제나 은폐와 부인의 달인들

이 영화를 통해 우리가 다시금 생각해볼 문제 가운데 하나는 많은 기업이 오염과 오염 원인 등 사건의 진실을 알고 있으면서도 이를 은폐하고 부인한다는 점이다. 이 사건뿐만 아니라 거의 모든 환경오염 피해 사건에서, 또 미국과 같은 선진국은 물론 후진국이나 한국과 같은 나라에서도 거의 모든 기업이 아무런 양심의 가책도 느끼지 않은 채 진실과 보상 모두에서 오리발을 내민다. 우리나라에서도 석면 공해나 시멘트 공장 먼지 공해 때문에 주민들이 암이나 진폐증에 걸려도 기업들은 '나 몰라라'한다. 석면의 경우 과거 국내 최대 규모의 석면 방직공장이었던 부산의 제일화학(지금의 제일 E & S) 주변 주민들이 석면 과다 노출 때문에 악성중피종에 걸려 숨진 뒤 그 유족들이 피해보상 소송을 걸어 1심과 2심 모두 승소했는데도 기업은 이에 불복하고 사건을 대법원까지 끌고 갔다. 시멘트 공장 주변 주민들이 진폐증과 만성폐쇄성 폐질환에 걸려 고통을 겪고 있다는 사실이 정부 조사 결과에서도 드러났지만, 해당 기업들은 배상은커녕 사과조차 하지 않는다. 글로벌 기업이며 대한민국의 간판 기업인 삼성전자에서도 2007년부터 많은 노동자들이 백혈병 등 각종 암과 치명적인 질환으로 숨지거나 고통을 겪어 왔지만 그동안 인정과 배상을 받은 경우는 소수에 그쳤다. 2015년이 되어서야 회사가 사과와 함께 피해 보상에 관한 논의를 본격적으로 들고 나왔다. 이뿐만 아니라 보상 액수는 힝클리 지역 주민에 견주면 '새 발의 피'에 지나지 않는다. 우리나라 법정에서도 비윤리적 기업에 대해서는 미국처럼 수백억 원의 징벌적 배상 판결을 해주면 좋으련만 이는 여전히 그림의 떡이다.

이와 함께 이 영화에서도 볼 수 있듯이 주민들이 처음에는 거대 회사를 상대로 싸움을 벌이거나 소송하는 것을 꺼린다는 점에도 주목해야 한다. 우리나라도 크게 다를 바 없다. 환경 소송은 승소하기가 쉽지 않으며 이기더라도 그 액수가 얼마 되지 않아 피해를 입은 주민들은 기업과의 싸움에 앞장서지 않는다. 이런 환경 피해를 당한 주민들은 대부분 못살고, 못 배우고 나이가 많이 들어 최종 판결까지 5~6년씩 걸리는 소송을 꺼린다. 대기업 공장 인근에서는 이 공장에서 근무하는 사람들의 친인척과 노동자 자신이 거주하기 때문에, 이 또한 대기업과의 소송 등 싸움에 나서지 않는 이유다.

일본 미나마타병과 이타이이타이병과 같은 공해병 사건에서 보듯이, 환경 피해의 대부분은 피해자가 양산된 뒤에 사회문제가 되고 원인 규명에 나선다는 점도 중요하다. 힝클리나 케틀먼에서 주민 피해자 수가 600명이 넘는다는 것과 우리나라 원진레이온 노동자 피해나 시멘트 공장 주변 주민 피해자 수도 각각 1000명 가까이 된다는 점이 이를 잘 방증하고 있다.

20세기 최악의 화학물질 재앙인 1984년 인도 보팔 참사에서도 한 장의 사진이 세계를 울렸다. '보팔 가스 재앙 소녀'라는 이름이 붙여진 이 사진은 일본 미나마타 공해병 재앙에서 유기수은 중독으로 기형아로 태어난 딸을 미나마타병 환자인 엄마가 목욕시키는 장면과 함께 환경 재앙의 상징으로 자리매김했다. 이 사진은 사건이 발생한 날 곧바로 숨진 어린 소녀를 하루 뒤인 4일 돌 자갈로 묻는 장면을 찍은 사진으로 30년이 지난 지금 봐도 비통함이 온 몸을 파고든다.

흥행 실패했지만 보팔 참사의 속살을 보여준 〈보팔, 비를 기도하는 사람〉

보팔 참사는 인도 역사교과서에도 실린 대참사다. 당연히 이 사건을 다룬 전문서적, 기록물, 대중서적, 영화도 많이 나와 있다. 이를 모두 소개하는 것은 큰 의미가 없지만 몇몇 유명 소설과 영화는 소개하는 편이 좋을 것 같다. 1999년 인도의 힌디 필름(Hindi film)은 이 세기의 비극을 〈보팔 특급(Bhopal Express)〉이라는 영화로 만들었다. 인도 작가 아물랴 말라디(Amulya Malladi)는 2001년『신선한 공기 마시기(A Breath of Fresh Air)』라는 소설을 펴냈다. 이 소설은 작가 말리디가 사건 기간 보팔을 회상하며 썼는데 보팔에서 가스에 노출돼 심각한 건강피해가 생긴 어느 엄마와 아들의 이야기를 다루었다. 인드라 신하(Indra Sinha)는 2007년『동물 같은 인간(Animal's People)』이라는 소설을 발표했다. 이 소설은 유독가스로 인한 척수장애를 안고 태어난 한 소년의 이야기를 담고 있다. 이 작품은 한강이 우리나라 소설가로는 최초로 수상해 우리에게도 널리 알려진 맨부커상(Man Booker Prize) 후보 목록에 오르기도 했다. 2014년에는 보팔 재앙 30주년을 맞아 역사·사회 드라마 영화 〈보팔, 비를 기도하는 사람(Bhopal: A Prayer for Rain)〉이 제작·상영됐다. 영국과 인도 합작으로 만들어진 이 영화에는 마틴 신(Martin Sheen), 미샤 바턴(Mischa Barton), 칼 펜(Kal Penn) 등 알려진 할리우드 영화배우가 출연한다. 마틴 신이 보팔 참사를 일으킨 유니언 카바이드의 CEO 역을 맡았고, 사고를 추적하는 미국인 기자 역에 미샤 바턴이 출연했으며, 회사의 안전 책임자는 칼 펜이 맡았다.

이 영화의 감독을 맡은 라비 쿠마르(Ravi Kumar)는 1972년 생으로 보팔에서 200킬로미터 가량 떨어진 곳에서 자랐으며 보팔 참사 당시 12살 소년이었다. 인도인으로서 보팔 참사에 대한 아픈 기억을 늘 간직하면서 청소년 시절을 보냈고 23살 때 영국으로 건너가 소아과 의사가 됐다. 의사로 일하면서 영화에 관심을 가져 2003년까지 몇 편의 단편영화를 찍었다. 〈보팔 : 비를 위한 기도〉는 그의 첫 장편영화다. 영화를 만들기 위해 그는 피해자들과 그 가족, 공장과 관여된 사람, 슬럼가에 살던 사람, 병원에 있던 사람 등 수백 명의 이야기를 듣고 조사했다. 그는 언론과 가진 인터뷰에서 시간이 너무 지나면 사고에 대해서 아는 세대가 사라지기 때문에 현실감이 있는 교훈적인 이야기를 참사 30주년을 맞아 인도를 포함한 전 세계 젊은이들에게 해주고 싶었다고 말했다. 과거에 일어난 잘못된 일을 젊은 세대가 인식하는 것이 중요하다고 생각한 것이다. 이 영화는 미국에서 상영(2014년 11월 7일)되었지만 흥행은 너무 저조했다. 그는 영화를 상업적으로 상영하기 전인 2014년 8월 7일, 미국 뉴욕의 유엔본부에서 열린 유엔 모의청년총회에서 이 영화를 상영한 것을 위안으로 삼아야 했다.

영화는 슬럼가에 사는 릭샤(삼륜차) 택시운전사가 운 좋게 회사 노동자로 고용되고 그의 눈을 통해서 외국회사에 의존하는 마을의 상황과 대참사에 이르기까지의 과정이 묘사된다. 화학물질의 위험성을 인식했으면서도 자신들이 생산한 살충제의 판매가 저조하자 손실을 줄이기 위해서 공장 안전과 유지·관리를 게을리 한 회사, 가난 때문에 외국기업에 의존할 수밖에 없는 지역사람들의 모습이 현실적으로 그려졌다. 사고 후에도 피해자들은 충분한 보상을 받지 못했고 오염물질은 여전히 주민들을 고통스럽게 하고 있다.

미나마타병 소재 소설, 사진집, 음악 등 쏟아져

일본 미나마타병과 관련해서도 많은 소설과 르포, 영화, 연극, 사진집, 만화 작품들이 나와 있다. 미나마타병을 언급한 최초의 르포는 다케다 다이준(武田泰淳)이 쓴『두루미의 돈키호테(鶴のドン·キホーテ)』로, 미나마타병의 원인을 아직 정확하게 밝혀내지 못하고 있던 1957년, 그러니까 미나마타에서 괴질이 발생했다고 알려진 해의 이듬해에 나왔다. 이 르포에서는 이미 칫소가 괴질의 원인 기업임을 회사와 지역 주민들이 알면서도 이를 숨기는 지역 사정을 묘사하고 있다. 이어 미즈카미 쓰토무(水上勉)는 ≪문예춘추(文芸春秋)≫ 별책으로 1959년 소설『시라누이 연안(不知火海沿岸)』에서 미나마타병을 다루고 있으며, 놀랍게도 사건의 무대를 미즈가타 시로 설정해서 미나마타병이 다른 지역에서도 생길 수 있음을 예견했다. 이는 1965년에 일어난 제2의 미나마타병인 니가타 미나마타병이 발생할 것을 예견한 듯해 화제가 됐다. 그는 1960년『시라누이 연안』을 대폭 가필하고 제목을 바꿔『바다의 어금니(海の牙)』를 펴냈다.

이시무레 미치코가 쓴 1969년 현장 기록소설『슬픈 미나마타』는 미나

마타병을 일본 전역으로 알리는 결정적인 역할을 한 작품으로 꼽힌다. 그녀는 다른 작가와 함께 1982년에는 『미나마타, 바다의 목소리(みなまた 海のこえ)』라는 그림책을 펴내기도 했다. 미나마타병을 알리는데 사진가들과 화가들도 동참했다. 미국 사진작가 유진 스미스가 1991년 발표한 사진집 『미나마타』는 전설이 되었고 마루키 이리(丸木位里)와 마루키 도시(丸木俊)는 공동 작업으로 〈미나마타의 그림(水俣の図)〉이라는 한 폭짜리 대형 걸개 그림(270×1490cm)을 그렸는데, 이 그림은 현재 마루키미술관에 소장돼 있다. 사진가 구와바라 시세이(桑原史成)는 2004년 『구와바라 시세이 사진 전집 1』을 출판해 사건 발생 50년 가까이 지난 시점에서 미나마타병의 참상을 일본인들에게 알렸다. 또 일본의 유명 다큐멘터리 제작자인 쓰치모토 노리아키(土本典昭)는 1970년 〈미나마타, 희생자들과 그들의 세계(水俣 患者さんとその世界)〉를 시작으로 일련의 다큐영화를 만들었다. 그는 공동작품을 포함해 〈실록 공조위(공해 등 조사위원회)·권진·죽음의 백성들의 길(実録 公調委·勧進·死民の道)〉, 〈미나마타 봉기: 평생을 묻는 사람들(水俣一揆: 一生を問う人びと)〉(1973년), 〈미나마타병: 그 20년(水俣病: その20年)〉(1976년, 공동 제작) 〈회상 가와모토 데루오. 미나마타. 우물을 판 사람(回想 川本輝夫 ミナマタ 井戸を掘ったひと)〉(1999년), 〈미나마타 일기. 되살아나는 영혼을 찾아(みなまた日記 甦える魂を訪ねて)〉(2004년) 등을 제작·발표했다. 이를 보면 그가 얼마나 미나마타병에 천착해왔는지를 잘 알 수 있다. 사토 마코토(佐藤真)는 니가타 미나마타병을 다룬 다큐멘터리 〈아가에 살다(阿賀に生きる)〉를 1992년 제작·발표했다. NHK는 1972년 〈무라노 타마노의 증언, 미나마타의 17년(村野タマノの証言 水俣の17年)〉이라는 다큐멘터리를 제작해 명작선으로 방영했다. 이밖에도 만화 강국인 일본에서는 미나마타병을 소재로 한 만화도 여럿 나왔다. 미나마타 만화로는 조지 아키야마(ジョージ秋山)의

『제니게바(錢ゲバ)』가 있고 데즈카 오사무(手塚治虫)의 『블랙 잭(ブラック・ジャック)』에도 미나마타병을 소재로 했다고 여겨지는 작품이 몇 개 있다. 이밖에 극단 풍금공방은 2008년 〈hg〉(수은 원소기호)라는 작품을 공연하기도 했다.

탈리도마이드 베이비 출신이 작곡·작사하고 출연한 뮤지컬 〈탈리도마이드!!〉

20세기 최대의 약화사건인 탈리도마이드도 다양한 예술로 승화됐다. 자신이 탈리도마이드 베이비로 태어나 기형을 안고 살아가는 매트 프레이저(Mat Fraser)가 가사를 쓰고 곡을 지어 만든 뮤지컬 〈탈리도마이드!!(Thalidomide!!)〉에서 프레이저는 직접 주인공으로 출연한다. 이 뮤지컬은 2005년 런던 배터시 예술센터의 옥토버페스트에서 처음 상영됐다. 그 뒤 웨일스 카디프와 프랑스 베르사이유에서 공연되기도 했다. 이 뮤지컬은 탈리도마이드 생존자인 장애인과 정상적인 몸을 지닌 여성이 서로 사랑에 빠지는 이야기를 다루었다.

독일의 영화제작자인 니코 폰 글래쇼(Niko von Glasow)는 2009년 탈리도마이드 약화 사고로 태어난 탈리도마이드 베이비 열두 명의 삶을 조명한 다큐멘터리 〈누구도 완전하지는 않다(NoBody's Perfect)〉를 제작했다.

탈리도마이드 베이비인 토마스 크바스토프(Thomas Quasthoff)는 독일의 베이스-바리톤 성악가로서 동세대 바리톤 가운데 최고의 반열에 올랐다. 134cm의 키 때문에 작은 거인으로 불리는 그의 굵직한 목소리는 환경보건시민센터가 종로구 연건동에 있을 때 사무실에서 종종 울려 퍼졌다. 탈리도마이드 사건에 관심이 많아 독일에서 직접 탈리도마이드 피해자협회 회장까지 만나 인터뷰를 했던 최예용 소장이 그의 음반을 구해와 틀었기 때문이

다. 이 여성 회장은 그가 탈리도마이드 피해자들을 위한 사회 활동에는 무
관심하다고 불만을 털어놓기도 했다.

우리나라에서도 대형 재난이나 참사와 관련한 문학 내지는 예술 작품이
있다. 원진레이온 사건과 관련해 전태일 문학상 수상작가인 소설가 오진수
가 1992년『검은 하늘 하얀 빛』이라는 자신의 첫 장편소설을 펴냈다. 원진
레이온을 중심으로 우리 사회의 직업병 문제를 본격적으로 처음 다룬 이 소
설에 대해 소설가 윤정모는 당시 "이 작품을 읽고 나면 분노보다는 차라리
눈물이 앞선다. 한 노동자의 가족이 직업병으로 얼마나 처절하게 파괴되어
가는가 하는 모습이 경찰과 노무과장의 이간질로 인해 찢겨져 가는 노동자
들과 서로 교차하면서 더욱 가슴을 아프게 한다"라고 평가한 바 있다. 1993
년에는 푸른영상이란 다큐멘터리 제작업체가 원진레이온 노동자들에게 발
생한 심각한 산업재해 문제와 투쟁을 그린 〈원진레이온 투쟁기〉를 제작·
상영했다. 2006년 2월에는 원진레이온 직업병을 모태로 공장에서 노조를
만들어 전향간첩이 돼보려는 공장 노동자인 동수 일행과 그들을 노조빨갱
이로 엮어 승진하려는 한 형사의 구도를 코믹하게 풀어낸 〈드라마시티〉의
단막극 〈김동수 간첩 조작 사건〉이 KBS2에서 방송된 적이 있다.

세월호 참사도 최근 다양한 소설과 시집들 선보여

가습기살균제 참사처럼 아직도 그 아픔이 현재진행으로 진행되는 세
월호 참사를 다룬 다큐 영화나 소설, 시집 등은 많다. 실화소설로는『시간
이 멈춘 바다』가 있고 세월호 생존 학생과 형제·자매 이야기를 다룬『다시
봄이 올 거예요』가 있다. 이밖에도『우리는 행복할 수 있을까』,『세월호 꿈
은 잊혀지지 않습니다』등 여러 작품이 있다. 세월호 시집으로는『내 고통
은 바닷속 한 방울의 공기도 되지 못했네』가 있다. 세월호를 소재로 한 다

큐 영화도 많다. 부산국제영화제에서 화제가 됐던 〈다이빙 벨〉을 비롯해 〈나쁜 나라〉, 〈업사이드 다운〉 등이 대표적이다.

가습기살균제 사건도 벌써 5년이나 지났다. 현재까지 가습기살균제 참사를 소재로 한 작품으로는, 가습기살균제 때문에 아내와 딸을 잃은 아버지를 소재로 한 소설 『균』이 있다. 2016년 7월 11일 국회의원회관에서 국회 국정조사를 앞두고 야 3당 소속인 의원 3명의 주최로 '가습기살균제 재난 국정조사 어떻게 할 것인가'라는 세미나가 열렸다. 나는 이 세미나에 좌장으로 참석했다. 발표와 토론이 끝난 뒤 방청석에서 한 청년이 손을 들고 질문을 했다. 시나리오 작가라고 했다. 이것저것 꼼꼼하게 물었다. 열의가 대단해보였다. 구체적으로 어떤 작품을 구상하는지, 언제 작품을 만들려고 하는지 등은 물어보지 못했지만 조만간 많은 사람의 심금을 울리는 좋은 작품이 나오기를 기대한다.

대형 재난 사건이나 환경 재앙과 같은 일이 터지면 다양한 예술 분야가 이를 소화하고 있다. 선진국도 그렇지만 우리나라도 요즘 열정을 지닌 예술가들이 많다. 가습기살균제 참사도 신문과 방송에서 보고들은 것만 가지고 작품을 구상하거나 쓰지 말고, 피해자와 환경시민단체들의 피눈물 나는 투쟁과 함께한다면 위대한 작품이 나올 수도 있지 않을까 생각한다.

위안부 소녀상과 가습기살균제 모자상

인간은 위대한 인물을 기리기 위해 조각상을 만든다. 세종대왕 동상, 이순신 장군 동상이 세종로 한복판에 자리 잡고 있는 것은 이 때문이다. 우리는 나라를 위해 온몸을 던져 일제에 항거한 백범 김구 선생, 윤봉길 의사, 이봉창 열사, 도산 안창호 선생, 안중근 의사 등의 동상을 만들어 그 앞을 지날 때마다 머리를 숙이며 애국애족을 다짐한다. 비극이나 사건을 기념하기 위해 세우는 기념비와 동상들도 있다. 한국전쟁 때 싸우다 장렬하게 전사한 장병들을 기리기 위해 치열한 전투가 벌어진 곳에 세워진 조각품과 기념물에는 한반도 평화와 통일을 열망하는 염원이 오롯이 담겨졌다. 4·19 혁명의 투사들, 광주민주항쟁의 열사 등을 기리는 기념탑과 조형물도 독재에 항거하고 이 땅의 민주주의를 피를 흘려서라도 지켜내고야 말겠다고 다짐하는 상징물이다. 전태일 동상은 인간답게 살고자 하는 노동자의 인권을 상징한다.

일본군 위안부 소녀상은 일제가 짓밟은 일본군 위안부 피해자들의 명예와 인권회복, 그리고 평화를 기리기 위해 만든 조각상이다. 2011년 12월 14

일 위안부 문제 해결을 촉구하는 1000번째 수요집회 때 세워졌다. 이 평화의 소녀상은 1920~1940년대 조선 소녀들의 일반적인 외모를 가진 단발머리 소녀를 일본군 위안부 피해자의 모습으로 형상화한 것으로 의자 위에 손을 꼭 쥔 채 맨발로 앉아 있다. 단발머리는 부모와 고향으로부터의 단절을 의미하며, 발꿈치가 들린 맨발은 전쟁 후에도 정착하지 못한 피해자들의 방황을 상징한다.

잊히지 않는 삼성백혈병 직업병 희생자 고 황유미 소녀상

나는 이 소녀상을 늘 마음 한 가운데 담아두고 있었다. 나뿐만이 아니고 대한민국 5천만의 마음이 다 그러할 것이다. 그러다 2016년 6월 서울 강남역 8번 출구 앞에서 삼성 반도체 직업병 소녀상을 보는 순간 나의 뇌리에는 가습기살균제 참사를 상징할 수 있는 조각물이 떠올랐다. 이 반도체 소녀상은 삼성전자 반도체 공장에서 일어난 이른바 삼성 백혈병 사건을 상징으로 보여주는 조형물이다. 삼성백혈병 사건을 알리는 기폭제가 된 고 황유미 씨의 모습을 실물 크기로 재현한 조형물로 투병 중 환자복 차림의 황유미 씨 모습을 담고 있다.

이날 가습기살균제 피해자와 그 가족 모임, 참여연대, 환경보건시민센터 활동가들은 삼성전자 백혈병 피해자 가족들이 200일 넘게 삼성전자 홍보관 앞에서 농성하고 있는 것을 동병상련하는 차원에서 함께하고 공동 기자회견을 하기 위해 찾았다. 얼마 전 가습기살균제 피해자와 가족모임은 조직을 임의단체에서 사단법인으로 전환하기로 하고 이를 위한 준비모임을 가졌다. 이 자리에 삼성백혈병 환자 가족 모임과 이들을 지원하는 반올림의 활동가들이 축하하기 위해 찾아온 적이 있다. 그보다 훨씬 전인 2013년에는 가습기살균제 피해자와 환경보건시민센터, 그리고 삼성백혈병 피해자

삼성반도체 백혈병 사건을 세상에 알린 고 황유미 씨를 모델로 한 삼성반도체 직업병 노동자상. 머리를 깎은 환자복 차림이다. 서울 강남역 8번 출구 농성장 앞에 세워 두었다. ⓒ안종주

와 이를 지원하는 반올림의 이종란 공인노무사 등이 서울 태평로 삼성본관 건물 앞에서 합동시위를 벌이기도 했다.

이날 기자회견이 끝난 뒤 두 피해자와 지원단체가 농성 텐트 안에서 30분가량 합동 간담회를 열었다. 가피모의 강찬호 대표는 지난해 삼성백혈병 피해배상과 관련해 삼성 쪽이 1000억 원의 기금을 내놓겠기로 했다는 이야기를 듣고 부러운 생각이 들었는데, 이 자리에 와 실상을 듣고 나서 그것이 잘못된 생각이었다는 것을 깨달았다고 털어놓았다. 정말 너무나도 오랫동안 삼성이 삼성백혈병 사건을 외면하고 무시하는 파렴치한 행동을 해왔지

만, 시민들은 그 어떤 삼성 제품에 대해서도 불매운동을 벌이지 않았다.

삼성백혈병 피해자 측은 가습기살균제 사건이 삼성보다 훨씬 늦게, 정확하게는 4년 늦게 사회문제가 되었지만 요즘 전국에서 강력한 옥시 제품 불매운동이 벌어지고 있는 것을 보고 부러운 생각이 들었다고 가피모 쪽을 부러워했다. 나는 과거 몇 차례 삼성백혈병 사건과 관련해 일간지와 인터넷 매체에서 삼성을 비판하는 칼럼도 기고했고, 또 내가 2012년 펴낸 『위험증폭사회』에서도 관련 이야기를 비판적으로 다루었지만 요즘 관심을 두지 않아 미안하다고 말했다. 그러면서 물어보았다. 노동부에서 지금까지 특별근로감독을 벌인 적이 없느냐고, 또 옥시는 대대적인 수사를 한다고 요란스럽게 검찰이 떠드는데 왜 삼성백혈병 사건은 수사와 관련한 소식을 들을 수 없느냐고 말이다. 아니면 내가 문외한이어서 또는 그동안 제대로 조사를 하지 않아 실제로는 그런 일이 벌어졌는데, 즉 삼성전자에 대한 수사가 벌어지거나 노동부가 특별근로감독을 했는데도 모르고 있는 것이냐고 물어보았다. 돌아온 대답은 간단했다. "지금까지 노동부가 단 한 차례도 특별근로감독을 삼성전자에 대해 실시했다는 이야기를 들어보지 못했습니다. 검찰 수사도 단 한 번도 이루어진 적이 없습니다."

삼성반도체 피해자 가족들이 하는 이 이야기를 듣고 적이 놀랐다. 직업병에 걸린 노동자가 1백 명 넘게 나왔고 사망자 수만 76명이나 된다는 것은 일대 사건이다. 세계적인 사건이라고 할 수 있다. 앞으로 국내 학자들이 세계 유수의 학술지에 관련 논문을 싣게 되면 큰 반향을 일으킬 것임에 틀림없다. 세계 굴지의 글로벌 기업인 삼성에서 20~30년 전도 아니고 지금 벌어지고 있는 일에 대해 노동부와 검찰이 '나 몰라라'한다는 것은 그 어떤 이유로도 이해할 수 없으며 결코 용납하지도 못할 사안이다. 삼성전자의 무책임한 태도를 전해 듣고 나의 얼굴이 갑자기 화끈 달아오르기 시작했다. 그리고 삼성반도체 소녀상까지 제작해 거리에 세워두고 밤샘농성을 1년 가까이 하고 있는 것도 이해할 수 있었다. 많은 사람이 왕래하는 이곳에 그렇게 오래 소녀상을 세워두고 농성을 하건만 매스컴에서는 이들의 이야기를 거의 다루지 않는다. 방송 영상이나 신문, 인터넷에 나오는 사진을 통해 반도체 소녀상을 본 사람이 과연 몇이나 될까?

이종란 노무사가 "안 선생님, 이것 다 세요"라며 배지를 건넸다. 소녀상을 상징화한 손톱만 한 배지였다. 1000원이든 만 원이든 돈을 내고 배지를 사주는 게 예의인데 그날따라 현금이 없었다. 염치 불고하고 받아들어 양복 칼라에 배지를 달았다. 이 배지를 단 채 이곳저곳 다녀도 사람들이 못 알아본다. 노란 리본을 달면 단박에 세월호에 관심이 많은 사람이구나라고 생각들을 할 텐데, 반도체 소녀상 배지는 알아보는 사람이 거의 없다. 아니 없었다고 하는 것이 정확하다. 배지를 달고 다니는 한 달 동안 수백 명을 만났어도 배지에 관해 물어보는 사람은 극소수였고 삼성반도제 직업병 자체에 대해 별 관심이 없었다. 나에게 가습기살균제 사건은 어떻게 돼 가느냐고 묻는 사람은 제법 있지만 말이다.

일본 공해병의 상징 지역인 구마모토 현의 미나마타 시에는 바다가 보이는 곳에 기념자료관이 있다. 여기에는 몇몇 기념물이 세워져 있고 기도하는 분수도 그 가운데 하나이다. 하지만 피해자의 동상은 세우지 않았다. 저명한 사진저널리스트이며 기록사진작가였던 유진 스미스가 찍어 전 세계에 널리 알린 미나마타병의 상징 사진인, 자신이 낳은 태아성 미나마타병 아이를 목욕시키는 어머니를 모티브로 해 조각이나 동상을 만들면 참 좋을 텐데.

보팔 모자상, 그날의 진실을 말하다.

20세기 최악의 화학물질 누출 재앙이 벌어져 지금도 그 일대가 황폐한 인도 보팔에는 마디야 프라데시(Madhya Pradesh)라는 곳에 네덜란드 조각가 뤼트 퀴퍼르스히미트(Ruth Kupferschmidt)가 제작한 보팔 가스 참사 모자상이 있다. 어머니가 오른 손으로는 아이를 안고 왼손으로는 코를 막으며 메틸이소시안산 가스를 피해 달아나는 모습을 형상화한 실물 크기의 기념 동상이다. 누가 동상을 훼손하는 것을 막기 위해서인지 사방 둘레에 높다란 철망을 둘렀다. 철망에 둘러싸인 모습을 보고 혹 작가가 달아나보아야 더는 갈 데 없이 갇힌 신세가 돼 죽어갔던 보팔 시민의 당시 상황을 더 잘 보여주기 위해 일부러 철망을 세운 것이 아닐까하는 생각도 해보았다. 동상의 모습이든, 높다란 철망이든, 그 의미는 보고 받아들이는 사람의 마음에 달려 있는 것이리라.

이제 본론으로 돌아와 가습기살균제 희생자를 상징하는 상징물은 어떤 모습이면 좋을까? 환경보건시민센터와 가습기살균제 피해자와 가족 모임은 2015년 상암동 월드컵경기장 옆 하늘공원에 조성된 공간을 약간 확보해

이곳에 희생자들을 기리는 나무를 심어 조그맣게 추모의 숲을 조성했다. 이
곳은 너무 멀고 외져 교통이 매우 불편하다. 왕래하는 사람이 거의 없어 일
반인들에게 가습기살균제 사건을 널리 알리기에는 좋지 않다. 2016년에는
여의도 고수부지 인근에 추모의 숲 공간을 마련할 수 없을까 궁리중이다.
이곳에 그럴듯한 추모 숲을 만들거나 국회 같은 공간에 가습기살균제 피해
자를 상징하는 모자상을 세우면 좋을 듯싶다.

보팔 참사를 상징하는 추모 동상은 어머니가 서서 아이를 한 손으로 안
고 있는 모습이다. 내가 생각하는 가습기살균제 피해자 상징 기념물은 인공
호흡기를 달고 투병하던 어린이가 마지막 숨을 거두고 난 직후, 그 어머니
가 아기를 안고 비통해하는 모습을 형상화한 것이다. 이는 보팔 참사 모자
상과 미켈란젤로의 피에타 상에서 아이디어를 얻어 생각해본 것이다. 위대
한 르네상스 조각가 미켈란젤로(Michelangelo)가 대리석 상점에서 얻은 거
대한 대리석을 가지고 만들었다는 피에타 상은 십자가에서 내려진 예수 그

리스도를 마리아가 껴안고 있는 형상이다. 피에타란 '자비를 베푸소서'라는 뜻이라고 한다. 그렇다. 누구보다도 자신의 몸과 하나로 묶여 있다 낳은 아이를 잃은 어머니에게 자비가 필요하다. 아이를 먼저 하늘나라로 떠나보낸 뒤, 그 자신도 언제 그곳으로 갈지 모르는 비통에 잠긴 어머니에게는 분명 자비가 필요하다. 나는 이런 가습기살균제 모자(녀)상을 많은 사람들이 오가는 곳에 세웠으면 하고 바란다. 시민들과 피해자 가족이 십시일반으로 낸 성금으로 이 조각상을 만들면 좋겠다.

참고자료

1부 가습기살균제 재앙의 시작과 끝, 불편한 진실들

문헌

김병주 외. 2009. 「급성 간질성 폐렴의 전국적 현황 조사」. ≪대한소아과학회지≫, 52(3), 324~329쪽.

보건복지부 질병관리본부 폐손상조사위원회. 2014. 『가습기살균제 건강피해 사건 백서: 사건 인지부터 피해 1차 판정까지』.

시메스, 미셸(Michel Cymes). 2015. 『나쁜 의사들』. 최고나 옮김. 책담.

안종주. 1996. 『에이즈 X-화일』. 학민사.

전종근 외. 2008. 「2006년 초에 유행한 소아 급성 간질성폐렴」. ≪대한소아과학회지≫, 51(4), pp.383~390.

질병관리본부. 2011. 「원인미상 폐 손상 역학조사 중간결과」. ≪주간 건강과 질병≫, 제4권 제45호.

한국환경보건학회. 2012. 「가습기살균제 피해자의 노출실태와 건강영향 조사」.

Hong, Soo-Jong et al. 2013. "Inhalation Toxicity of Humidifier Disinfectants as a Risk Factor of Children's Interstitial Lung Disease in Korea: A Case-Control Study." *PLOS ONE*, Vol. 8, Issue 6.

Lim, Hyun-Sul et al. 2016. "Humidifier Disinfectants Are a Cause of Lung Injury among Adults in South Korea: A Community-Based Case-Control Study." *PLOS ONE*, Vol. 11, Issue 3.

Lee, JH, Kim YH and Kwon JH. 2012. "Fatal misuse of humidifier disinfectants in Korea: importance of screening risk assessment and implications for management of chemicals in consumer products." *Environ Sci Technol*. Vol. 46, NO. 5: pp. 2498~2500.

Jeon BH, Park YJ. 2012. "Frequency of humidifier and humidifier disinfectants usage in Gyeonggi Province." *Environ Health Toxicol*. 2012. Vol. 27.

Garrett, Laurie. 1995. *The Coming Plague: Newly Emerging Diseases in a World Out* of *Balance*. Penguin.

Grmek, Mirko. 1989. *Histoire du sida*(History of AIDS).

Hooper, Edward. 1999. *The River : A Journey to the Source of HIV and AIDS*. MA: Little, Brown and Co.

Office of Special Investigations, Criminal Division. 1992. "In the Matter of Josef Mengele: A Report to the Attorney General of the United States." United States Department of Justice.

Lifton, Robert Jay. 1986. *The Nazi Doctors: Medical Killing and the Psychology of Genocide*. Basic Books.

기사

Aderet, Ofer. 2011.7.22. "Ultra-Orthodox man buys diaries of Nazi doctor Mengele for $245,000." Haaretz

Blumenthal, Ralph. 1985.6.22. "Scientists Decide Brazil Skeleton Is Josef Mengele." *New York Times*.

Hudson, Christopher. 2007.3.2. "Doctors of Depravity." *Daily Mail*.

Lifton, Robert Jay. 1985.7.21. "What Made This Man? Mengele." *New York Times*.

Nadine Brozan. 1982.11.15. "Out of Death, A Zest For Life." *New York Times*.

웹사이트

https://en.wikipedia.org/wiki/HIV/AIDS
https://en.wikipedia.org/wiki/Shir%C5%8D_Ishii
https://en.wikipedia.org/wiki/Zika_fever
https://en.wikipedia.org/wiki/Zika_virus

2부 재앙에 맞서 싸우는 사람들

문헌

이시무레 미치코(石群道子). 2007. 『슬픈 미나마타』. 김경인 옮김. 달팽이.

문헌

김민 외. 2010. 「온수욕조 폐 1예」. ≪대한결핵 및 호흡기학회지≫, 68권, 4호, 236~239쪽.

박동욱 · 최예용. 2012. 「방수 스프레이 흡입 노출로 인한 급성 호흡기 중독 사례 및 원인 고찰」. ≪한국환경보건학회지≫, 제38권, 제6호. 451~459쪽.

박지영 외. 2009. 「증례: 대중목욕탕 근무 후 발생한 온수 욕조 폐 2예」. ≪대한결핵 및 호흡기학회지≫, 66권, 1호, 37~41쪽.

Alwan, W. et al. 2014. "Presumed airborne contact allergy to methylisothiazolinone causing acute severe facial dermatitis and respiratory difficulty." *Dermatitis*, Vol. 70: pp. 316~328.

Burnett, C. L. 2010. "Final Report of the Safety Assessment of Methylisothiazolinone." *International journal of Toxicology*, Vol. 29: 187S~213S.

Donaldson, K., V. Stone, C. Tran, W. Kreyling and P. Borm. 2004. "Nanotoxicology." *Occup Environ Med*, Vol. 61, No. 9: pp. 727~728.

Hanak, V. et al. 2006. "Hot tub lung: presenting features and clinical course of 21 patients." *Respir Med*, Vol. 100, No.4: pp. 610~615.

Hoet, Peter et al. 2004. "Nanoparticles: known and unknown health risks." *Journal of Nanobiotechnology*, Vol. 2, No. 1: p. 12.

Lundov, M. D. and T. Menné. 2013. "Airborne exposure to methylchloroiso thiazolinone and methylisothiazolinone from a toilet cleaner." *Dermatitis*, Vol. 68: pp. 250~256.

Lundov, M. D. et al. 2012. "Airborne exposure to preservative methylisothiazolinone causes severe allergic reactions." *BMJ*, 345: e8221.

Sung, JaeHyuck et al. 2011. "Subchronic inhalation toxicity of gold nanoparticles." *Particle and Fibre Toxicology*, Vol. 8.

웹사이트

http://www.i-sis.org.uk/Nanotoxicity.php

https://en.wikipedia.org/wiki/Hypersensitivity_pneumonitis

https://en.wikipedia.org/wiki/Nanomaterials
https://en.wikipedia.org/wiki/Nanotechnology
https://en.wikipedia.org/wiki/Nanotoxicology

4부 세계적 환경 재난으로 본 가습기살균제 참사

문헌

대한의사협회 환경공해대책위원회. 1996. 『원진레이온과 이황화탄소 중독』. 대한의사
    협회 환경공해대책위원회.

원진노동자 직업병 위원회. 1998. 「전사」.

진관스님 외. 1994. 『얼룩진 원진레이온 이력서』. 직업병 대책과 고용보장을 쟁취를 위
    한 원진레이온 비상대책위원회.

하라다 마사즈미(原田正統). 2006. 『미나마타병』. 김양호 옮김. 한울.

Bertazzi, Pier Alberto. 1999. "Future prevention and handling of environmental
    accidents." *Work Environ health*, Vol. 25, No. 6, special issue.

Broughton, Edward. 2005. "The Bhophal Disaster and its aftermath: a review."
    Environmental Health: A Global Access Science Source, Vol. 4.

George, T. S. 2012. "Fukushima in Light of Minamata." *The Asia-Pacific Journal*, Vol.
    10, Issue 11, No. 5.

Kalelkar A. S., Little A. D. 1998. *Investigation of Large-magnitude incidents: Bhopal
    as a Case Study.* The Institution of Chemical Engineers Conference on
    Preventing Major Chemical Accidents.

Kim, James H. and Anthony R. Scialli. 2011. "Thalidomide: The Tragedy of Birth
    Defects and the Effective Treatment of Disease." *Toxicological Science*, Vol.
    122. No. 1: pp. 1~6.

Moghe, V., U. Kulkarni and U. Parmar. 2008. "Thalidomide." *Bombay Hospital
    Journal*, Vol. 50, No. 3: pp. 472~476.

Sharma, D. C. 2005. "Bhopal: 20 years on." *Lancet*, Vol. 365, No. 9454: pp.
    111~112.

Sriramachari, S. 2004. "The Bhopal gas tragedy: An environmental disaster." *Current Science*, Vol. 86: pp. 905~920.

The Ministry of the Environment. 2002. "Minamata Disease: The History and Measures."

Varadarajan, S. et al. 1985. *Report on Scientific Studies on the Factors Related to Bhopal Toxic Gas Leakage.* Indian Council of Scientific and Industrial Research.

Weiss, Bernard. 2007. Why Methylmercury Remains a Conundrum 50 Years after Minamata, *Toxicological Sciences*, Vol. 97, No. 2: pp. 223~225.

기사

Anon. 2002.6.7. "Thalidomide: 40years on." BBC news(http://news.bbc.co.uk/2/hi/uk_news/2031459.stm).

Judy Stone. 2012.11.8. "From the Holocaust to Thalidomide: A Nazi Legacy." *Scientific American.*

Kaplan, Fred. 2009.12.27. "The View From His Window." *New York Books.*

Levy, Andrew. 2009.2.8. "Nazis developed Thalidomide and tested it on concentration camp prisoners." *Daily Mail.*

Onco'Zine. 2013. "Thalidomide: In the Shadow of Death." *The International Oncology Network.*

Onco'Zine. 2013.11.20. "Thalidomide's Secret Past: The Link with Nazi Germany." *The International Oncology Network.*

웹사이트

https://bhopalgasdisaster.files.wordpress.com/2014/12/csir-report-on-scientific-studies-december-1985.pdf

http://en.wikipedia.org/wiki/Bhopal_disaster

https://en.wikipedia.org/wiki/Minamata_disease

https://en.wikipedia.org/wiki/Thalidomide

https://en.wikipedia.org/wiki/W._Eugene_Smith

5부 이제 무엇을 할 것인가?

문헌

원진노동자 직업병 위원회. 1998. 「전사」.

웹사이트

https://en.wikipedia.org/wiki/Amulya_Malladi
https://en.wikipedia.org/wiki/Bhopal:_A_Prayer_for_Rain
https://en.wikipedia.org/wiki/Erin_Brockovich
https://en.wikipedia.org/wiki/Erin_Brockovich_(film)
https://en.wikipedia.org/wiki/Thalidomide
https://en.wikipedia.org/wiki/Thalidomide!!_A_Musical
https://ja.wikipedia.org/wiki/水俣病

지은이

안종주

안종주는 《한겨레》 보건복지 전문기자와 환경기자클럽 회장을 지냈으며, 서울대학교 미생물학과를 나와 서울대학교 보건대학원에서 환경·산업보건 전공으로 석사와 박사 학위를 받았다. 언론인 시절인 1988년 원진레이온 이황화탄소 직업병 참사, 석면 악성중피종 실태 등 우리 사회를 바꾼 여러 특종을 보도했다.

보건복지부 질병관리본부가 발행한 『가습기살균제 건강피해 사건 백서』의 총괄편집인을 맡았고, 환경보건시민센터 운영위원, 한국석면추방네크워크 자문위원, 가습기살균제 사건 시민네트워크 운영위원, 국회 가습기살균제 진상규명과 재발 방지 대책을 위한 국정조사위원회 민간전문위원으로 활동하고 있다. 현재 《프레시안》, 《내일신문》, 《첨단 환경기술》, 《사이언스 타임즈》 등에 환경 및 보건, 식품과 관련한 고정 칼럼을 기고하고 있으며, 경기대학교 행정사회복지대학원 공공정책학과, 이화여자대학교 임상보건과학융합대학원, 한국방송통신대학교 등에서 초빙교수 및 강사로 위험 커뮤니케이션, 헬스 커뮤니케이션, 공공 커뮤니케이션, 글쓰기 등을 강의하고 있다. 『침묵의 살인자, 석면』, 『위험 증폭 사회』, 『인간 복제, 그 빛과 그림자』, 『에이즈 X-화일』 등 다수의 저서와 논문을 썼다.

빼앗긴 숨
최악의 환경 비극, 가습기살균제 재앙의 진실

ⓒ 안종주, 2016
지은이 **안종주** ㅣ 펴낸이 **김종수** ㅣ 펴낸곳 **한울엠플러스(주)**

초판 1쇄 발행 **2016년 8월 26일**
초판 2쇄 발행 **2018년 4월 5일**

주소 **10881 경기도 파주시 광인사길 153 한울시소빌딩 3층**
전화 **031-955-0655** ㅣ 팩스 **031-955-0656** ㅣ 홈페이지 **www.hanulmplus.kr**
등록번호 **제406-2015-000143호**

Printed in Korea.
ISBN 978-89-460-6466-9 03300